Sportdidaktik und Sportpädagogik

Ein fachdidaktischer Grundriss

von

Harald Lange

Oldenbourg Verlag München

Lektorat: Doris Funke
Herstellung: Tina Bonertz
Titelbild: thinkstockphotos.de
Einbandgestaltung: hauser lacour

Bibliografische Information der Deutschen Nationalbibliothek
Die Deutsche Nationalbibliothek verzeichnet diese Publikation in der Deutschen Nationalbi-
bliografie; detaillierte bibliografische Daten sind im Internet über http://dnb.dnb.de abrufbar.

Library of Congress Cataloging-in-Publication Data
A CIP catalog record for this book has been applied for at the Library of Congress.

© 2014 Oldenbourg Wissenschaftsverlag GmbH
Rosenheimer Straße 143, 81671 München, Deutschland
www.degruyter.com/oldenbourg
Ein Unternehmen von De Gruyter

Gedruckt in Deutschland

Dieses Papier ist alterungsbeständig nach DIN/ISO 9706.

ISBN   978-3-486-58703-6
eISBN   978-3-486-76383-6

Vorwort

Sportpädagogik und Sportdidaktik sind die zentralen wissenschaftlichen Bezugsdisziplinen für die Sportlehrerbildung. Diese Disziplinen verfügen über eine lange Tradition in deren Verlauf umfangreiche Wissensbestände, aber auch ein beachtlicher Schatz an praktischen Erfahrungen hervorgebracht wurde. Inzwischen liegt ein breit gestreutes und systematisch kaum noch zu fassendes Schrifttum vor. Je nach Autor[1] werden unterschiedliche Schwerpunkte gesetzt. So auch in der vorliegenden Einführung, die als Studienbuch konzipiert wurde und auf Wissen und Positionen baut, das in den zurückliegenden Jahren entwickelt und vom Autor vertreten wurde. Deshalb wurden auch viele Gedanken und Texte bereits an anderer Stelle und in anderen Kontexten publiziert. Für das vorliegende Buch wurden sie jedoch weiterentwickelt und in eine Gesamtdarstellung überführt, die in der vorliegenden Version eine aktuelle Standortbestimmung darstellt. Neben dem Autor waren auch viele andere Personen an der Entwicklung und Prüfung dieser Texte beteiligt. Allen voran Prof. Dr. Silke Sinning (Universität Landau), mit der in den zurückliegenden Jahren zahlreiche gemeinsame Publikations- und Herausgebertätigkeiten zu sportpädagogischen Grundfragen betrieben wurden. Darüber hinaus flossen in den Fundus des vorliegenden Buches aber auch zahlreiche Anregungen und Rückmeldungen von Doktoranden und Studierenden ein.

Die thematische Ausrichtung des Buches orientiert sich an exponierten Begrifflichkeiten, die wir in den zurückliegenden Jahren stringent bearbeitet und zur Diskussion gestellt haben (v.a. Bildung, Erfahrung, Bewegung; Methoden). Hieraus wird der rote Faden und damit das Konzept der vorliegenden „Sportpädagogik und Sportdidaktik" abgeleitet, die in insgesamt 8 Kapitel differenziert wurde: Die ersten beiden Kapitel sind mit einführenden Gedanken zur Sportpädagogik bzw. zur Sportdidaktik grundständig angelegt. Im dritten Kapitel (Anthropologie) wird demgegenüber ein exemplarischer Zugang gewählt. Wohlwissend, dass die pädagogisch inspirierte Erörterung anthropologisch relevanter Themen weit über die Diskussion um ein sportpädagogisch tragfähiges Menschenbild hinausreicht, wird in diesem Kapitel das Phänomen des kindlichen Lachens herausgegriffen und in Hinblick auf das „Sich-Bewegen" der Kinder erörtert. Im vierten und fünften Kapitel werden mit dem „Erfahrungslernen und der „Ästhetischen Bildung" anthropologisch anschlussfähige Themen aufgearbeitet. Mit dem sechsten Kapitel (Bewegungsspiele) rücken vermehrt fachdidaktische Aspekte in den Vordergrund. Diese werden im siebten Kapitel bis hin auf die Methodenebene konkretisiert. Abgeschlossen wird das Buch mit einem Kapitel über den Trendsport.

Wissenschaftliche Grundrisse und Standortbestimmungen erlauben eine kriteriengeleitete Reflexion des Faches. Das ist für den Sport besonders wichtig. Für den Sport und dessen verschiedene Handlungsfelder beobachten wir eine zunehmende Ambivalenz: „*Sport*" wird innerhalb und außerhalb der Schule und des Sportunterrichts auf vielerlei Weise thematisch. In diesem Sinne erschließen sich sportbezogene Themen immer wieder neue Felder im Be-

---

[1] Alle generischen Maskulina (wie Sportlehrer, Schüler, Forscher usw.) werden im vorliegenden Buch als geschlechtsunspezifische Allgemeinbegriffe gebraucht.

reich der Freizeit, der Gesundheit oder der Sozialarbeit. Gleichzeitig wirken die Innovationen im außerschulischen Sport auch auf die Themenkonstitution und die Vermittlungswege im Schulsport. Dieser hat sich in den meisten Bundesländern längst vom engen Korsett des Sportartendenkens emanzipiert und fließende Übergänge in ein thematisch weiter zu fassendes Bewegungs-, Spiel- und Sportverständnis geschaffen. Nicht zuletzt aus diesem Grund sprechen wir in der Lehrplanentwicklung nicht mehr von Schulsportarten, sondern konsequenterweise von Bewegungsthemen oder (in Bayern) von sportlichen Handlungsfeldern.

In Anbetracht dieses Hintergrundes versteht es sich von selbst, dass die fachdidaktische Diskussion für die Lehrerbildung Schritt halten muss. Forschung und Lehre müssen im Sinne forschungsbasierter Lehre und Weiterbildung verzahnt werden. Es gilt die vielfältigen Prozesse der sportbezogenen Themenkonstitution zu verstehen, um sie mit den Entwicklungen im Feld der Pädagogik und Bewegungswissenschaften in sportpädagogischer Hinsicht abgleichen zu können.

Im Zuge dieses notwendigen Abgleichs geht von den pädagogisch motivierten Fragen der Sport- und Vermittlungsexperten eine regelrechte Schrittmacherfunktion aus. Deshalb wurde das vorliegende Werk als Studienbuch konzipiert. Der Textkorpus wird durch 156 Aufgaben, die sich an Sportstudierende, Referendare und Lehrer richten, aufgebrochen. Sportpädagogisches Wissen soll nicht einfach gelernt, tradiert und geglaubt werden. Die Studierenden sollen das Dargebotene im neugierigen Blick auf ihre Praxis hinterfragen, prüfen und sich selbst ein Bild machen und einen Standpunkt einnehmen.

Würzburg, 21. August 2013   *Harald Lange*

Inhaltsverzeichnis

1 Sportpädagogik

Die Wissensgrundlagen der Sportpädagogik und Sportdidaktik wurden im Verlauf der zurückliegenden Jahre erarbeitet und teilweise bereits an anderer Stelle in verschiedenen Aufsätzen publiziert (vgl. v.a. Lange & Sinning 2009, 2010, 2012a, b, c, d). Für das vorliegende Buch wurde jedoch ein weiter gesteckter Zugang gewählt, so dass mehrere Vorarbeiten überarbeitet und aufeinander bezogen werden konnten. Die Aufbereitung der sportpädagogischen Grundlagen erfolgt im Zuge dieses ersten Kapitels in drei Schritten und setzt im Feld der Bildungstheorie einen Schwerpunkt.

Im ersten Schritt werden begriffliche und definitorische Grundlagen innerhalb des pädagogischen Zugangs gelegt (1). Davon ausgehend werden anhand eines Fallbeispiels die zentralen Eckpunkte der sportpädagogischen Ideen-, Bild- und Konzeptentwicklung (v.a. Menschenbild; Weltbezug) entfaltet (2). Über die Klammer zwischen Weltbezug und Menschenbild werden schließlich drittens Konsequenzen für den Bildungsbegriff abgeleitet, die abschließend umfassend aufgearbeitet werden (3).

Aufgabe 1:
Sportpädagogik/Sportdidaktik ist eine wissenschaftliche Disziplin, die inzwischen über eine beachtliche Tradition verfügt. Recherchieren Sie in Ihrer Bibliothek nach Lehrbüchern des Faches und fertigen Sie eine Literaturliste mit mindestens 30 Titeln an. Orientieren Sie sich beim Bibliographieren und korrekten Zitieren an den Vorgaben der Deutschen Vereinigung für Sportwissenschaft. Eine Vorlage finden Sie über Suchmaschinen im Internet.

1.1 Zum sportpädagogischen Zugang

Im Sport bieten sich zahlreiche Bildungsgelegenheiten, die von den Lernenden bzw. Trainierenden in vielfältigster Weise und unterschiedlichsten Erlebnisqualitäten wahrgenommen werden. Gemessen an der Vielzahl sportiver bzw. spiel- und bewegungsbezogener Erscheinungsformen, darf der Sport durchaus als entsprechend gewichtiger bzw. bedeutender Teilbereich unserer Bildungslandschaft angesehen werden. Bewegungs-, Spiel- und Sportthemen werden sowohl in der schulischen Bildungs- und Erziehungsarbeit wie auch im leistungsorientiertem Training, der gesundheitsorientierten Präventionsarbeit, der entwicklungsförderlichen frühen Bildung, der erlebnisreichen Freizeitangebote oder der um Heilung und Rekonvaleszenz bemühten Therapie eingesetzt, um bei den Sporttreibenden Lebensqualität zu verbessern, Verhaltensänderungen auf den Weg zu bringen oder besondere Haltungen zu stützen bzw. auszubilden.

Aufgabe 2:
Recherchieren Sie an Ihrem Wohnort 5 verschiedene Einrichtungen, in denen der Sport in dieser Weise thematisch wird. Skizzieren Sie jede dieser Einrichtungen in wenigen Sätzen.

Die Frage ob und wie sport- und bewegungsbezogene Bildungsprozesse gelingen oder nicht gelingen ist zuallererst durch persönliche Bezüge charakterisiert und wird durch Rollenübernahmen und Kommunikationsprozesse zwischen Lehrenden und Lernenden geprägt. Das pädagogisch verstandene „Vermitteln von Bewegung" bzw. Sport bemisst sich einerseits an den Zielen, die im jeweiligen Setting Gültigkeit beanspruchen (z.B. der Heilungserfolg in der Bewegungstherapie oder der Lerngewinn im schulischen Sportunterricht) und ist andererseits an die Inhalte und Sachlagen gebunden, mit denen sich die Lernenden auseinandersetzen müssen. In diesem Sinne gilt es für das gesamte sport- und bewegungsbezogene Lehrwesen ebenso gründlich wie neugierig, aber auch kritisch nachzufragen, welchen Beitrag Themen aus den Feldern „Bewegung, Spiel und Sport" in Hinblick auf die Erziehung, Bildung und Persönlichkeitsentwicklung junger Menschen zu leisten vermögen.

Aufgabe 3:
Portraitieren Sie eine der in Aufgabe 2 recherchierten bewegungsbezogenen Bildungseinrichtungen an Ihrem Wohnort. Referieren Sie die Angebote, Inhalte und thematischen Schwerpunkte der Einrichtung. Fragen Sie dabei gezielt und kritisch nach den erwarteten und gewünschten Leistungen der Einrichtung.

1.1.1   Sportpädagogik: Ein wissenschaftlicher Zugang

Wissenschaftliche Zugänge erlauben einerseits einen perspektivenabhängigen, analytischen Blick auf eine Sportart und ihr Lehrwesen. Andererseits garantieren diese verschiedenen Zugänge aber auch das jeweils einschlägige Fragen aufgeworfen und wissenschaftlichen Sinne bearbeitet und geklärt werden. In diesem Sinne trägt die Pädagogik andere Implikationen an die Bewegungs-, Spiel- und Sportthematik heran, als es die Grundlagenforschung der Medizin, Biomechanik oder Trainingswissenschaft tun würde. Sie schürt aber auch andere Erwartungen, als es beispielsweise eine historisch-systematisch verfahrene philosophische (phänomenologische) Herangehensweise tun würde. Sie muss aber dennoch – will sie wirklich wissenschaftlichen Maßstäben gerecht werden – Position beziehen und erläutern, wie sie den Sport bzw. die Bewegung, Bewegungsphänomene oder sich in einem bestimmten Kontext bewegende Menschen sieht und wie sie das, was sie als ihren Gegenstand bestimmt, zu beforschen und zu klären gedenkt. Die hieraus abzuleitenden Begriffe, Theorien und Forschungsweisen mögen sich von denen anderer sportwissenschaftlicher Zugänge unterscheiden, tragen aber dennoch dazu bei, den sporttreibenden Menschen im Prozess der Erziehung und Bildung besser zu verstehen. Wenn man im Sport ein entsprechendes Transferpotenzial vermutet, dann kann das Lernen und Trainieren in diesem Feld auch als spannendes und vor allem wichtiges Übungsfeld für die den Menschen aufgegebene Entwicklungsaufgabe verstanden werden. Dem Sport käme demnach der Charakter eines Modells oder Kernbeispiels zu, dessen Werthaftigkeit sich in einem bestimmten Menschenbild widerspiegelt, das man unter Umständen auf das „Leben an sich" übertragen mag. Für die wissenschaftliche Erschließung und Bestimmung dieser Perspektive stellt die Sportpädagogik als wissenschaftliche Disziplin den geeigneten begrifflichen und theoretischen Rahmen zur Verfügung.

Aufgabe 4:
Nehmen Sie sich erneut Ihre Rechercheergebnisse zur sportpädagogischen Literatur vor (Aufgabe 1). Wählen Sie drei verschiedene Monographien aus und vergleichen Sie diese. Wo liegen die jeweiligen Besonderheiten und wo die Unterschiede? An welchen Merkmalen und Begriffen lassen sich sowohl die Besonderheiten wie auch die Unterschiede der ausgewählten Bücher festmachen?

1.1.2   Sport: Modellcharakter für das Leben

Um die oben angesprochenen Transferpotenziale und Querverbindungen systematisch aufspüren und bestimmen zu können, fragt man in der pädagogischen Forschung konsequent und kritisch nach den Menschenbildern, die den Bewegungsbildern sportwissenschaftlicher Forschungsprogramme und -aktivitäten zugrunde liegen (vgl. hierzu v.a. Tamboer 1995; 1997). Dieses humanistische Interesse, das auch von der Sportpädagogik auf dem Menschen hin ausgelegt wird, spiegelt sich in der Arbeit des Sportwissenschaftlers Arturo Hotz überaus eindrucksvoll wieder. In seinem sportwissenschaftlichen Schrifttum ist die Orientierung an einem humanistischen Menschenbild geradezu konstituierend. Bereits 1978 hat er die daraus abzuleitende Konsequenz für die Konzeption der pädagogisch orientierten Trainings- und Bewegungslehre in einem Beitrag für die Neue Zürcher Zeitung (NZZ) festgehalten. Diese hat er dann einige Jahre später, 1991, im Vorwort zu seiner Monographie „Praxis der Trainings- und Bewegungslehre" als Leitlinie für die Theorieentwicklung in diesem Feld vorangestellt. Dieser Ansatz soll auch im vorliegenden Beitrag als Leitlinie für sportpädagogisches Denken und Handeln herangezogen werden:

> „Und wer im Mittelpunkt des Trainingsprozesses den Athleten als Menschen sieht, interessiert sich denn auch mehr für die oft vielschichtigen Probleme, die der Sportler beim Versuch, ein bestimmtes, ihm attraktiv scheinendes Ziel zu erreichen, lösen muss. Beispielsweise wie ein Athlet aufgrund des physischen und psychischen Engagements seiner noch zu formenden Persönlichkeit, seine Grenzen erfahren lernt. Sich auch unter Stress bewähren, Niederlagen und Erfolge verkraften lernen, Gesetzmäßiges und individuell Bedingtes in Belastung und in Formaufbau erspüren, sind mögliche wertvolle Beiträge auf dem Weg zur Individuation und Sozialisation: Sport als variationsreiches Übungsfeld mit Modellcharakter für menschliches Handeln insgesamt." (Hotz 1991, I; vgl. Hotz 1978)

Der Umgang mit den eigenen Grenzen wird vom Lernenden selbst bestimmt und aktiv vollzogen. D.h., er findet selbst Interesse an der bewegungsbezogenen Sachlage, verwickelt sich in die Sache (z.B. *Hürdenlaufen* oder *Bälle jonglieren*), probiert ständig Neues aus und wagt sich mit seinem Bewegen immer wieder in neue Grenzbereiche vor. Auch auf die Gefahr hin, Fehler bzw. Misserfolgserfahrungen zu machen. So etwas hat in dem so verstandenen Sportverständnis keine existenziellen Konsequenzen, denn der Sport wird nicht für irgendwelche externen Interessen verzweckt. Er wird in diesem Kontext nämlich nicht als mehr, aber auch nicht als weniger verstanden, als ein „variationsreiches Übungsfeld", das in den Augen des Erziehers und Pädagogen „Modellcharakter" trägt. Die hier enthaltene Perspektive für die

Sportpädagogik wird im abschließenden Satz der oben zitierten Position von Arturo Hotz auf den Punkt gebracht: Sport wird als variationsreiches Übungsfeld für die menschliche Entwicklungsaufgabe gesehen. Dabei scheint das Lösen der sich dort stellenden Probleme derart bedeutsam und herausfordernd, dass man dem Sport getrost auch *„Modellcharakter für menschliches Handeln insgesamt"* unterstellen mag.

Aufgabe 5:
Beschreiben Sie den Problemlösungsprozess, den Sie in der aktuellen Saison in Ihrer Sportart durchlaufen. Erörtern Sie einen ausgewählten Aspekt dieses Prozesses in Hinblick auf die These, dass dem Sporttreiben Modellcharakter für das menschliche Leben insgesamt zukomme.

1.1.3   Nähe zur Praxis

Pädagogisches Forschen und Handeln ist im Vergleich zu den Standards, die in den Mutterwissenschaften quantitativ ausgerichteter sportwissenschaftlicher Disziplinen Geltung beanspruchen (z.B. Sportmedizin; Motorikforschung), als weich einzustufen, aber keineswegs beliebig und vom Zufall geleitet (vgl. Lange & Sinning 2009). Im Gegenteil, schließlich herrscht ein unmittelbarer Handlungsdruck, denn in der Sportdidaktik interessieren wirkliche Fragen und Probleme, die im Zusammenhang mit der Betreuung und Beratung von Erziehungs-, Bildungs- und leibhaftigen Bewegungslernprozessen auftreten. Diese gegensätzlichen Forschungskonzeptionen lassen sich eindrücklich gegeneinander abgrenzen (vgl. Abb. 1). Während es in der quantitativ orientierten Forschung auf die Kontrolle und gezielte Manipulation einzelner Parameter ankommt, wird in der qualitativen Ausrichtung (ebenso wie in der Sportpraxis) der Versuch unternommen, immer wieder neue Momente und Auffälligkeiten in dem komplexen Geschehen der Erziehungspraxis zu entdecken, um sie schließlich im Zuge der Gesamtschau auf diese Praxis relational zu fassen, zu beschreiben und letztlich auch verstehbar zu machen.

Aus diesen Gründen sind Didaktiker und Pädagogen möglicherweise auch ganz nah dran an den leibhaftigen Bewegungsphänomenen. Man mag in diesem Sinne auch Gefallen an der Formulierung Jürgen Funkes (1989, 11) finden, der der Sportpädagogik eine gewisse Vorreiterstellung gegenüber allen anderen sportwissenschaftlichen Disziplinen zuerkennt und deshalb zu folgendem Schluss gelangt:

„Der Pädagoge ist z. Z. wohl der einzige, der wohl einen einigermaßen tragfähigen Begriff von der menschlichen Bewegung im Rahmen der Sportwissenschaft entwickeln kann. [...]" Schließlich, so fährt Funke fort: „[...] Nur der Sportpädagoge sieht noch, was wirklich ist, nicht Bewegungen, sondern sich bewegende Menschen."

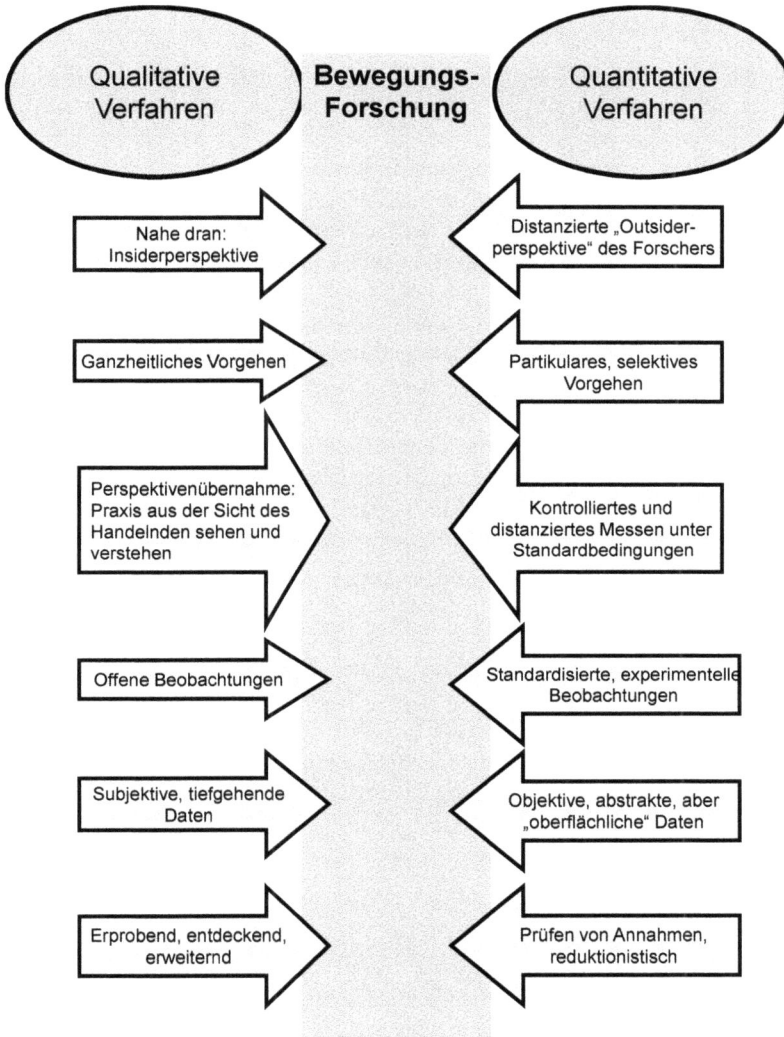

Abb. 1: Akzente qualitativer und quantitativer Bewegungsforschung (vgl. Lange 2005a, 16)

Aufgabe 6:
Recherchieren Sie ein Beispiel aus einer anderen Wissenschaft in der ebenfalls sowohl mithilfe quantitativer wie auch qualitativer Verfahren geforscht wird. Arbeiten Sie die Parallelen, aber auch die Gegensätze der von Ihnen gewählten Wissenschaft zur Sportpädagogik heraus.

1.1.4   Definition Sportpädagogik

Wenn von Pädagogik die Rede ist fallen die ersten Assoziationen in aller Regel auf die Begriffe, Kindheit, Erziehung, Bildung und Schule. Durch die Spezifizierung des Begriffes in
Richtung Sport bzw. Sportpädagogik kommen weitere gedankliche Verbindungen hinzu
(z.B. Spaß, Spiel, Anstrengung, Leistung, Gemeinschaft, Gruppenerleben usw.). Diese Zugänge passen auch zur Etymologie des Begriffes, denn „Pädagogik" leitet sich vom griechischen *pais = Kind* und *a-gogein = anleiten, führen* ab. In diesem Sinne beschäftigt sich die
Pädagogik sowohl als Wissenschaft wie auch als praktische Erziehungstätigkeit und –lehre
auch heute noch vorwiegend mit der Theorie und Praxis des „Anleitens", „Führens", und
„Betreuens" von Kindern. Da diese Bildungs- und Erziehungsprozesse nicht beim Eintritt in
die Jugendphase enden, sondern als lebensbegleitende Prozesse viel weiter gehen, spricht
man im Zusammenhang mit der Erwachsenenbildung folgerichtig von der Andragogik
(griech. *andros* (Genitiv von „Mann") und griech. *agein*, „anleiten", „führen"). Da sich die
Differenzierung in Pädagogik und Andragogik im alltäglichen Sprachgebrauch nicht durchsetzen konnte werden auch im sportbezogenen Kontext Erziehungs- und Bildungsprozesse,
die über die Phase der Kindheit hinausgehen und die Jugend, das Erwachsenen- und Senio-
renalter betreffen, unter dem Begriff der Pädagogik bzw. Sportpädagogik gefasst.

„Sportpädagogik ist seit 1970 die übliche Bezeichnung für jenes Teilgebiet der
Sportwissenschaft, in dem Sport im Zusammenhang von Bildung und Erziehung untersucht wird." (Grupe und Kurz 2003 527)

Aufgabe 7:
Nehmen Sie sich erneut Ihre Rechercheergebnisse zur sportpädagogischen Literatur vor
(Aufgabe 1). Extrahieren Sie aus 6 verschiedenen Lehrbüchern Definitionen zur Sportpädagogik. Erörtern Sie in einem zweiten Schritt die Gemeinsamkeiten und die Unterschiede
der verschiedenen Definitionen.

1.1.5   Felder der Sportpädagogik

Das was wir heute unter dem Begriff „Sportpädagogik" verstehen war bis in die frühen siebziger Jahre des vergangenen Jahrhunderts hinein, neben der sportpraktischen Ausbildung, die
tragende Säule der Sportlehrerbildung. Bis dahin wurde dieses Stoffgebiet auch noch als
Theorie der Leibeserziehung bezeichnet. Erst mit Beginn der Entstehung und Ausdifferenzierung der Sportwissenschaften verlor dieses Lehr- und Forschungsfeld, das dann auch folgerichtig unter der Bezeichnung „Sportpädagogik" gebündelt wurde, zusehends an Bedeutung.
Heute handelt sich nur noch um eine von mehreren sportwissenschaftlichen Teildisziplinen.
Die Sportwissenschaften haben sich in den zurückliegenden Jahrzehnten immer weiter ausdifferenziert. Neben neuen sportwissenschaftlichen Disziplinen (z.B. Sportpublizistik, Spor-
tökonomie, Sportinformatik, usw.) wurden auch spezifische empirische und theoretische
Forschungsprogramme und Fragestellungen hervorgebracht. Diese Entwicklung lässt sich
trefflich in die Logik des aktuellen wissenschaftlichen Fortschrittsdenkens einordnen: Ein
wichtiger Grund für die Fortschritte und Errungenschaften unseres Wissenschaftssystems ist
in der Fokussierung der Fragestellungen zu sehen. Forschungsprojekte und -fragen werden
immer spezifischer konzipiert und formuliert, um sie unter dem Dach spezialisierter wissenschaftlicher (Teil-)Disziplinen fokussiert bearbeiten zu können.

Aufgabe 8:
Recherchieren Sie in der sportwissenschaftlichen Datenbank „Spowiss" nach sportpädagogischen Forschungsprojekten. Stellen Sie eine Liste von 10 Forschungsprojekten zusammen, deren Forschungsfrage aus Ihrer Sicht als fokussiert und spezifisch anzusehen ist.
www.bisp-datenbanken.de

Dessen ungeachtet haben Fragestellungen, die sich mit der humanen Konzeption, Implementation und Evaluation von sport- und bewegungsbezogenen Lehrlern- und Erziehungskonzepten befassen nach wie vor nichts an Bedeutung eingebüßt. Wenn wir den Kern der Sportpädagogik verstehen und bearbeiten wollen, müssen wir uns mit den Hintergründen von „Bildung" und „Erziehung" auseinandersetzen. „Hier liegt nun eine wesentliche Aufgabe der Sportpädagogik. Ihr obliegt es, den *ganzen Menschen* im Sport, aber auch allgemeiner – in seiner Leiblichkeit und Bewegung – in den Blick zu nehmen, will sie der *Bildungs- und Erziehungsaufgabe* in Theorie und Praxis gerecht werden (Prohl 2010, 17).

Sportpädagogen bewegen sich demnach sowohl in der Theorie wie auch in der Praxis in einem überaus weit abgesteckten Feld, in dem sämtliche Bereiche des Sporttreibens betroffen sind. Neben der klassischen Domäne der Sportpädagogik, den schulischen Sportunterricht, stellen sich auch im Leistungs- und Freizeitsport, in der Therapie und im Gesundheitssport, im Betriebssport oder im Tourismus einschlägige sportpädagogische Herausforderungen.

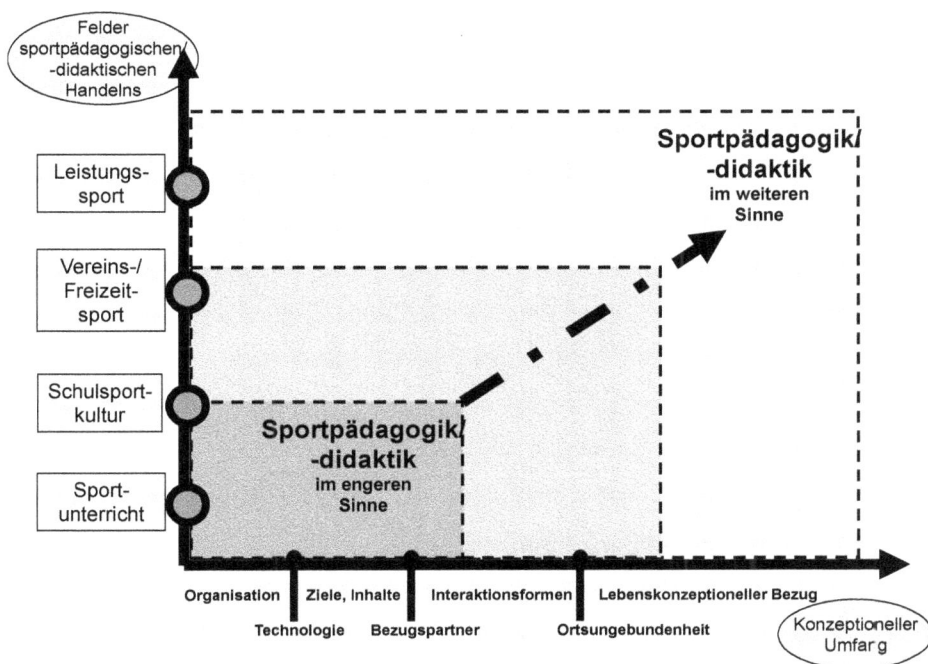

Abb. 2:   Felder der Sportpädagogik

1.2   Ideen-, Bild- und Konzeptentwicklung als Aufgabe der Sportpädagogik

Wenn Sportlehrer Kindern, Jugendlichen oder Erwachsenen beim Erlernen oder Vertiefen von Bewegungen oder anderen erziehlichen oder bildungsbezogenen Prozessen behilflich sein wollen, dann sind sie auf innovative bzw. schöpferische Ideen zum Prozess des Bewegungslernens bzw. zu dem der Bewegungsbildung angewiesen. Es muss klar sein, was Lehrende im Zuge der Sport- bzw. Bewegungsvermittlung zu tun oder zu lassen haben, um die Lernenden sinnvoll unterstützen und voranbringen zu können. Da sowohl die innovativen Ideen als auch die daraus abzuleitenden konstruktiven Unterstützungsleistungen im Feld der Vermittlung mehrere Dimensionen betreffen und deshalb für entsprechende Unübersichtlichkeit sorgen mögen, lässt sich dieses sportpädagogische Feld in einem ersten Schritt in vier Richtungen ordnen.

1. Da wären zunächst Annahmen, Fragen und Ideen zum Lernenden zu nennen: Warum möchte er eine Bewegung erlernen? Über welche Vorerfahrungen verfügt er? Wie ausgeprägt ist sein Engagement beim Üben und Trainieren? (…?).
2. Des Weiteren ist der Bewegungslehrer selbst Thema solcher Ideen: Von welchem Menschenbild geht er aus? Wie spricht er den Lernenden (deshalb) an? Wie viel Distanz und wie viel Nähe sucht er im Zuge der methodischen Anbahnung von Bewegungslernprozessen? (…?).
3. Den dritten Eckpunkt markieren schließlich Aspekte, die sich auf die Sache und Sachlage beziehen: Was genau soll denn eigentlich gelernt werden? Lassen sich kennzeichnende Strukturen der zu erlernenden Bewegung bzw. der zu vermittelnden Sache erkennen? Welche Wirkungen und Anziehungen mögen von dieser Sachstruktur ausgehen? Wie verändert sich die Sachstruktur im Verlauf des Lehrlernprozesses? (…?).
4. Schließlich gibt es viertens noch das Feld zu hinterfragen, in dem diese Lehrlernprozesse stattfinden: Welche kulturell gefärbten Bedeutungsauslegungen beeinflussen die zu erlernende Sachlage? Welche Lehr- und welche Lerntraditionen bestimmen die Ebene methodischer Entscheidungen? Wie spiegelt sich das Lehrlernthema im Kontext gesellschaftlicher Bedeutungsauslegungen und Trends wider (…?)?

Aufgabe 9:
Konstruieren Sie eine Bewegungslerngeschichte in der sämtlich der hier gestellten Fragen beantwortet werden!

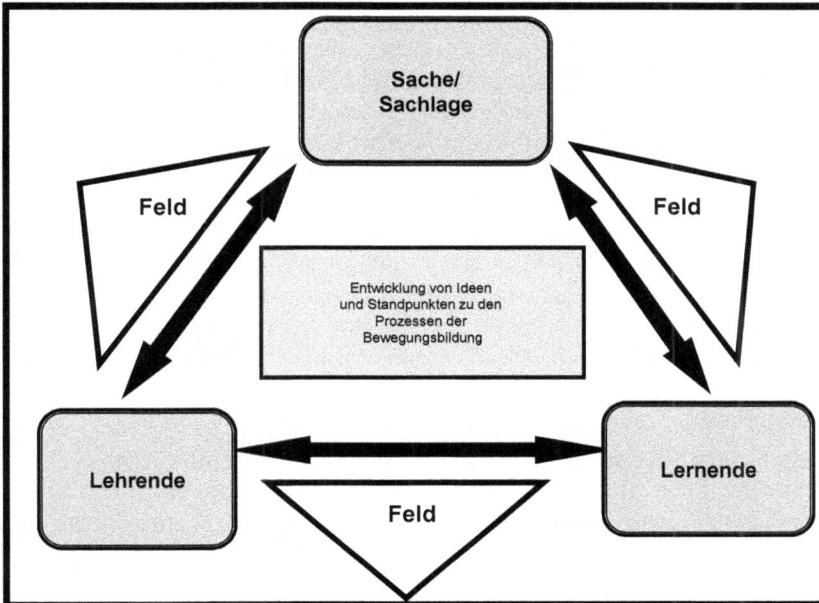

Abb. 3:   Sportdidaktisches Modell

Aufgabe 10:
Was sind *kulturell gefärbte Bedeutungsauslegungen?* Welche *kulturell gefärbten Bedeutungsauslegungen* beeinflussen die Vorstellungen wie in Ihrer Lieblingssportart Lehrlernprozesse stattfinden? Machen Sie Ihre Ausführungen an einem Beispiel fest!

Bei dem skizzierten sportdidaktischen Modell (Abb. 3) handelt es sich letztlich um ein übersichtliches Ordnungsschema, dessen Eckpunkte dabei helfen können, die verschiedenen Perspektiven, die in der Praxis der Bewegungsbildung von Bedeutung sind, konturierend hervorzuheben. In diesem Sinne konstituieren sich die Themen der Bewegungsbildung vom Standpunkt des Lehrers auf andere Weise als von denen des Schülers, der vermeintlichen Sachstruktur oder des Umfeldes aus betrachtet. Das Wissen um die an dieser Stelle gegebene Mehrperspektivität ist sowohl in wissenschaftlicher wie auch in lehrpraktischer Hinsicht von Bedeutung, weil sich sowohl die Lernenden und Lehrenden wie auch die Forscher in diesem komplexen Gefüge zurechtfinden müssen. Die komplexe Problematik soll im Folgenden anhand eines Beispiels einer Bewegungsszene zum Lehren und Lernen des Fahrradfahrens veranschaulicht werden, die im vergangenen Sommer auf einer Straße in einem Wohngebiet beobachtet und verschriftet wurde.

1.2.1   Ein Beispiel zur Bewegungsbildung

Es ist ein sonniger Samstagvormittag, und ich beobachte gerade meinen Nachbarn Hubert (46 Jahre, Geschäftsmann), wie er seinem Sohn Kevin (4 Jahre) das Fahrradfahren beibringen möchte. Sie bewegen sich beide auf der Straße vor unseren Häusern, der Vater zu Fuß und Kevin auf seinem roten Kinderfahrrad sitzend. Der Vater hält das Fahrrad am Sattel im

Gleichgewicht, der Sohn sitzt drauf und lässt sich schieben. Die Szene wirkt durchaus spektakulär, denn Kevin kommentiert das Bemühen des Vaters sehr lautstark. Aus dem Fundus der verschiedenen Wortfetzen kann ich immer wieder sehr deutlich ‚nicht loslassen, nicht loslassen' entnehmen. Kevin gibt durch schwungvolle Lenkbewegungen eine Zickzack-Fahrtstrecke vor, und Hubert folgt eiligen Schrittes diesem Kurs. Sobald der Vater loslässt und stehen bleibt, steigt Kevin ab oder fällt mitsamt dem Fahrrad um. Ich habe während der zurückliegenden fünf bis zehn Minuten bereits vier solcher Fahrtunterbrechungen beobachten können. Beim ersten Mal sind Kevin und das Fahrrad auf den Asphalt gefallen, beim zweiten Mal ist er abgesprungen, lief ein paar Meter in dieselbe Richtung wie sein Fahrrad rollte, kam zum sicheren Stand und schaute zu, wie das Rad zu Boden fiel. Beim dritten Mal hat er es geschafft, halbwegs sicher abzusteigen und das Rad am Lenker festhaltend neben sich zum Stand zu bringen. Schließlich wirkte das vierte Mal wie eine Kombination aus den Versuchen eins und zwei, Fahrrad und Kevin kamen nach mehr oder weniger langen Roll- bzw. Stolperwegen zu Boden.

Der Vater hat diese Szenen jeweils mit allerlei Zureden, Tipps und Aufforderungen kommentiert. Dabei ist es ihm ganz offensichtlich gelungen, seinen Sohn zum Weitermachen zu bewegen, denn er schob ihn immer wieder aufs Neue an. Es schien auch so zu sein, dass der Vater im Verlauf dieser Lernsequenz auch auf seinen Sohn hörte und für dessen Bedürfnisse sensibilisiert war, denn der vermeintlich kritische Moment des Loslassens wurde von ihm immer weiter herausgezögert. Er lief nun nach dem Loslassen immer ein Stück mit und begleitete seinen Sohn während dieser Rollphase.

Da Kevin inzwischen offensichtlich auch verstanden hatte, wie er sich und das Fahrrad nach dem spürbaren Loslassen des Vaters in den sicheren Stand bringen konnte, verliefen die folgenden Fahrten an diesem Samstag vergleichsweise kontrolliert. Ob die Rollphasen nun länger oder kürzer waren, Kevin schien mehr und mehr die Kontrolle über das Verhalten des Vaters und des Fahrrads zu gewinnen. So brachte er es nach dem Loslassen des Vaters beispielsweise immer häufiger in den sicheren Stand und absolvierte in manchen Versuchen beachtliche Fahrtstrecken. Im Hinblick auf das Lehrerverhalten des Vaters fiel dem Beobachter auf, dass er im Zuge des Lehrlernprozesses nach dem Loslassen immer häufiger und immer länger mitgelaufen ist. Dabei war seine Hand zumeist in der Nähe des Sattels, und manchmal fasste er auch wieder zu, unterstützte kurzzeitig das Gleichgewicht des Fahrrads, um es dann wieder für einige Momente freizugeben."

Aufgabe 11:
Konnte Sie diese Geschichte inspirieren? Erinnern Sie sich an ähnliche Bewegungslerngeschichten und rekonstruieren Sie daraus einen Text!

1.2.2 Grundannahme für die Interpretation: Menschenbild

Die Interpretation dieses Beispiels soll in zwei aufeinander aufbauenden Schritten erfolgen. Dabei übernimmt die Orientierung an einem Menschenbild die richtungsweisende Funktion, von der letztlich alle weiteren bewegungspädagogischen Auslegungen abhängen. Das Menschenbild bestimmt deshalb auch die Gegenstandsfrage der Sportpädagogik, weshalb wir die in dieser Hinsicht bestehende Metaphern, Bilder und Analogien herausarbeiten, aufdecken und kritisch prüfen müssen. Für die kriteriengeleitete Prüfung bieten sich im Kanon der

Sport- und Bewegungswissenschaften unterschiedliche wissenschaftliche Bezüge an. Neben geisteswissenschaftlichen Theorien sind auch Anlehnungen und Begründungen im Feld der Naturwissenschaften denkbar, was dementsprechend zu divergierenden Menschenbildern und damit auch zu unterschiedlichen Gegenstandsverständnissen führt. Wenn wir den Menschen beispielsweise in einem technologischen Sinn als Maschine, Computer oder Schallplattenspieler sehen, wirkt sich das dementsprechend anders auf die Ideen zum Lehren und Lernen von Bewegungen aus, als wenn wir ihn als ein organisches, im Werden begriffenes sensibles und sich selbst bestimmendes Wesen auffassen. Da die notwendige Diskussion um die Begründung eines anthropologisch fundierten und sportpädagogisch relevanten Menschenbildes an dieser Stelle nicht in der gebotenen Ausführlichkeit zu leisten ist, soll ein Verweis auf die einschlägige Literaturlage vorerst genügen (vgl. Grupe 1985; 2003; Meinberg 1987; 2003). Aus diesem Horizont heraus lässt sich jedoch auch an dieser Stelle eine gewisse Heuristik hinsichtlich der Menschenbildfrage entwerfen, die für die folgenden Ausführungen orientierende Funktionen übernimmt: Kinder werden von uns nämlich als Wesen verstanden, die sich ihre Welt tatsächlich aus eigenem Antrieb, aus Interesse und Neugierde heraus sinnlich erschließen wollen und dies auch können (vgl. Abb. 4).

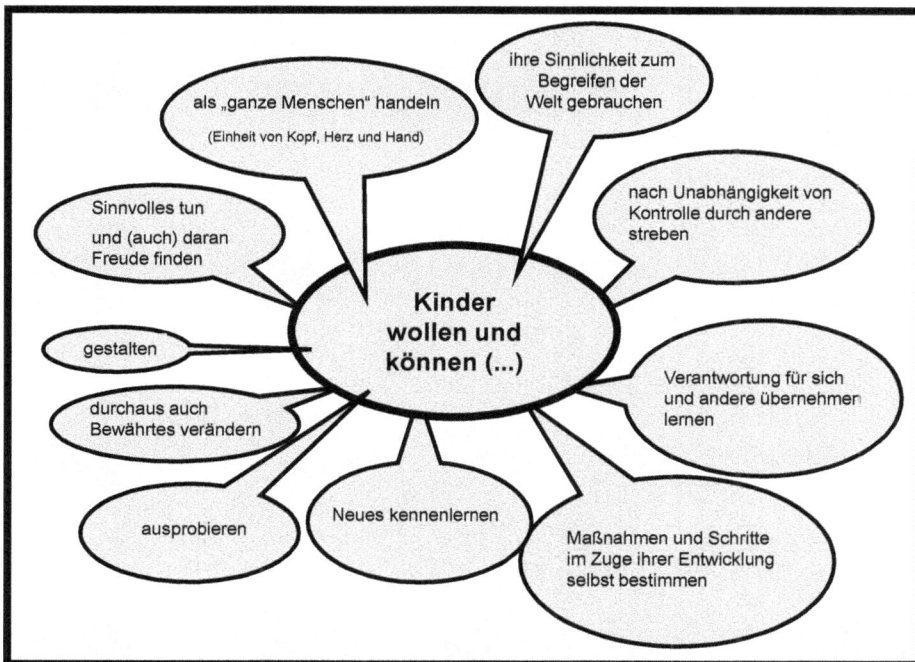

Abb. 4:   Heuristik zu dem hier zugrunde liegenden Menschenbild

Aufgabe 12:
Welches Bild vom Menschen liegt Ihnen näher wenn Sie an das Lernen von Bewegungen denken? Ein organisches Menschenbild oder die Metapher der Maschine? Erläutern Sie Ihre Einschätzung.

1.2.3   Das Bild vom Fahrradfahren lernenden Jungen

Beispiele und Bewegungslerngeschichten wie die, die oben zum Prozess des Fahrradfahren lernens skizziert wurde, geschehen an jedem Tag und überall dort, wo Kinder allein, mit Freunden, ihren Eltern oder anderen Menschen unterwegs sind. Sie lassen sich allerdings nur dann in einer oben vergleichbaren Weise beschreiben und festhalten, wenn die Beobachter solcher Szenen bzw. die Autoren solcher Lerngeschichten Bewegungsphänomene in den Kontexten der oben angeführten Heuristiken und Theorien zur Menschenbildthematik einzuordnen vermögen.

Das Sich-Bewegen ist zweifelsohne der zentrale Weltzugang für Kinder[2], weshalb Kinderwelten immer auch Bewegungswelten sind (vgl. Lange 2007b). Im Bewegen vergrößern sie ihre Streifräume, entdecken die Welt um sich herum und verstehen es, sich selbstständig mit den Widerständen und Herausforderungen, die diese Welt ihnen aufzugeben vermag, auseinanderzusetzen. Sie sind dabei vor allem auf ihre Sinnlichkeit und Wahrnehmung angewiesen, indem sie die Dinge ihrer Welt im wahrsten Sinne des Wortes begreifen. Dabei verwickeln sich Kinder regelrecht in die Sachlagen, sodass ihnen die Dinge nahe kommen, sie begegnen ihnen, lassen sich von ihnen berühren und werden von ihnen betroffen gemacht. Im oben skizzierten Fallbeispiel wird diese Begegnung bzw. Verwicklung zwischen Kind und Sachlage durch die lautstarken Kommentare Kevins sicht- bzw. hörbar. Wenn er während des Anschiebens „nicht loslassen, nicht loslassen" ruft, dann signalisiert er damit einerseits, dass ihn der Vater durch weiteres Halten noch in der bekannten Sachlage festzuhalten vermag und andererseits aber auch, dass er im Hinblick auf die anstehende Verwicklung mit der neuen Sachlage sehr aufgeregt, vielleicht auch noch nicht bereit ist. Nach dem Loslassen des Vaters tastet sich Kevin durch schwungvolle Lenkbewegungen in einer Zickzack-Fahrtstrecke voran und macht sich sinnessicher im Wechselspiel aus Spüren und Bewirken[3] mit der für ihn bis dahin ungewohnten, neuen Sachlage vertraut. Im Lichte des angeführten theoretischen Hintergrundes (Phänomenologie; Leiblichkeitstheorie; Anthropologie der Kindheit) darf vermutet werden, dass Kevin die Kombination der beiden Bewegungsprobleme des Fahrradfahrens, Gleichgewicht und Dynamik (Schwung holen und steuern), durch das Wechselspiel aus sensiblem Erspüren der Situation und gleichzeitigem Einwirken auf diese Situation herausfindet. Für den Beobachter bleibt das Gelingen dieses Prozesses zunächst weitgehend unsichtbar, während das Misslingen sehr gut zu sehen und zu beschreiben ist: Sobald der Vater loslässt und stehen bleibt, steigt Kevin ab oder fällt mitsamt dem Fahrrad um. Im Zuge der weiteren Versuche wird allerdings auch das Gelingen dieses Prozesses mehr und mehr sichtbar, weil Kevin dort mitunter längere Strecken geradeaus oder im Zickzack fährt, mehr oder weniger kontrolliert abspringt oder nach kürzeren oder längeren Fahrtstrecken gemeinsam mit seinem Fahrrad zum Stehen kommt. Es scheint, als würde Kevin immer vertrauter mit dem Bewegungsproblem des Fahrradfahrens, als würde er die Materialeigenschaften dieses Gerätes (vergleichsweise schmale Räder als Laufflächen; flexible

---

2   Vgl. hierzu vor allem die Phänomenologie von Merleau-Ponty (1966), in der sich unsere Weltbezogenheit nicht mehr über das Bewusstsein, sondern über unsere leibliche Existenz konstituiert. Dabei avanciert die Wahrnehmung zu einem Grundphänomen, da unsere Existenz durch unsere leibliche Wahrnehmung durchsetzt ist. So spricht Merleau-Ponty beispielsweise im Hinblick auf das Erfahren des anderen auch von einer Zwischenleiblichkeit.

3   Vgl. zum Zusammenhang aus Spüren und Bewirken den Beitrag von Trebels (1990): Bewegungsgefühl: Der Zusammenhang aus Spüren und Bewirken.

Lenkmöglichkeiten usw.) und die Bedingungen der Schwerkraft immer besser auf sein Bewegen hin abstimmen können.

1.2.4 Variablen der sportpädagogischen Interpretation

Diese Vermittlung von Welt bzw. Bewegungswelt lässt sich im bewegungspädagogischen Sinne aus verschiedenen Perspektiven heraus betrachten, beschreiben und analysieren (vgl. Abb. 4). Mit Blick auf das oben skizzierte Didaktische Modell (Abb. 3) lässt sich der Fokus deshalb auch in vier verschiedenen Richtungen konkretisieren. Erstens entwickelt der Lernende (Sohn) Interesse am Radfahren, weshalb er sich in die gegebenen Schwierigkeiten der bewegungsbezogenen Sachlage zu vertiefen beginnt. Zweitens wäre die Sache an sich hervorzuheben, denn ihre strukturelle Beschaffenheit stellt letztlich dem Lernenden einschlägige Bewegungsprobleme (z.B. ein dynamisches Gleichgewichtsproblem), die es zuweilen wert sind, um ihrer selbst willen ausgehalten, gelöst und auf neue Weise erschwert und vertieft zu werden. Drittens ist dann noch der Lehrer (in diesem Fall der Vater) zu nennen, der seinem Sohn eine Bewegungstechnik beibringen bzw. einen Zugang zu den Bewegungsmöglichkeiten des Radfahrens zeigen möchte. Schließlich ist viertens das kulturell und gesellschaftlich geprägte Feld von Bedeutung, in dem das Skifahren einschlägige Zwecke erfüllt, Räume erschließen hilft, auf den bestimmten Gebrauch von Geräten angewiesen ist oder weitere Bedeutungsauslegungen erfährt. Auch wenn diese vier Perspektiven jeweils nur akzentuierte Zugänge zum Prozess der Bewegungsbildung darstellen, scheint klar zu sein, dass die beachtliche Komplexität und die facettenreiche Vielfalt an Bedeutungskonstruktionen selbstverständlich nicht auf einem Weg allein angemessen wiedergegeben werden können.

Aufgabe 13:
Deuten Sie Ihr in Aufgabe 11 rekonstruiertes Beispiel einer Bewegungslerngeschichte in gleicher Weise wie dies zum Fahrradfahren lernenden Jungen vorgenommen wurde.

1.3 Konzeptionell-systematische Grundlagen der Sportpädagogik

Genau an dieser Stelle ist deshalb die konzeptionell-systematische Arbeit der Sportpädagogik gefragt. Hier kommt es nämlich darauf an, die Relationen der vier denkbaren Perspektiven systematisch aufeinander zu beziehen und zu einem stimmigen Bild des Bewegungslehr- und -lernprozesses zu verdichten. Für das Herstellen solcher Stimmigkeiten bedarf es geeigneter Orientierungen, die als übergeordnete begriffliche, konzeptionelle und theoretische Klammern ordnungsstiftende Schnittmengen zwischen den vier verschiedenen Zugängen zu beschreiben vermögen. Wir müssen deshalb aus jeder dieser vier Perspektiven kommend nach übergeordneten Orientierungen fragen, die letztlich für die Beschreibung jeder einzelnen Perspektive und in der Summe damit auch für die (Re-)Konstruktion des ganzheitlich betrachteten und verstandenen Lehrlernprozesses stehen. Mit Blick auf das oben skizzierte und interpretierte Beispiel bieten sich hierfür vier konzeptionelle bewegungspädagogische Orientierungen an, die sich selbstverständlich gegenseitig bedingen und im Folgenden vertiefend aufgearbeitet und für die Belange der Sportpädagogik ausgelegt werden:

1. Das Bild vom Lernenden und seinem Zugang zu den Dingen der Welt (Menschenbild)
2. Der Begriff und die Theorie von der Erziehung und Bildung (Bildungskonzept)
3. Der Bewegungsbegriff und das Bewegungsverständnis (Bewegungskonzept)
4. Der Begriff und die Theorie von der arrangierten Lehrlernsituation (Unterrichtskonzept)

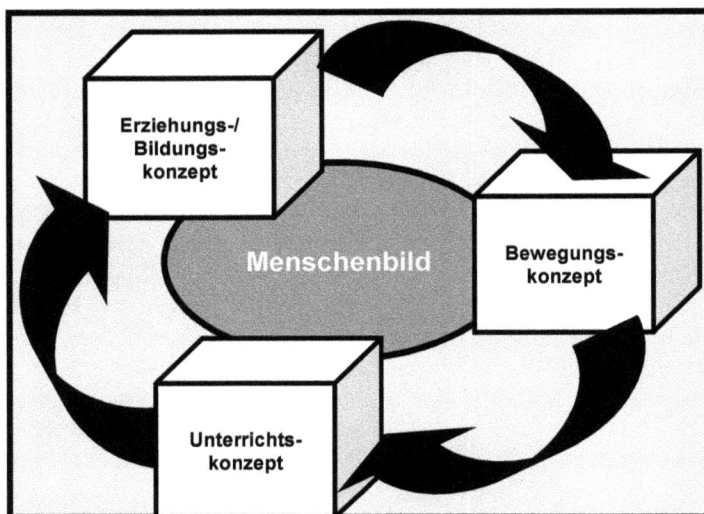

Erziehungs-/
Bildungs-
konzept

Menschenbild

Bewegungs-
konzept

Unterrichts-
konzept

Abb. 5:   Sportpädagogisches Konzept

Aufgabe 14:
Erläutern Sie in knappen Sätzen Ihr Vorverständnis zu einem sportpädagogischen Konzept! Welches sind die zentralen Orientierungen Ihrer Sichtweise? Skizzieren Sie das zugrunde liegende Menschenbild und die Eckpunkte Ihres Bildungs-; Bewegungs- und Unterrichtskonzepts.

1.3.1   Weltbezug des Lernenden: Bewegungspädagogische Relevanz

Im Folgenden soll auf die theoretische Grundlegung der Sportpädagogik verwiesen werden, indem der Zusammenhang zwischen den Begriffen Weltbezug, Menschenbild und Bildung hergestellt wird. Dabei versteht es sich auch in diesem Zusammenhang von selbst, dass die hierfür erforderliche bildungstheoretische Vertiefung im Zuge dieses orientierenden Kapitels nicht in aller Ausführlichkeit und dem damit verbundenen differenzierten philosophischen Tiefgang geschehen kann. Die Skizzierung des orientierenden Rahmens muss an dieser Stelle ausreichen, weshalb auch hier auf einschlägige Hintergrundliteratur aus der allgemeinen bildungstheoretischen Diskussion (Dörpinghaus u.a. 2006) bzw. ihrer sportpädagogischen Rezeption und Konkretisierung (Beckers 1997; Prohl 2010) verwiesen wird.

1.3.2 Menschenbild und Weltbezug

Die Geschichte bildungstheoretischer Ideen und Theorien zeigt unmissverständlich auf, dass die Frage nach den Prozessen der Bildung immer in einem expliziten oder impliziten Kontext zu bestimmten Menschenbildern stand (vgl. Bilstein 2004). Darüber hinaus baut die Frage nach dem Menschenbild im anthropologischen und phänomenologischen Sinn immer auf der Klärung des Weltbezuges der Lernenden auf. Wie genau sieht die Relation zwischen Mensch und Welt aus? Wie wird aus der physikalisch beschreibbaren Umgebung eine bedeutungsgeladene Bewegungswelt? Wie geht der Lernende mit den Veränderungen in dieser Bewegungswelt um? Vermag er sie selbstbestimmt (mit-)zugestalten oder ist er ihnen rezeptiv ausgeliefert? Wie und weshalb greift er in seine Bewegungswelt ein? Welche Bedeutung kommt dem Sich-Bewegen beim Begreifen und Aneignen von Welt zu? Welche Konsequenzen ergeben sich aus der Klärung dieser Fragen für die Bewegungserziehung? (...?).

Der Fragenkanon ließe sich ohne weiteres noch um eine Vielzahl anderer Fragen ergänzen. Außerdem legten die Theorie- und Wissensbestände aus dem Spektrum der Anthropologie und Kindheitsforschung eine umfassende und differenzierte Abhandlung nahe. Da die ausführliche Rezeption dieser Hintergründe auch an dieser Stelle den Rahmen der vorliegenden bewegungspädagogischen Einführung übersteigen würde, soll der Verweis auf einschlägige Schriften ausreichen (vgl. v.a. Duncker u.a. 2004).

Die aus anthropologischer Sicht bedeutsame Frage nach dem Menschenbild soll deshalb in anderer Weise bearbeitet werden, weshalb nochmals auf das Beispiel zum Fahrradfahren Bezug genommen wird. Die an diesem exemplarischen Fall gewonnenen Einsichten werden im Folgenden nochmals verdichtet und generalisiert. Hierfür wird das Augenmerk auf drei Aspekte der oben skizzierten Bewegungslerngeschichte und deren Interpretation gerichtet.

1. Die Bedeutungen und die Herausforderungen der die Lernenden umgebenden und betreffenden Bewegungswelt
2. Das auf die Herausforderungen dieser Bewegungsräume gerichtete Interesse der Lernenden
3. Die Veränderlichkeit des Raumes und der ihn konstituierenden Personen, Dinge und Sachlagen

Diese drei Aspekte sind aufs Engste aufeinander bezogen und lassen sich als ein Wechselspiel zwischen den Bedingungen des Raumes und den darauf gerichteten Interessen des Lernenden verstehen. Im oben skizzierten Beispiel läuft diese Bezugnahme auf das Zusammenspiel zwischen den dynamischen Gleichgewichtsanforderungen, die die Situation stellt, und den Gleichgewichtsempfindungen, die von dem Radfahren-lernenden Jungen wahrgenommen werden, hinaus. Der sich an dieser Stelle bereits andeutende Zusammenhang zwischen Wahrnehmen und Welt wird im Folgenden vertieft.

Aufgabe 15:
Erinnern Sie sich an einen Ihrer letzten Praxiskurse aus dem Sportstudium. Denken Sie an einen ganz konkreten Kommilitonen. Welches Bild haben Sie von ihm ganz persönlich? Gelingt es Ihnen von diesem Bild ausgehend auf ein allgemeines Bild zum „Sportstudierenden an sich" zu abstrahieren und zu verallgemeinern? Beschreiben Sie den Typ Sportstudent, so wie Sie ihn sehen.

1.3.3   Bewegungswahrnehmung und Bewegungsweltkonstruktion

Mit Blick auf die Bewegungslerngeschichte des Fahrradfahren lernenden Jungen folgt aus den bis hierher angeführten Wissensgrundlagen, dass er als aktiver Gestalter seiner (Bewegungs-)Welt sehr wohl in der Lage ist, die Schwierigkeiten der ihn konfrontierenden Bewegungsprobleme zu erkennen und als Lernherausforderung anzunehmen. Dabei erlaubt ihm die Integration seiner sinnlichen Wahrnehmung, die Veränderungen des Gleichgewichtszustandes treffend zu bestimmen und sein Verhalten darauf abzustimmen. Dabei geht er durchaus mutig vor, denn er riskiert im Zuge der Auseinandersetzung mit der neuen, für ihn ungewohnten Gleichgewichtssituation einige Kurvenfahrten und hin und wieder auch ein Umfallen. Genau das nimmt er aber in Kauf, weil er jenseits der durch den väterlichen Haltegriff gegebenen Sicherheit neue und ihn interessierende Bewegungserlebnisse vermutet. Dabei handelt es sich um den Modus einer (anthropologisch bedingten) Weltoffenheit, die sich sehr treffend durch den Terminus Bewegungsneugierde kennzeichnen lässt. Dieser neugierige Bewegungsprozess erinnert denn auch in vielerlei Hinsicht an ein Spiel. Der Junge setzt dabei jeweils sein mehr oder weniger sicheres Gleichgewicht aufs Spiel und gewinnt mal mehr und mal weniger interessante Bewegungserlebnisse. Die beobachtete Bewegungsszene auf der Straße vor dem elterlichen Haus wird somit zu einem attraktiven Spielraum. Dieser Zusammenhang zwischen Bewegung und Spiel wird auch von dem Hamburger Sportpädagogen Knut Dietrich (1998, 14) mithilfe einer eindrucksvollen Metapher auf den Punkt gebracht:

> „Bei der Bestimmung des Begriffs Spielraum will ich von dem Begriff Spiel im alltäglichen Sprachgebrauch ausgehen. Wenn ein Tischler eine Schublade in einen Tisch oder einen Schrank einbaut, dann sorgt er dafür, dass diese Schublade ‚Spiel‘ hat, das heißt: Zwischen der Führungsleiste und den Wänden des Möbelstücks muss ein Stück unbenutzter Raum bleiben, damit die Schublade beweglich ist. Die Bewegung der Schublade ist gebunden an einen Zwischenraum. Ihre auf den Millimeter genaue Einpassung dagegen würde sie funktionslos machen."

Im Zuge der Deutung dieser Metapher kommt heraus, dass die Begriffe Spiel, Raum und Bewegung bzw. Beweglichkeit eng miteinander verbunden sind. Dieser Zusammenhang lässt sich auch treffend auf die zuvor skizzierte Bewegungsszene übertragen. Auch dort ließ die Bewegungsaufgabe ein bestimmtes Spiel zu. Der Junge musste die Gleichgewichtsanforderungen des freien Radfahrens interpretieren, um in der fahrenden Auseinandersetzung mit dem labilen und für das Umfallen sehr anfälligen Situation die persönlichen Einwirkungs- und Steuerungsmöglichkeiten erproben zu können. Dabei ist er durchaus feinfühlig und differenziert vorgegangen: So hat er beispielsweise herausgefunden, dass er die Balancieranforderungen durch den Einsatz des Oberkörpers (nach hinten Schauen) entweder als Kurven- oder als Geradeausfahrt bewältigen kann. Je mehr er dabei aufs Spiel setzen konnte, desto interessanter wurde die Aufgabe und Auseinandersetzung. Wenn er einmal zu weit gegangen war, wurde diese Grenzüberschreitung durch die Erdanziehung eindeutig rückgemeldet, denn wenn das riskierte Gleichgewicht erst einmal verloren und nicht noch schnell wieder zurückgeholt und wiedergefunden werden konnte, folgte ein unwiderrufliches Umfallen.

Aufgabe 16:
Greifen Sie Ihre eigene Bewegungslerngeschichte (Aufgabe 13) auf und analysieren Sie das dort zugrunde gelegte Menschenbild.

1.4 Folgerungen für den Bildungsbegriff

Die bis hierhin erläuterten Hintergründe lassen sich in bildungstheoretischer Hinsicht durchaus auf die Grundannahmen der kategorialen Bildung beziehen, wie sie von dem Allgemeindidaktiker Wolfgang Klafki (1996, 96) formuliert wurde. In seinem Versuch, materiale und formale Bildungsaspekte zusammenzuführen, stellt er die Perspektive heraus, den Sinn der Sache mit dem Bestreben des Schülers, diese Sache zu erlernen, zu verbinden. Schülerinteressen und Sachstruktur müssen also doppelseitig erschlossen werden. Bezogen auf das Sich-Bewegen folgt hieraus, dass Lernende und Lehrende weitaus mehr tun müssen, als nur vorgedachte oder fertige Stundenkonzepte bzw. methodische Übungsreihen nachzuahmen und zu absolvieren. Sie müssen vielmehr ihre Interessen und vor allem ihre Erfahrungen konstruktiv in den Prozess des Bewegungslernens einbinden, womit die Momente des Selbstfindens, der Selbstentscheidung und der Selbstentfaltung gewährleistet sind. Allesamt zentrale Begriffe, die Klafki (1964, 74) bereits vor mehr als einem halben Jahrhundert in Hinblick auf die bildungstheoretische Orientierung des Sporttreibens in der Schule hervorgehoben hatte. Die Betonung dieses Selbst und damit einhergehend das Interesse an den Subjekten (v.a. Lernende) und am Subjektiven zieht sich als roter Faden durch den Fundus bildungstheoretischer Entwürfe, was im Folgenden exemplarisch gezeigt wird.

1.4.1 Zum Bildungsbegriff

Bildung meint den „Prozess der Formung eines Menschen, die Herausbildung einer Gesamtverfassung nach Vorstellungen, die Menschen selbst entwickelt haben" (Lassahn 1993, 10).

> „In dieser Auslegung meint Bildung einerseits das Formziel von Erziehungsmaßnahmen, die erwachsene, mündige Menschen heranwachsenden, noch unmündigen Menschen angedeihen lassen; andererseits wird der Prozess der Persönlichkeitsformung nach Abschluss von Erziehungsmaßnahmen dem Subjekt in eigener Verantwortung aufgegeben. Dies meint das geflügelte Wort vom Gebildeten als Werk seiner selbst, das Wilhelm v. Humboldt im 18. Jahrhundert geprägt hat" (Prohl 2004).

In diesem Sinne bieten die verschiedenen Felder, in denen sich Kinder und Jugendliche bewegen und Bewegungen lernen, ausgezeichnete Möglichkeiten, Menschen erziehlich zu formen. Und zwar durchaus im Geiste unseres Bildungsdenkens, wenn es denn gelingen kann, Schülerinnen und Schüler tatsächlich auch mündig werden zu lassen. Sie müssen in diesem Sinne zusehends aus der Obhut und Bevormundung entlassen werden, damit sie ihre Zugänge zu der sie umgebenden Bewegungswelt selbstbestimmt finden und vertiefen können. Auch auf die Gefahr hin, dass sie dabei Fehler machen, indem sie wie der Junge im oben skizzierten Beispiel fallen, anhalten oder einfach im Zickzackkurs eine andere Fahrtrichtung nehmen, als sie (und ihre Bewegungslehrer) ursprünglich geplant hatten. Möglicherweise sind es gerade solche ungewohnten Erfahrungen und Konsequenzen, die zur Bildung von Bewegungserfahrung dazugehören.

Aufgabe 17:
Wählen Sie einen Praxiskurs aus dem Verlauf Ihres Studiums aus und beschreiben Sie zwei Lehrlernsituation aus diesem Kurs. Eine in der der Lernende bevormundet wurde und eine weitere in der der Lernende aus der Bevormundung entlassen wurde.

Aufgabe 18:
In welchem Verhältnis sollen Bevormundung und Mündigkeit in Ihrem Sportstudium zueinander stehen? Begründen Sie Ihre Position.

1.4.2 Bildung als Leitbegriff der Sportpädagogik

Der Bildungsbegriff hat sich im Verlauf der zurückliegenden Jahrzehnte auch innerhalb der wissenschaftlich ausgerichteten Sportpädagogik als Leitbegriff etablieren können (vgl. u.a. Prohl 2010) und innerhalb der fachdidaktischen Arbeit bemerkenswerte Spuren hinterlassen (vgl. u.a. Prohl & Scheid 2012; Lange & Sinning 2012a, b, c, d). Dessen ungeachtet ist es möglich die Inhalte und Sachlagen des Sports auf andere Weise, also jenseits der erzieherischen und bildungsbezogenen Potenziale und Absichten, thematisch werden zu lassen. Beispielsweise unter dem Diktat ökonomischer Absichten und Interessen. Bildung bedarf vor allem Zeit und Personal. Beides verlangt nach Ressourcen und deren Bereitstellung wird zusehends verknappt. Man begnügt sich deshalb nur allzu oft mit der pragmatischen Perspektive stupider Ausbildung. Aus pädagogischer Sicht würde dem praktischen Handeln im Sport damit das emanzipatorische und kritische Potenzial verloren gehen, womit der Sport zum Spielball anderer Interessen degradiert würde.

Für die Beleuchtung dieses bedeutsamen Hintergrundes wird im Folgenden auf einen viel beachteten Beitrag des Würzburger Pädagogen Andreas Dörpinghaus (2009) Bezug genommen. Dieser hatte in einem Supplement der Zeitschrift *„Forschung & Lehre"* unter dem vielsagenden Titel *„Bildung. Plädoyer wider die Verdummung,,* Stellung bezogen und den aktuellen Entwicklungen innerhalb unserer Bildungslandschaft den längst überfälligen Spiegel vorgehalten.

1.4.3 Zur kritischen Funktion der Idee von Bildung

In unserem aktuellen Bildungssystem lassen sich viele Beispiele finden die zeigen, dass auch in der Lehrer- und Trainerbildung die Grenzen zwischen den Orten der Bildung und denen der Verdummung durchaus fließend verlaufen können. Oftmals ist dann treffender Weise von „Ausbildung" die Rede. Für Mitdenken, kritisches Nachfragen und Vergleichen verschiedener Standpunkte ist dann kein Raum mehr vorhanden. Stattdessen muss das vorgegebene aufgenommen und umgesetzt bzw. reproduziert werden. In den Kontexten von Schule und Hochschule werden uns hierzu tagtäglich neue Beispiele geliefert, wobei Hinweise wie z.B. auf die lückenlose Verwaltung von Studiennachweisen, der permanenten Kontrolle von Prüfungsbereitschaft sowie die daran gebundene Anpassung an vorgegebene Ordnungsmuster als Indizien für die letzte Dimension zu werten wären. Die Pluralität der Trainerausbildung innerhalb des DOSB steht dieser Entwicklung erfreulicherweise entgegen, hier ist man von den Formen der Standardisierung von (Aus-)bildung erfreulicherweise noch weit entfernt.

Wenn der Bildungsbegriff zum effizienten Instrument der Dienstbarmachung von Menschen und deren Fähigkeiten

generiert, (…) „*verliert er seine politisch kritisch-widerständige Dimension und wird zum polizeilichen Kontrollinstrument*" (Dörpinghaus 2009). Diese Perspektive ist nach Ansicht von Dörpinghaus (2009) durchaus geeignet um die gegenwärtig stattfindende Verdummung zu maskieren, weil die politisch–ethische Dimension der Bildungsidee als Gegengewicht zur polizeilichen Funktion in Vergessenheit gerät.

Beispiele aus dem Feld der Lehrerbildung (vgl. Lange 2012, 11) zeigen zuweilen eindrücklich, dass auch in der Lehrerbildung die Grenzen zwischen den Orten der Bildung und denen der Verdummung durchaus fließend verlaufen können. Dabei sind Hinweise wie z.B. auf die lückenlose Verwaltung von Studiennachweisen, der permanenten Kontrolle von Prüfungsbereitschaft sowie die daran gebundene Anpassung an vorgegebene Ordnungsmuster als Indizien für die letzte Dimension zu werten. Wenn der Bildungsbegriff zum effizienten Instrument der Dienstbarmachung von Menschen und deren Fähigkeiten generiert, (…) „*verliert er seine politisch kritisch-widerständige Dimension und wird zum polizeilichen Kontrollinstrument*" (Dörpinghaus 2009). Diese Perspektive ist nach Ansicht von Dörpinghaus (2009) durchaus geeignet um die gegenwärtig stattfindende Verdummung zu maskieren, weil die politisch–ethische Dimension der Bildungsidee als Gegengewicht zur polizeilichen Funktion in Vergessenheit gerät.

„Unter dem Begriff Polizei wird dabei im Anschluss an den französischen Philosophen und Kunsttheoretiker Jacques Rancière die Logik der bloßen Verwaltung und Kontrolle des Bildungssystems verstanden. Dieser Gebrauch des Begriffs ist für uns ungewohnt und irritierend, assoziieren wir doch mit ihm anderes, wenngleich er in seinem Aufkommen im 19. Jahrhundert eben diese Bedeutung hatte. Historisch betrachtet entspricht die Einschreibung dieser polizeilichen Logik in das Bildungssystem seiner Gründung zu Beginn des 19. Jahrhunderts, indem der politisch-theoretische Streit um Bildung und Gleichheit in die bis heute andauernde Verwaltung, Kontrolle und somit Stilllegung dieses Streits transformiert wird. Der Effekt war und ist ein unpolitisches Bildungssystem, das Anpassungsverhalten als Verhüllung des „blinden Gehorsams" befördert, zur Unmündigkeit erzieht und nützliche Kompetenzen als grundständige „Volksbildung" vermittelt, während die „Sozial-Elite" Bildung in einem reicheren Sinne, der gerade das Unnütze einschließt, als Distinktionsmerkmal bewahrt." (Dörpinghaus 2009)

Aufgabe 19:
Greifen Sie die Metapher des „polizeilichen Kontrollinstruments" auf und beziehen Sie diese auf Ihre Situation im Studium. Setzen Sie einen exemplarischen Anker und vertiefen Sie ein Beispiel: Ist Ihnen diese Funktion dort schon einmal begegnet? Welche Möglichkeiten zur Auflösung dieser „*polizeilichen Funktion*" können Sie für dieses Beispiel entwickeln?

Aufgabe 20:
Welche Möglichkeiten sehen Sie für die „*Soziale-Elite*" ihrem Streben nach Bildung in einem „reicheren Sinne" im Feld unserer Bewegungs- und Sportkultur für sich zu erschließen? Wie genau würden diese Eliten Sport betreiben?

1.4.4   Bildung als Leitkategorie?

Die Gefahr eines Verlusts der kritischen Funktion wirft die Frage nach einer geeigneten Leitkategorie für die Trainerbildung und Hochschuldidaktik auf. Woran sollen sich Trainer- und Lehrerbildner orientieren? Wenn Sie es mit Ihrem Auftrag bzw. mit ihrer Absicht, der Trainer bzw. Lehrer-*Bildung* Ernst meinen, dann würde sich der Bildungsbegriff für diese Zwecke anbieten. Beispielsweise in der Art, wie ihn Max Horkheimer für die Begrüßungsrede für die Studienanfänger der Universität Frankfurt im Wintersemester 1952/53 gebraucht hat:

> „Diejenigen unter Ihnen, welche heute ihr Studium beginnen, tun gut daran, für einen Augenblick darüber nachzudenken, was sie von diesem Studium sich erwarten. Im Vordergrund steht wohl zumeist der praktische Zweck, sich die Vorkenntnisse für bestimmte Berufe anzueignen, die akademischen und staatlichen Diplome zu erwerben, an deren Nachweis manche, ja allzu viele Laufbahnen heute gebunden sind. Zuweilen mag die Tradition der Familie eine Rolle spielen, der Umstand, daß freie und gelehrte Berufe in ihr heimisch sind, das Vorbild oder der Wille des Vaters, der Druck der Verhältnisse. Zu solchen Momenten tritt jedoch eine Vorstellung, die manche unter Ihnen vielleicht nicht sehr deutlich zu bezeichnen vermochten, von der ich aber glaube, daß sie in verschiedenen Graden des Bewusstseins allen jungen Studenten eigen ist, auch wenn die Härte des Lebens sie davon abhält, sich ihr hinzugeben. Es ist der Gedanke, daß das Studium an der Universität nicht bloß bessere wirtschaftliche und gesellschaftliche Möglichkeiten erschließt, nicht bloß eine Karriere verspricht, sondern zur reicheren Entfaltung der menschlichen Anlagen, zu einer angemessenen Erfüllung der eigenen Bestimmung die Gelegenheit bietet. Der Begriff, der sogleich sich darbietet, wenn diese Vorstellung sich aussprechen will, ist der der Bildung." (Horkheimer 1952/53; zit. nach Dörpinghaus 2009)

Aufgabe 21:
Was verstehen Sie unter der Perspektive der „*reicheren Entfaltung der menschlichen Anlagen*" und welchen unverwechselbaren Beitrag könnte der Sport hier leisten?

Dörpinghaus (2009) ordnet die Auffassung Max Horkheimers in der „*reichen Tradition Wilhelm von Humboldts*" ein, die er sinngemäß folgendermaßen charakterisiert: Von Humboldt steht für einen ganzheitlichen Bildungsbegriff. Der Mensch solle seine verschiedenen Kräfte, den Verstand und die Vernunft, moralisches Handeln, Emotionen, künstlerische Gestaltungen und nicht zuletzt seine Phantasie gemeinsam und integrativ entwickeln, ohne dass eine Dimension vernachlässigt oder durch die überproportionale Förderung einer anderen Dimension unterdrückt würde. Gleichzeitig solle eine gemeinsame Welt zu gelebter Vielfalt gestaltet werden. „*Bildung ist die Grundlage jeder gelingenden Ausbildung, die sich nicht mit einer stupiden und mechanischen Anwendung von Gelerntem zufrieden gibt, sondern den*

Anspruch des Mitgestaltens stellt" (Dörpinghaus 2009). Dieser Anspruch soll an der Universität – mit Blick auf das Humboldt'sche Bildungsideal – im Sinne der Einheit von Forschung und Lehre umgesetzt werden. Für die Studierenden soll ein neugieriges Fragen und forschendes Lernen arrangiert werden. Uwe Schimank (2009) bringt diese Perspektive der universitären Lehre in einem hochschulpolitischen Beitrag für die FAZ mit einem Humboldt-Zitat folgendermaßen auf den Punkt: *„Es ist ferner eine Eigenthümlichkeit der höheren wissenschaftlichen Anstalten, dass sie die Wissenschaft immer als ein noch nicht ganz aufgelöstes Problem behandeln und daher immer im Forschen bleiben, da die Schule es nur mit fertigen und abgemachten Kenntnissen zu thun hat und lernt."*

Aufgabe 22:
Diskutieren Sie die folgende Aussage: „Bildung ist die Grundlage jeder gelingenden Ausbildung, die sich nicht mit einer stupiden und mechanischen Anwendung von Gelerntem zufrieden gibt". Beziehen Sie in diese Diskussion explizit Erfahrungen aus ihrem Sportstudium mit ein.

1.4.5   Konsequenzen für den Sport – Reflexion

Wenn wir die einschlägigen Bildungspotenziale des Sports und des „Sich-Bewegens" in Hinblick auf die Auffassungen von Humboldt und Horkheimer deuten wollen, müssen wir danach fragen wie wir es schaffen die reichere *„Entfaltung der menschlichen Anlagen"* durch das Sporttreiben zu erschließen. Damit ist die methodische Dimension angesprochen. Also die Art und Weise **wie** Inhalte aus dem Gegenstandsfeld *„Bewegung, Spiel und Sport"* thematisch werden. Hierzu gibt wiederum Dörpinghaus (2009) eine grundlegende Orientierung:

„Der Mensch wird eben nicht gebildet, sondern er bildet sich, und zwar ausschließlich in der reflexiven Auseinandersetzung mit sich, der Welt und in der Diskussion mit anderen Menschen und Kulturen. So verbinden wir mit Bildung die Möglichkeit, uns in unserem Menschsein zu verbessern, die in uns ruhenden Möglichkeiten zu verwirklichen, eine bestimmte Haltung zur Welt einzunehmen, die Welt mit anderen Augen zu sehen, kluge, begründete Entscheidungen fällen zu können und in der Lage zu sein, unser Leben nach vernünftigen Gesichtspunkten führen zu können."

Aufgabe 23:
Skizzieren und erörtern Sie ein Beispiel aus Ihrer eigenen Sportpraxis in dem sichtbar wird, was unter der reflexiven Auseinandersetzung mit „sich" und der Welt verstanden werden soll.

1.4.6   Zum „Wie" von Bildung – Ringen mit einer Sache

Die reflexive Auseinandersetzung mit Sich und der Welt ist durchaus mühsam. Dörpinghaus spricht hier sogar von einem leidvollen Prozess, „der mitunter mit Schmerzen verbunden ist." Die sport- und bewegungsbezogene Bildungsdimension geht also deutlich über die passive Erlebnis- und Spaßdimension hinaus und meint die aktive Auseinandersetzung mit und die Verwicklung in die Widerstände bestimmter Sachlagen. Dörpinghaus (2009) stellt diese Perspektive in einem Rückgriff auf die griechische Philosophie heraus:

(...) „Die Lust und Liebe, das, was die Griechen eros nannten, die Bildung und Lernen selbst mit sich bringen, gerade in der Widerständigkeit einer Sache im Ringen um ihr Verstehen und in der Dauer der angestrengten Aufmerksamkeit auf sie, hat keiner so wunderbar wie der antike Philosoph Platon in seinem „Höhlengleichnis" aus seinem Werk politeia illustriert. Das Höhlengleichnis beschreibt in Kürze einen Bildungsprozess, der in der Umwendung des Blicks besteht. Der Mensch wendet sich von einer Welt des Scheins, der Lüge und der Unmündigkeit ab und versucht stattdessen die Dinge selbst zu ergründen. Platon beschreibt dabei die Schmerzen, die mit dieser Veränderung nicht des Menschen, sondern seiner Sichtweise verbunden sind, die Beschwerlichkeit dieses Weges bis hin zur Eingewöhnung in diese andere Sicht auf die Menschen und ihre Welt. Interessant ist darüber hinaus aber, dass Platon sich fragt, warum der Mensch überhaupt diese Anstrengung auf sich nimmt, warum er sich mit Fragen beschäftigt, die über seine unmittelbare Bedürfnisbefriedigung und Verwertbarkeit hinausgehen. Dieser Antrieb des Menschen wurzelt in seiner Neugierde und seinem Interesse, sich und die Welt verstehen zu wollen. Wir betreiben Wissenschaft und nehmen Anstrengungen im Denken auf uns aus Liebe (eros). Das mag in unseren modernen Ohren pathetisch und überzogen klingen, doch ist dieser Gedanke des eros lediglich eine alltagsgesättigte Antwort auf die Frage, warum wir bereit sind, freiwillig Dinge auf uns zu nehmen, die uns nicht im engen Sinne nutzen. Dieser Eros, diese Lust auf Bildung, dieses Angemacht-werden-von-etwas und Nicht-mehr-ablassen-können, weil es uns beschäftigt und uns keine Ruhe lässt, ist, und das ist entscheidend für das Verständnis des eros, eben kein innerer Trieb des Menschen, wie man zunächst und durch psychologische Denkmuster geschult meinen könnte. Nein, er ist eine unbändige Neugierde, die sich an den Dingen entzündet und für deren Verständnis man all die Mühen auf sich nimmt. Oder um es in Anlehnung an Friedrich Schiller zu sagen: Wir haben Bildung, weil es eine Welt außer uns gibt."

Aufgabe 24:
Skizzieren und erörtern Sie ein Beispiel aus Ihrer eigenen Sportpraxis in dem sichtbar wird, was unter dem „Eros" verstanden werden soll.

1.4.7   Sport und die Lust auf Bildung

Mit dem Bezug auf den Eros, die Lust auf Bildung, ist die Brücke zu einem einschlägigen Kennzeichen des Sporttreibens und „Sich-Bewegens" hergestellt. Wenn man Menschen beim sportlichen Laufen, Fußballspielen oder Turnen beobachtet erinnert dieses Tun an die oben aufgeworfene Frage Platons, (...) *„warum der Mensch überhaupt diese Anstrengung auf sich nimmt, warum er sich mit Fragen beschäftigt, die über seine unmittelbare Bedürfnisbefriedigung und Verwertbarkeit hinausgehen."* Der Sportpädagoge Meinhart Volkamer (1996; 2003) hat diese Perspektive mehrfach auf den Punkt gebracht und derartige Handlungen unter dem Stichwort *„Ironie"* als Bildungsperspektive beschrieben: Im Sport werfen Menschen Basketbälle auf Körbe, die unten offen sind, weshalb der Ball jedes Mal hindurchfällt. Oder sie laufen beim 400 Meter Rennen eine Runde so schnell sie können um den Sportplatz, um letztlich genau an der Stelle wieder anzukommen, an der sie vor 50 bis 60 Sekunden gestartet waren. Sportlern gelingt es durch solche Tätigkeiten sich fortwährend in die

Widerstände, Schwierigkeiten und Bewegungsprobleme der sportlichen Disziplinen zu vertiefen und dabei die Dinge an sich selbst zu ergründen.

Aufgabe 25:
Haben Sie sich auch schon einmal der oben beschrieben Lust auf Bildung bzw. auf Bewegungsbildung hingegeben? Skizzieren Sie hierzu ein anschauliches Beispiel aus Ihrer eigenen Sportpraxis.

1.4.8 „Sichfremdwerden" als Methode

Dörpinghaus (2009) betont die Bedeutung des „*Sichfremdwerdens*" und verweist damit auf die methodische Dimension der Bildung. Bildung hat in diesem Sinne viel mit Staunen, Infrage stellen und Irritation zu tun. Auch das ist anstrengend und kann als schmerzvoll empfunden werden. Vor allem dann, wenn Bekanntes, Gewohntes und in anderen Situationen als Bewährtes wahrgenommene, entfremdet und mit anderen Augen betrachtet wird. In diesen Fällen – die wir durchaus aus dem Koordinationstraining oder dem Variationslernen kennen – räumen Sportler dem Nicht-Wissen bzw. dem Nicht-Können ein Primat ein. Der Sportler wird in seiner Leiblichkeit irritiert, sieht die Aufgabe anders und sucht dementsprechend nach anderen Möglichkeiten diese Bewegungsprobleme zu lösen. Übertragen auf die grundsätzlichen Ausführungen von Dörpinghaus (2009) lautet diese Perspektive folgendermaßen: „*Bildung umfasst so eine Transformation des Selbst; man muss, wie das Höhlengleichnis aufzeigt, etwas an sich ändern. Dabei kommt es nicht etwa im Geiste einer universalen Vernunft darauf an, dass alle Menschen durch Bildungsprozesse gleich werden, sondern darauf, dass jeder anschließend eine andere Sicht und ein anderes, reflexives Selbstverständnis hat.*" Wilhelm von Humboldt macht in dem Begriff „Welt" die allgemeinste Metapher für das Fremde aus. Das, was er unter „Welt" versteht, entzieht sich einerseits der vollständigen Aneignung und macht andererseits und zugleich auch den Gegenstand von Bildung aus. Konkret bringt Dörpinghaus (2009) den hier angesprochenen Zusammenhang zwischen Eigenem und Fremdem im Kontext des Bildungsprozesses im Sinne von Humboldts folgendermaßen auf den Punkt:

> „Bildung ist für ihn eine, wie er es nennt, Wechselwirkung zwischen Ich und Welt. In dieser Wechselwirkung befördern sich die menschlichen Kräfte und Fähigkeiten in der Auseinandersetzung mit den Gegenständen. Bildung entsteht nur in der Auseinandersetzung mit Fremdem. Mit anderen Worten: Das Sichfremdwerden ist eine Voraussetzung und Bedingung für ein Andersdenken- und ein Andersmachenkönnen"

Aufgabe 26:
Skizzieren und erörtern Sie ein Beispiel aus Ihrer eigenen Sportpraxis in dem sichtbar wird, was unter dem „Sichfremdwerden" verstanden werden soll.

1.4.9 Wartenkönnen als Aspekt der Bildung

Es wird deutlich, dass die bis hierher aufgearbeiteten bildungstheoretischen Orientierungen sämtlichen Tendenzen zuwiderlaufen, die auf eine schnelle Nutzbarmachung und Ökonomisierung von Bildungsprozessen abzielen. Bildung lässt sich nicht auf die Schnelle erledigen und besorgen, sondern bedarf Ausdauer, Geduld und Zeit. Dörpinghaus (2009) greift in diesem Zusammenhang im Rückgriff auf Adorno die treffende Metapher des „Wartenkönnens auf: *„Etwas, das möglicherweise auf den Fortgang nahezu drängt und den Abschluss sucht, wird verzögert, so dass eine andere Ebene der Sicht eröffnet wird. Diese Verzögerung markiert als Grenzphänomen den Übergang von der bloßen Nutzbarmachung von etwas hin zur Frage nach seinem Sinn und seiner Bedeutung. In seinem Nachlass bestimmt Adorno interessanterweise die Bildung des Menschen als ein Wartenkönnen.“* Die bis hierhin beleuchteten Aspekte des bildungstheoretischen Denkens, wie z.B. das Ringen mit einer Sache, das „Sich-Verwickeln", das Eros und die Lust auf Bildung sowie das Entfremden und Sichfremdwerden markieren allesamt Facetten der methodischen Dimension von Bildungsprozessen, die sich der Ökonomisierung entziehen, weil sie Zeit brauchen.

1.4.10   Wider die Verdummung

Der über einen Text von Dörpinghaus (2009) hergestellte theoretische Bezugsrahmen zum Bildungsbegriff soll neben der Ausrichtung an einem humanistischen Bild des Menschen (siehe oben: Hotz 1978; 1991) als weitere zentrale Orientierung für den vorliegenden Grundriss zur Sportpädagogik dienen. Dabei versteht es sich von selbst, dass es sich keineswegs um eine Folie handeln kann, die im Sinne eines Abziehbildes auf die Besonderheiten des Sports und seiner pädagogisch geleiteten Vermittlung zu übertragen wäre. Stattdessen soll im Zuge der folgenden Abschnitte erörtert werden, wie das Pädagogische im Sport – im Lichte der bildungsphilosophischen Position – zu entfalten wäre. Diese Erörterung ist notwendig, um verantwortbare Alternativen pädagogischen Denkens, Handelns und Wirkens auf den Weg zu bringen. Wir brauchen derartige Anstöße nicht nur im hochschuldidaktischen, sondern auch im Diskurs um die Trainerbildung wenn wir die vermuteten Wirkungen des Sporttreibens und „Sich-Bewegens" für die Erziehung junger Menschen erschließen wollen. Möglicherweise geht der Ansatz aber auch noch weiter: Sport ist immer ein ambivalenter Gegenstandsbereich der im Zuge seiner Thematisierung unterschiedliche Formen, Qualitäten und Wirkungen annehmen und entfalten mag. Aus diesem Grund muss man Kinder und Jugendliche (aber auch Studierende und angehende Trainer) vor bestimmten Weisen des Sporttreibens in Schutz nehmen. Nicht wegen der körperlichen Anstrengung und allfälliger Verletzungsrisiken für den Körper. **Sondern wegen der möglichen Beiträge zur Verdummung.**

> „Wenn Bildung verwaltet und kontrolliert wird, verkehrt sie sich in ihr Gegenteil, wird Verdummung. Deswegen, und das ist der Kern der Überlegungen, müssen sich diese beiden Prozesse, Bildung und Verdummung, fremd bleiben. Der Bildungsstreik jüngst macht eines deutlich: Die Unvereinbarkeit von Bildung und Verdummung. Streiks sind daher wichtig, weil durch sie die polizeiliche Logik verzögert und unterbrochen wird und das Unverhältnis sichtbar wird" (Dörpinghaus 2009).

Aufgabe 27:
Welche Perspektiven der Verdummung können Sie in Ihrem Sportstudium ausmachen? Benennen Sie ein Beispiel und erörtern Sie dieses Beispiel im Lichte des vorliegenden Textes.

1.4.11   Zum Bildungspotenzial bewegungsbezogener Schwierigkeiten

Da Bildung niemals in den Sachen an sich steckt, sondern immer nur im Zusammenhang mit Menschen zu verstehen ist, die sich in diese Sachlagen verwickeln bzw. für diese Sachen interessieren und deshalb an und mit ihnen arbeiten, muss auch das einschlägige Bildungspotenzial des Sich-Bewegens innerhalb der Grenzen solcher Verwicklungen gesucht und eingegrenzt werden. In diesem Zusammenhang interessieren die charakteristischen Widerstände und Schwierigkeiten, auf die Lernende stoßen, wenn sie z.B. Ski fahren, laufen, springen, werfen, spielen, tanzen oder turnen. Die Lernenden bzw. sporttreibenden Kinder tasten sich im Spektrum der Anforderungen der jeweiligen Disziplin immer weiter an persönliche Grenzen heran bzw. versuchen, mithilfe innovativer bzw. schöpferischer Ideen und Entscheidungen diese Grenzen zu überwinden und weiter zu stecken. Der Umgang mit diesen Grenzen avanciert somit zu einem bewegungsbezogenen Wechselspiel, in dem der Sich-Bewegende versucht, die Gesetzmäßigkeiten seiner Leiblichkeit in Abhängigkeit zu den Anforderungen der jeweiligen Sportart bzw. Bewegungsaufgabe herauszuspüren. Solche Prozesse lassen sich auch trefflich als Ordnungsversuche umschreiben, womit eine Brücke zu einer allgemein gehaltenen Bildungsdefinition hergestellt ist, die von Theodor Litt (1963, 11) formuliert wurde: Bildung kann nämlich umschrieben werden als *„jene Verfassung des Menschen [...], die ihn in den Stand setzt, sowohl sich selbst als auch seine Beziehungen zur Welt ‚in Ordnung zu bringen‘“*. Die sich im Spektrum der gegebenen Bewegungswelten stellenden Ordnungsaufgaben fallen den Sich-Bewegenden nicht immer leicht. Im Gegenteil, sie werden nur allzu oft von Schmerzen, Fehlversuchen und Misserfolgen begleitet und sind auch im Erfolgsfall zuweilen überaus schwierig und problembehaftet, womit wir an einem Punkt angelangt wären, an dem die bisher gebrauchten Bildungsdefinitionen noch weitergehend präzisiert werden können.

> „Bildung hat mit Auffassung und Wahrnehmung, darauf bezogen mit Geschmack und Urteilskraft zu tun, die nur langwierig aufgebaut werden können, Umwege gehen müssen und sich nicht mit einem Instant-Produkt besorgen lassen. In diesem Sinne verlangt Bildung viele vergebliche Anstrengungen und stellt erst allmählich Könnensbewußtsein zur Verfügung. Der Grund dafür ist, dass der Zugang nicht sofort und nicht unmittelbar möglich ist, vielmehr voraussetzungsreich gelernt werden muss, während triviale Lernmedien unmittelbar Zuwachs verschaffen, weil besondere Hürden gar nicht gegeben sind" (Oelkers 2004, 5).

Aufgabe 28:
Wann sind Sie zuletzt auf eine Schwierigkeit im Bewegungslernen gestoßen? Skizzieren Sie die entsprechende Lehrlernsituation und arbeiten Sie die Schwierigkeit genau heraus.

1.4.12   Zum besonderen Reiz bewegungsbezogener Schwierigkeiten

In den allermeisten Fällen gewinnen sport- bzw. bewegungsbezogene Ordnungsaufgaben durch das Spiel mit den einschlägigen Schwierigkeiten der jeweiligen Bewegungsaufgaben erst ihren besonderen Reiz und vermögen deshalb Bewegungsinteresse bei den Lernenden zu wecken. So findet beispielsweise ein fußballspielender Junge durch variantenreiches und differenziertes Üben und Wiederholen im Zuge vieler Trainingseinheiten und Fußballspiele heraus, wie er den Ball in einer bestimmten Situation erfolgversprechend auf das Tor schießen muss. Auch wenn ihm kluge Lehrer, Eltern oder erfahrene Trainer tausendundein Mal gut gemeinte Tipps geben, so lernt er seine Fußballkunst doch erst im Verlauf herausfordernder, anstrengender und schwieriger Trainingseinheiten und Fußballspiele. Damit er diese immer wieder mit Neugierde und Leidenschaft auf sich nimmt, muss es ihm möglich sein, einen lustvollen bzw. erfüllenden Zugang zu den besonderen Schwierigkeiten des Fußballspiels zu finden. Andernfalls würde er sich im seichten Dahinspielen mit schwachen Gegnern und in unterfordernden Spiel- und Leistungssituationen mit seinem aktuellen fußballerischen Niveau verlieren und sein Spiel würde auf eine simple Beschäftigkeit hinauslaufen und keineswegs über das Niveau des sicher Gekonnten hinausgehen. Doch genau darauf käme es in einem spannenden Fußballspiel an, weshalb er beispielsweise gute Torhüter oder andere Gegenspieler als Herausforderung und Faszination seines Fußballspiels erkennen und die von ihnen ausgehenden Widerstände annehmen muss. Sie machen nämlich das Spiel schwierig und gleichzeitig interessant, denn der Fußballer, der sein Spiel durch das Üben, Spielen und Trainieren zu ordnen gedenkt, muss das Verhalten starker Gegner im Fußballspiel sensibel wahrnehmen und verstehen lernen, um letztlich seine persönlichen Spielaktionen treffend darauf abstimmen zu können. Er variiert sein Spiel im Zuge zahlreicher Trainings- und Übungseinheiten also nicht beliebig, sondern überaus sensibel und differenziert, um am Ende dieses Lern- bzw. Bewegungsbildungsprozesses seine Perspektiven auf das Fußballspiel erweitern zu können. Für das Fußballspiel heißt das, dass es dem Fußballer früher oder später gelingen wird, dieses komplexe Geschehen immer mehr und immer kompetenter zu seiner Sache zu machen, um irgendwann in der Lage zu sein, Bälle mit hoher Treffsicherheit im gegnerischen Tor unterzubringen.

Aufgabe 29:
Greifen Sie die Passage des „seichten Dahinspielens" heraus und übertragen Sie die auf eine typische Situation Ihres Sportstudiums. Haben Sie dort schon Vergleichbares erlebt? Kritisieren Sie dies in Hinblick auf Ihre Antwort zu Frage 28.

1.4.13   Zur ästhetischen und wahrnehmungsbezogenen Perspektive

Zurzeit lassen sich aus dem Spektrum des sportpädagogischen Schrifttums einige Orientierungen entnehmen, die zeigen, wodurch sich die Prozesse der Bewegungserziehung auszeichnen. Im Hinblick auf die ästhetische Perspektive der Bewegungsbildung hebt Beckers (1997) die Tatsache hervor, dass der Lernende ein Problem sinnlich wahrnehmen können muss. Das heißt, er muss das Bewegungsproblem am eigenen Leibe erfahren und es im Zuge dieser Betroffenheit zu seinem leiblichen Problem und zu seiner ureigenen Sache machen. Das meint auch, dass die Wahrnehmung immer mit einer gewissen Affektivität verbunden ist. Wir benötigen beispielsweise Anstöße, um gewohnte Muster unserer Wahrnehmung durchbrechen und vertraute Dinge mit neuen Augen sehen zu können.

„Zur Erfahrung wird das Wahrgenommene erst dann, wenn es einen Widerspruch zum Erwarteten oder Gewohnten enthält" (Beckers 1997, 23).

Mit anderen Worten: Auf einmal passiert im kindlichen Bewegungsspiel etwas Unerwartetes, und der in diesem Kontext konstituierte Widerspruch markiert letztlich den Gegenstand einer ästhetischen Erfahrung. Lernende müssen sich also während ihrer bewegungsbezogenen Bildungsprozesse immer wieder in für sie bedeutungsvolle Ereigniszusammenhänge der

Bewegungssituation hineinbegeben, sie müssen dabei die Offenheit für plötzliche Veränderungen und Widersprüche bewahren und deshalb durchaus auch gewohnte Wahrnehmungs- und Deutungsmuster, die ihnen möglicherweise von ihren Trainern oder Sportlehrern anerzogen wurden, durchbrechen können. Dabei ist jedoch darauf zu achten, dass dieses Spiel aus Wahrnehmen, Entscheiden und Handeln nicht in Beliebigkeit gerinnt, sondern von den Lernenden sensibel geordnet wird. Beckers (1997, 24) hält in diesem Zusammenhang fest:

> „Wahrnehmungen können nur dann zur Veränderung und Identitätsbildung führen, wenn sie zu Erfahrungen verarbeitet und in eine Ordnung gebracht werden."

Und dieses Ordnen beginnt in aller Regel mit der Verarbeitung des Erfahrenen durch subjektive Bedeutungszuschreibungen. Das Erziehliche im Umfeld solcher Bewegungsbildungsprozesse zeigt sich in der Art und Weise, wie der Sportlehrer dem Lernenden (z.B. Tänzer, aber auch Fahrradfahrer oder Fußballspieler) während dieses Prozesses begegnet, wie er ihn anspricht, was er ihm zeigt, wie er ihn tröstet, berät, herausfordert, aber auch reglementiert und zurücknimmt. Dabei muss der betroffene Pädagoge sich sowohl in die Komplexität der jeweiligen Bewegungssituation als auch in die Lage des Lernenden hineinversetzen können. Er muss dabei auch normative Setzungen verankern, die in unserer abendländischen Pädagogiktradition dem Gedanken der humanen Gestaltung in demokratischer Verfassung verpflichtet sind (Dewey 2000).

Aufgabe 30:
Schildern Sie (aus der Schülerperspektive) eine Situation in der man Ihnen beim Ordnen von Wahrnehmungen geholfen hat. Oder: Schildern Sie eine Situation in der Sie jemanden beim Ordnen seiner Wahrnehmungen geholfen haben (aus der Lehrerperspektive).

1.4.14 Felder bewegungsbezogener Bildungsgelegenheiten

Derartige Befunde passen zu den Skizzen der Bildungspotenziale, die Beckers (1997, 15) auf den Sportunterricht hin auszulegen versteht, wenn er meint, dass solche Bildungsprozesse durch die Sensibilisierung bzw. Lenkung der Wahrnehmung eingeleitet werden. Er kennzeichnet solche Prozesse als aisthetische Bildung, in der das Subjekt, sein Körper und die Bewegung im Mittelpunkt stehen. Im weiteren Verlauf seiner Ausführungen gelangt Beckers schließlich in Anlehnung an Klafki (1994, 138) zu den epochaltypischen Schlüsselproblemen der modernen Welt, die die Erziehung und die Erziehungswissenschaften vor neue, große Aufgaben stellt. Durch diese Bezugnahme wird die vergleichsweise enge Sphäre, die durch die Orientierung am gesellschaftlichen Phänomen Sport vorgegeben ist, deutlich überstiegen. An dieser Stelle ist nämlich danach zu fragen, welchen Zugang der Schulsport den Kindern im Hinblick auf die Auseinandersetzung mit diesen Schlüsselproblemen zu schaffen vermag. Schließlich besteht eine Aufgabe schulischer Erziehung darin,

> „Heranwachsenden ‚Schlüsselqualifikationen' zu vermitteln, die sie befähigen, diese alltäglichen Lernsituationen bewältigen und mit Widersprüchen umgehen zu können" (Beckers 1997, 16).

So weit zum normativen Anspruch ästhetischer Bewegungsbildung, der zugleich auf eine Forschungslücke verweist. Im Spektrum der sportpädagogischen Publikationen fehlt bislang nämlich noch die konkrete Übersetzung solcher bildungstheoretischen Vorstellungen. Die Frage nach dem Wie von Bildung bleibt im gegenwärtigen Diskurs um die Bildungspotenziale weitgehend ausgeklammert. Der vorhandene Fundus an Unterrichtsbeispielen und szenischen Darstellungen aus dem Feld der ästhetischen Bewegungserziehung sollte in den kommenden Jahren differenzierter und präziser ausgebaut werden. Beispielsweise mit präzisen phänomenologischen Beschreibungen und Analysen zu konkreten und authentischen Situationen aus dem Sportunterricht, die das vermutete und eingeforderte Bildungspotenzial sichtbar werden lassen.

Aufgabe 31:
Welche Schlüsselqualifikationen vermag der Sportunterricht bei Kindern in besonderer Weise zu vermitteln? Zählen Sie mindestens fünf Beispiele auf und vertiefen Sie ein Beispiel anhand einer anschaulichen Beispielschilderung.

2 Sportdidaktik

Wenn im Folgenden die Grundlagen der Sportdidaktik aufgearbeitet und erörtert werden, dann bauen wir auf den bildungstheoretischen Grundlagen auf, die im vorangegangenen Kapitel zur Sportpädagogik gelegt wurden. Deshalb bilden beide Kapitel eine thematische Einheit. Die Wissensgrundlagen wurden im Verlauf der zurückliegenden Jahre erarbeitet und teilweise bereits an anderer Stelle in verschiedenen Aufsätzen publiziert (u.a. Lange & Sinning 2009; 2012). Für das vorliegende Buch wurde jedoch ein umfassenderer Zugang gewählt, so dass mehrere Vorarbeiten überarbeitet und aufeinander bezogen werden konnten. Die Aufbereitung sportdidaktischer Grundlagen erfolgt in vier Schritten und schließt die Dimension der allgemeinen Sportmethodik mit ein. Wir beginnen mit den Perspektiven sportdidaktischen Könnens (1) und arbeiten die relevanten Strukturen und Begrifflichkeiten der Allgemeinen (Sport-)Didaktik auf. Im zweiten Schritt wenden wir uns unter dem Primat der Sportdidaktik der methodischen Dimension zu (2), die wir im dritten Schritt in zwei verschiedene didaktisch-methodische Konzeptionen konkretisieren (3). Ungeachtet der Entscheidung ob im Sinne einer Methodischen Übungsreihe oder einer offenen Konzeption unterrichtet werden soll, bemisst sich die Qualität sportdidaktischen Handelns immer an der Stimmigkeit im Feld der Themenkonstitution. Deshalb schließen wir den Beitrag mit einem entsprechend ausgerichteten Teilkapitel ab (4), in dem wir den Zusammenhang aus Zielen, Inhalten und Methoden im Lichte der zuvor aufgearbeiteten bildungstheoretischen und fachdidaktischen Wissensgrundlagen erörtert haben.

2.1 Perspektiven sportdidaktischen Könnens

Trainer, Übungsleiter, Studierende aller Lehramtsstudiengänge sowie Lehrer aller Schulformen und Schulstufen benötigen für die Planung, Reflexion und Auswertung von Training und Unterricht sportdidaktisches Orientierungswissen. Hierfür stehen ihnen zahlreiche Einführungen in die (für solche Planungen) zentralen sportwissenschaftlichen Disziplinen und Arbeitsfelder zur Verfügung (u. a. Motorische Entwicklung, Bewegungs- und Trainingslehre, Sportpsychologie, usw.). Im Bereich der Sportdidaktik und -pädagogik müssen sie sich zudem mit einer Vielzahl relevanter Werke auseinandersetzen, die je nach Schwerpunkt des Verfassers (bspw. im Spannungsfeld der Positionierungen zwischen erfahrungsoffener Bewegungspädagogik und qualifikatorisch orientierten Trainings- und Fitnesskonzeptionen) nicht nur verschiedene Erziehungs- und Bildungsideen transportieren, sondern die dann auch noch unterschiedliche Vorstellungen gelingenden Sportunterrichts konzeptionell kultivieren und einfordern (vgl. Lange, 2003). Das mag zuweilen unübersichtlich erscheinen, lässt sich aber im Horizont eines differenzierten, mehrperspektivisch verstandenen und geisteswissenschaftlich orientierten Erziehungs- und Bildungsverständnisses nicht vermeiden. Im Gegenteil, denn genau an dieser Stelle markieren wir eine wichtige Botschaft unseres sportdidaktischen Ansatzes. Lehrende im Sport (Übungsleiter und Trainer) sollen in die Lage versetzt

werden, sich im Spektrum der theoretischen und konzeptionellen Vielfalt kompetent zurecht-
zufinden, um sich in der kriteriengeleiteten Abwägung von Alternativen für ihren Weg entscheiden zu können. Letztlich entwickeln sich Lehrlernkonzepte und Lehrmeinungen in
jedem Praxisfeld überaus schnell weiter, mitunter konkurrieren verschiedene Positionen auch
mit- und gegeneinander, so dass es vor allem im Feld der Lehrer-, Übungsleiter- und Trainerbildung enorm wichtig ist, sich des eigenen didaktischen Standorts zu vergewissern.

Aufgabe 32:
Greifen Sie sich aus Ihrem Studienplan eine Lehrveranstaltung heraus und analysieren Sie
diese in Hinblick auf die Eckpunkte und Bedingungen des hier vertretenen hochschuldidaktischen Ansatzes. Diskutieren Sie die Ergebnisse Ihrer Analyse kritisch.

2.2   Ausgangslage: Didaktik in der Wissensgesellschaft

Deutet man die aktuelle gesellschaftliche Situation als Wissens- und Informationsgesell-
schaft, die sich u. a. durch eine Hochzeit der Bildungsreform kennzeichnet, dann lässt sich
auch hieraus ein entsprechender Bedeutungsanstieg für didaktische Kompetenzen aller Art
ableiten. Es müssen Wege zum Wissen bereitgestellt werden und dabei sind die ordnungsstif-
tenden und strukturierenden Arbeitsweisen und das konzeptionelle Denken der Didaktik
gefragt. Im Feld des Sports betrifft diese Nachfrage längst nicht mehr nur die Sphäre des
Sportunterrichts. Sportdidaktische Kompetenzen werden mittlerweile überall dort benötigt,
wo Experten Sportangebote für Schüler, Patienten, Mitglieder, Kunden oder andere Interessierte treffsicherer gestalten und verantworten wollen bzw. müssen. Beispielsweise auch in den
Feldern des Vereins- und kommerziell organisierten Fitness- bzw. Studiotrainings. Darüber
hinaus werden einschlägige sportdidaktische Kompetenzen in Arbeitsfeldern wie der Bewegungstherapie, Rehabilitation, Erlebnispädagogik oder im Tourismus benötigt, wo sie zurzeit
noch weitgehend informell und „nebenbei" erworben werden.

Der sich innerhalb und außerhalb der Schule ausdifferenzierende Arbeitsmarkt für Sportlehrer und die daran gebundenen Herausforderungen für die sportbezogene Bildungsarbeit verweisen bereits auf einen gesellschaftlich bedingten Bedeutungsanstieg sportdidaktischen
Wissens. Vor diesem Hintergrund lassen sich an dieser Stelle fünf Punkte hervorheben, die
als Argumentationsgrundlage dienen, um die Didaktik wieder stärker in den Fokus der Bildungsarbeit zu rücken.

1. Die Sportwissenschaften haben sich rasant ausdifferenziert und stellen einen beachtlichen
    Fundus an differenzierten Wissensgrundlagen bereit, der für vielfältige Wissenstransfers
    einer sportdidaktischen Interpretation und Aufbereitung bedarf.
2. Das Spektrum potenzieller Arbeitsfelder für Lehrende in bewegungs- und sportbezoge-
    nen Kontexten hat sich einerseits erheblich ausgeweitet und andererseits spezialisiert.
3. Die Anforderungen, die künftig an Trainer und Sportlehrer gestellt werden, haben sich
    rasant verändert (Bewegungsfelder statt Sportarten; neue Inhalte; Bewegung, Spiel und
    Sport im Schulleben; Ganztagsschulen; Bewegte Schulkultur, usw.).
4. Die Inhaltsdimension hat den Kanon der traditionellen Schulsportarten seit langem über-
    stiegen (Trendsportarten; Bewegungsfelder; ...) und wird mit Blick auf die relevanten
    Inhalte außerschulischer Arbeitsfelder (Therapie; Fitness; ...) nochmals erweitert.

5. Die gegenwärtige Bildungspolitik folgt an vielen Stellen einem ausgewiesenen Effizienz- und Ökonomisierungsinteresse, was den künftigen Arbeitnehmern einschlägige fachdidaktische Qualifikationen abverlangt.

Trotz des gegebenen Bedarfs an didaktischen Kompetenzen darf das Niveau didaktischer Arbeit in den verschiedenen Feldern des Sports keinesfalls auf die Ebene des „Klippertschen Methodenkoffers" reduziert werden. Die Methoden des „Beibringens" dürfen also nicht vom Mittel zum Zweck avancieren, weshalb die Didaktik stets um einen prägnanten Sach- und Gegenstandsbezug und vor allem um ihre theoretische Fundierung ringen muss.

Aufgabe 33:
Setzen Sie sich kritisch mit der hier vertretenen These auseinander, dass das didaktische Handeln im Sport über die Dimension des technischen Beibringens hinausgehen muss. Erörtern Sie Ihre Position im Lichte Ihres Bildungs- und Erziehungsverständnisses.

2.2.1 Didaktik – Eine begriffliche Eingrenzung

Didaktik wird in unterschiedlichen Bedeutungen verwendet, weshalb es keine einheitliche oder allgemein verbindliche Definition gibt. Etymologisch betrachtet, stammt Didaktik von dem lateinischen Begriff *didactica* und dem griechischen Begriff *didaskein* bzw. *didaktike techne* ab und bedeutet im aktiven Sinne lehren und unterrichten sowie als passive Form lernen und belehrt werden, aber auch sich aneignen. *Didaxis* bedeutet Lehre, Unterricht oder Unterweisung und wird im englischen als *didactics* bezeichnet. Man unterscheidet die Didaktik in eine „allgemeine Didaktik" und in eine „spezielle oder besondere Didaktik". Durch diese Trennung werden nach Klafki (1975) zwei Ebenen eingeführt, die einerseits eine gezielte Abstraktion ermöglichen und andererseits spezielle Konkretisierungen gewährleisten.

Die *Allgemeine Didaktik* wird dabei als Wissenschaft des Lehrens und Lernens in allen pädagogischen Handlungsfeldern (z. B. Schule, Volkshochschule, Universität) und im schulpädagogischen Sinn als Theorie des Unterrichtens verstanden (vgl. Schaub & Zenke, 2004, S. 152). Die verschiedenen Theorien der Allgemeinen Didaktik haben nach Wigger (2004) allerdings unterschiedliche Reichweiten, die sich in fünf Richtungen differenzieren lassen. So kann darunter erstens die *„Wissenschaft vom Lehren und Lernen"* gefasst werden, so dass sich die didaktische Forschung, Reflexion und Lehre immer mit den Bereichen und Vorgehensweisen auseinandersetzen muss, in denen gelehrt oder gelernt wird (vgl. Peterßen, 2001). Sie kann sich zweitens aber auch nur auf den Unterricht beziehen, d. h. als *„Wissenschaft vom Unterricht"* oder als *„Allgemeine Unterrichtstheorie"* unterrichtliche Lehr- und Lernprozesse fokussieren (vgl. Heimann, Otto & Schulz, 1979). Drittens versteht sich die Allgemeine Didaktik auch als „Theorie der Bildungsinhalte" und betrachtet das Lehren und Lernen im Zusammenhang von Bildung, d. h., sie begründet sich bildungstheoretisch (vgl. Weniger, 1966; Klafki, 1996, 1999). Darüber hinaus wird die Didaktik viertens noch als *„Theorie zur Steuerung sowie Ökonomisierung von Lernprozessen"* verstanden, bei der es um die Optimierung von Lehrlernprozessen geht (vgl. v. Cube, 1982; Kron, 2000). Allerdings in der Form, dass nur die übergreifenden Strukturen des Lehrens und Lernens betrachtet werden und eine Auseinandersetzung mit Zielen, Inhalten oder Normen nicht explizit stattfindet. Und schließlich wird unter Allgemeiner Didaktik fünftens auch der Anwendungsbereich psychologischer Lehr- und Lerntheorien (*„Psychologische Didaktik"*) gefasst. Hierzu

werden Ergebnisse aus der psychologischen Forschung aufgegriffen und auf Lehr- und Lernprozesse bezogen, um die Effektivität der Prozesse zu erhöhen (vgl. Aebli, 1976, 2001). Die
entsprechende didaktische Theoriebildung weist dabei jeweils drei Ebenen auf. Didaktik
kann sich als *Zieltheorie* im Sinne einer Analyse gesellschaftlicher Ziel- und Wertvorstellun-
gen, als *Prozesstheorie* zur Analyse und Konzeption von Lehrplänen und als *Handlungstheo-
rie* mit Blick auf die Analyse, Planung und Auswertung des Unterrichts ausrichten (vgl.
Wigger, 2004, S. 246).

Die Bereiche der besonderen oder speziellen Didaktik werden von Kron (2000) als Konkreti-
sierungsfelder bezeichnet und auch hier lassen sich weitere Spezifizierungen vornehmen. Die
Spezielle Didaktik kann sich beispielsweise vorrangig auf besondere Adressatengruppen
beziehen, in dem sie sich z. B. an der Entwicklung oder den besonderen Voraussetzungen der
Lernenden ausrichtet (Didaktik der Primarstufe, Didaktik für den Unterricht mit geistig Be-
hinderten, …). Sie kann aber auch die Institutionen und deren Differenzierungen fokussieren,
d. h., eine Didaktik der Hauptschule kann einer Didaktik der Realschule, des Gymnasiums
oder der Berufsschule gegenübergestellt werden. Letztlich kann sich eine Spezielle Didaktik
auch verschiedenen Themen, die durch Wissenschaften, Schulfächer oder gesellschaftliche
Aufgaben herausgebildet werden, widmen. So können einerseits spezielle gesellschaftliche
Erfordernisse und damit verbundene Erziehungsschwerpunkte wie die Umwelt-, Friedens-
oder Verkehrserziehung in den Vordergrund gerückt werden. Andererseits sind darunter die
Fachdidaktiken der Unterrichtsfächer Mathematik, Deutsch, Musik oder Sport mit ihren
entsprechenden Aufgaben und Zielen zu subsumieren.

Die Allgemeine Didaktik versucht demnach größere Zusammenhänge herzustellen und systematische Orientierungen so vorzugeben, dass allgemeine wie spezielle Wissens- und For-
schungserkenntnisse entsprechend eingeordnet werden können. So soll u. a. der Gefahr vor-
gebeugt werden, dass sich die Fachdidaktiken bestimmten theoretischen oder methodischen
Ansätzen einseitig anschließen. Vielmehr werden in Zusammenarbeit mit den Fachdidaktiken Fragestellungen, Kategorien und Begriffe gesucht, die als überschneidende Grundlage
über die verschiedenen spezifischen Didaktiken gleichermaßen genutzt werden können.
Dadurch soll ein gemeinsamer Bestandteil an Wissen, Problemstellungen, treffenden Situati-
onsbeschreibungen und realistischen Zielsetzungen entstehen, der gewährleisten kann, dass
eine einheitliche Fachsprache gegeben ist, die besonders Anfängern, die sich mit mehreren
themenspezifischen Didaktiken beschäftigen, eine Orientierung bietet. Eine Zusammenarbeit
zwischen den Fachdidaktikern als Spezialisten und Allgemeindidaktikern als Generalisten ist
daher unentbehrlich. An dieser Stelle zeigt sich auch, dass die verschiedenen Fachdidaktiken
der Allgemeinen Didaktik nicht untergeordnet sein können (vgl. Glöckel, 2001). Sie sind
eher wie bei einem Rad der Allgemeinen Didaktik nebengeordnet, d. h., die Allgemeine
Didaktik steht als „Nabe" im Zentrum und die themenspezifischen Didaktiken bilden jeweils
die Speichen des Rades.

Aufgabe 34:
Listen Sie alle Ihnen bekannten Felder auf, die eine differenzierte sportdidaktische Begleitung benötigen. Fertigen Sie hierzu eine Übersicht oder ein Modell an, aus dem die Beziehungen zwischen Allgemeiner und Spezifischer Didaktik hervor geht.

2.2.2   Aufgabenbereich der Didaktik

Didaktisches Denken, didaktische Fragen und Aufgabenbereiche wurden zum ersten Mal im antiken Griechenland artikuliert. Die tief greifenden wirtschaftlichen, weltanschaulichen und sozialen Veränderungen machten ein geplantes Erziehen und Unterrichten notwendig, was im Lehrplan der sogenannten Septem artes liberales (sieben freien Künsten) institutionalisierte Formen annahm. Im Zusammenhang pädagogischer Orientierungen wird Didaktik als Didactica (Lehrkunst) zum ersten Mal 1613 in einem Bericht über pädagogische Reformvorschläge von Radke und 1657 in der Didactica Magna – die „große Lehrkunst" von Comenius – als Unterrichtslehre bezeichnet. Im 19. Jahrhundert bezieht Herbart die Didaktik stärker auf den Unterricht und lenkt damit den Aufgabenbereich auf die Erziehung (vgl. Wigger, 2004). Doch die von seinen Schülern in der Folgezeit auf den Weg gebrachte intensive Formalisierung der Unterrichtslehre hinsichtlich einer Formalstufenlehre schränkte die Entwicklung so stark ein, dass insbesondere erst durch die reformpädagogische Bewegung in der ersten Hälfte des 20. Jahrhunderts und den damit zusammenhängenden Arbeiten von Kerschensteiner, Reichwein oder Otto und später, in der zweiten Hälfte des vergangenen Jahrhunderts von Wagenschein und Berg die Lehrkunst wieder zugängig gemacht wurde.

Aktuell zeichnen sich drei Aufgabenbereiche ab, der sich die Didaktik und insbesondere die Fachdidaktik Sport als Wissenschaft widmen sollte. Dazu gehört erstens die *Didaktik als Theorie der Bildungsinhalte und des Lehrplans*. Hier gilt es allgemein orientierende Bildungsziele zu ermitteln, Kriterien und Methoden der Lehrplananalyse und Lehrplankonstruktion zu entwickeln und diese an konkrete Unterrichtsinhalte zu koppeln. Dieser Aufgabenteil orientiert sich an der geisteswissenschaftlichen Bildungstheorie, wie sie von Weniger grundgelegt und von Klafki weiter entwickelt wurde. Es wird u. a. nach Auswahlkriterien für die Inhalte einer zeitgemäßen Bildung, nach Wesen, Sinn, Chancen und Grenzen von Bildung und nach bildungsrelevanten Methoden gesucht (vgl. Köck, 2002). Orientierungsleitend für den sportdidaktischen Diskurs sind vor allem die Ansätze der materialen, formalen und kategorialen Bildungstheorien, wobei die kategoriale Bildung als richtungweisend zu nennen ist (vgl. Klafki, 2001) und sich in der Diskussion der fachlichen zur überfachlichen Begründung für das Fach Sport bzw. in den Ausführung zur „Bildung zum und durch Sport" niederschlägt (vgl. u. a. Beckers, 1995; Prohl, 2006). Aber auch die daran gebundene Diskussion um die Inhalte und Schwerpunkte des Unterrichts, d. h. das „Für und Wider" zum Sport und/oder der Bewegung bzw. den Sportarten und/oder Bewegungsfeldern sowie den pädagogischen Perspektiven, lassen sich hierunter subsumieren (vgl. u. a. Kretschmer, 1995; Kurz, 2004). Weiterhin fließt die Debatte um die Fachbezeichnung des Unterrichts – Leibeserziehung, Sportunterricht, „Bewegung, Spiel und Sport" oder Bewegungserziehung – als zentrale Aufgabe ein. Schließlich ist diesem Aufgabenbereich die aktuelle Diskussion zu den Bildungsstandards im Sport als wichtige Auseinandersetzung zuzuordnen (vgl. Schierz & Thiele, 2005; Lange, 2005).

Der zweite zentrale Aufgabenbereich der Didaktik bezieht sich auf die *Unterrichtstheorie*, d. h. eine *wissenschaftliche Forschung zur Optimierung unterrichtsbezogenen Handelns*. Im Sinne einer kritisch-konstruktiven Theorie soll die Didaktik vorgefundenen Unterrichtsrealitäten „kritisch" gegenüberstehen, also u. a. auf problematische Unterrichtsbedingungen hinweisen, gesellschaftliche und institutionelle Abhängigkeiten aufzeigen, uneffektive Vermittlungsformen kenntlich machen und eben Verbesserungsvorschläge, Handlungsanweisungen sowie alternative Formen der Vermittlung anbieten (vgl. Klafki, 1976). Die Bezeichnung

„konstruktiv" verweist dabei auf den durchgehenden Praxisbezug, auf das Handlungs-, Ge-
staltungs- und Veränderungsinteresse der Didaktik (vgl. Schröder, 2001). In der Fachdidaktik
Sport fällt in diesen Aufgabenbereich u. a. die Diskussion um die fachdidaktischen Konzepte
(vgl. u. a. Elflein, 2007; Prohl, 2006; Größing, 2000). Aber auch gesellschaftliche Entwicklungen, die u. a. zu einer veränderten Bewegungswelt führen, ziehen nicht nur allgemeine
sportdidaktische Empfehlungen nach sich (vgl. Altenberger & Maurer, 1992; Schmidt, 2006;
Schmidt, Hartmann-Tews & Brettschneider, 2006, DSB, 2006), sondern sie lösen auch be-
wegungs- und sportimmanente, fachdidaktische Reaktionen in Form von Konzeptionen zur
„Bewegten Schule" oder zum „Sport in der Ganztagsschule" aus (vgl. Hildebrandt-Stramann,
1999; Klupsch-Sahlmann & Laging, 2001; Neuber & Schmidt-Millard, 2006). Eine kritische
Auseinandersetzung mit den unterschiedlichen Themenschwerpunkten ist sicherlich im fachdidaktischen Diskurs durchgängig erkennbar. Hingegen ist die konstruktive Auseinandersetzung nur bedingt gesichert, da viele Didaktiker die Notwendigkeit des bewussten, direkten
Praxisbezuges nicht schätzen und daher nicht als ihre Aufgabe ansehen. Einige vielversprechende Ansätze sind aber insbesondere in den Fachzeitschriften Sportpädagogik oder Sportpraxis zu finden, denn dort wird der Anspruch erhoben, theoretische Befunde und Erkenntnisse auf ihre Praxisrelevanz hin zu überprüfen. Allerdings ist es schon bemerkenswert, dass
eine direkte Konfrontation mit der Praxis für viele Didaktiker und auch Pädagogen ein wis-
senschaftliches Objektivitätsproblem darstellt (vgl. Lüsebrink, 2007). Dass und wie man
diesem Problem begegnen kann, zeigen aber verschiedene Forschungsansätze (vgl. u. a.
Altrichter & Posch, 1998; Beck & Scholz, 1999). Um der konkreten Praxis wieder ein Stück
näher zu kommen, verweist Scherler (2006) darauf, dass weniger eine Planungs-, sondern
viel mehr eine Auswertungsdidaktik anvisiert werden sollte. In diesem Kontext muss natürlich auch die kritische Betrachtung der aktuellen Schulsport- und Unterrichtsforschung betrieben werden.

Als letzten und dritten zentralen Aufgabenbereich muss sich die Didaktik dem *Lehren und
Lernen*, d. h. den Lehrlernprozessen widmen. Lehren und Lernen stehen in wechselseitiger
Abhängigkeit zueinander und sind die wesentlichen Bestimmungsmerkmale des Unterrichts.
Hier fließen auf der einen Seite die unterschiedlichen Formen des Lernens wie Erfahrungs-
lernen, spielerisches Lernen, soziales Lernen, Lernen am Modell, Üben und Trainieren und
vieles mehr ein. Auf der anderen Seite – der Seite des Lehrens – sind adäquate Lehrverfahren
allgemeiner wie spezieller Art zu nennen, also beispielsweise das genetische Lehren, das
Inszenieren, Gestalten oder Integrieren (vgl. dazu auch Teil C des Buches). Grundlegende
Orientierungen bieten hierzu lerntheoretische Hintergründe aus der pädagogischen Psychologie aber auch gesellschaftstheoretische Erkenntnisse aus den Sozialwissenschaften. Im
Bereich des Sports lassen sich hierzu u. a. Grundlagen aus der Gestaltpsychologie, den Theo-
rien zur Informationsaufnahme und -verarbeitung, dem situiertem Lernen oder der Motivati-
onspsychologie entnehmen (vgl. zusammenfassend Skowronek, 2001; Tholey, 1980). Im
Feld der Soziologie wird auf verschiedene Theorien zur Identitätsfindung bzw. zum Sub-
jektwerden, auf Interaktionstheorien sowie auf Gesellschaftstheorien zurückgegriffen (vgl.
Stelter, 2001; Kleining, 2001a, b) Bei diesem Aufgabenbereich hat sich die Fachdidaktik
Sport ähnlich wie beim zweiten Aufgabenbereich von einer praxisnahen Forschung eher
distanziert und baut auf den theoretischen Erkenntnissen auf. Praxisbezogene Einzelstudien
mit dem Fokus auf kleinste Bausteine der Bewegung und besonderen Lernpersonen werden
derzeit eher von Bewegungswissenschaftlern und Sportpsychologen durchgeführt. Sie interessieren sich aber vorrangig für das Anwendungsfeld des Leistungssports und versuchen die

Effektivität von Trainingsprozessen zu erhöhen. Viele ihrer spezifischen Forschungsergebnisse sind daher auf andere Lerngruppen wie Anfänger oder ältere Menschen oder auf andere Ausgangsbedingungen wie größere Lerngruppen oder schlechtere materielle Voraussetzungen nur bedingt übertragbar.

Aufgabe 35:
Fassen Sie die drei Aufgabenbereiche der Sportdidaktik prägnant und mit Ihren Worten zusammen. Listen Sie darüber hinaus zu jedem Aufgabenbereich 3 konkrete Aufgaben auf.

2.2.3 Zur wissenschaftssystematischen Verortung der Sportdidaktik

Unter Beachtung aller dargelegten Aufgabenbereiche der Didaktik und unter der Maßgabe, dass die Didaktik in Abgrenzung zur Pädagogik nicht nur als „Theorie des Lehrens und Lernens" verstanden wird (vgl. Prohl 2006, S. 14) zeichnet sich für uns ein besonderer wissenschaftssystematischer Ort der Didaktik innerhalb des Spektrums anderer Teildisziplinen der Sportwissenschaft sowie der Mutterwissenschaften ab. Als *Theorie des Unterrichts* sowie als *Theorie der Bildungsinhalte und des Lehrplans* stehen die Didaktik und insbesondere die Fachdidaktiken natürlich in enger Verbindung zur Erziehungswissenschaft und den damit direkt verbundenen Wissenschaften wie der pädagogischen Psychologie, der Anthropologie oder der Philosophie. Als *Wissenschaft vom Lehren und Lernen* muss die Sportdidaktik des Weiteren den Austausch zur Bewegungs- und Trainingslehre pflegen, um einerseits deren Erkenntnisse didaktisch so aufzubereiten, dass sie als Beratungsleistungen für die einzelnen Praxisbereiche fungieren können und um andererseits im Kontext einer eigenständigen didaktischen Handlungsforschung weitere wissenschaftliche Ergebnisse zu erlangen oder disziplinübergreifende Forschungsfragen zu entwickeln, die wieder in die Bewegungs- und Trainingswissenschaft zurückfließen sollten. Die Sportdidaktik kann deshalb als Integrationswissenschaft bezeichnet werden, als eine Wissenschaft mit der Hauptaufgabe, interdisziplinäre Kooperation herzustellen bzw. Fragestellungen interdisziplinär aufzubereiten und zu beforschen (vgl. Eickhorst, 2001, S. 771). Sie ist insbesondere in Abgrenzung zur Sportpädagogik und der Bewegungs- und Trainingswissenschaft in ihrer Bestimmung kritisch-konstruktiv und muss daher zum einen als Beratungswissenschaft auf den Schulsport als auch auf alle Handlungsfelder außerhalb des Schulsports fachlich wirken. Zum anderen muss sie in ihrer Begründungs- und Orientierungsfunktion den engen Bezug zur allgemeinen Didaktik wahren und alle Forschungsfragen, Argumentationslinien, Erkenntnisse und Forschungsergebnisse theoretisch fundiert einordnen (vgl. Abb. 6). Nur in dieser Doppelfunktion einer „Logik der Sportdidaktik als Wissenschaft" und der „Logik der Sportdidaktik als Beratungswissenschaft" kann sich die Didaktik den Angriffen erwehren, dass sie als Praxisfern, als Feiertagsdidaktik oder im Sinne einer Dienstleistungsfunktion („Didaktik als Magd") stigmatisiert wird und im Kontext der Wissenschaften das eigene Profil verliert (vgl. Diederich, 1999; Schierz, 1996). Während sich die Didaktik einerseits von dem Vorwurf einer Feiertagsdidaktik befreien will, läuft sie andererseits Gefahr, dass sie sich nur einseitig entfaltet: „Die wissenschaftlichen Konstrukte und ihre Hervorbringung werden somit zum eigentlichen Gegenstand der Sportdidaktik und die bestehende Praxis als sinnstiftender Gegenstand und Bezugspunkt verflüchtigt sich" (Lange 1984, S. 80). Demgegenüber hat bereits Gessmann 1984 darauf hingewiesen, dass die besondere Aufgabe der Didaktik eben auch darin liegt, die Vielfalt der Theorien und Theoriestücke zu ordnen, zu akzentuieren und widerspruchsfrei aufzubereiten.

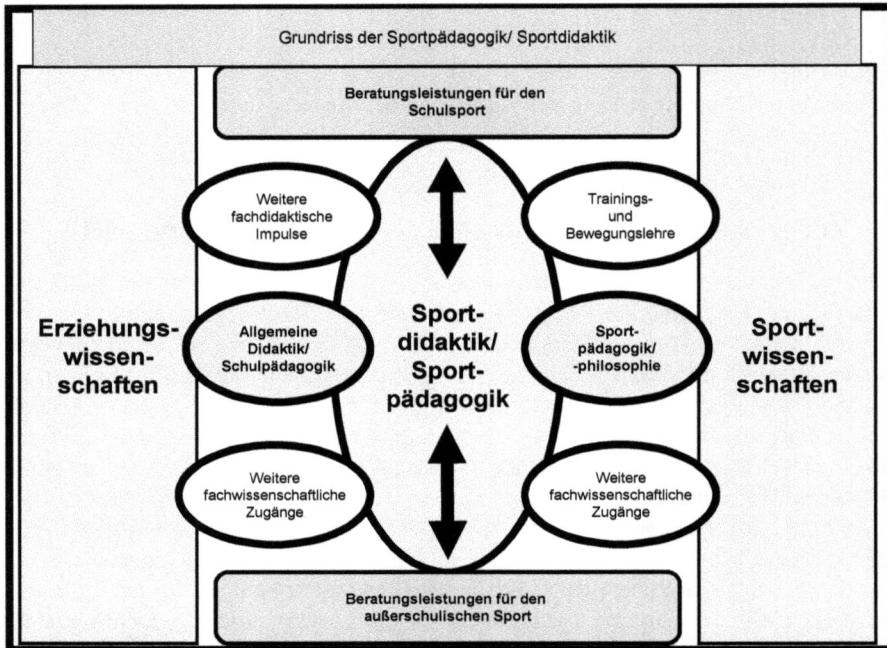

Abb. 6:   Wissenssystematische Verortung der Sportdidaktik

Aufgabe 36:
Was ist eine Integrationswissenschaft? Listen Sie neben der Sportdidaktik drei weitere Wissenschaften auf, die als Integrationswissenschaft charakterisiert sind. Vergleichen Sie die aufgelisteten Wissenschaften mit der Sportdidaktik!

2.3   Themenkonstitution als sportdidaktisches Kernthema

Wenn wir uns mit Fragen nach den Bedingungen und Möglichkeiten der Themenkonstitution auseinandersetzen, wird es gleichzeitig und durchgängig immer auch um die Fragen nach den *Inhalten*, *Sachen* und *Gegenständen* des Sport- und Bewegungsunterrichts gehen. In diesem Zusammenhang muss jedoch nicht darum gestritten werden, ob hier von Sportarten oder Bewegungsfeldern die Rede sein soll. Viel wichtiger scheint die begründete Klärung der Konsequenzen, die die Idee eines erziehenden Sportunterrichts[4] nahelegt. Der darin impli-

---

4   Vgl. grundsätzlich zur Frage, was es heißen mag, wenn Lehrer durch Unterricht erziehen wollen: Ramseger (1991). Bezogen auf die Situation in der Sportpädagogik: Neumann (2004). Sowie die beiden Buchbesprechungen zur Habilitationsschrift von Neumann, die von Prohl (2005) und Schmidt-Millard (2006) vorgelegt wurden. Vgl. weiterhin den Handbuchbeitrag von Prohl (2009) mit dem Titel: Erziehung mit dem Ziel der Bildung: Der Doppelauftrag des Sportunterrichts.

zierte Bildungsanspruch des Sportunterrichts hat sich auf der Ebene der Lehrpläne längst durchsetzen können (vgl. Stibbe 2000) und inzwischen zu beachtlichen Reformen, aber auch zu allerlei Verunsicherungen geführt. Die vergleichsweise überschaubaren Grenzen der pragmatischen Sportdidaktik (Kurz 1995) wurden zugunsten einer pädagogischen Profilierung und der damit einhergehenden Formulierung von Erziehungsansprüchen überwunden. Darüber wurde eine bewusst gewählte Differenz zur Welt des Sporttreibens, so wie wir sie beispielsweise aus den Sportvereinen oder dem Freizeitsport her kennen, sichtbar gemacht. Schierz und Thiele (2004, 52f.) bringen diesen Unterschied folgendermaßen auf den Punkt:

> „Sportvereine sind Vereinigungen zum Zweck des Sporttreibens. In ihnen wird Sport historisch, lokal, beliebig und flüchtig präsent. Schulen sind aber keine Vereinigungen zum Zweck des Sporttreibens. Sie sind Orte pädagogischer Repräsentation von Welt. Schule zeigt den Sport, wie er in allgemeinen Hinsichten und unter kritischen Bildungs- und Erziehungskategorien reflexiver Wissenschaft und Politik zeigenswert erscheint."

Aufgabe 37:
Führen Sie ein Interview mit einem Kommilitonen. Fokussieren Sie dabei die Frage weshalb er sich für die Aufnahme eines Sportstudiums entschieden hat. Lassen Sie ihn zu dem Zitat von Schierz & Thiele Stellung beziehen. Erörtern Sie die Ergebnisse.

Das Primat des schulisch verankerten Bildungsanspruchs[5] vermag demnach die Inhalte für den Sportunterricht dahingehend zu verändern, dass sie sich von denen, die in anderen sportiven bzw. freizeitbezogenen Kontexten zum Thema gemacht werden, sicht- und spürbar unterscheiden. Deshalb ist beispielsweise ein Fußballspiel im Vereinstraining etwas anderes als ein Fußballspiel, das am Sonntagmorgen auf einer Wiese mit Freunden durchgeführt wird, und auch etwas anderes als eine Inszenierung des Fußballs, die im Sportunterricht zum Thema gemacht wird.

Mit dem Verweis auf die verschiedenen Möglichkeiten, aus ein und demselben Inhalt unterschiedliche Themen zu konstituieren, sind wir beim sportdidaktischen Problem des vorliegenden Forschungszusammenhangs angelangt. Deshalb soll im Folgenden danach gefragt werden, wie und warum die verschiedenen Perspektiven von Lehrern und Schülern, aber auch die unterschiedlichen Aufgaben und Ziele der jeweiligen institutionellen Rahmenbedingungen dazu beitragen, dass sich die Themen für den Sportunterricht auf verschiedene Weisen konstituieren. Da wir davon ausgehen, dass es sich hierbei um ein überaus komplexes Kernthema der Sportpädagogik handelt, verzichten wir von vornherein auf Versuche, eine Folie oder einfache Formel der Themenkonstitution zu entwerfen. Die jüngeren Fortschritte im Feld der Lehrplanentwicklung und -implementation belegen in dieser Hinsicht zwar eine

---

5   Inzwischen haben allerdings auch die Verantwortlichen im DOSB den Wert des Bildungsbegriffs für ihre Zwecke und Aufgaben erkannt. So taucht der Bildungsbegriff in den 94 Seiten umfassenden Rahmenrichtlinien für Qualifizierung im Bereich des Deutschen Sportbundes (DOSB, 2005) sage und schreibe 466 Mal (!) auf. Auch wenn die bildungstheoretische Fundierung des aktuellen Qualifizierungskonzepts noch aussteht, darf dieses Interesse an Bildungsangelegenheiten mindestens als Indiz für die Weiterentwicklung der pädagogischen Orientierungen in diesem Sektor des Sports verstanden werden. Deshalb sollten Polarisierungen zwischen Vereins- und Schulsport, wie sie z.B. von Schierz und Thiele vorgenommen wurden, längst nicht mehr so prägnant ausfallen, wie man sie in den siebziger und achtziger Jahren des vergangenen Jahrhunderts hätte formulieren müssen.

bemerkenswerte Beschäftigkeit, zeigen zugleich aber unmissverständlich auf, wie inflationär und beliebig die daraus abzuleitenden Konsequenzen für die Begründung, Konzeption und Inszenierung schulischen Sportunterrichts ausfallen. Wir gehen deshalb einen anderen Weg. Wir erörtern im Zuge der beiden vorliegenden Bände mehr als 30 verschiedene Beispiele der Themenkonstitution, die sich in der Hinsicht gleichen, dass wir den Prozess der Themenkonstitution jedes Mal von einem ausgewiesenen sport- und bewegungspädagogischen Zugang aus gegangen sind. Sie unterscheiden sich jedoch dahingehend, dass wir gleichzeitig in jedem dieser zahlreichen Teilkapitel darum bemüht waren, ausgewählte sachliche Aspekte des jeweiligen Inhaltsfeldes in die Analyse mit einzubeziehen.

Aufgabe 38:
Rekonstruieren und verschriften Sie drei unterschiedliche Situationen, in denen Sie ihre Lieblingssportart in unterschiedlicher Weise zum Thema gemacht haben. Schreiben Sie die drei Möglichkeiten der Themenkonstitution sorgfältig auf.

2.3.1 Themenkonstitution im Lichte *Pädagogischer Perspektiven*

Da die Leitidee der pragmatischen Sportdidaktik, *Kinder und Jugendliche im Schulsport für die Teilnahme am außerschulischen Sport qualifizieren zu wollen* im Kontext des erziehenden Sportunterrichts nicht mehr aufrecht zu halten ist, bedurfte es einer anderen Zielperspektive. Die wurde durch die Transformation der sechs Sinnperspektiven von Kurz (1990)[6] in sechs sogenannte pädagogische Perspektiven[7] angestrebt und sollte durch eine hierzu kompatible Idee des mehrperspektivischen Unterrichts (vgl. Neumann & Balz 2004) in der Praxis umgesetzt werden. Die sich aus diesen Voraussetzungen ergebende Themenkonstitution übersteigt zwar die Ansprüche einer simplen Abbilddidaktik, erweist sich aber aus anderen Gründen als überaus problematisch. Letztlich wird nämlich die Sinnfindung nicht dem Lernenden überlassen, sondern als pädagogische Zielperspektive gewissermaßen curricular vorgegeben. Außerdem resultiert in didaktisch-methodischer Hinsicht eine bemerkenswerte Beliebigkeit, die von Prohl (2009, 44) mit Blick auf einen Beitrag, in dem sich Balz (2004) um die Entwicklung einer Methodik des mehrperspektivischen Sportunterrichts bemüht, folgendermaßen zusammengefasst wird:

„Pointiert zusammengefasst wird der Lehrkraft offenbar empfohlen, eine quantitativ nicht eingrenzbare Anzahl von »Perspektiven des Sports«, über deren qualitative Bedeutung man nichts weiß, sowohl akzentuiert, als auch kontrastiert und schließlich sogar integriert zu unterrichten. Dabei scheint es ohne pädagogische Relevanz zu sein, ob dies im Rahmen des schulischen Sportunterrichts oder anderswo stattfindet. Folgerichtig und konsequent unterbreiten Neumann & Thiele (2004, 59) daraufhin den Vorschlag, zur Kennzeichnung dieses Unterrichtskonzeptes das Attribut »mehrperspektivisch « durch »vielperspektivisch« zu ersetzen, wobei auch sie keine »konkre-

---

6   Auch Thiele (2001, 46) erkennt eine frappierende Ähnlichkeit zu den bekannten Sinnperspektiven und ordnet die Umbenennung der sechs Sinnperspektiven in sechs Pädagogische Perspektiven folgerichtig als Versuch ein, der darauf hinausläuft, „der pragmatischen Sportdidaktik von Kurz ein erzieherisches Outfit zu verleihen".

7   Im Einzelnen handelt es sich um folgende Perspektiven: 1) Wahrnehmungsfähigkeit verbessern, Bewegungserfahrungen erweitern. 2) Sich körperlich ausdrücken, Bewegungen gestalten. 3) Etwas wagen und verantworten. 4) Das Leisten erfahren, verstehen und einschätzen. 5) Kooperieren, wettkämpfen und sich verständigen. 6) Gesundheit fördern, Gesundheitsbewusstsein entwickeln.

ten unterrichtspraktischen oder -methodischen Empfehlungen vorweisen« können, wie denn ein solcher »vielperspektivischer Sportunterricht « zu gestalten sei."

Das Fazit dieser unzureichenden pädagogischen bzw. bildungstheoretischen Begründung der neueren Lehrplanentwicklung und der daran gebundenen konzeptionellen und methodischen Beliebigkeit fällt dementsprechend pessimistisch aus. Dabei erweist sich gerade die fachdidaktische Sprachlosigkeit (Stichwort *Vielperspektivität*) als kontraproduktiv, weil vor dem Hintergrund derart inflationär beliebig anmutender Orientierungen und Konzeptvorschläge in der Unterrichtspraxis beinahe alles gemacht und in diesem Sinne auch begründet werden kann, was Sportlehrern im Zusammenhang mit den Auslegungen der sechs pädagogischen Perspektiven in Hinblick auf die acht verschiedenen Bewegungsfelder einfallen mag. Prohl (2009, 45) verweist im Zuge seiner kritischen Auseinandersetzung mit dieser Entwicklung unter anderem auf Beckers (2003), der die Vermutung anführt, dass die Unzulänglichkeiten im Bereich der pädagogischen Fundierung des *Erziehenden Sportunterrichts* sogar zu einer schleichenden Restauration des Alten führen, indem der viel beschworene Doppelauftrag (Erziehung und Bildung zum und durch Sport) abermals einseitig ausgelegt würde. Die hier gegebene fachdidaktische Beliebigkeit wird von Beckers (2003, 164) anhand eines Beispiels zum Unterrichtsinhalt *Hochsprung* in polemischer Weise modelliert[8]:

„Leisten passt immer, Wettkämpfen ist auch gut, Wahrnehmungsfähigkeit verbessern ist nicht schlecht, Gesundheit wird sowieso gefördert und ein Wagnis steckt auch drin. Addiert werden dann (neue) Perspektiven auf eine (vertraute) Praxis, ohne dass dies Konsequenzen für den Unterrichtsverlauf hat. Sportlehrkräfte können hier die Bestätigung finden, Unterricht genauso durchzuführen, wie sie es schon immer gemacht haben!"

2.3.2   Zum Zusammenhang zwischen Zielen, Inhalten und Methoden

Die bis hierher skizzierte Problemlage verweist auf zwei ineinander verschränkte Hintergründe. Der Prozess der Themenkonstitution erweist sich nämlich immer dann als problematisch, wenn die *Sachen* nicht klar und die pädagogischen Ansprüche hoch sind. Um den Zusammenhang zwischen diesen beiden Aspekten beleuchten zu können, wäre zunächst der pädagogische Horizont der Themenkonstitution zu untersuchen, der im Sinne des Primats der Didaktik gegenüber der Methodik (Blankertz 1970, 100) darauf hinausläuft, dass pädagogisch begründete Methodenentscheidungen den Gegenstand bzw. Inhalt des Unterrichts als solchen konstituieren. Klafki (1976a) hat den Begriff der Themenkonstitution vor mehr als drei Jahrzehnten in die didaktische Diskussion eingeführt:

„Indem ein Inhalt oder Gegenstand […] unter einer pädagogischen Zielvorstellung […] ausgewählt wird, wird er zum Thema […]. Im Begriff Thema wird die vollzogene Verbindung der Ziel- mit der Inhalts-Entscheidungsebene zum Ausdruck gebracht." (Klafki 1976, 83).

---

8   Vgl. als Beispiel des unbeholfenen Umgangs mit dieser Situation den Beitrag von Reichwein (2007) mit dem Titel: „Perspektiven einer Sportart in der Schule. Klettern und seine Bedeutung als pädagogisches Instrument zur Förderung der sozialen Handlungskompetenz." Hier wird deutlich wie beliebig eine Lehrerin mit dem pädagogischen Anspruch des Doppelauftrags im Lichte der besagten sechs pädagogischen Perspektiven umzugehen versteht.

Wenn also Lehrer *Fußball* oder einen anderen Inhalt zum Thema ihres Unterrichts machen möchten, gehen sie in der Vor- und Nachbereitung weit über die Klärung der Inhaltsfrage hinaus. *Fußball* ist nicht per se ein Unterrichtsthema, sondern wird unter den Bedingungen der Schule – wie jeder andere Inhalt auch – von den beteiligten Schülern und dem Lehrer methodisch zum Thema gemacht. Das Unterrichtsthema *Fußball* ist also das Ergebnis eines relationalen, didaktischen Prozesses. Es konstituiert sich in einem Spannungsfeld zwischen der Beteiligung von Lehrer, Schülern und den Einflüssen, die von der Institution (hier: Schule) ausgehen.[9]

Aufgabe 39:
Arbeiten Sie aus den drei in Aufgabe 38 verschrifteten Situationen die jeweiligen Ziele heraus und vergleichen Sie diese miteinander.

Angesichts dieser pädagogischen Voraussetzungen erweist sich die Analyse der Sachlage als ein besonders schwieriges Problem. Erkenntnisse und Lernfortschritte lassen sich schließlich nicht so einfach aus den Gegenständen ablesen, sondern ergeben sich im Kontext der jeweiligen Inszenierung. Aus diesem Grund interessiert hier auch die Frage nach dem *WIE* von Bildung, weshalb der Prozess der Themenkonstitution genau zu beschreiben und zu analysieren ist, um pädagogisch gehaltvolle Methoden der Themenbearbeitung bzw. -entfaltung konstituieren zu können.[10] In der Unterrichtspraxis zeigt sich nur allzu oft, dass die hieran gebundene Freiheit methodischer Entscheidungen in thematische Beliebigkeit und Inflation mündet. Wie das in diesem Kontext treffende Stichwort der *Vielperspektivität* bereits andeutet, scheint es so zu sein, dass die methodische Konkretisierung des Doppelauftrags lediglich eine trügerische Planungssicherheit suggeriert. Um angesichts der gegebenen Misere konstruktive Vorschläge auf den Weg zu bringen, soll an dieser Stelle auf einen Zusammenhang hingewiesen werden, den wir vorerst als die Verbindung von Denken und Tun kennzeichnen: Man sollte Lehrern das sportpädagogische Denken, Handeln und Verantworten weder abnehmen noch in eindimensionaler Weise belassen. Schon gar nicht durch eine sich mehr oder weniger deutlich verselbstständigende Methodik. Das oben benannte Primat, das der Didaktik gegenüber der Methodik zugeschrieben werden soll, muss von demjenigen, der Sportunterricht plant, verantwortet und auswertet, schon selbst erarbeitet, verstanden und sowohl aufgrund der gegebenen Argumentationslage als auch aufgrund der in seinem Unterricht beobacht- und erfahrbaren Ereignisse eingesehen werden. Solch eine komplexe, den Bezug zwischen Theorie und Praxis bedingende Aufgabe ist selbstverständlich anspruchsvoll und mitunter sehr mühsam. Sie erweist sich darüber hinaus auch umso anspruchsvoller, je ambitionierter die pädagogischen Erwartungen, die an den Sportunterricht herangetragen werden,

---

9   Vgl. in erkenntnistheoretischer Hinsicht in diesem Zusammenhang die Arbeit von Kaiser (1972). Er verweist u.a. auf den Methodenwechsel in der Erkenntnistheorie, in dem seit Kant mit der platonischen Vorstellung gebrochen wird, „[…] nach der (1.) der Erkennende bereits über die Erkenntnis verfüge, (2.) die Erkenntnis an den Gegenständen ablesbar sei und (3.) die Methode des Erkennens und der Lehre lediglich dazu diene, die an den Gegenständen bereits ablesbare Wahrheit herauszuarbeiten. KANT lege für die Metaphysik dar, dass die Methode den Gegenstand gründe, indem die Begriffe und Axiome durch den ‚richtigen Vernunftsgebrauch‘ ursprünglich gegeben werden" (Faust-Siehl 1987, 16).

10   Letzteres ist beispielsweise auch das erklärte Ziel der methodischen Konkretisierung des sogenannten Doppelauftrags, die unter dem Label des Mehrperspektivischen Unterrichts (Neumann & Balz 2004) versucht wird. Erziehender Sportunterricht soll auf diese Weise angebahnt und verwirklicht werden können, was jedoch – wie die oben herausgearbeiteten und dargestellten theoretischen und konzeptionellen Probleme und Unzulänglichkeiten zeigen – bei weitem nicht gelingt.

ausfallen. Eine in diesem Sinne als anspruchsvoll einzuordnende Methodik des Sportunterrichts lässt sich deshalb auch nicht auf der Grundlage simpler Zuordnungen zwischen sechs festgeschriebenen pädagogischen Perspektiven und den thematischen Optionen der acht verschiedenen Bewegungsfelder im Sinne der didaktischen Betriebsamkeit realisieren, wie wir sie aus der Arbeit mit dem *Klippertschen Methodenkoffer* her kennen.[11]

2.3.3 Konsequenzen für das weitere Vorgehen

Die Konsequenzen der skizzierten fachdidaktischen Problemlage laufen dahingehend zusammen, dass dem Prozess der Themenkonstitution in fachdidaktischer Hinsicht mehr Aufmerksamkeit entgegengebracht werden muss. Dabei genügt es sicherlich nicht, sich auf die Konstruktion und Befolgung methodischer Prinzipien, Landkarten oder andere schematische Vorlagen zurückzuziehen. Andererseits sollen sich die wissenschaftlichen Ansprüche auch nicht in der Rezeption und Umsetzung theoretischer Bezüge aus den verschiedenen sportwissenschaftlichen Disziplinen und ihrer Mutterwissenschaften verlaufen.

Gefragt sind demgegenüber hautnahe Zugänge zum Unterricht und zu bewegungsbezogenen Lernprozessen. Dort muss der Zusammenhang zwischen der jeweiligen Sache bzw. Sachlage und den auf deren Inszenierung hin ausgelegten pädagogischen Ansprüchen in Erfahrung gebracht werden.[12] Dabei wird sich zeigen, dass sich der Prozess der Themenkonstitution weder unter dem Primat der jeweiligen Sache noch unter dem der verschiedenen Erziehungs- und Bildungsziele etablieren lässt. Deshalb ist es sowohl in hochschuldidaktischer wie sportdidaktischer Hinsicht wichtig, sich nicht nur in sportpädagogischer Perspektive mit den Erziehungs- und Bildungsansprüchen, sondern zugleich auch in bewegungspädagogischer Hinsicht mit den Gegenständen des Sportunterrichts vertiefend auseinanderzusetzen. Letzteres ist in der oben skizzierten *neueren Lehrplanarbeit* und der daran gebundenen Konzeption des *Mehrperspektivischen Unterrichts* zweifelsohne ins Hintertreffen geraten. Wenn diese beiden Perspektiven aufeinander bezogen würden, sollte sich zeigen, dass sich der didaktische Prozess der Themenkonstitution als mindestens ebenso anspruchsvoll erweist wie der (ihm zugrunde liegende) bildungsphilosophische Begründungsdiskurs.

2.3.3.1 Aufmerksamkeit gegenüber dem unterrichtlichen Geschehen

Sportpädagogische Forschungsprojekte weisen unterschiedliche Nähen zu den komplexen Geschehnissen im Unterricht auf. Im vorliegenden Projektzusammenhang haben wir dem unterrichtlichen Geschehen durchgängig eine hohe Wertschätzung entgegengebracht, was sicherlich auch biografische Ursachen hat.[13] Begründen lässt sich dieser Zugang durch die Einsicht, dass die Übernahme von Verantwortung für die Inszenierung von Bildungsprozessen ebenso wie die Entwicklung von Lehrkunst (vgl. Lange 2005e; 2009) immer auch an den

---

11 Vgl. grundsätzlich zur Kritik an der eiligen Rezeption Klippertscher Methoden: Gruschka, A. & Martin, E. (2002). Die Klippert-Schule als Retterin in der Not? In: Frankfurter Rundschau vom 25. 07. 2002.

12 Mit dieser Idee ist der pädagogische Anspruch und konzeptionelle Zugang beschrieben, der der vorliegenden Arbeit in den zahlreichen Teilkapiteln zugrunde liegt. Diese Idee wurde im Verlauf der zurückliegenden Jahre immer wieder am Beispiel verschiedener Inhaltsbereiche und Themen bearbeitet, zur Diskussion gestellt und liegt nun in aktualisierter und kompakter Form vor.

13 Vgl. in diesem Kontext auch den inspirierenden Zugang des Frankfurter Erziehungswissenschaftlers Horst Rumpf (1966/67) in seinem Buch: 40 Schultage – Tagebuch eines Studienrates. Darüber hinaus sei in diesem Zusammenhang auf den Beitrag von Rumpf (1998) „Schule gesucht – ein Plädoyer für vertiefendes Lernen in der Oberstufe." 30 Jahre nach dem „Tagebuch eines Studienrates", verwiesen.

Umgang mit Erfahrungswissen und die Gelegenheiten (selbst-)kritischer Reflexionen gebunden ist. Diese Einsicht lässt sich mit Blick auf die aktuell verstärkt diskutierten *Professionstheoretischen Ansätze* begründen. Zoglowek (2008, 127) charakterisiert deren theoretische Verortung folgendermaßen:

> „Professionalität heute, und insbesondere pädagogische Professionalität, hat nichts mit Verwissenschaftlichung zu tun. Wissenschaftlichkeit ist zwar auch ein Kennzeichen von Profession, aber nicht das wichtigste. Mittlerweile kann man in der Pädagogik von einer eigenständigen, auf sie zugeschnittenen Professionstheorie sprechen. Professionalisierung des Lehrers hat eher etwas mit Persönlichkeitsentwicklung zu tun, mit der berufsbiographischen Entwicklung oder der Arbeit an der eigenen Berufsidentität."[14]

Es versteht sich von selbst, dass die hier angedeutete theoretische Bestimmung zahlreiche Richtungen möglicher Konkretisierungen zulässt, die sich – mit Blick auf den ersten Satz dieses Absatzes – auch durch verschiedene Nähen bzw. Distanzen zum komplexen Geschehen im Sportunterricht auszeichnen. Im weiteren Verlauf dieses einleitenden Kapitels orientieren wir uns vermehrt an Versuchen, eine größere Nähe zum unterrichtlichen Geschehen herzustellen, weshalb andere Aspekte sportpädagogischer Theorie- und Konzeptarbeit an dieser Stelle ein Stück weit in den Hintergrund treten.[15] Zoglowek (2008, 127) spricht in diesem unterrichtsnahem Zusammenhang von einem berufsbegleitenden Entwicklungsprozess, dessen Fokus in der Person des Lehrers und seinem Handeln bzw. seinen Handlungsmöglichkeiten liegt. Des Weiteren hält er an dieser Stelle Folgendes fest:

> „Die beschriebenen Aufgaben, Anforderungen, Belastungen und erwünschten Qualifikationen des Lehrers haben gezeigt, dass erstens die im schulischen Alltag zu lösenden Aufgaben immer anspruchsvoller und unübersichtlicher werden, dass zweitens die Aufgaben in der Regel so komplex und widersprüchlich sind, dass der Lehrer kaum, eher nur unzureichend darauf vorbereitet werden kann, und dass drittens sein Handeln immer von Unsicherheit, von zeitlichem Druck und aufgrund der paradoxalen Probleme oftmals von einem Normenkonflikt begleitet ist."

Um die hier skizzierte Komplexität des Unterrichts fassen und vertiefen zu können, sollen die Themenfelder des Sport- und Bewegungsunterrichts im Folgenden im Lichte unterrichtlicher Beispiele, Fälle und Erfahrungsberichte gebrochen, reflektiert, neu aufgearbeitet, erläutert, kontrastiert und diskutiert werden. Den sportwissenschaftlichen Profit und Fortschritt dieser fachdidaktischen Struktur- und Konzeptarbeit sehen wir deshalb auch an der Nahtstelle des Theorie-Praxis-Bezugs, weshalb wir diesen Ansatz nicht auf die alleinige Rezeption sogenannter mutterwissenschaftlicher oder sportpädagogischer Wissensbestände reduzieren

---

14 Vgl. hierzu auch die Positionierungen und Diskussionen in den folgenden Quellen: Bauer, (2005); Bauer, Kopka & Brindt, (1999); Brückel (2004); Brückel & Giess-Stüber (2005); Meyer, (2005); Oevermann, (1996); Schwänke, (1988); Terhart, (1993, 2001); Terhart & Czerwenka, (1994); Zoglowek (1995).

15 In diesem Kontext soll ein abgrenzender Verweis auf entsprechende Literaturbestände genügen. In Hinblick auf die theoretischen Anbindungen ausgewählter Ideen und Werke vermeintlicher Wegbereiter der Sportwissenschaft bietet der von J. Court und E. Meinberg (2006) herausgegebene Sammelband Klassiker und Wegbereiter der Sportwissenschaft einen viel sagenden Einblick. Dort werden historische, philosophische und wissenschaftstheoretische Anlehnungen, Rezeptionsleistungen, Importe und vermeintliche Pionierarbeiten der Sportwissenschaften zusammengefasst und in lesenswerten Handbuchbeiträgen dargestellt.

wollen.[16] Deshalb soll in den Kapiteln der vier vorliegenden Bücher sichtbar werden, wie die Aufnahme unterrichtlicher Wirklichkeiten auf die Theorieebene zurückwirkt. So ein Vorgehen ist sicherlich schwierig und lässt sich an vielen Stellen weder umfassend noch auf widerspruchsfreiem Abstraktionsniveau betreiben. Dafür gewinnt dieser Forschungszusammenhang jedoch in anderen Richtungen Konturen und Profil: Unterrichtliches Fallgeschehen wird im Exemplarischen[17] konkret und auf der Grundlage präziser Beschreibungen und Deutungen auch hinsichtlich der bewegenden Bedeutungsauslegungen sichtbar. Die hier formulierte Ausrichtung opponiert einerseits gegen den Hegemonieanspruch wissenschaftlichen Wissens und erinnert andererseits ein Stück weit an Positionen, wie sie beispielsweise in der phänomenologisch orientierten Pädagogik bekannt sind.[18] In diesem Zusammenhang stellt Loch (1983, 164) Folgendes fest:

> „Alle Pädagogik und alle Richtungen der Pädagogik reden von ‚Erziehung‘, von ‚Einwirkung der älteren Generation auf die jüngere‘; jede Richtung glaubt die so bezeichnete Tatsache genau zu kennen, und schickt sich dann sehr schnell an zu sagen: was und wie die Erziehung sein soll [...]. Es scheint mir, dass man über der definitorischen Absicht und der Kenntlichmachung des Gegenstandes die Beschreibung vergisst."

Wir haben die Absicht, Wege und Gelegenheiten zur Beschreibung des Gegenstandes zu erschließen und zu nutzen, vor allem dadurch umgesetzt, indem wir uns immer wieder den verschiedensten Unterrichtssituationen gestellt haben und ihnen sowohl im Zuge eigenverantwortlicher Betroffenheit als Sportlehrer als auch aus der Beobachterperspektive heraus fragend näher gekommen sind. Dabei ist es durch die Orientierung an verschiedenen theoretischen Ordnungs- und Strukturangeboten gelungen, die (zunächst) beachtlich scheinende Komplexität sportunterrichtlicher Wirklichkeiten und weiterhin auch die enorme Relationalität der in diesem Feld gegebenen Probleme und Modalitäten der Themenkonstitutionen kriteriengeleitet ordnen und verstehen zu können. Für diesen Prozess haben wir neben pädagogischen, sozial- und sportwissenschaftlichen Theorien vor allem auch auf bewegungspädagogisch relevante Bezugstheorien zurückgegriffen. Da theoretische Implikationen von uns nicht einfach in der Praxis umgesetzt, sondern als Ordnungsangebot und Reflexionsgelegenheit verstanden werden, kann in dieser Hinsicht auch von einem entdeckenden Verfahren gesprochen werden. Anstatt das sportunterrichtliche Geschehen theoriegefügig in den verallgemeinerbaren, aber holzschnittartigen und generalisierenden Bahnen des jeweiligen theoretischen Ordnungsrahmens anzupassen, haben wir vermehrt auch auf Erfahrungsberichte, Beobachtungsprotokolle, Diskussionsergebnisse und einzelfallbezogene Analysen und Darstellungen, die entweder aus dem eigenen oder dem Unterricht von Kollegen stammen, zurückgegriffen. Selbst dann, wenn durch die Hervorhebung besonderer Umstände, Erfahrungswerte oder

---

16 Hierzu wurde während der zurückliegenden Jahre eine Vielzahl aufschlussreicher Publikationen vorgelegt. Vgl. beispielsweise den beachtlichen Fundus vorhandener Lehrbücher zur Sportpädagogik und Sportdidaktik (zusammenfassend: Lange 2003c)

17 Vgl. zur Bedeutung des Exemplarischem in der Pädagogik das Buch von Scheuerl (1958) mit dem Titel: Die exemplarische Lehre. Sinn und Grenzen eines didaktischen Prinzips.

18 Vgl. zur Phänomenologisch orientierten Pädagogik vor allem das Themenheft der Zeitschrift Bildung und Erziehung, 37 (1984) 2, 115-202, sowie Lippitz (1984); Loch (1999); Plöger (1986); Schultheis (2004); Wiater (1996). Für die Sportpädagogik: Müller & Trebels (1996); Thiele (1990, 1995).

Bedeutungszuschreibungen die Konturen der bis dahin gebräuchlichen Theoriefragmente an ihre Erklärungsgrenzen katapultiert wurden. [19]

2.3.3.2   Themenkonstitution – Didaktische Deutungen zum Unterrichtsgegenstand

Die Begriffe *Themenkonstitution* und *Unterrichtsgegenstand* zählen ebenso wie der schlichte Begriff *Unterrichtsinhalt*[20] zum fachlichen Grundinventar der (Sport-)Didaktik, und sie stehen in engem Bezug zu Begriffen wie z.B. Phänomen, Stoff, Sache, Sachlage, Unterrichtsvorhaben, Unterrichtsprojekt, Materie, Material, Substanz, Element, Baustein, Gehalt usw. (…).

Die sich im Umfeld dieser begrifflichen Vielfalt verbergenden Bezüge verweisen aber auch auf semantische und theoretische Unschärfen, die hinsichtlich der sportdidaktisch relevanten Themenkonstitution, Inhalts- und Gegenstandsfragen bestehen. Die oben angesprochenen Bezüge lassen sich nämlich immer nur im Lichte der jeweils zugrunde liegen bzw. im Hintergrund befindlichen Pädagogik bzw. Didaktik treffend einordnen. In diesem Sinne meint beispielsweise der Phänomenbegriff im Lichte der Wagenscheindidaktik etwas völlig anderes als der Bausteinbegriff, wie er im Kontext der modular organisierten Sportspieldidaktik (vgl. Hossner 1997) oder im Kontext der Heidelberger Ballschule (Kröger & Roth 2002) verwendet wird. Aufgrund der sich hieraus ergebenden Unübersichtlichkeit ist an dieser Stelle das konzeptionelle Denken der Fachdidaktik gefragt. Es gilt nämlich herauszuarbeiten, wie genau die Relationen im Spannungsfeld zwischen den Zielen, Inhalten und Methoden des Sportunterrichts verlaufen.[21] Konkret: Woran liegt es und was ist zu tun, damit beispielsweise der Inhalt *Fußball* im Zuge der unterrichtlichen Konkretisierung zu den Interessen der Spieler oder aber zu den Zielen des Lehrers passt? Und, welche methodischen Konsequenzen zieht die Schüler- und welche die Lehrerorientierung nach sich? (…)? Im Zuge dieser fachdidaktischen Klärung wird es sich dann auch zeigen, ob hier von Phänomenen, Gegenständen, Elementen, Techniken, Spielformen, Bausteinen oder anderen (treffenden) Formulierungen die Rede ist.

Der sich an dieser Stelle andeutende Klärungsbedarf betrifft im Kontext des Sport- und Bewegungsunterrichts ganz offensichtlich nicht nur den Inhaltsbereich *Fußball*, sondern auch alle anderen potenziellen Inhalte, die in der Schule für Kinder thematisch werden können und sollen.

Aufgabe 40:
Recherchieren Sie in der Bibliothek praxisbezogene Bücher und Aufsätze, in denen ihre Lieblingssportart in unterschiedlicher Weise zum Thema gemacht wird. Greifen Sie zwei dieser Vorschläge heraus und fertigen Sie eine vergleichende Rezension an.

---

19   So gesehen bewirkt der phänomenale Überschuss des erfahrbaren Konkreten das   Überwinden und Weiterstecken der Grenzen theoretisch basierter Erklärungen. Dies gelingt vor allem dann, wenn die verdichteten Fall- und Beispielbeschreibungen im Kern einen allgemeinen (typischen) (sport-)unterrichtlichen Sachverhalt beschreiben. Vgl. hierzu auch das Buch von Buck (1967) zur Thematik Lernen und Erfahrung – Epagogik.
20   Vgl. zum Problem der Inhaltsauswahl für den Sportunterricht: Balz (1992) sowie Schierz (2001).
21   Vgl. hierzu den Handbuchbeitrag, den Meyer (1995) für die Enzyklopädie Erziehungswissenschaft zum Thema Unterrichtsinhalt verfasst hat.

2.3.4 Konstitution sportunterrichtlicher Themen

Im Zuge des vorliegenden Forschungszusammenhangs zur Themenkonstitution konzentrieren wir uns in empirischer Hinsicht zunächst auf die mikrodidaktische (Re-)Konstruktion von Situationen, Szenen und Sequenzen aus dem schulischen Sportunterricht. Dabei wird der Prozess des *Lehrerwerdens* (persönliche Kompetenz und Performanz entwickeln) in einem Spannungsfeld zwischen *Schülerinteressen*, *Sachlagen* und *unterrichtlicher Abläufe* untersucht (vgl. Abb. 7), um eine kritische Deutung etablierter fachlicher Strukturen in diesem Bereich zu ermöglichen und neue Impulse für innovative Inszenierungs- und Vermittlungsformen auf den Weg zu bringen. Das Ganze findet in den Bahnen eines normativen pädagogischen Horizonts statt, den wir vorerst im Sinne des schulischen Doppelauftrags nicht nur als Erziehung zum Sport und Bildung durch Sport (vgl. Prohl 2009), sondern als Erziehung und Bildung anlässlich von Bewegung-, Spiel- und Sport verstehen.[22]

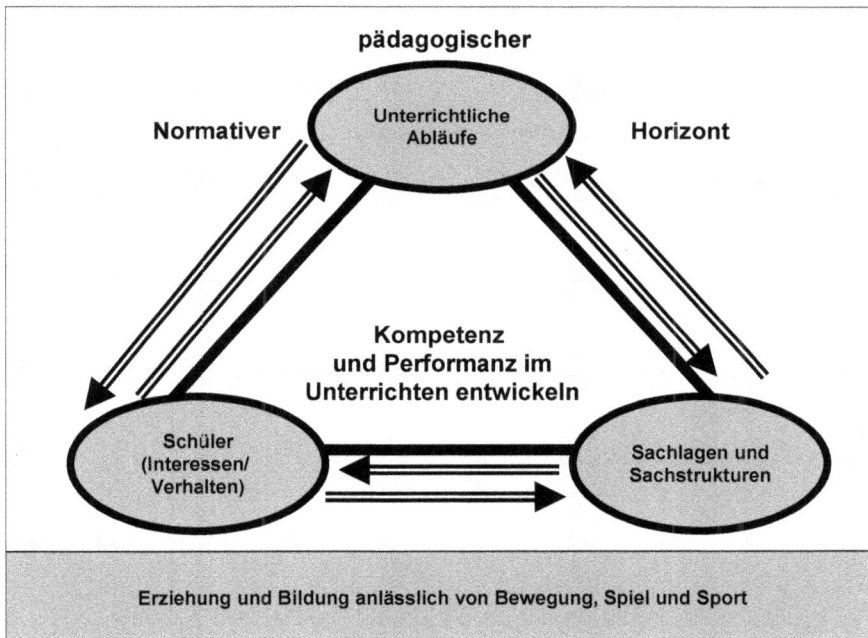

Abb. 7:   Anhaltspunkte für die Entwicklung unterrichtlichen Könnens

Die Heuristik der *Konstruktiven Sportdidaktik* (vgl. Abb. 8) orientiert sich u.a. an drei zentralen Aktionsformen des Lehrens (Handeln, Reflektieren, Positionieren), die im Zuge mehrerer empirischer Studien als Ankerpunkt für die Modellentwicklung genutzt wurden. Dabei wird eine grundlegende Trias des *Lehrerwerdens* beleuchtet (vgl. auch Lange & Sinning 2008a), die im Zuge der eigenen Praxisversuche in den Schulpraktika, im Referendariat sowie dem weiteren Verlauf der Lehrerbiografie durchaus stimmige Konturen bekommen kann. Was hierfür zu tun bzw. zu unterlassen ist, d.h., auf welche Weise es Lehramtsanwärtern, aber

---

22   Vgl. hierzu vor allem die Position Volkamers (2003; 2006), der die Diskussion um die schulpolitisch bedeutsamen Formulierungen der Erziehung zum Sport bzw. der Erziehung durch Sport wohltuend erdet.

auch *gestandenen* Lehrerpersönlichkeiten gelingen kann, ihr Handeln, Reflektieren und Positionieren immer treffsicherer aufeinander abzustimmen, um auf dieser Basis letztlich eine authentische und überzeugende Lehrerrolle auszubilden und zu habitualisieren, ist Motor und Ansatz unserer Arbeit in diesem sportdidaktischen Forschungsfeld. Die in Abb. 7 skizzierte Heuristik weist sich deshalb auch als Spirale aus, die sich in ihrem Verlauf allmählich konzentriert, oben allerdings immer noch offen bleibt.

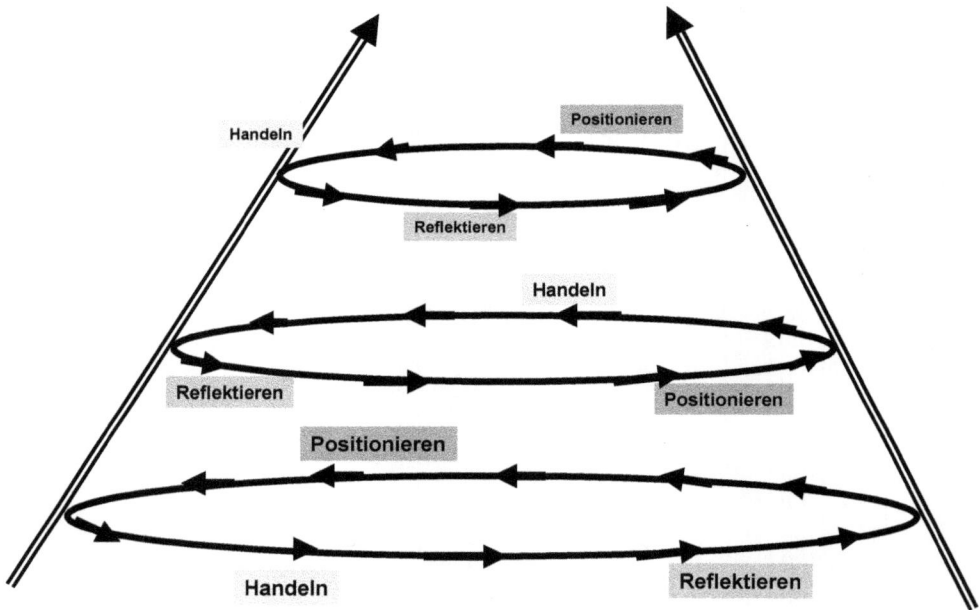

Handeln Positionieren Reflektieren Handeln Reflektieren Positionieren Positionieren Handeln Reflektieren

Abb. 8: Heuristik der Konstruktiven Sportdidaktik

Aufgabe 41:
Übertragen Sie die Trias der Heuristik der Konstruktiven Sportdidaktik (Handeln, Reflektieren, Positionieren) auf eine Lehrlernsituation, die sie erlebt haben. Schildern Sie Ihre Lehrerrolle im Spiegel dieser drei Begriffe bzw. im Spiegel des Modells (Abb. 8)

Dieses empirische Vorgehen soll auf keinen Fall mit dem *stückhaften* Vorgehen verwechselt werden, wie es in der sogenannten Kasuistik (vgl. v.a. Scherler 2004) betrieben wird.[23] Wir konzentrieren uns in diesem Forschungszusammenhang nämlich nicht auf unterrichtliche Unglücksfälle, sondern auf besonders auffällige Momente und Situationen des Sportunter-

---

23 Die vorhandene Differenz zur sogenannten Kasuistik (vgl. Scherler 1989; 2004; Schierz 1997; Scherler & Schierz 1993) wird im vorliegenden Forschungszusammenhang unter anderem durch die Verwendung des Terminus Unterrichtliches Fallgeschehen sichtbar. Im Unterschied zur sportpädagogischen Kasuistik fokussieren wir nicht die sogenannten punktuellen unterrichtlichen Unglücksfälle, sondern interessieren uns vielmehr für prozessuale Aspekte des Unterrichtens bzw. des komplexen Unterrichtsgeschehens. Dabei kumuliert das fachdidaktische Interesse gewissermaßen in dem Bemühen, die komplexen Prozesse der Themenkonstitution im Sportunterricht sicht- und verstehbar zu machen.

richts, um hieraus im Zuge der kritischen Deutung, Prüfung, Diskussion, Kontrastierung und weitergehenden Strukturierung Unterrichtsmodelle zu entwerfen, die in der Schulpraxis von Lehrern erprobt und evaluiert werden. Diese Modelle entwickeln sich demnach auch in dieser Hinsicht im Spannungsfeld zwischen Handeln, Reflektieren und Positionieren im Sinne der Metapher einer dynamischen Spirale immer weiter.

2.3.4.1 Fachdidaktische Traditionslinien

Die Geschichte des Sportunterrichts könnte auch als eine Geschichte seiner Inhalte und Gegenstände bearbeitet und geschrieben werden. Letztlich waren es immer die gesellschaftlichen und politischen Bedingungen, die sich jeweils auf die pädagogischen Erwartungen und darüber schließlich auch auf die didaktische Konstitution der Bewegungs-, Spiel- und Sportthemen für die Schule der jeweiligen Zeit auswirken konnten. Scherer (2009, 24f.) fasst einige markante Stationen dieser historischen Dimension der Gegenstandsfrage prägnant zusammen:

> „Umfasste der Inhaltskanon der Philanthropen im 18. Jh. nützliche und lebenspraktische Leibesübungen wie Tragen, Heben, Klettern, Laufen, Springen und Hüpfen, Werfen, Balancieren, Schwimmen sowie militärische Übungen (vgl. Krüger, 2005), so waren Stoffpläne der Leibesübungen in den 1960er Jahren meist nach Grundformen oder Aktionsweisen wie Spielen, Leisten, Gestalten und Kämpfen geordnet (vgl. zusammenfassend Stöcker, 1973). Mit der Wende von der Leiberziehung zum Schulsport im Rahmen einer allgemeinen gesellschaftlichen Aufwertung des Sports um 1970 war eine »Versportung« und zunehmende Ausrichtung des Inhaltskanons an Sportarten verbunden mit der Zielsetzung, sich für die Teilhabe am außerschulischen Sport zu qualifizieren (z.B. Söll, 1996). Auch in der pragmatischen Sportdidaktik blieb der gesellschaftliche Sport zentraler Bezugspunkt für die Inhalte des Schulsports, die allerdings differenziert nach Bewegungsaspekten, Interaktionsaspekten und Sinnperspektiven kategorial aufgeschlüsselt wurden (vgl. Kurz, 1990). Jüngere Konzepte (z.B. Marburger Sportpädagogen, 1998) und Lehrpläne (vgl. Stibbe, 2000) wiederum überschreiten die enge Anbindung an den Sport durch eine Orientierung an breiter angelegten Bewegungsthemen bzw. Bewegungsfeldern wie Bewegen im Wasser, Laufen, Springen, Werfen, Rollen und Gleiten, Ausdruck und Gestaltung, Kämpfen usw."

Gegenstandskonzepte[24] variieren aber nicht nur in der historischen Betrachtung, sondern auch im Spektrum des aktuellen sportdidaktischen Diskurses. In diesem Sinne unterscheiden sich denn auch die Themenkonstitutionen und damit die Gegenstandsverständnisse der verschiedenen aktuellen sportpädagogischen Entwürfe.[25] Scherer (2009, 25) weist in diesem Zusammenhang darauf hin,

---

24 Vgl. hierzu vor allem die bewegungspädagogisch fundierte Diskussion um ein Gegenstandsverständnis bei Scherer (2009) sowie die Ausführungen bei Güldenpfennig (1996); Hildenbrandt (2001) und Seel (1995).

25 Vgl. hierzu beispielsweise die harsche Kritik an der Einführung in die Sportpädagogik von Balz und Kuhlmann (2003), die von Laging und Pott-Klindworth (2005) unter anderem auch in Bezug auf das fehlende Explizieren des verwendeten Bewegungsbegriffs angelegt wird. Oder aber die überaus kritische Aufarbeitung verschiedener sportpädagogischer Positionen durch Jürgen Funke-Wieneke (2004), die in einer Rezension von Schulz (2004) einer mindestens ebenso harschen Kritik unterzogen wird. Weiterhin die Polemik, die Hummel (2001) auf die sportpädagogischen Ansprüche gegenüber der Verwendung eines anspruchsvollen Bildungsbegriffs auszulegen versteht. Letzteres steht möglicherweise in einem biografisch getroffenen Zusammenhang zu der von Beckers (2001) formulierten Kritik an den Versuchen von Hummel (1997) und Söll

„[…] dass der Gegenstand Bewegung, Spiel und Sport nicht einfach wie ein materielles Objekt gegeben ist, sondern dass es sich hierbei um ein Konstrukt handelt, das in sportpädagogischer und sportdidaktischer Deutung erst entsteht".

Im Zuge der Deutung erweisen sich zuweilen pädagogisch legitimierte Ziele sowie didaktisch begründete Methoden als richtungweisend. Aus diesem Grund ist im Zusammenhang mit dem komplexen Prozess der Themenkonstitution bezeichnenderweise auch von einem Implikationszusammenhang zwischen Zielen, Inhalten und Methoden die Rede. In Anbetracht dieses relationalen Hintergrundes lässt sich nachvollziehen, dass die Ausrichtung des Sportunterrichts in Abhängigkeit zu den zugrunde liegenden sportpädagogischen Grundannahmen entsprechend unterschiedlich konzipiert wird.[26]

2.3.4.2 Perspektiven konstruktiver Sportdidaktik

Wie in fast allen akademisch motivierten Konflikten verbergen sich auch in den sportpädagogischen Rangeleien um den vermeintlich rechten Blick auf den Gegenstand brauchbare Anhaltspunkte für konstruktive fachdidaktische Wendungen. Dabei sollte jedoch eines klar sein. Der fachdidaktische Profit gründet sicherlich nicht in der Tatsache, ob der Nachweis gelungen ist, dass die bildungstheoretische Position des einen Autors gegenüber der kritisierten Position eines anderen Autors überlegen ist oder nicht. Er gründet auch nicht in der Bestimmung, ob zeitgemäßer Sportunterricht nun in den Bahnen motorischer Qualifikationsideen, Sportarten oder erfahrungsorientierter Bewegungsfelder situiert werden muss. Letztlich kommt es darauf an, die einschlägigen Erfahrungs-, Lern- und Bildungsgelegenheiten der in den didaktischen Fokus gerückten pädagogischen Ideen bzw. Inhalte durch die unterrichtliche Inszenierung möglich werden zu lassen. In diesem Zusammenhang beleuchten zwar unterschiedliche sportpädagogische Zugänge und verschiedene sportdidaktische Konzepte jeweils eigene, einschlägige Positionen. Sie vermögen jedoch niemals Patente für das Einlösen einschlägiger Lern- und Bildungsgelegenheiten anzubieten.[27] Der sich an dieser Stelle andeutende Übergang zu einer konstruktiven Sportdidaktik wird unter anderem auch von Scherer (2009, 35) hervorgehoben:

„Selbstredend ergibt sich daraus, dass dies keine Abbilddidaktik sein kann, sondern nur eine »Konstruktionsdidaktik«, die alle Komponenten und Ebenen der Gegenstandskonstitution reflektiert. Eine Vermittlung, die sich auf sportliche Techniken be-

---

(1996), die von ihnen vertretenen fachdidaktischen Vorschläge in eine bildungstheoretische Richtung begründen zu wollen, was von Beckers (2001, 16ff.) unter der vielsagenden Überschrift *Tendenzen der Aushöhlung* stigmatisiert wurde.

26   Die Frage, ob und inwieweit es opportun scheint, die Gegenstände bzw. die Ausrichtung schulischen Sportunterrichts für pädagogische Interessen verzwecken zu wollen, wurde zu Beginn der neunziger Jahre des vergangenen Jahrhunderts in der sogenannten Instrumentalisierungsdebatte diskutiert (vgl. Schaller, 1992; Beckers, 1993; Kurz 1993; Scherler, 1994). Die sich in dieser Debatte gegenüberstehenden Vertreter stritten einerseits um die Frage, ob es legitim sei, den als Kulturgut zu verstehenden Sport im Zuge der Vermittlung pädagogisch in irgendeiner Form zu funktionalisieren. Demgegenüber wurde andererseits die Position entfaltet, dass es gar keinen wertfreien Sport geben kann, das Sporttreiben also immer schon irgendwelcher Zweckung und Interessen unterliege, woraus sich sogar die Verpflichtung ableiten ließe, den Sport in der Schule für pädagogische Zwecke zu nutzen.

27   Dies betrifft selbstverständlich auch die skeptischen Einwände und die sich daraus ergebende Konstruktion einer Narrativen Didaktik (Schierz 1997a). Auch dort stehen den verschiedenen Geschichten und Erzählungen aus dem Sportunterricht Bewegungs-, Bildungs- und Unterrichtskonzepte voran, deren Konturen nicht immer sichtbar gemacht werden (können). Dies wäre allerdings für eine systematisch beabsichtigte und kriteriengeleitet verankerte Analyse und Reflexion von Sportunterricht unabdingbar.

schränkt, wird diesem Anspruch ebenso wenig gerecht wie eine reine »Erfahrungsdidaktik«, die sich, im Sinne formaler Bildung, einseitig an subjektiven Bedürfnissen und sensualistisch ausgelegter Sinneserfahrung orientiert. Eine gegenstandsadäquate Sportdidaktik muss vielmehr auf der Folie eines relationalen Bildungsbegriffs die subjektive und objektive Seite sowie strukturelle und prozessuale Aspekte der Gegenstandskonstituierung gleichermaßen im Blick haben."

An dieser Stelle kommt schließlich auch wieder die Klammer zwischen Lehrer- und Forscherinteressen ins Spiel (vgl. Lange & Sinning 2009c), da auf diese Weise eine konstruktive Verbindung zwischen den Dimensionen subjektiver und objektiver sowie zwischen strukturellen und prozessualen Aspekten möglich scheint.

2.3.5 Was machen wir zum Thema des Sportunterrichts?

Da es hinsichtlich des Problems der Themenkonstitution aufgrund der gegebenen Komplexität keine verbindlichen Empfehlungen für das richtige oder falsche, wohl aber für das stimmige bzw. inkompatible Konstruieren von Themen für den schulischen Sportunterricht gibt, soll die Einleitung zum vorliegenden Forschungszusammenhang mit einer relationalen Betrachtung zu diesem Problemfeld abgeschlossen werden.

Mit Blick auf die aktuelle schulpolitische Situation bietet sich hierfür die Diskussion um das Formulieren und Etablieren sogenannter Bildungsstandards als Anhaltspunkt an. Ob es in der Konsequenz dieser Debatte gelingen wird, die Qualität von Schule und Unterricht zu verbessern, sei zunächst einmal dahingestellt und an dieser Stelle nicht diskutiert.[28] Eine Facette dieser leidigen Debatte ist jedoch in jedem Fall auch für den vorliegenden Problemzusammenhang relevant. Egal welche Standards für den Sportunterricht formuliert werden, sie wirken sich – wenn sie denn eingehalten und kontrolliert werden – auf jeden Fall auf die Themenkonstitution, sprich auf den Implikationszusammenhang zwischen Zielen, Inhalten und Methoden aus. Da solche Bemühungen gegenwärtig immer noch aus einer – salopp formuliert – gewissen Reparaturmentalität und der daran gebundenen bildungspolitischen Ängstlichkeit heraus vorgeschlagen werden, mag bezweifelt werden, dass die sich daraus ergebenen Konsequenzen auf die Weiterentwicklung konstruktiver didaktischer Ansätze auszuwirken vermögen. Dies wird vor allem dann schwierig bis unmöglich, wenn solche Standards in besonders harter, gut zu testender Form etabliert werden sollen. In diesem Fall würde zwar dem gegebenen schulpolitischen Sicherheitsbedürfnis Rechnung getragen, andererseits würden aber gleichzeitig die notwendigen Spielräume für innovatives, fachdidaktisches Wahrnehmen, Entscheiden und Handeln unannehmbar beschränkt.[29]

---

28 Schierz und Thiele (2005) weisen in diesem Zusammenhang auf die besondere Eile hin, mit der die nationalen Bildungsstandards eingeführt werden sollen. Sie stützen sich in ihrer Skepsis auf die Expertise, die unter der Leitung von Klieme in nur fünf Monaten entstanden, im Februar 2003 erschienen ist und als Hintergrund dieser Diskussion bzw. Standardentwicklung dient. „In der Sprache der Kommission formuliert heißt das: Es ist besser, auf korrigierbare Irrtümer zu setzen, als auf ewige Wahrheiten zu warten" (Schierz & Thiele 2005).

29 Als ein Beispiel der Rezeption, Einordnung und Qualitätsbeurteilung der in der Sportpädagogik geführten Diskussion um die Qualitäts- und Standardthematik durch die Brille eines Erziehungswissenschaftlers ist Gatzemann (2008) anzuführen. Unter dem Titel „Die Standardisierungsdebatte. Positionen der Diskussion um Bildungsstandards im Sportunterricht" verfasste er für die Zeitschrift Sportunterricht einen pointierten Bericht zur Tagung der DGfE-Kommission Sportpädagogik im November 2007 in Berlin.

2.3.5.1   Beispiel: Zum Einfluss von Pisa auf das Problem der Themenkonstitution

Die Diskussion um die Interpretation der Pisaergebnisse hat selbstverständlich auch die Sportpädagogik erreicht. So hat beispielsweise der Erziehungswissenschaftler Terhart (2003) für das Publikationsorgan des Deutschen Sportlehrerverbandes (die Zeitschrift *Sportunterricht*) die Ergebnisse der Pisastudie zusammenfassend skizziert und auch einige Stränge der Ursachenforschung und der auf den Weg gebrachten bzw. zu bringenden Konsequenzen beleuchtet. Entgegen dem Eifer beunruhigter und aktionstüchtiger Schulreformer warnt Terhart eindringlich vor kurzschlüssigen Ursachenbehauptungen sowie vor allzu eilig zusammengestellten Massnahmenkatalogen. Dabei scheinen diese doch – auf einen ersten, naiven Blick hin – so nahe zu liegen, denn im Zuge des an den Tag gelegten Reformeifers werden die tatsächlichen Befunde von Pisa immer wieder mit anderen politischen Interessen und von unterschiedlichsten pädagogischen Interpretationen und abgeleiteten Konsequenzen verwässert. Das hat auch im Kontext von Sport (vgl. Westermann-Krieg 2002; Naul 2003)[30] bzw. von Psychomotorik (Flehmig 2002) zu grundsätzlich inspiriertem Reformeifer verleitet, der wie bei Hummel (2002) schnurstracks in die Idee mündet, Qualität über das Strukturieren von Kompetenzbereichen auf den Weg bringen zu wollen. Als Kontroll- und Steuerinstanz sollen dabei zu entwickelnde Kompetenzstufen bzw. Bildungsstandards fungieren. Sind diese erst einmal formuliert, dann muss man sich auch im Unterricht daran halten, und das kann sich – wenn solche Standards allzu eilig produziert und festgeschrieben werden – durchaus auch als hinderlich und unproduktiv erweisen. Hierauf hat vor allem Volkamer (2006) im Zuge einer Erwiderung auf einen Beitrag hingewiesen, in dem Hummel und Zeuner (2006) ein Kompetenzmodell für das Fach *Sport* als Grundlage für die Bestimmung von Qualitätskriterien für Unterrichtsergebnisse entworfen haben.

Aufgabe 42:
Listen Sie fünf zeigenswerte Aspekte des Sports auf. Gehen Sie dabei von ihrer persönlichen pädagogischen Position aus. Erörtern Sie für jeden der fünf Aspekte die Schwierigkeiten, die auftreten, wenn man diese Aspekte standardisieren möchte.

2.3.5.2   Standardisierung als pädagogischer Richtungsgeber

Im Zuge jeglicher Normierungen geht es letztlich immer um zwei Funktionen: Einerseits wird durch die Vorgabe der Normen die Ausrichtung des Unterrichts festgelegt, und andererseits wird durch handhabbare Mess- und Kontrollverfahren die Leistungsfähigkeit von Schule und Unterricht (im Hinblick auf die Einhaltung dieser Normen) überprüft und dokumentiert. Mit Blick auf den Sport- und Bewegungsunterricht wird also einerseits festgelegt und andererseits danach gefragt, womit sich Kinder im Sport auseinandersetzen und was sie in diesem Fach lernen und auf sich nehmen sollen. Um den hier gegebenen Zusammenhang auch treffsicher bestimmen zu können, muss der Output solcher Lehrlernprozesse unmissverständlich getestet und in *harten Zahlen* festgehalten werden können, damit man ihn wieder in Bezug zu den vorangestellten Normen und Erwartungen setzen kann.

---

30   Naul, Hoffmann, Telama & Nupponen (2003) haben in diesem Kontext sogar eine international angelegte Vergleichsstudie zum Fitnessstatus finnischer und deutscher Schüler durchgeführt und unter einem prägnanten Titel in der Zs. Sportunterricht veröffentlicht: PISA-Schock auch im Schulsport? Wie fit sind deutsche und finnische Jugendliche?

Man mag sich dieser Logik anpassen und mit der Formulierung solcher *Standards* und *Basics* beginnen.[31] Zuvor muss jedoch klar sein, wofür denn diese Grundlagen, die man da formuliert, eine Basis darstellen sollen. Außerdem muss man sich darüber im Klaren sein, was zu tun ist, wenn ein Schüler die festgeschriebenen Standards zum vorgesehenen Zeitpunkt (z.B. Übergang von der Grundschule auf die weiterführende Schule) nicht erreicht. Volkamer (2006, 145) richtet in diesem Zusammenhang eine pointiert formulierte Frage an die Adresse von Hummel und Zeuner:

> „Was geschieht, wenn z.B. ein Schüler den unverzichtbaren ,Bildungsstandard' in der ,Kompetenz Rumpfkraft' nicht erreicht? Ohne 20 Sit-ups kein Abitur?"

Auch wenn diese Nachfrage ein Stück weit polemisch und überzogen anmutet, so ist die sich dahinter verbergende Problematik für Sportlehrer in Baden-Württemberg mit der Einführung der neuen Bildungspläne für den Grundschulsport inzwischen Realität geworden. Dort wird nämlich im Zuge der sogenannten Niveaukonkretisierungen präzise und unmissverständlich auf- und festgeschrieben, was die Schüler (im Sinne eines Bildungsstandards) im Bereich des *schnellen Laufes* beherrschen sollen. In der Lesart dieses Bildungsplans genügt es keineswegs, einfach nur schnell, d.h. vor einem Freund, am Ziel oder am Ball zu sein, sondern die Kinder müssen dabei zudem eine Lauftechnik zeigen, wie wir sie aus biomechanischen Analysen zum idealen Technikleitbild der Leichtathleten her kennen. Konkret lautet es beispielsweise im besagten Lehrplanwerk zur Niveaustufe B: *Die Schülerinnen und Schüler zeigen die wesentlichen Technikmerkmale des schnellen Laufs (Ballenlauf, Kniehub, Anfersen, Armeinsatz).* Es bleibt zu hoffen, dass die Sportlehrer aus Baden-Württemberg mit diesen Vorgaben insofern kreativ und ignorierend umzugehen verstehen, als dass es ihnen gelingt, diese abverlangten Ziele nicht auf die Ebene ihrer Inhalts- und Methodenentscheidungen durchdringen zu lassen. Die effiziente Methode zur Schulung des *nur formgerechten* Ballenlaufs, Kniehubs, Anfersens und Armeinsatzes liegt nämlich im Absolvieren des korrekturbasierten Lauf-Abc.[32] Mehrperspektivisches Erproben und Erfahren verschiedener Funktionen des *schnellen Laufens* würden sich im Horizont der in diesem Bildungsplan festgehaltenen Normen und Ziele eher als hinderlich erweisen.

2.3.5.3 Konsequenzen für die Inhalts- und Methodenebene

Die Diskussion um den Sinn und Zweck[33] bzw. auch um die Bestimmung und Konkretisierung von Bildungsstandards für den Sportunterricht[34] zeigt recht eindrücklich, dass sich die hier getroffenen Richtungsentscheidungen konsequent auf die Ziel-, Inhalts- und Methodenebene des Sportunterrichts hin auswirken. In diesem Sinne darf beispielsweise für die vom

---

31 Vgl. hierzu die in exemplarischer Absicht vorgenommene Relativierung des bei Balz (2007) angestoßenen Reformeifers durch den emeritierten Sportpädagogen Gerhard Hecker (2007). Hecker greift das von Balz formulierte Pro-Argument Wettbewerb und Bildungsgerechtigkeit auf und erzählt eine Geschichte aus seiner Lehrerzeit, womit eindrücklich herausgearbeitet wird, dass derartig formal formulierte Argumente und Anhaltspunkte in einer gelingenden Schul- und Lernkultur auch jenseits jeder Standarddebatte ganz selbstverständlich zum Schulleben dazugehören.

32 Zumindest was den kurzfristigen Könnenserwerb betrifft: Das Einschleifen isolierter Technikelemente des Lauf-Abc führt bereits nach kurzer Zeit dazu, dass die Lernenden diese Elemente mehr oder weniger formgerecht demonstrieren können. Allerdings geht dieser Kompetenzerwerb keineswegs mit dem Transfer der Technikverbesserung und der daran gebundenen Verkürzung von Sprintzeiten einher.

33 Vgl. hierzu unter anderem die bilanzierende Aufarbeitung von Lange & Woll (2005) sowie die bildungstheoretisch inspirierte Positionierung von Hildebrandt-Strahmann & Laging (2005).

34 Vgl. hierzu unter anderem die ersten Ergebnisse und Vorschläge bei Funke-Wienecke & Kretschmer (2005) und Beckmann, Hildebrandt-Strahmann & Wichmann (2005).

Niedersächsischen Kultusministerium zu verantwortende flächendeckende Einführung jährlicher Fitnesstests an Niedersachsens Schulen[35] erwartet werden, dass die in den fünf Testaufgaben verlangten motorischen Anforderungen spätestens dann inhaltliche und methodische Konsequenzen nach sich ziehen, wenn sie im Sinne einer Leistungskontrolle als Hinweise für die Bestimmung der Unterrichtsqualität verstanden und abverlangt werden.

2.3.5.4   Zwischenergebnis: Zwei methodische Optionen

Um die sich aus diesen Voraussetzungen ergebenden Perspektiven für den Sportunterricht ein Stück weit im fachdidaktischen Sinne zu ordnen, soll an dieser Stelle festgehalten werden, dass mindestens zwei einander polar gegenüberstehende Möglichkeiten existieren, die sich als Zielperspektiven für die thematische Ausrichtung des Sportunterrichts anbieten. Beide ziehen entsprechend des Implikationszusammenhanges auch diametral gegenüberstehende Konsequenzen für die Inhalts- und Methodenebene des Sportunterrichts nach sich. Erstens eine körper- bzw. fitnessorientierte Ausrichtung, in der zuallererst die physiologischen und morphologischen Anpassungen verschiedener körperlicher Funktionssysteme (z.B. Herz-Kreislauf, Muskulatur, Fettstoffwechsel) interessieren und die deshalb mithilfe sachlogischer und ökonomischer Trainingsmethoden ausgebildet werden können. Zweitens eine Ausrichtung, die sich für die Leibthematik, das Bildungsdenken und deshalb für die ganzheitliche Entwicklungs- und Bewegungsförderung von Kindern interessiert und sich in methodischer Hinsicht vor allem für Facetten des Erfahrungslernens öffnet.

Je nachdem für welche der beiden Optionen sich Lehrer entscheiden mögen, folgen daraus einschlägige Konsequenzen für die Gestaltung, Evaluation und Qualitätssicherung des (jeweils auf die eine oder die andere Art verstandenen) Sportunterrichts. Die in der Politik gebräuchlichen Kompromisse taugen in diesem Zusammenhang nichts und führen höchstens zu fachdidaktischer und inhaltlicher Beliebigkeit.[36]

2.3.6   Beispiel: Zur Vielfalt kindlich konstruierter Bewegungsthemen – Tim und Katja

Tim und Katja[37] gehen in die dritte Klasse einer Grundschule und verbringen auch die Nachmittage zumeist gemeinsam. Dabei bewegen sie sich regelmäßig und auf eine derart vielfältige Weise, dass es pädagogisch interessierten Beobachtern schwer fällt, aus dem kindlichen Bewegungsspiel besonders auffällige Weisen des *Sich-Bewegens* herauszunehmen, mit der Vorsilbe *Basis* oder *Kern* zu versehen und dann als besonders wichtige und förderungswürdige Basiskompetenzen oder zu konstruierende Kernthemen für den Sportunterricht zu definieren. Für eine derart formale Bewegungslogik und Bedeutungshierarchie fallen nicht nur Tim und Katja, sondern sicherlich auch den meisten anderen Kindern viel zu viele Bewegungsideen ein. Je nach Wohnort, Wetter, Spielpartner oder sonstigen situativen Be-

---

35   Vgl. hierzu die eigens für diesen Zweck eingerichtete Homepage: http://www.fitnesslandkarte-niedersachsen.de Zugriff am 15. März 2008.

36   Auf die durch die Lehrplanarbeit in Nordrhein-Westfalen provozierte fachdidaktische Diskussion gehen wir in unserem Forschungszusammenhang ganz bewusst nicht weitergehend ein. Auch nicht im Hinblick auf die dadurch bedingten Konsequenzen für die in NRW vielerorts gebräuchlichen Folgen für die Themenkonstitution. Hierfür scheint uns diese Lesart pädagogischer Perspektiven viel zu sehr schulpolitisch geprägt.

37   Diese Beispielbearbeitung und die daraus zu ziehenden bewegungspädagogischen Konsequenzen gehen auf Arbeiten zurück (vgl. Lange 2005b; Lange 2008), in denen das Problem der Formulierung von Bildungsstandards erörtert wurde.

dingungen gehen sie ins Schwimmbad, fahren Inliner oder Fahrrad, spielen Ball oder finden an anderen Abenteuern, die ihr Bewegungsgeschick erfordern, Gefallen.

2.3.6.1 Den Ball endlos bergauf schießen

„Gestern haben Tim und Katja beispielsweise wieder einmal ein ungewöhnliches, aber äußerst interessantes Spiel mit dem Fußball gespielt, welches wir in der Vergangenheit mehrfach beobachten konnten. Sie haben keinen Namen für das Spiel, weshalb wir es einfach ‚Den Ball endlos bergauf schießen' nennen. Katja wohnt nämlich direkt an einem Berghang. Von der Straße aus geht es steil eine holprige Grasböschung hinauf, oben stehen in ca. 20 bis 25 Meter Entfernung einige Büsche. Die beiden Kinder versuchten auch gestern, Katjas neuen Fußball immer wieder diesen kleinen, aber sehr steilen Berghang hinaufzuschießen. Je nachdem wo der Ball jeweils entlang rollte bzw. auf welche Unebenheiten des Hanges er aufsprang, so gestaltete sich sein weiterer Weg. Zunächst nach oben bis zu einem Umkehrpunkt und dann schließlich wieder nach unten in Richtung Straße und Kinder, wohin er allein mithilfe der Schwerkraft wieder zurückkam. Nicht immer, denn manchmal verhakte er sich in einem der oberen Büsche oder wurde durch einige Unebenheiten der Grasböschung so weit vom ‚Kurs' abgebracht, dass er von den Kindern nicht mehr erreicht werden konnte. Nachdem Katja den Ball hinaufgeschossen hatte, erwartete also Tim den erst langsam und dann immer schneller heruntertippelnden Ball. Er versuchte, sich während dieser Zeit in eine günstige Schussposition zu bringen, um den Ball dann selbst mit einem kräftigen Schuss nach oben, den Hang hinaufzubefördern. Die Kinder wechselten sich ab, sie meckerten, wenn einer den Ball in den Busch geschossen hatte und der oben hängengebliebene Ball mühsam aus dem Geäst herausgeholt werden musste. Sie lachten auch über die unerwarteten, sich ständig verändernden ‚Hoppelwege' des Balles, schalteten aber auch immer wieder schnell zur Konzentration auf den nächsten Schuss und das damit in Verbindung stehende ‚In-Position-Laufen' um. Während mancher Phasen – wenn es gelang, gleich mehrere dieser Schüsse abwechselnd aneinanderzureihen – konnten sie sich regelrecht in das Geschehen vertiefen, und wenn während solcher Phasen etwas schieflief, wenn z.B. Tim den Ball nicht treffen konnte, dann gab es ein lautstarkes Getöse und Meckern, was aber bald durch die Bewegungslust auf einen neuen Zyklus hochgeschossener Bälle abgelöst wurde."

2.3.6.2 Zum Problem der Analyse zugrunde liegender Themenkonstitutionen

Für Tim und Katja gehört das variantenreiche Spielenkönnen von *Den Ball endlos bergauf schießen* zweifelsohne zu den Kernthemen ihres *Sich-Bewegens* dazu. Zumindest was ihr Bewegen während der freien Nachmittage betrifft, denn im Sportunterricht tun sie anderes. Ihr Sportlehrer weiß weder von diesem Spiel, noch kennt er die Unebenheit und Steilheit des Hanges, und er weiß auch nicht, wie geschickt sich die beiden Freunde bei diesem Spiel verhalten können, wie sie sich in Position bringen, wie sie ihre Schüsse dosieren, wie sie noch schnell auf den letzten spontanen Richtungswechsel des Balles reagieren und deshalb mal mit dem linken und ein anderes Mal mit dem rechten Fuß noch rasch gegen den Ball treten. Er weiß demgegenüber aber recht treffend einzuschätzen, wie gut beide Kinder im Fußballspiel sind, wie sie verschiedene Bälle auf Ziele schießen können, wie sie werfen und fangen können, wie sie im Klassenrahmen Spiele mitorganisieren, wie sie bei verschiedenen Spielen mitspielen, wie schnell sie laufen können, wie weit sie springen können usw.

Schließlich handelt es sich dabei um die Themen aus seinem Unterricht, die er für wichtig hält und die für ihn deshalb den Charakter von Kernthemen angenommen haben. Wären ihm diese Themen nicht wichtig, würde er im Unterricht sicherlich etwas anderes mit den Kindern machen. Wie dem auch sei, für Tim und Katja gibt es jedenfalls andere Kernthemen als für ihren Lehrer. Es existieren also mindestens zwei verschiedene Qualitäten von Kernthemen, die ihrerseits miteinander in Verbindung stehen und bestimmte Korrelationen aufweisen. Diese fallen an manchen Stellen vergleichsweise offensichtlich auf (*einen rollenden Ball per Fußkick auf ein Ziel schießen können*), an anderen sind sie hingegen weniger scharf ausgeprägt.

Aufgabe 43:
Beobachten Sie Kinder beim Sporttreiben und „Sich-Bewegen". Fertigen Sie hierzu eine Bewegungsgeschichte nach dem Vorbild „den Ball endlos bergauf schießen" an.

2.3.6.3   Zum ordnungsstiftenden Beitrag der Sportmotorik

Die in der Motorikforschung und der Trainingswissenschaft gebräuchliche Leistungsdiagnostik stellt einen Weg bereit, der geeignet scheint, den Zusammenhang zwischen Tims und Katjas Kompetenz im *Den Ball endlos bergauf schießen* und den Kompetenzen, die ihr Sportlehrer als Basics ansieht, systematischer herauszustellen und übersichtlich festzuhalten.[38] Dort wird nämlich versucht, die Motorik (der beiden Kinder) in klar definierbare Dimensionen bzw. Bereiche einzuteilen, so wie es Sportwissenschaftler im Kontext der Trainingslehre, im Fitnesssektor oder im Gesundheitssport tun. Theoretischer Hintergrund derartiger Systematisierungen sind die klassischen Fähigkeitsmodelle, nach denen die Motorik (der Kinder) zunächst ganz grob in einen konditionell-energetischen und einen koordinativ-informationellen Bereich unterschieden wird (vgl. Lange 2007b, 22ff.). In einem weiteren Analyseschritt lassen sich dann auch noch die klassischen Konditionsfaktoren (Kraft, Ausdauer, Schnelligkeit und Beweglichkeit) von den koordinativen Fähigkeiten (Orientierungs-, Differenzierungs-, Gleichgewichts-, Reaktions- und Rhythmisierungsfähigkeit) samt ihrer Überschneidungen abgrenzen, sodass man letztlich auf einen groben, aber äußerst übersichtlichen Motorikfundus von neun Fähigkeiten und deren Schnittmengen kommt, denen man im Grunde genommen auch den Status von Kernthemen zuerkennen könnte. Die Ausprägung dieser motorischen *Grundfähigkeiten* lässt sich mithilfe standardisierter Testverfahren (vgl. Bös u.a. 2001) vergleichsweise präzise bestimmen, sodass immer wieder eindeutige Daten über den Ausprägungsgrat dieser neun überschaubaren Elemente der motorischen Grundausstattung der Kinder ermittelt werden können.[39] Und weil die Elemente dieser Grundausstattung in jedem Spiel und jeder Bewegungstätigkeit, die Tim und Katja zu Hause oder im Sportunterricht spielen bzw. absolvieren, enthalten sind, erlaubt die jeweilige Datenbasis auch entsprechenden Aufschluss über mehr als tausendundein Kernthema, das in den Bewegungswelten von Tim und Katja bzw. in dem Unterrichtskonzept ihres Sportlehrers von Bedeutung ist. Der einzige Nachteil dieses Vorgehens liegt darin begründet, dass die Plausibilität der messbaren Fähigkeitskonstrukte allein auf der abstrakten Modellebene und in der Logik der Testaufgaben wiederzufinden ist. In der Bewegungspraxis von Tim und Katja ist

---

38   Dieser Logik folgen alle Versuche, die darauf hinauslaufen, den Bewegungsstatus von Kindern mithilfe motorischer Testverfahren zu ermitteln (vgl. im Überblick: Bös 2003).
39   Genau auf diese Logik baut die zuvor bereits erwähnte Fitnesslandkarte Niedersachsen auf.

jedenfalls anderes, weitaus Konkreteres von Bedeutung. Dieses aufzuspüren, festzuhalten, zu ordnen und theoretisch zu klären, wäre Aufgabe einer Sportpädagogik, deren Ambition weit über die Sphäre einer Didaktik reduzierter Ansprüche (hier: Evaluation von Fähigkeitskonstrukten) hinausreicht.

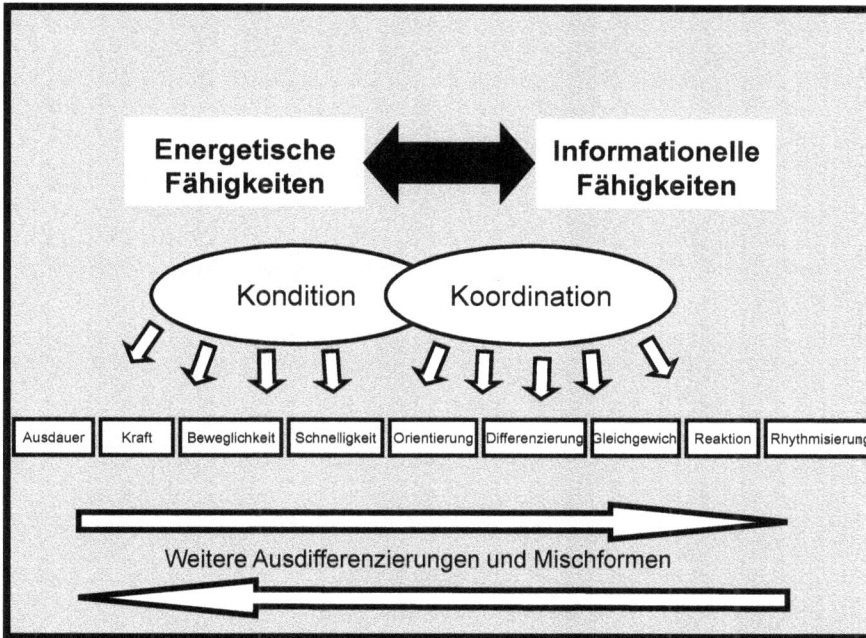

Abb. 9:   Fähigkeitsdimensionen der Motorik

Aufgabe 44:
Nehmen Sie sich die zu Aufgabe 43 formulierte Bewegungsgeschichte vor und analysieren Sie diese im Lichte des Modells zu den Fähigkeitsdimensionen der Motorik (Abb. 9).

2.3.6.4   Mehrdimensionaler Zugriff auf die Themenkonstitution

Im Zuge der Interpretation dieser Beispielskizzen fällt auf, dass nunmehr drei verschiedene Qualitäten von Basiskompetenzen für den Sportunterricht existieren. Im kindlichen Spiel sind es andere als im Unterricht und in der Sicht des Lehrers, und dort wiederum andere als in der theoretischen Folie der Sportmotorik. Auch wenn sich auf einer Metaebene recht plausible Zusammenhänge und Korrelationen nachweisen lassen, haben die in Tests ermittelten Ergebnisse zur Ausprägung bestimmter konditioneller oder koordinativer Fähigkeitskonstruktionen nicht viel mit dem zu tun, was Tim und Katja in ihrem nachmittäglichen Bewegungsspiel so zu schätzen wissen. Das *besondere Etwas*, das sie beim *Den Ball endlos bergauf schießen* erleben und so schätzen, wird z.B. beim Ermitteln ihrer Ausdauerleistungsfähigkeit oder ihrer Orientierungsfähigkeit nicht beschrieben, es geht schlichtweg verloren. Und auch anders herum gedacht: In der oben geleisteten Skizzierung des kindlichen Spiels ist nicht viel bzw. nichts Konkretes über den Ausprägungsgrat ihrer (neun) motorischen Grundfähigkeiten ausgesagt. Genau solche Widersprüche tauchen auf, wenn sich Sportpädagogen auf den Weg machen und Kernthemen für den Sportunterricht bestimmen wollen. Die hier zugrunde liegende Gegenläufigkeit lässt sich auf die Formel bringen, dass mit zunehmender Abstraktion jeder Fähigkeitsmessung die bedeutungshaltige Lebendigkeit und Wichtigkeit konkreter Bewegungssituationen verloren geht. Da aber gerade diese *Qualitäten* den Tagesablauf und das Weltverstehen der Kinder kennzeichnen und bestimmen, kommt ihm im Kontext des hier zugrunde liegenden sportpädagogischen Verständnisses eine tragende Funktion zu. Und noch einmal anders herum gedacht: Je umfassender man versucht, die vielfältigen Bewegungsbedeutungen und -aktionen der Kinder im Kompetenzkanon zu berücksichtigen, desto vager und inflationärer wird dieser Kanon ausfallen. Gleiches gilt für die vielfältigen Intentionen des Lehrers.

Damit man angesichts dieser Voraussetzungen beim Formulieren von Basiskompetenzen nicht in ein Dilemma verfällt, bieten sich zwei Perspektiven an: Entweder man beschränkt sich auf einen der drei Zugänge (Kinder, Lehrer, Motorikmodell) oder man sucht tragfähige Kompromisse im Spannungsfeld zwischen der bewegungsbezogenen Lebenswirklichkeit der Kinder, dem didaktischen Zugang des Sportlehrers und den Theorievorgaben der Sportmotorik. Dabei sei auch an dieser Stelle angemerkt, dass Kompromisse eher in das Geschäft der Politik und weniger in das Feld der Didaktik fallen.

Aufgabe 45:
Erläutern Sie die zu Aufgabe 43 formulierte Bewegungsgeschichte im Lichte des mehrdimensionalen Zugangs zum Prozess der Themenkonstitution. Berücksichtigen Sie dabei die drei (oben genannten) Zugänge.

2.3.7 Was soll für Tim, Katja und andere Schüler zum Thema gemacht werden?

Damit sich zum Abschluss der Einführung ein Kreis schließt, soll die Frage, was Tim und Katja lernen sollen und was aus diesem Grund auch in ihrem Sportunterricht zum Thema gemacht werden soll, erneut in Anlehnung an die Pisaergebnisse beantwortet und auf den Punkt gebracht werden (vgl. Deutsches Pisa-Konsortium 2001). Sie sollen Bewegungsprobleme aufspüren, sich damit auseinandersetzen, die Widerständigkeiten verschiedener Bewegungssituationen und Sachlagen erfahren und schließlich Lösungen zu den selbst entdeckten oder gestellten Problemen finden können.[40] Gemessen an der Reformeuphorie, die andernorts praktiziert wird, mutet diese Konsequenz zunächst einmal recht zurückhaltend an. Sie passt aber zur Botschaft der Pisastudie, denn dort wird grundsätzlich festgehalten, dass unsere Kinder Probleme beim Lösen mathematischer, naturwissenschaftlicher und bestimmter sprachlicher Probleme haben. Die hier geforderte Problemlösungskompetenz schlagen wir deshalb auch für die Übernahme als Basiskompetenz bzw. Bildungsstandard und damit als

---

40 Im Zusammenhang mit der Diskussion um das Formulieren von Basiskompetenzen wurde bereits der Vorschlag eingebracht, die Debatte auf die Basiskompetenz Problemlösen zu fokussieren (vgl. Lange 2005b). Mit der Orientierung in die Richtung des bewegungsbezogenen Problemlösens würde der Prozess in den Fokus der Ableitung und Begründung von Bildungsstandards gerückt. Dieser ist hinsichtlich seiner Funktion für das kindliche Sich-Bewegen ebenso eindeutig, wie er hinsichtlich seiner möglichen Formen vieldeutig ist. D.h., die vielen denkbaren Produkte (Fertigkeiten), die im Sportunterricht thematisiert und gelernt werden sollen, ordnen sich dem bewegungsbezogenen Problemlösungsprozess unter.

Norm für die Themenkonstitution im Sportunterricht vor. Mehr nicht. Wir wollen auch nicht festlegen, welche Probleme dort gelöst werden sollen. Das fällt – wie man anhand des geschilderten Fallbeispiels und dessen Deutung erkennen kann – in den Varianzbereich und muss vom Lehrer mit Blick auf die konkrete Situation und die Lerngeschichte der Kinder jedes Mal neu festgelegt werden. Grundsätzlich gibt es aber bestimmt *tausendundein Mal* mehr Probleme, die es wert wären, im Unterricht entdeckt, erprobt und gelöst zu werden, als dafür Zeit zur Verfügung steht. Aber glücklicherweise finden die meisten Kinder auch noch außerhalb des Sportunterrichts Freiraum zum selbstbestimmten Spielen und *Sich-Bewegen*.

Aufgabe 46:
Führen Sie ein Interview mit einem Kind und fokussieren Sie dabei die Frage, was aus der Sicht des Kindes im Sportunterricht interessant und spannend ist.

2.3.7.1   Was sollen Sport- und Bewegungslehrer tun?

Forderungen, die auf eine Relativierung des *Output-Denkens* in der Qualitätsdebatte hinauslaufen, wirken im vorliegenden pädagogischen Kontext überaus erfrischend und konstruktiv. In diesem Sinne scheint es nämlich möglich und ratsam, die Verbindlichkeit vermeintlicher *Bildungs-Standards* mit Blick auf die Voraussetzungen vor Ort zu brechen. Demnach könnten Sportlehrerinnen und Sportlehrer durchaus auch in Baden-Württemberg anderen Normen und Orientierungen folgen, als es ihre Kolleginnen und Kollegen in Sachsen, Südniedersachsen, im Landkreis Kassel, einer Schule in Bielefeld oder im Unterricht in der Klasse 3d dieser Schule tun. Die so benannten *opportunity to learn standards* oder die projektorientierten Standards, auf die unter anderem Krick (2006) hingewiesen hat, mögen also eine Brücke bauen können, sodass die reine *Output-Orientierung* auch im Kontext der aktuellen Standarddiskussion nicht weiterhin als das Maß aller Dinge angesehen wird, sondern der Prozess des Unterrichtens und damit die Einflüsse, Leistungen und Ziele des verantwortlichen Lehrers vor Ort relevant werden. Wer sich seiner Lehrkunst und ihrer strukturellen Bezüge zu einer situativ-variablen Themenkonstitution sicher sein kann, der mag getrost auf die schulpolitisch festgelegten, verbindlichen und unverzichtbaren Kompetenzformulierungen im Sinne des Modellvorschlags didaktisch reduzierter Ansprüche (Hummel & Zeuner 2006) verzichten.

2.3.7.2   Nachdenken über ernst gemeinte Bildungsgelegenheiten

Mit dem Aushöhlen des *Output-Denkens* eröffnen sich auch interessante Anhaltspunkte und Möglichkeiten, über einschlägige Bildungsgelegenheiten für den Sportunterricht nachzudenken. Bezeichnenderweise fallen Vertreter der *Reduktionistischen Position* zumeist durch eine gewisse Bildungsfeindlichkeit auf und lassen im Zuge der Ausgestaltung und Verbreitung der von ihnen favorisierten Kompetenzmodelle durchblicken, dass sie mit dem Bildungsdenken in der Sportpädagogik ein Problem haben. Diese Position können wir nicht teilen, weil uns das Streiten um die Bildungsorientierung bzw. um die bildungstheoretische Fundierung des Faches durchaus als fruchtbar und wichtig erscheint. Aus diesem Grund stimmen wir – im Unterschied zu Hummel & Krüger (2006, 35) – ausdrücklich der Position von Dietrich Kurz zu, der meint:

„Es kann nicht gelingen, in den Standards den pädagogischen Anspruch unseres Faches umfassend abzubilden und ihnen zugleich Tests zuzuordnen, die den geläufigen Gütekriterien entsprechen" (zit. nach Hummel & Krüger 2006, 35).

Bildungsziele werden deshalb von uns auch nicht in Frage gestellt, nur weil man sie nicht in Bildungsstandards transformieren kann. Aus diesem Grund würden wir den hohen Anspruch des schulischen, von ausgebildeten Pädagogen zu verantwortenden Sportunterrichts auch nicht aufgeben wollen. Wenn also Hummel & Krüger (2006, 35) fragen:

„Haben wir uns nicht schon viel zu sehr auf den Umgang mit einem Bildungsbegriff eingelassen, der idealistisch geprägt, aber für die alltägliche praktische schulbildnerische Arbeit nur wenig brauchbar ist?"

meinen wir, dass wir einerseits die eloquente Arbeit an unserem Bildungsbegriff und unserem Bildungsverständnis, wie sie neben Prohl (2006) und Beckers (1997) inzwischen auch von vielen anderen Kollegen in der Sportpädagogik betrieben wird, unbedingt weiterdenken müssen und zwar auf höchstmöglichem Niveau und ohne *Praktikabilitätsabstriche*. Andererseits meinen wir zugleich aber auch, dass wir parallel zu diesem Begründungsdiskurs vermehrt nach dem *Wie* von Bildung im Sportunterricht fragen müssen und deshalb Beispiele und Portraits eines in diesem Sinne anspruchsvollen und gelingenden Sportunterrichts rekonstruieren und untersuchen sollten. Es wäre doch interessant und wichtig herauszufinden, angesichts welcher Hintergründe und Bedingungen sich im Sportunterricht einschlägige Bildungsgelegenheiten bieten. Sportdidaktiker wären in diesem Sinne dahingehend gefordert, im Schulsport entsprechende Portraits anzufertigen, zu sammeln und im Zuge der Rezension und Auswertung auf systematischem Weg zu didaktisch stringenten Modellen des Sportunterrichts auszuarbeiten. Dabei sollte es – mit Blick auf die aktuelle Debatte um Bildungsstandards – auch gelingen herauszuarbeiten, wie die Standards im jeweiligen Fall zustande gekommen sind, wie die Lehrer sie *in Szene* gesetzt haben und wie es den Schülern gelungen ist, sich anhand der von diesen Standards ausgehenden Schwierigkeiten und Widerständen in die jeweilige Sachlage zu verwickeln und zu vertiefen.

Aufgabe 47:
Wie viel Bildungstheorie verträgt Ihr Sportverständnis? Erörtern und diskutieren Sie diese Frage mit einem Kommilitonen. Fertigen Sie ein Protokoll zur Diskussion an.

2.4   Lehrkunst im Sport

2.4.1   Liebe Leser, seid gegrüßt! Didaktik heißt Lehrkunst

Bei dem einleitenden Zitat handelt sich um den Eröffnungssatz, mit dem der tschechische Erzieher Johann Amos Comenius (1592–1670) vor beinahe vier Jahrhunderten sein Buch, die *Große Didaktik*, beginnt. Was damals selbstverständlich war, mutet heute elitär, zugleich aber auch ansprechend und praxisnah an. Elitär, weil Lehrkunst für einen ausgewiesenen Qualitätsanspruch von Unterricht steht. Ansprechend und herausfordernd, weil sie sich zuallererst an die Lehrer und die Praxis des Unterrichtens richtet. Die Konstruktion aus *Kunst* und *Lehren* verweist also in der ersten Annäherung auf eine äußerst produktive Praxis, die das Maß des Gewöhnlichen, Standardisierten und *Einfach-nur-richtig-Gemeinten* übersteigt.

Solche Momente kennzeichnen manchmal auch das Sporttreiben in der Schule und im Schulsport, weshalb im Folgenden mit der Suche nach Spuren, Bedingungen und Kennzeichen der
Lehrkunst im Sport begonnen wird. Dabei soll in zwei Schritten vorgegangen werden: Zuerst
werden zentrale Eckpunkte der Lehrkunstdidaktik herausgestellt, um sie anschließend am
Beispiel der Entwicklung eines Lehrkunststücks zum Schwimmen noch einmal im Zusammenhang vorzustellen.[41]

Aufgabe 48:
Definieren Sie mithilfe einschlägiger Lexika und Nachschlagewerke den Begriff „Kunst".

2.4.1.1   Lehrkunst und *gute Schule*

Die Entwicklung einer sportbezogenen Lehrkunstdidaktik wird nicht an einem überlegenen,
in sich geschlossenen fachdidaktischen Konzept fest gemacht. Lehrkunst zeigt sich demgegenüber im praxisnahen didaktischen Denken und Handeln, was auch unabhängig vom jeweils zugrunde liegenden fach- und erziehungswissenschaftlichen Horizont dabei hilft, Perspektivenwechsel hinzubekommen und die *Dinge*, d.h. die Sachlagen und Gegenstände des
Unterrichts, immer wieder in ein neues Licht zu stellen, damit sie von den Lernenden entdeckt und erschlossen werden können. Lehrer müssen also viele Brücken schlagen können
zwischen dem, was sie vermitteln wollen, und den Erlebnissen, Gedanken, Anschauungswei-
sen und Erfahrungen der Lernenden (vgl. Leist & Loibl 1984, 269; Sinning 2003, 9). Auch
oder gerade wenn sie dabei auch ungewöhnliche didaktische Wege gehen müssen, da ja nicht
jede dieser Brücken zu den Voraussetzungen jedes einzelnen Schülers passt. Lehrkunst ist so
gesehen ein Kennzeichen *guter Schule*, was nicht mit den aktuellen Bemühungen um das
Etablieren von *Wissenschaftspropädeutik* in den Gymnasien, dem Umsetzen von Bildungsstandards oder der Diskussion um Unterrichtsqualität (vgl. u.a. Helmke 2003) gleichgesetzt
werden soll.

2.4.1.2   Lehrkunst ist lehrerorientiert

Lehrkunst braucht Lehrkünstler, d.h. Pädagogen, die die von Heursen (1997) propagierten
ungewöhnlichen didaktischen Wege erfinden, weitergeben oder aber auch selber gehen. Sie
braucht Lehr- und Schulmeister, die sich durch ihr praktisches Tun Vertrauen erwerben und
die es verstehen, die Gegenstände und Inhalte ihres Unterrichts immer wieder neu, einfallsreich und erfinderisch ins rechte Licht zu stellen, sodass es den Schülern gelingen kann,
ihren eigenen Weg bei der Erschließung der jeweiligen Sachlage – also beim Lernen – zu
finden. Lehrkunst braucht auch Lehrer, die weder an politischen noch an anderen Richtlinien
und Dogmen kleben und stattdessen imstande sind, mit den Inhalten ihres Faches regelrecht
zu spielen, d.h. immer nahe dran zu sein, ohne in irgendwelche Scheuklappenmentalitäten zu
verfallen. Also Lehrer, die sich als Fachexperten durchaus auch einmal in ironischer Weise
von den Inhalten und ihrer Weise der Vermittlung zu distanzieren verstehen und die auch
mal über sich selbst und über die von ihnen zu verantwortenden Stunden lachen können.

---

41   Bei den folgenden Ausführungen handelt es sich um eine überarbeitete Fassung des Beitrags: Lange, H.
      (2005c). Lehrkunst im Sport. „Liebe Leser, seid gegrüßt! Didaktik heißt Lehrkunst". Sportpraxis, 46 (3), 4 –
      10.

Aufgabe 49:
Nehmen Sie sich das Modulhandbuch ihres Studiengangs vor und recherchieren Sie nach Kursen und Gelegenheiten, die Ihnen dabei helfen, Lehrkunst zu entwickeln. Erörtern Sie den Umfang, den diese Gelegenheiten innerhalb ihres Studiums einnehmen kritisch.

2.4.1.3   Bezug zur Wagenschein-Didaktik

Was den klaren Blick auf die Sachlage des Unterrichts betrifft, da wird man unweigerlich an die zuweilen auch heute noch als außergewöhnlich eingestufte Didaktik Martin Wagenscheins (1997) und deren sportbezogene Rezeption und Konkretisierung durch den Wagenschein-Schüler Gerd Landau (2001; 2003) erinnert. Aber auch an den Reformpädagogen Hartmut von Hentig, dem es mit der Gründung und wissenschaftlichen Begleitung der Bielefelder Reformschule gelungen ist, seine Bildungsvorstellungen bis hin auf die Ebene der Konzeptionierung von Schule und Unterricht lebendig und wirklich werden zu lassen. Und zwar nicht nur vom Schreibtisch aus, sondern als Mitglied einer Lehrerkonferenz und als Lehrer im Lateinunterricht. Diese Verbundenheit zur Praxis von Schule und Unterricht macht ihn als Autorität, die man bei der Bewertung didaktischer Strömungen und Ansätze gern zitieren möchte, glaubwürdig. Deshalb soll das an dieser Stelle auch im Hinblick auf die Lehrkunstdidaktik und deren Bezüge zu Wagenschein getan werden, denn von Hentig bringt diesem Zusammenhang eindrucksvoll auf den Punkt:

> „Gute Schule ist auch ein Ort, an dem Martin Wagenschein würde lehren wollen. […] Man hätte auch sagen können: ein Ort für Sokrates. […] Gemeinsam ist ihnen, Wagenschein und Sokrates, dass sie eine gemeinsame Bewegung, einen Frage-Prozeß und Frage-Progress auslösen, der dazu führt, daß man versteht, nicht nur auswendig weiß. […] Nie war sokratischwagenscheinische Mäeutik so wichtig wie heute, die Hebammenkunst, das heißt das Verfahren, durch das das Verstandesurteil des Menschen ans Licht gebracht wird. Nicht die Wissensgegenstände, sondern die sich an ihnen formenden und prüfenden Erkenntniskräfte machen die gesuchte Verfassung aus, die wir Bildung nennen" (von Hentig 1993, 41ff.).

Aufgabe 50:
Wer war Martin Wagenschein? Recherchieren Sie die Eckdaten seines Lebenslaufes sowie ausgewählte Aspekte seiner fachdidaktischen Arbeit.

2.4.2   Lehrkunst und Bildung

Wer dieser Auslegung des Zusammenhangs von Bildung und Lehrkunst folgen mag, wird zustimmen, dass es sich dabei keineswegs um ein Programm handelt, das sich einfach in bestimmten Parametern implementieren und hinterher abrufen ließe. Nein, mit Blick auf das soeben angeführte Zitat von Hentigs liegt die Crux des Ganzen vor allem in der Aussicht, den Lernenden zu den wichtigen Bewegungsthemen Zugänge zu eröffnen. Nicht irgendwelche, sondern ihre jeweils eigenen, die es ihnen erlauben, ihr Verhältnis zu sich selbst, ihrem Körper und ihrer Bewegungsumwelt mit all ihren Aufforderungen und Widerständen selbsttätig in Ordnung zu bringen. Damit wäre in Anlehnung an Theodor Litt (1963) eine allgemein gehaltene Bildungsperspektive angedacht, deren Finden und Erproben in der Lehrkunstdidaktik allerdings nicht dem Zufall überlassen bleibt, denn sie baut in diesem Zusammenhang auf intensive, dialektisch fortschreitende, kontroverse, aber letztlich fruchtbare Gespräche zwischen den am Bildungsprozess beteiligten Akteuren. Dieser Bezug muss jedoch nicht allein auf das Unterrichtsgespräch hin ausgelegt werden, sondern meint auch alle anderen Aktionsformen (Hinweise, Rückmeldungen, Korrekturen, Aufgaben usw.), mit deren Hilfe Lehrer und Schüler die Sachlage, die sich im Unterricht stellt, erschließen. Sobald dies gelingt und die Schüler nahe an das Zentrum des Unterrichtsthemas herangekommen sind, mag man dies als *fruchtbar* bezeichnen.

Da das Herstellen dieses Kontakts zum *Kern der Sachlage* nicht mit dem Befolgen einer algorithmischen Funktion gleichgesetzt werden kann, sondern von zahlreichen situativen und persönlichen Gegebenheiten und Stimmungen abhängt, haben solche Bildungsprozesse zuweilen weitaus mehr mit der Kunst als mit der analytischen Empirie gemein. Deshalb lassen sie sich auch nicht einfach so in Lehrgängen herbeiführen und ausbilden, sondern bleiben an entscheidender Stelle ein Stück weit im Verborgenen. Aus diesem Grund stellt von Hentig in Auseinandersetzung und Würdigung der Wagenschein-Lehrkunst auch folgerichtig die entscheidende Frage an die Lehrkunstdidaktik:

„[…] Martin Wagenschein berichtet von lang anhaltenden, dialektisch fortschreitenden, überaus fruchtbaren Gesprächen von Schülern über die zu beobachtenden Phänomene und ihr (gesetzliches) Verhalten. Warum ereignen sie sich bloß bei Wagenschein und nicht bei mir?" (von Hentig 1993, 41ff.).

Mit Blick auf den Sportunterricht kann man diese Frage so übersetzen, dass wir nach den Bedingungen von (Bewegungs-)Lernsituationen fragen sollen. Konkret: Was ist zu tun, damit z.B. Jungen einer achten Klasse herausfinden können, wie sie in verschiedenen Situationen des Hallenfußballs die *Bälle flach halten*?

2.4.2.1 Ein Beispiel aus dem Sportunterricht

Wer sich an vergangene Unterrichtsstunden erinnert, die er während der zurückliegenden Jahre beobachtet oder selbst gehalten hat, mag sicherlich viele fruchtbare Unterrichtsmomente wiederentdecken, die zu den bislang skizzierten Eckpunkten der Lehrkunstdidaktik passen. Wir erinnern uns beispielsweise an eine klassische Unterrichtsreihe zum Thema *Fußball*, in der die Schüler einer achten Klasse eines Gymnasiums (22 Jungen) zumeist allerlei Übungsformen und immer wieder neue Variationen bekannter Abläufe absolvierten, bevor sie jeweils zum Stundenabschluss ein Spiel machten. Viele Szenen und Momente dieser Unterrichtsreihe würden wir auch heute noch als gelungene Lehrkunststücke bewerten, auch wenn wir die Ursachen des Gelingens bzw. die Planungsgrundlagen der betreffenden Stunden mit keinem in der Literatur beschriebenen sportdidaktischen Modell abzugleichen vermögen. Um dennoch ein Bild hiervon geben zu können, berichten wir an dieser Stelle einmal aus einer Sequenz dieser Unterrichtsreihe:

2.4.2.2 Fußball

Fußball ist für Fabian und Andreas das Allerwichtigste, die beiden Freunde sind seit einigen Jahren im Fußballverein und spielen auch nach der Schule an jedem Tag auf dem Bolzplatz. Am heutigen Schulvormittag stehen sich die beiden Achtklässler in der Turnhalle gegenüber. Getrennt durch ca. 20 Meter, und nach der Hälfte ist eine ca. 50 Zentimeter hoch gespannte Zauberschnur als Mittelmarkierung angebracht. Sie versuchen, sich einen Fußball zuzuspielen. Das haben sie schon oft getan, aber diesmal müssen sie wirklich flach spielen, vor allem wenn sich der Ball auf die gespannte Schnur zu bewegt. Die darf er nämlich nicht berühren. Zumindest ist das die Crux der Aufgabe, die ihnen ihr Sportlehrer zum Stundenauftakt gegeben hat. Dieser Lehrer rangiert im Ansehen der beiden zurzeit ganz weit vorn, denn er hat der Klasse versprochen, vier Wochen lang Fußball zum Thema des Sportunterrichts zu machen.

2.4.2.3   Passen, Passen, Passen

Die beiden Freunde haben mit der ersten Aufgabe überhaupt kein Problem, denn das Passen und Stoppen kennen sie nur allzu gut aus ihrem Fußballtraining. Das haben sie dort immer wieder geübt. Zwar noch nie in Verbindung mit so einer niedrig gespannten Zauberschnur, aber doch *tausendundein Mal* in der klassischen Variante. Schwieriger ist die zweite Aufgabenstellung der heutigen Sportstunde: Sie dürfen die Bälle nicht mehr anhalten und müssen direkt spielen. Der Lehrer moderiert die Übungsphasen. Er stellt in unregelmäßigen Abständen Aufgaben, formuliert Fragen, verändert manchmal die Aufgabenstellungen, lobt und gibt hin und wieder einen Tipp, der dabei helfen soll, die Bälle in schwierigen Situationen auch wirklich flach zu halten.

Bei der dritten Aufgabenstellung sollen die beiden Jungen auch noch abwechselnd mal mit dem linken und ein anderes Mal mit dem rechten Fuß schießen. Die Aufgaben vier, fünf, sechs und sieben stressen die beiden Fußballer noch mehr und manchmal passiert es halt, dass sie das Seil mit ihren Schüssen berühren und auch die gut gemeinten Tipps des Lehrers nicht mehr helfen. Die beiden Freunde waren vollends in die Aufgabenstellung und Sachlage vertieft, gaben ihr Bestes, auch wenn – oder vielleicht auch gerade weil – sie durch die immer schwierigeren Aufgaben an die Grenzen ihrer Ballgeschicklichkeit heran kamen. Genau dies war bei Andreas mit der achten und bei Fabian mit der neunten Aufgabe der Fall. Sie setzten sich erschöpft auf den Hallenboden, diskutierten noch ein paar kritische Szenen der letzten Übungssequenzen und warteten gespannt auf die neue Themenstellung ihres Sportlehrers.

2.4.2.4   Analyse des Unterrichts

Möglicherweise müssen solche Unterrichtssequenzen gar nicht in den Bahnen fachdidaktischer Konzeptionen geordnet und bewertet werden, weil der Kern des Gelingens ganz woanders zu suchen ist. Nicht in der abstrakten Sphäre eines Modells, sondern im Unterricht selbst, und der läuft nicht selten nach den Regeln einer Dramaturgie ab, die sich mithilfe unseres klassischen Didaktikinventars sowohl sprachlich als auch konzeptionell nicht fassen lässt. Trotz der fehlenden sportdidaktischen Positionierung verlief der Unterricht nämlich keineswegs beliebig, sondern zeichnete sich gerade durch das immer wieder neue Herstellen von Stimmigkeit aus. Es ging während der gesamten Fußballeinheit sprichwörtlich *rund*: Die Schüler liefen, spielten, schossen, passten, trafen und schwitzten. Sie schauten anderen zu, vertieften sich in ihre Aufgaben, tauschten sich mit Mitschülern und dem Lehrer aus oder machten einfach mal Pause. Selbstverständlich freuten sie sich auch, und manchmal schimpften sie mit sich und ihren Mitspielern, mit den Gegenspielern und vielleicht auch mit dem Lehrer, was der aber nicht immer wahrgenommen hat.

Wie dem auch sei, auf jeden Fall war es gelungen, das Bewegungsproblem *Bälle flach halten* in Abhängigkeit zur jeweiligen Aufgabenstellung immer wieder neu zu hinterfragen und die dabei aufgetretenen Schwierigkeiten jeweils angemessen zu lösen. Das bewegungsbezogene Aufspüren der verschiedenen motorischen Widerständigkeiten erinnert an die fruchtbaren

Gespräche bzw. die sogenannte sokratische Methode, die aus der Wagenscheindidaktik bekannt ist. Diese Hebammenkunst zielt in ihrer sport- und bewegungsbezogenen Variante auf das Vordringen zum Kern der jeweiligen Sachlage bzw. zum zentralen Bewegungslernproblem.

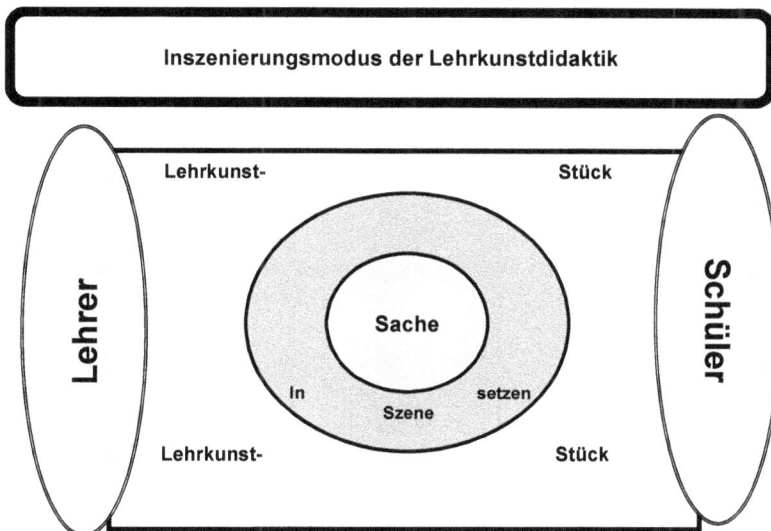

Abb. 10: Inszenierungsmodus der Lehrkunstdidaktik

Aufgabe 51:
Fertigen Sie eine Sachanalyse zu Ihrer Lieblingssportart an. Setzen Sie dabei einen Schwerpunkt, so dass Sie auf einer Din A 4 Seite aufzeigen können, was (von dieser Sache) im Sportunterricht zum Thema gemacht werden sollte.

2.4.3 Wie entwickle ich Lehrkunst?

An dieser Stelle könnten die Ausführungen mit dem Hinweis abgebrochen werden, dass zur Lehrkunst vor allem ein gewisses dramaturgisches Talent erforderlich ist. Und da sich dies nur schwer ausbilden lässt, können auch nur entsprechend spärliche Hinweise zur Entwicklung dieser Unterrichtskompetenz gegeben werden. Lehrkunst bildet sich in wirklichen Situationen heraus, weshalb man sie – ebenso wie das Fußballspielen – nur in konkreten Lehrlernsituationen erwerben kann. Es soll aber an dieser Stelle noch nicht abgebrochen werden, weil eine zentrale Bedingung zur Entwicklung von Lehrkunst vorab analysiert, geplant und deshalb hier auch vorgestellt werden kann.

2.4.3.1 Orientierung an Bewegungsproblemen

Gemeint ist die Analyse des zentralen Bewegungsproblems, das der jeweiligen Bewegungsaufgabe bzw. Bewegungssituation zugrunde liegt. Diese Bewegungsprobleme können vorab herausgearbeitet werden, um sie im Zuge der Unterrichtsplanung in das Zentrum des Unterrichts zu rücken und die Form der Inszenierung sowie die Dramaturgie des zu planenden

Unterrichts (Drehbuchs) daran auszurichten Die Analyse des jeweiligen Bewegungsproblems kann entweder vom Lehrer allein oder aber gemeinsam mit den Schülern erfolgen. Letzteres würde im Kontext des problemorientierten Unterrichts geschehen, wie ihn Brodtmann und Landau (1982) bereits vor mehr als 20 Jahren skizziert haben. Für solch eine problemorientierte Thematisierung habe ich bereits einen Vorschlag zum Schwimmen verschriftet und zur Diskussion gestellt, der der klassischen bewegungspädagogischen Linie folgt, dass die Kinder selbst auf die Probleme stoßen und im gemeinsamen Unterrichtsgespräch Lösungen suchen, vorstellen und hinterher ausprobieren (vgl. Lange 2004b). Allerdings liegt es angesichts der Komplexität mancher Sportarten und Bewegungsfelder teilweise auch nahe, die Schüler erst später an der Entscheidung des Unterrichtsverlaufs zu beteiligen. Beispielsweise wie in der oben skizzierten Fußballsequenz: erst nachdem der Lehrer das von ihm (möglicherweise in Diskussion mit anderen Fachkollegen) analysierte Bewegungsproblem als solches erkannt, benannt und in das Zentrum seines Lehrkunststücks gerückt hat. Mit diesem *In-Szene-Setzen* ist gewissermaßen der *Schlüssel* des Lehrstücks gemeint. Der ist deshalb entsprechend sorgfältig vorzubereiten, denn wenn der Lehrer mit seiner Problemanalyse daneben liegt, dann läuft das Stück ab dieser Stelle möglicherweise in eine Richtung, die er selbst nicht intendiert hatte, was manchmal allerdings auch hoch interessant, lehrreich und bildsam sein kann. In jedem Fall trägt aber der Lehrer die Verantwortung für die inhaltliche Fokussierung des zentralen Bewegungsproblems. Je nachdem wie er den Bildungsprozess geplant und angelegt hat, d.h., wo und wie er die Antwort auf die Frage findet, ob die Schüler im heutigen *Stück* ein Problem finden oder lieber direkt im Feld der einschlägigen Widerständigkeit der Sachlage arbeiten sollen, entscheidet er darüber, wie die Dramaturgie des Stückes ausfallen wird. Das ist selbstverständlich anders als es in Drehbüchern steht, die nach dem klassischen, problemorientierten Verfahren arbeiten. Es ist aber keinesfalls ausschließlich *nur* lehrerfixiert, denn die Anlässe für die notwendige Schülerbeteiligung liegen an einer anderen Stelle des Themas, sie beginnen in der Begegnung mit der vom Lehrer ins Zentrum gerückten Widerständigkeit der Sachlage. Ab dieser Stelle des Lehrstücks wird moderiert, improvisiert und variiert, um sich motorische Lösungen und Bewältigungsstrategien einzuverleiben.

2.4.3.2 Beispiel: Wie sich ein Lehrkunststück entwickelt

Nach der Diskussion ausgewählter Eckpunkte einer Lehrkunstdidaktik im Sport soll der Blick im Folgenden auf die konkrete Entwicklung eines Lehrkunststücks gerichtet und aufgezeigt werden, wie man als Sportpädagoge zu einschlägigen, bildsamen Themen gelangen kann, die es wert sind, zum Gegenstand des Sportunterrichts gemacht zu werden. Hierfür wird ein Beispiel aus dem Bereich des Schwimmens ausgewählt (vgl. hierzu ausführlich Lange 2004b).[42]

2.4.3.3 Schwimmunterricht in der neunten Klasse

Solange es noch genügend öffentliche Schwimmbäder in Schulnähe gibt, werden die Schüler bis zum Abitur auch weiterhin in fast jedem Schuljahr mit einer Unterrichtsreihe zum Schwimmen beschult. Sie kennen daher spätestens in der achten, neunten Klasse die sachlogische Vermittlungsform diverser Schwimmtechniken in Form verschiedener methodischer

---

42 Das folgende Beispiel aus dem Schwimmunterricht wurde parallel bereits im ersten Band des vorliegenden Forschungszusammenhangs aufgegriffen und für die konzeptionelle Konkretisierung dargelegt (Band 1, Kap. E. 4.7).

Übungsreihen und deren Variationen aus eigener Erfahrung, denn sie haben solche Lehrgänge nach ihrer Grundschulzeit in jedem Schuljahr mindestens einmal absolviert. Auch diverse *Auflockerungen* und Abwechslungen, wie z.B. Rettungsschwimmen, Wasserspringen oder Spielen im Wasser, mit denen die Sportstunden im Schwimmbad abwechslungsreich gestaltet werden, sind ihnen zumeist bestens bekannt.

2.4.3.4   Immer wieder: Grundlagen schaffen

Das Verwunderliche, was auch hier zum Anstoß genommen wird, ist jedoch, dass die meisten Kinder in der neunten Klasse immer noch Probleme mit dem schnellen und/oder ausdauernden Schwimmen in verschiedenen Lagen haben und dass sogar der Großteil von denen, die sich nach dem Abitur für ein Sportstudium entscheiden, von ihren Schwimmdozenten an der Hochschule mit der Tatsache konfrontiert werden, dass sie wohl noch mal ganz von vorn anfangen müssen und alle Lagen erneut auf systematischem Wege erlernen sollen. Möglicherweise gefallen diese ständigen Neuanfänge ja aus ganz anderen Gründen. Vielleicht nur deshalb, weil alle Abläufe so übersichtlich und geordnet vonstattengehen (vgl. Lange 2004c), und genau deshalb fällt es so schwer, daran etwas Konzeptionelles verändern zu wollen. Von einem didaktisch anspruchsvollen Standpunkt jenseits dieser Ordnungsliebe aus betrachtet, sticht es doch geradezu ins Auge, dass da etwas nicht stimmen kann, weshalb danach gefragt und gesucht werden muss, wie im Kanon des bekannten Inhaltsspektrums (im Folgenden: Kraulschwimmen) etwas Neues und vor allem Bildsames (die Bewältigung zentraler Bewegungsprobleme) zum Bewegungsthema gemacht werden kann.

2.4.3.5   Herausfinden des Bewegungslernproblems

Die Unterrichtsreihe sollte mit dem Schwimmen in den verschiedenen Lagen beginnen, und um einen Ausgangspunkt für die differenzierten Variationen dieser Techniken zu finden, musste zunächst das vermeintliche Bewegungslernproblem des Schwimmens herausgefunden werden. Nach Auffassung des Lehrers geht es dort um die Wechselwirkung zwischen dem *Abdrücken am Wasserwiderstand* und dem *Gleiten*. Genau das sollten die Schüler mithilfe der ersten Aufgabenstellung spüren und herausfinden:

2.4.3.6   Züge zählen

Die Schüler bekamen die Aufgabe, eine Bahn in beliebiger Lage durch das Becken zu schwimmen und dabei die Zahl der Armzüge zu ermitteln. Die Aufgabe wurde jeweils in Dreiergruppen gelöst. Die Kinder unternahmen mehrere Versuche, probierten dabei unterschiedliche Schwimmlagen aus und notierten die Ergebnisse. Nachdem jeder etwa sechs bis acht Bahnen in dieser Weise absolviert hatte und die Kinder der Dreiergruppen erste Vergleiche untereinander und zwischen den verschiedenen Lagen durchgeführt hatten, traf sich die gesamte Gruppe zu einem kurzen Unterrichtsgespräch am Beckenrand. Das Gespräch dauerte nicht lange, denn die Frage, „*warum für die verschiedenen Bahnen und Lagen eine unterschiedliche Anzahl an Armzügen benötigt wurde*", wurde rasch mit einer Vielzahl an Antworten bedacht. So war beispielsweise für Kai klar, dass die jeweilige Anzahl von Armzügen an den verschiedenen Techniken lag. Monika stellte sogar einen Zusammenhang zwischen der Schwimmgeschwindigkeit und der Armzugzahl fest, denn sie meinte, dass sie bei ihren schnellen Bahnen, die sie im Kraul geschwommen war, weniger Züge brauchte als bei denen, die sie in der Brusttechnik zurückgelegt hatte. Tobias konnte dies nur bestätigen, denn er hatte auch eine Bahn im Rückenschwimmen versucht, und das ist für ihn eindeutig die langsamste Art der Fortbewegung, denn er hat für 25 Meter sage und schreibe 56 Armzüge gebraucht, während es im Brust nur 31 und im Kraul gar nur 22 waren! Stefan korrigierte und ergänzte die Feststellung seines Freundes Tobias, denn er war sich sicher, dass die vielen Armzüge beim Rückenschwimmen nur deshalb zustande kamen, weil Tobias eigentlich gar nicht richtig rückenschwimmen kann. *„Der planscht doch nur so ins Wasser, und deshalb sind so viele Züge zustande gekommen."* Bettina, die neben Tobias geschwommen war, ergänzte: *„Ja, und das waren auch gar keine Züge, Tobi hat sich damit höchstens vor dem Ertrinken gerettet."* Auch Elisabeth konnte der Idee eines Zusammenhangs zwischen Zugzahl und Technikqualität etwas abgewinnen. Sie hatte das Rückenschwimmen erst gar nicht versucht, weil sie meinte, es nicht so gut zu können. *„Da brauche ich mindestens doppelt so viele Züge wie in der Brusttechnik!"*, war ihre Vermutung. Schließlich brachte Kai beide Thesen wieder zusammen. *„Das ist doch genau das, was ich gesagt habe. Je besser die Technik, desto weniger Züge!" „Stimmt nicht"*, ruft Monika rein, *„je schneller, desto weniger Züge!"*

2.4.3.7   Zugzahl minimieren

Die verschiedenen Positionen wurden nicht weiter verglichen oder gar aufgelöst, sondern einer weiteren praktischen Überprüfung unterzogen. Um dabei den Problemhorizont ein wenig eingrenzen zu können, hat der Lehrer die zweite Aufgabenstellung dieser Schwimmstunde etwas spezifiziert. Die Schüler sollten sich für einen Schwimmstil entscheiden und in dieser Lage versuchen, eine Bahn mit möglichst wenigen Zügen zu schwimmen. Es wurde weiterhin in den Dreiergruppen gearbeitet, deren Mitglieder in einem Zeitrahmen von zehn Minuten so viele Versuche ausprobieren und beobachten sollten, wie sie wollten und dabei nicht nur auf ihre Lösungen, sondern auch auf die der Mitschüler achten mussten. Ein wenig angeheizt durch das zuvor geführte Gespräch waren die Schüler sehr ehrgeizig. Im Bemühen, die Zugzahl zu reduzieren, zeigten sie sich zudem als äußerst einfallsreich: Monika gelang es nach einem kräftigem Abdruck vom Beckenrand, bereits mehr als 15 Meter zu gleiten, danach holte sie einmal kräftig Luft und zog ganze fünf Mal mit den Armen durch, um schließlich ganz langsam, aber mit den wenigsten Zügen am gegenüberliegenden Beckenrand anzukommen. Maike war viel schneller, denn sie hatte mit dem Armeinsatz weitaus früher begonnen. Und zwar genau in dem Moment, als sie bemerkt hatte, dass die Geschwindigkeit, mit der sie durch das Wasser gleiten konnte, geringer wurde. Tim hatte bereits während der ersten Versuche erkannt, dass der Schlüssel zum Erfolg möglicherweise in der Atmung liegt. Deshalb entschied er sich auch für die Rückenlage, kam damit aber nach ca. zehn bis zwölf Metern zum Stillstand, den er durch einzelne Züge mit geringem Vortrieb zu unterbrechen verstand und erst nach dem erneuten Eintreten des Stillstands die nächsten Züge ansetzte. Kai fand diese Lösung einfach nur lächerlich. *„Das hat doch nichts mit Schwimmen zu tun!" „Der spielt doch Toter Mann"*, waren seine skeptischen Kommentare. Wie dem auch sei, die Schüler hatten sich während dieser Phase innerhalb ihrer Kleingruppen ausgetauscht, fanden viele verschiedene Lösungen zu der gestellten Aufgabe heraus bzw. beobachteten sie bei ihren Mitschülern, sodass sie mit einer Menge Eindrücke zum nächsten Erfahrungsaustausch an den Beckenrand kamen.

2.4.3.8   Differenzierte Aufgaben zum *Abdrücken* und *Gleiten* erarbeiten

Die beiden Funktionen *Abdrücken* und *Gleiten* sind als zentrale Bewegungslernprobleme in allen Schwimmlagen enthalten und sollen deshalb im weiteren Verlauf des Unterrichts vertiefend thematisiert werden. Da die Kinder während der beiden vorangegangenen Phasen mit ihrer Schwimmlage sehr engagiert und einfallsreich experimentieren konnten und auf diese Weise dem Zusammenhang aus Spüren und Bewirken in ihrer Wasser- und Schwimmlage recht differenziert auf die Spur gekommen waren, machte es Sinn, auch in der nächsten Phase auf diese Neugierde und Gestaltungskompetenz zu bauen. Die Schüler sollten in insgesamt vier Sechsergruppen zusammengehen und dort an der Variation der beiden zuvor herausgefundenen Bewegungslernprobleme arbeiten. Hierzu bekamen die Gruppen jeweils ein Thema und einige Materialien (Tennisbälle, Schwimmbretter, Flossen usw.). Die vier Themen lauteten: *Gleiten mit Flosseneinsatz*; *Brustschwimmen*, *Rückenschwimmen* und *Kraulschwimmen*.

Die Schüler verfügten über einschlägige Vorerfahrungen zu den vier Themen und sollten deshalb über den vermeintlich richtigen Ablauf der jeweiligen Technik hinausgehen und differenzierte Gegensatzerfahrungen zum *Gleiten* und/oder zum *Abdrücken* entwickeln. Die Erfindungen wurden zunächst innerhalb der Kleingruppen ausgedacht und ausprobiert und im weiteren Verlauf der Unterrichtsreihe auch den Mitschülern aus den übrigen Gruppen vorgeführt. Der Lehrer übernahm während dieser etwa 35-minütigen Explorationsphase eine moderierende Funktion. Er regte zu Erfindungen an, fragte nach, ließ sich bereits einiges vorzeigen und animierte zum Abschauen, Nachmachen und Ausprobieren. Mit der Hilfe von drei Schülern, die an diesem Tag nicht aktiv am Unterricht teilnehmen konnten, wurden einige der Erfindungen notiert, die später vom Lehrer zu Aufgabenblättern zusammengestellt wurden. In diesen Aufgaben konnte sich jeweils eine Gruppe wiederfinden, und sie wurden in den kommenden beiden Unterrichtsstunden als Übungsprogramme eingesetzt.

2.4.3.9 Interpretation des Schwimmunterrichts

Während die ersten Stunden des skizzierten Unterrichts in vielerlei Hinsicht an Varianten des offenen Unterrichts erinnern, dominierte während der letzten Stunden die Arbeit mit Übungskarten. Diese Unterrichtsphase ist eher dem geschlossenen Unterricht zuzuordnen und besitzt ein gewisses Flair von Trainingsatmosphäre. Aber auch während der ausführlich skizzierten Anfangsphasen der Unterrichtsreihe wechselten offene und geschlossene Momente einander ab. Möglicherweise müssen solche Unterrichtssequenzen gar nicht in den Bahnen klar definierter, fachdidaktischer Konzeptionen geordnet und bewertet werden, weil der Kern des Gelingens ganz woanders zu suchen ist.[43] Nicht in der abstrakten Sphäre eines Modells, sondern im Unterricht selbst, und der läuft nicht selten nach den Regeln einer Dramaturgie ab, die sich mithilfe unseres klassischen Didaktikinventars sowohl sprachlich als auch konzeptionell nicht fassen lässt. Trotz der fehlenden sportdidaktischen Positionierung verlief der Unterricht nämlich keineswegs beliebig, sondern zeichnete sich gerade durch das immer wieder neue Herstellen von Stimmigkeit aus. Es ging während der gesamten Unterrichtseinheit sprichwörtlich *rund*: Die Schüler schwammen, tauchten, glitten durchs Wasser und strengten sich an. Sie schauten anderen zu, vertieften sich in ihre Aufgaben, tauschten sich mit Mitschülern und dem Lehrer aus oder machten einfach mal Pause. Selbstverständlich freuten sie sich auch, und manchmal schimpften sie mit sich, ihren Mitschülern und vielleicht auch mit dem Lehrer, was der aber nicht immer wahrgenommen hatte.

---

43 Vgl. zur Interpretation des Schwimmunterrichts und den darauf folgenden fachdidaktischen Ausblick: Lange, H. (2009b). Methoden im Sportunterricht. Lehr-/Lernprozesse anleiten, öffnen und einfallsreich inszenieren. In H. Lange & S. Sinning (Hrsg.), Handbuch Sportdidaktik (S. 294–318). Balingen: Spitta.

Wie dem auch sei, auf jeden Fall war es gelungen, das Bewegungsproblem, *sich im Wasser abdrücken und gleichzeitig schlüpfrig machen*, in Abhängigkeit zur jeweiligen Aufgabenstellung immer wieder neu zu hinterfragen und die dabei aufgetretenen Schwierigkeiten jeweils angemessen zu lösen. Das bewegungsbezogene Aufspüren der verschiedenen motorischen Widerständigkeiten erinnert an die fruchtbaren Gespräche bzw. an die sogenannte sokratische Methode, die aus der Wagenscheindidaktik bekannt ist. Diese Hebammenkunst zielt in ihrer sport- und bewegungsbezogenen Variante auf das Vordringen zum Kern der jeweiligen Sachlage bzw. zum zentralen Bewegungslernproblem. Und da auch dieses Problem nicht *an sich* gegeben ist, sondern sich in Abhängigkeit zur Bewegungserfahrung der Lernenden immer spezieller darstellt, erfordert das sogenannte problemorientierte Unterrichten eine ausgewiesene Lehrkunst, die dem Lehrer bzw. dem Unterrichtsgeschehen gewissermaßen Deutungsmaßstäbe an die Hand gibt und darüber hinaus auch *sagt*, wann es Zeit ist, mit dem Methodeninventar zu spielen und einfallsreiche Methodenwechsel auf den Weg zu bringen.

Aufgabe 52:
Nehmen Sie sich die zu Aufgabe 51 skizzierte Sachanalyse vor und entwickeln Sie hieraus ein Beispiel für eine Unterrichtssequenz im schulischen Sportunterricht.

2.4.3.10   Fortschreiten von Bewegungs-Bildungs-Prozessen

Wenn im Unterricht etwas besonders gut gelingt, dann liegt das immer auch an der Sache, die dort zum Thema gemacht wurde. So haben sich auch die Schüler in dem oben geschilderten Beispiel regelrecht in die Sachlage vertiefen können. Sie mussten nicht auf dem Stand einer bereits beherrschten Übung stehen bleiben, sondern fragten immer weiter nach, probierten neue Lösungen, aber auch Sackgassen aus und vertieften sich auf diese neugierige Weise immer weiter. Im geschilderten Fall dominierte hierbei eine vergleichsweise stark ausgeprägte Schülerorientierung. Der Lehrer steckte allerdings durch die Aufgabenstellung den Rahmen des Lernprozesses genau ab. In anderen Beispielen mag der Unterricht demgegenüber aber auch ohne die Aufgabenstellungen eines sachkundigen Erwachsenen gelingen: Die Sache zündelt dann möglicherweise von allein, entfacht bei den Kindern immer mehr Neugierde und – daran gekoppelt – einen regelrechten Einfallsreichtum, den wir in der Bewegungspädagogik mit Begriffen wie Bewegungslust, Bewegungsfreude oder Bewegungsphantasie beschreiben.

Das Fortschreiten solcher *Bewegungs-Bildungs-Prozesse* ist selbstverständlich nicht allein an das Hürdenlaufen oder Schwimmen gebunden, sondern scheint für jeden Inhalt möglich zu sein, denn man kann solche Bewegungssequenzen sowohl in Turnstunden als auch auf Spielplätzen oder an Halfpipes beobachten. Die Gelingensursachen des skizzierten Schwimmunterrichts liegen demnach weder im Befolgen eines bestimmten fachdidaktischen Modells, noch sind sie an die Auswahl ganz bestimmter Inhalte gebunden. Das Aufkeimen von Bewegungsinteresse und das daran gebundene Vertiefen in die sich als spannend und entdeckungswürdig erweisende Sachlage erinnert vielmehr an eine künstlerische Sphäre. Beispielsweise an gelungene Dramen, Kinofilme oder Theatervorführungen und das zugrunde liegende Können der verantwortlichen Regisseure und der übrigen beteiligten Akteure. Genauer gesagt, wie es ihnen gelingt, einen bestimmten Stoff (z.B. *Goethes Faust*) in Szene zu setzen. Manche dieser literarischen Werke sind zigfach aufgeführt worden, und trotzdem unterscheiden sich die verschiedenen Inszenierungen voneinander und sprechen die Zuschauer unterschiedlich an. Sie unterscheiden sich also hinsichtlich ihrer Spannung und vermögen die Beteiligten in unterschiedlicher Art und Weise betroffen zu machen. Genau darauf kommt es auch im gekonnt inszenierten Sportunterricht an: auf das Herstellen von Betroffenheit und auf das Aufzeigen von Wegen, die dabei helfen, dass nicht nur Begegnungen zwischen den Schülern und der Sache lanciert werden, sondern dass sich die Lernenden in die Sachlage regelrecht verwickeln.

Aufgabe 53:
Analysieren Sie – analog zu den Aufgaben 51 und 52 – zunächst das Kernmotiv eines ihrer Lieblingskinofilme. Rekonstruieren Sie darauf hin die Art und Weise wie der Regisseur die Filmhandlung um dieses Kernmotiv herum inszeniert hat. Erörtern Sie Unterschiede und Gemeinsamkeiten zwischen der Planung von Filmen und Unterrichtsstunden.

2.5 Sportpädagogisches und sportdidaktisches Forschen

Weil der Prozess des *Lehrerwerdens* womöglich niemals abgeschlossen ist und die Aufgaben in Schule und Unterricht ausgesprochen komplex und schwierig sind, sind bescheidene Ansprüche an die eigene Ausbildung von vornherein fehl am Platz! D.h., man darf mit dem Erreichten niemals endgültig zufrieden sein. Im Gegenteil, um sich den Herausforderungen in den kommenden Unterrichtsreihen (pädagogisch sinnvoll) stellen zu können, muss der Blick für Schüler, Situationen oder Themen des Unterrichts immer wieder neu, d.h. aus verschiedenen Perspektiven heraus, selbstkritisch reflektiert werden können (vgl. Lange & Sinning 2009c; 2012a). Damit schließt sich ein Kreis: Das Referendariat ist in der Tat mit viel Arbeit verbunden. Es muss allerdings keinesfalls in Stress ausarten oder von Frustrationen begleitet sein. Im Gegenteil, die Ausbildung kann durchaus in einer von Zufriedenheit geprägten Atmosphäre verlaufen. Dazu muss jedoch bemerkt werden, dass man sich unter anderem durch kritische Rückmeldungen (*Beratungsleistungen*) und die damit verbundene anstrengende *Selbstreflexion* persönlich weiterentwickeln und seine *pädagogische Kompetenz* – auch für andere spür- und sichtbar – ausbauen kann.

Der Prozess des *Lehrerwerdens* kann deshalb auch als ein Spiel in und mit immer neuen Sachlagen verstanden werden. Dabei konstituieren sich die Themen für den Sportunterricht im situativen Wechselspiel zwischen den Voraussetzungen und Bedürfnissen der Schüler, den Möglichkeiten des Lehrers und den konkreten Bedingungen der Sachlagen in einem sich relational bedingenden Implikationszusammenhang aus Zielen, Inhalten und Methoden (vgl. Abb. 11). Sich in diesem immer wieder neu auspendelnden und darstellenden Gefüge verantwortungsvoll, sachlich gekonnt und gerecht bewegen zu können, beschreibt die Performanz[44], die es im Prozess des *Lehrerwerdens* zu entwickeln gilt.

---

44 Die Unterscheidung von Kompetenz und Performanz scheint auch in diesem Zusammenhang bemerkenswert. Zumal im hochschuldidaktischen Fachdiskurs zwar häufig von Kompetenz und weniger häufig von Performanz die Rede ist. Dabei wird die Art und Weise des persönlich zu verantwortenden Umgangs in diesem Spiel mit immer wieder neuen unterrichtlichen bzw. bewegungsbezogenen Sachlagen letztlich immer auch sichtbar. Hinsichtlich der begrifflichen Bestimmung orientieren wir uns in gleicher Richtung, wie dies Miethling & Gieß-Stüber (2007, 8) tun: „Während wir uns mit ‚Performanz' auf die Erscheinungsebene, also auf beobachtbares verbales und non-verbales Handeln beziehen, unterstellen wir mit ‚Kompetenz' einen dieses Handeln hervorbringenden – und rückbezüglich dadurch gebildeten – strukturierenden Komplex. Kompetenz ist also –

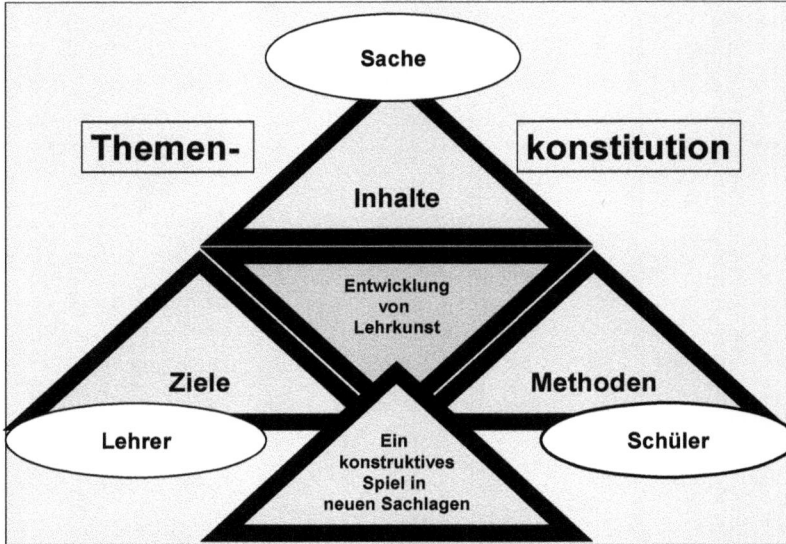

Abb. 11:   Lehrer werden und Lehrkunst entwickeln

Aufgabe 54:
Klären Sie den Begriff „*Performanz*" mithilfe verschiedener Lexika. Erörtern Sie inwieweit die künstlerische Dimension des Lehrerhandelns hier berücksichtigt ist.

2.5.1   Bezüge zur pädagogischen Professionalität und zum professionellen Selbst

Die hier dargelegten Hintergründe zu den Dimensionen pädagogischer Verantwortlichkeiten, zur Beratungsleistung und Selbstreflexion sowie die damit verbundenen Aussagen zur Themenkonstituierung weisen eine unmittelbare Nähe zur Qualifikations- und Professionalisierungsdebatte von Lehrern auf (vgl. u.a. Bauer, Kopka & Brindt 1999; Meyer 2005; Bauer 2005). Innerhalb dieser Debatte werden insbesondere die Begriffe *Pädagogische Professionalität* und *Professionelles Selbst* immer wieder angeführt. Als Pädagogische Professionalität bezeichnet Bauer (2005):

> „Pädagogisch professionell handelt eine Person, die gezielt ein berufliches Selbst aufbaut, das sich an berufstypischen Werten orientiert. Sie ist sich eines umfassenden pädagogischen Handlungsrepertoires zur Bewältigung von Arbeitsaufgaben sicher, kann sich mit sich selbst (innerlich) und anderen Angehörigen der Berufsgruppe Pädagogen in einer nicht alltäglichen Berufssprache verständigen, ihre Handlungen aus empirisch-wissenschaftlichem Habitus heraus unter Bezug zur Berufswissenschaft begründen und übernimmt persönlich die Verantwortung für Handlungsfolgen in ihrem Einflussbereich." (Bauer 2005, 81)

ähnlich wie der Begriff der Persönlichkeit – ein ‚latentes' Konstrukt. Es ist deshalb mitunter schwierig festzustellen, ob etwa ein ‚defizitäres' Handeln einer Person auf mangelnde Kompetenzen oder auf performanzmindernde Bedingungen zurückzuführen ist" (vgl. Bender-Szymanski, 2002).

In Anlehnung an diese Definition und in Anbetracht dessen, dass die entscheidenden Kompetenzen der Professionalität für Mayer (2005) und Mecheril (2002) die Reflexions- und Handlungsfähigkeit darstellt, wird der Schlüsselbegriff *Professionelles Selbst* angeführt (vgl. auch Bauer 2005, 82). *Professionelles Selbst* wird dabei als ein pädagogisch professionelles, in sich stimmiges und authentisches Handeln verstanden.

> „Der professionelle Lehrer versucht, zwischen pädagogischen Werten und Zielen, individuell subjektiven Motiven, seinen persönlichen Kompetenzen und den vielfältigen Erwartungen anderer eine Balance zu finden. Dieses professionelle Selbst ist Richtschnur und Legitimation für sein berufliches Handeln" (Zoglowek 2008, 128).

Oder mit den Worten von Bauer & Burkhard (1992):

> „Professionell arbeitet, wer selbständig und eigenverantwortlich, unter interkollegialer Abstimmung und Kontrolle, auf der Grundlage eines Amalgams von wissenschaftlichen überprüfbarem Wissen und Berufserfahrung auf schwach strukturierte, wechselnde Problemlagen antwortet" (Bauer & Burkhard 1992, 212).

Zur Problematik, wie die Balance zwischen den einzelnen Anforderungsstrukturen (pädagogische Ziele, individuell subjektive Motive, persönliche Kompetenzen, ...) oder wie ein Amalgam aus wissenschaftlichem und Erfahrungswissen hergestellt werden kann, d.h., wie eine sinnvolle Verschmelzung der einzelnen Punkte verläuft, wird in der Professionsforschung als ein noch ungeklärtes Problem gekennzeichnet und deshalb bewusst mit Begriffen wie *Amalgam* oder auch *Legierung* belegt (vgl. Combe & Kolbe 2004). Eine Lösung der Problematik bzw. eine mögliche Synthese bietet der hier vorgestellte Zugang zur Themenkonstituierung an. Er zeigt auf, wie auf der Basis von Beobachtungen und Erfahrungswissen einerseits und in Abstimmung mit fachwissenschaftlichen Erkenntnissen andererseits ein ausgewählter, einschlägiger Fokus auf ein bestimmtes Thema bzw. Lehrstück gelegt werden kann. Im Prozess der Themenkonstituierung wird u.a. der Implikationszusammenhang zwischen Zielen, Inhalt und Methode dargelegt und die Verantwortlichkeit für die Lernenden als auch die eigene Lehrerpersönlichkeit hergeleitet. Daraus lassen sich konkrete Handlungsmöglichkeiten ableiten bzw. verdichten, die dem Lehrenden ein selbstbewusstes Auftreten, ein abgesichertes Handeln und dementsprechend die notwendige Professionalität verleihen. Der Prozess der Themenkonstituierung kann als ein fortlaufender und nie abgeschlossener Abstimmungsprozess bezeichnet werden. Um ihn optimal auszugestalten, muss der Lehrende eine gute Reflexionsfähigkeit besitzen. Diese Reflexionsfähigkeit wird insbesondere in der Phase des Referendariats an vielen Stellen ins Zentrum gerückt.

> „Professionelles Handeln ist darauf angewiesen, in ein grundlegend reflexives Verhältnis zu dem eigenen professionellen Handeln, seinen Bedingungen und Konsequenzen treten zu können" (Mecheril 2002, 25).

Aufgabe 55:
Übertragen Sie das Zitat zum „professionellen Lehrer" von Zoglowek in eine Mindmap. Füllen Sie die einzelnen Aspekte der Mindmap mit ihren Ideen zur Rolle des professionellen Sportlehrers.

2.5.2   Forschungsinteresse und Forschungszugänge

Der bis zu dieser Stelle entfaltete Problemaufriss stellt selbstverständlich einschlägige Anforderungen an das zugrunde liegende Forschungskonzept.[45] Mit Blick auf die komplexen
und vielschichtigen Aufgaben, die vor allem während der Anfangsphase der Lehrerbiografie
relevant werden, und den daran gebundenen hochschuldidaktischen Zugang wird klar, dass
die alleinige Orientierung an klinischen Wissens- und Methodenbeständen an dieser Stelle
nicht genügen kann. Die hieraus abzuleitenden Konsequenzen gewinnen erst dann ernst zu
nehmende Konturen, wenn sie in einem integrativen Lehr- und Forschungsmodell mit den
Potenzialen zusammengeführt werden, die aus der verantwortlichen Begegnung mit dem
unterrichtlichen Geschehen und den Eindrücken und Einblicken in die Bewegungsbildungsprozesse der Schüler hervorgehen. Diese Perspektive lässt sich zunächst unter dem Stichwort
Forschend Lehrer werden fassen und im Zuge der weitergehenden Ausdifferenzierung durch
Verweise auf die sportpädagogische Modellbildung zum unterrichtlichen Geschehen, die
Aufeinanderbezogenheit von Theorie, Empirie und Unterrichtspraxis, die Bedeutung der
Beobachtung im Unterricht und schließlich bis hin zur Aufgabe, die Themen für den Unter-
richt in pädagogischer Absicht zu klären, entwickeln.

Aufgabe 56:
Welchen Fragen gehen Sie als angehender Lehrer „forschend" nach? Listen Sie 10 Kern-
fragen auf!

2.5.2.1   Forschend Lehrer werden

Wissenschaftler setzen sich ebenso wie Lehrer mit Realitäten auseinander. Während letztere
darum bemüht sind, Erziehungs- und Bildungsprozesse auf den Weg zu bringen, so ist es
Aufgabe von wissenschaftlich arbeitenden Pädagogen und Didaktikern, diese erzieherischen
Realitäten als solche treffend zu beschreiben, zu analysieren und zu systematisieren (vgl.
Lange & Sinning 2009c). Sportdidaktiker und Sportlehrer interessieren sich also für die
gleiche Sache: für das komplexe Geschehen im Sportunterricht. Ihre Arbeit unterscheidet
sich jedoch in der Art und Weise des Umgangs mit dieser Sache. Während Sportlehrer den
von ihnen zu verantwortenden Unterricht entsprechend ihrer pädagogisch begründeten Ziele
und Erwartungen voranzubringen und zu steuern versuchen, nehmen Wissenschaftler ein
Stück weit Distanz ein, um die Bildungs- und Erziehungsabsichten im Spiegel des beobacht-,
mess- und beschreibbaren Unterrichtsgeschehens einer Überprüfung zugänglich zu machen.
Die Klammer zwischen den Interessen und Aufgaben von Sportlehrern und forschenden
Sportdidaktikern nimmt für den vorliegenden Forschungszusammenhang richtungweisenden
Charakter ein. Diese Orientierung führt allerdings nicht dazu, die folgenden Ausführungen
auf die Konzeption der Handlungs- und Aktionsforschung (Altrichter & Posch, 1998) zu
beschränken, um damit einen Forschungsansatz vorzustellen, in dem Lehrer und Forscher
gemeinsam an ihrer Sache arbeiten und sich mal mehr und mal weniger arbeitsteilig, entsprechend ihrer Kompetenzen und Interessen, einbringen. Uns interessieren in diesem Zusammenhang vielmehr zwei grundsätzliche Facetten des Forschungsprozesses: erstens das

---

45   Vgl. ausführlich zu unserem fachdidaktischen Forschungsinteresse und Forschungszugang: Lange, H. &
      Sinning, S. (2009c). Sportdidaktisches Forschen. In H. Lange & S. Sinning (Hrsg.), Handbuch Sportdidaktik
      (S. 133–151). Balingen: Spitta.

Interesse und die Betroffenheit, die die Szenen sportunterrichtlicher Wirklichkeiten auszulösen vermögen. Darin eingeschlossen sind auch die bereichsspezifische Neugierde und Findigkeit, mit der sportdidaktisch forschende Kollegen (Lehrer, Referendare, Studierende oder Dozenten wissenschaftlicher Hochschulen) Forschungsinteresse und Forschungsfragen entwickeln bzw. bündeln. Diese Findigkeit gelingt selbstverständlich nur auf der Basis entsprechender Erfahrungen im Feld, also auf der Grundlage einschlägiger Einblicke, die im Zusammenhang mit Lehr- bzw. Unterrichtserfahrungen stehen. Wenn man sich in diesem Sinne *findig* an der Beforschung von Sportunterricht beteiligen will, dann muss man zumindest schon mal dorthin gehen, wo Kinder Sport treiben bzw. wo Sportunterricht stattfindet. Dort gilt es dann, aufmerksam zuzuschauen, kriteriengeleitet zu beobachten, Fragen zu stellen, vielleicht auch einzugreifen und das dadurch Bewirkte achtsam und sorgfältig festzuhalten. Genau an dieser Stelle wird das Betreiben von Wissenschaft schwierig, weil eine umfangreiche Erfahrungssättigung und damit einhergehend das Vorhandensein entsprechenden Praxiswissens den Verdacht von Theorie- und Methodenverzicht schüren mag. Zumindest so lange, wie die Beschreibung, Analyse und theoretische Ordnung der beforschten unterrichtlichen Szenen und Zusammenhänge lediglich von der Warte eines vermeintlich höheren pädagogischen Bewusstseins ausgehend erfolgt. Aus diesem Grund müssen subjektive Erfahrungen distanziert werden können, womit wir bei der zweiten grundlegenden Facette des Forschungsprozesses angelangt wären: Die Konstruktion verallgemeinerbarer Aussagen über sportdidaktische Themen und Felder. Und hierbei interessiert vor allem die Frage, wie es gelingen kann, auf der Grundlage wissenschaftlicher Verfahren, subjektive Erfahrungen, Erwartungen, Interessen und Wünsche methodisch kontrolliert ein- und/oder auszublenden, um sportdidaktisches Wissen generieren zu können.

2.5.2.2 Sportpädagogische Modellbildung zum unterrichtlichen Geschehen

Neben den Entwicklungen im Feld der so benannten Unterrichtsforschung (vgl. Lange & Sinning 2009c), die in klassischer Weise den sportdidaktischen Anker sportpädagogischer Forschung markiert, ist an dieser Stelle auf die recht umfangreiche Modellbildung im Umfeld unterrichtlicher Wirklichkeiten zu verweisen, die seit Jahren in den Zeitschriften »Sportpädagogik« (Friedrich – Verlag – Seelze)[46] und teilweise auch in der »Sportpraxis« (Limpert – Verlag – Wiebelsheim) publiziert werden. Dort werden sowohl von Lehrern als auch von sportdidaktisch orientierten Forschern die Ergebnisse von Unterrichtsbeobachtungen und die persönlichen Erfahrungen der Unterrichtsplanung, -inszenierung und -auswertung im Horizont eines begründeten Bildungs-, Unterrichts- und Bewegungsverständnisses zu einer Vielzahl kleinerer Studien und Erfahrungsberichte verdichtet, die in konstruktiver Absicht als Modelle und Vorschläge für die Planung weiterer Stunden vorgestellt werden. Viele der dort veröffentlichten Studien, Berichte und Vorschläge haben sich als anschlussfähig erwiesen, um sie in größere Forschungskontexte konstruktiv einzubinden. So verbindet beispielsweise Laging (2006) seine hermeneutisch gewonnenen Befunde zur Unterrichtsmethodik durchgängig mit den aus diesem Fundus stammenden Publikationen, um eine tragfähige, empirische Basis seiner Grundzüge einer bewegungspädagogischen Unterrichtslehre zu etablieren. Und Jakob (2003) baut seine erfahrungsorientierte Unterrichtslehre vor dem Hintergrund ausgewählter, fachdidaktischer Positionierungen bzw. Spuren zum

---

46 Hier sind die bis zu Heft 1, 2008 von einer unabhängigen Herausgeberrunde verantworteten Themenhefte der Zeitschrift gemeint.

Erfahrungsbegriff komplett auf solche Arbeiten auf. In der Weiterentwicklung solcher Ansätze – beispielsweise in Gestalt einer konstruktiven Sportdidaktik – sehen wir lohnende
sportdidaktische Forschungsaufgaben für die Zukunft. Mit den beiden vorliegenden Bänden
des Forschungskontextes *Themenkonstitution* gehen wir bereits einen vergleichsweise raum-
greifenden Schritt in diese Richtung.[47] Die in der „Buchreihe „Themenkonstitution" des
Schneider Verlags auf mehr als 800 Seiten aufgearbeiteten Grundlagen zum Problem der
Themenkonstitution im Sportunterricht sollten in den kommenden Jahren differenziert weiterentwickelt und immer wieder in die sichtbare Konstruktion konkreter Themen für den
Sportunterricht überführt werden (vgl. Lange & Sinning 2012 a,b,c,d).

Aufgabe 57:
Sichten Sie den letzten Jahrgang der sportpädagogischen Fachzeitschriften „Sportpraxis";
„Sportunterricht" und „Sportpädagogik". Suchen Sie einen Aufsatz heraus, von dem Sie
meinen, dass dort unterrichtliche Modellbildung stattfindet. Portraitieren Sie diesen Aufsatz auf 2 Din A 4 Seiten.

2.5.2.3   Zur Aufeinanderbezogenheit von Theorie, Empirie und Unterricht

In Anbetracht der gegebenen Vielfalt pädagogisch relevanter und interessanter Bewegungsphänomene liegt eine wichtige Funktion sportpädagogischer Forschungs- und Lehrtätigkeit
in der Perspektive begründet, Überblick und Ordnung in dem weit verzweigten Feld der sich
rasch entwickelnden Strukturen, Phänomen- und Problemlagen unserer Bewegungs-, Spiel-
und Sportkultur zu schaffen. Es gilt, die jeweilige Bewegungspraxis verstehbar zu machen,
bevor wir als Lehrer in diese Handlungsabläufe regulierend eingreifen wollen. Sportpädagogische Theorie und das daraus abzuleitende Orientierungswissen erfüllt demnach bildende
Funktionen für all diejenigen, die sich in diesen Feldern bewegen wollen, bzw. vor allem für
diejenigen, die Verantwortung für andere, die sich in diesen Handlungsfeldern bewegen,
übernehmen.

Die präzise, treffende Beschreibung, wissenschaftliche Ergründung und Interpretation der
Zusammenhänge zwischen Bewegung und Bildung ist eine zentrale sportpädagogische Aufgabe, die wir im vorliegenden Forschungszusammenhang zum Thema unserer Arbeit gemacht haben. Dabei baut unser Forschungskonzept – entsprechend der oben angesprochenen
mehrdimensionalen Bildungsaufgaben – auf das Nachvollziehen und Interpretieren von In-
terdependenzen zwischen Theorie, Empirie und Unterrichtspraxis. Der kritische, neugierig
forschende Blick auf diese Felder bringt ein vernetztes Denken und Arbeiten mit sich. D.h.,
weder die Theoriearbeit noch die empirische Forschung werden für sich allein und um ihrer
selbst willen betrieben, sondern in aller Regel immer im Lichte der Probleme und Fragen von
konkreter Unterrichtspraxis des Schulsports entfaltet (vgl. Abb. 12).

---

47   In diesem Zusammenhang sei angemerkt, dass die Idee, das Engagement und der fachwissenschaftliche Zu-
      gang der sechs Gründer der Zeitschrift für Sportpädagogik inspirierend auf unsere Arbeit wirkt. Vgl. hierzu
      mit Blick auf den historischen Kontext: Brodtmann, D., Dietrich, K., Jost, E., Landau, G., Scherler, K. H. &
      Trebels, A. (1977). Sportpädagogik – Rückzug ins Denken oder Anleitung zum Handeln? Zeitschrift für
      Sportpädagogik 1 (1), 8 – 37.

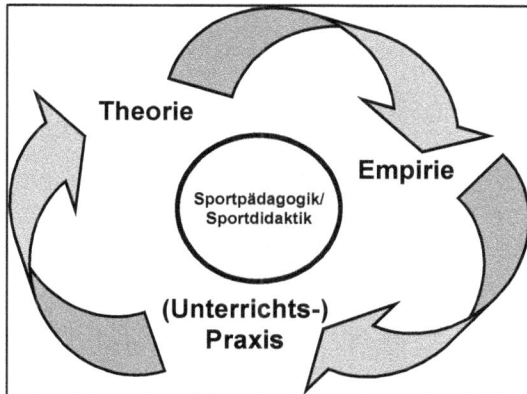

Abb. 12:   Forschungskonzept

2.5.3   Klammer zwischen Lehr- und Forschungsinteresse: Unterricht beobachten?

Der Zusammenhang aus Beobachten, Entscheiden und Handeln gehört zwar zum Alltag von Lehrern, wird aber im Studium gar nicht oder höchstens randständig thematisiert. Wenn also Referendare und Lehrer ihr Handeln auf eigene Beobachtungen zur Lerngruppe und zum bisherigen Unterrichtsverlauf beziehen und ihre Entscheidungen für den Einsatz bestimmter Methoden, Organisationsformen oder Medien vor dem Hintergrund dieser Beobachtungen sowie den daraus gezogenen Konsequenzen begründen, dann betreten sie ein Feld, das man in der akademischen Pädagogik sicherlich als *weißen Fleck* bezeichnen müsste. Zumindest hält man sich dort mit dem Beobachten von Unterricht eher zurück, wie unter anderem Jürgen Zinnecker (2000, 387) betont:

> „Traditionell lässt sich akademische Pädagogik lieber von professionellen Praktikern deuten und erzählen, was in pädagogischen Handlungsfeldern wie und warum geschieht, als selbst zuzusehen.“

Aus der Sicht von Lehrern mag diese These auf ein Paradoxon hindeuten, denn vom praxisbezogenen Standpunkt aus gesehen sollte doch das Wissen um die konkreten Abläufe in dem Feld, in dem man zu ausgewählten Phänomenen und Problemen selbst forscht und theoretisiert, zur Profession dazugehören. *Beobachten* sollte also auch ein Thema in der Lehrerausbildung sein. Aber genau hier liegt ein Problem, worauf sich Zinnecker (2000, 388) bezieht und womit er seine These zu stützen versucht. Er weist auf eine von van Buber und Nenniger durchgeführte Metaanalyse hin, in der die Autoren einen Zeitraum von 20 Jahren empirisch pädagogischer Untersuchungen im Bereich der Lehrlernforschung zum traditionellen Schulunterricht analysiert haben. *„Ein Querschnitt durch elf einschlägige Fachzeitschriften ergab zwar für den Zeitraum zwischen 1970 und 1991 die beachtliche Gesamtzahl von 1000 empirischen Originalarbeiten zu Schülern, Lehrern und Unterricht an allgemeiner. Schulen.“* In diesem Spektrum finden sich erstaunlich wenige Arbeiten, in denen Unterricht beobachtet wurde, was von van Buber und Nenniger (1992, 415) folgendermaßen zusammengefasst wird:

„Auffällig ist, dass in nur ca. 2 % der vorgelegten Studien Unterricht beobachtet wurde. Somit ist festzustellen, dass in der Zeitschriftenliteratur nur relativ wenig wissenschaftlich kontrollierte Primärinformationen über den Unterrichtsprozess selbst vorliegen."

2.5.3.1   Beobachtung als Zugang zur Forschung und Unterrichtspraxis

Die Beobachtung ist für den vorliegenden Forschungszusammenhang vor allem auch deshalb
von besonderer Relevanz, weil Beobachtungsverfahren auch in der Praxis sport- und bewegungsbezogener Bildungsprozesse überaus gebräuchlich sind. Mit ihrer Hilfe verschaffen
sich die beteiligten Akteure Über- und Einblicke in die komplexen und sprachlich zuweilen
schwer zugänglichen Abläufe des Bewegungsverhaltens. Bewegungssituationen werden auf
diese Weise wahr- und aufgenommen, um auf der Grundlage der gewonnenen Eindrücke
gegebenenfalls regulierend in bewegungsbezogene Bildungsprozesse einzugreifen. So beobachten Lehrer beispielsweise Kinder beim Spiel auf dem Pausenhof oder beim Basketball-
spielen im Sportunterricht, um – je nach Zielstellung und pädagogischer Intention – das
jeweilige Spielgeschehen entweder laufen zu lassen oder zu beeinflussen. Genau das haben
wir und unsere Kollegen und Diskussionspartner im Verlauf der zurückliegenden Jahre zig-
mal erfahren und begleitet. Dabei haben wir viele Situationen, Fälle, Lehrprozesse und Lerngeschichten schriftlich festgehalten, im Horizont pädagogischer Normen und Orientierungen
analysiert und in Form zahlreicher Publikationen für die Modellbildung zum Sportunterricht
zugängig gemacht. An diesen Stellen bestand die Herausforderung darin, interindividuell und
situationsübergreifend nachvollziehbare Wege zu finden, auf denen sich die Lehrer bzw.
Forscher methodisch kontrolliert in die unterrichtlichen Geschehnisse ein- und wieder aus-
blenden konnten.

Vor diesem Hintergrund betrachtet, unterscheidet sich denn auch das wissenschaftliche Beobachten von den skizzierten Beispielen alltäglichen Beobachtens. In der Methodenliteratur
werden hierfür mindestens zwei zu erfüllende Bedingungen benannt: Sie muss erstens zur
Überprüfung bestimmter Annahmen dienen, und zweitens müssen die Ergebnisse reprodu-
zierbar und intersubjektiv nachvollziehbar sein. D.h., verschiedene Beobachter müssen bei
der Beobachtung derselben Sachverhalte zu gleichen Ergebnissen kommen können. Mit
Blick auf die verschiedenen Formen wissenschaftlicher Beobachtungsverfahren, wie sie
beispielsweise Friedrichs (1982, 272) formuliert hat, kommen im Spektrum sportpädagogischer Forschungsarbeiten, so wie wir sie während der zurückliegenden Jahre praktiziert haben, vor allem teilnehmende Beobachtungen zur Anwendung. Diese sind zudem in aller
Regel offen angelegt, finden in natürlicher Umgebung statt und verlaufen in der Form von
Fremdbeobachtungen. Um von diesem Zugang ausgehend eine Perspektive für die Entwicklung komplexer sportdidaktischer Forschung erschließen zu können, haben wir die teilnehmende Beobachtung mit anderen Methoden der Datenerhebung kombiniert, was in den Sozi-
al- und Erziehungswissenschaften durchaus üblich ist, wie u.a. Flick (1995, 157) zusammen-
fasst:

„Teilnehmende Beobachtung ist eine Feldstrategie, die gleichzeitig Dokumentenana-
lyse, Interviews mit Interviewpartnern und Informanten, direkte Teilnahme und Beobachtung sowie Introspektion kombiniert."

Das Beispiel der Beobachtung einer informellen Spielszene auf dem Pausenhof mag das
verdeutlichen: Zur Beobachtung gehört nicht nur die direkte Teilnahme an der Szene, um
deren Verlauf und das Handeln der anwesenden Spieler und Zuschauer zu beschreiben. Dar-

über hinaus fließen in solche Untersuchungen auch weitere Forschungstätigkeiten ein, wie z.B. die Recherche von Hintergrundinformationen über die von der Schulleitung vorgegebenen Regeln, die zur Verfügung gestellten Geräte, die Konsequenzen des Gewinnens und Verlierens oder die informelle Vernetzung unterschiedlicher Spielorte, was allesamt das Spielgeschehen beeinflusst. Nach Beendigung des Spieles muss schließlich noch geprüft werden, inwiefern das Beobachtete bisherige Annahmen und frühere Beobachtungen bestätigt oder neue Hypothesen generiert. Flick macht darauf aufmerksam, dass die teilnehmende Beobachtung in doppelter Hinsicht als Prozess begriffen werden muss.

> „[…] Einerseits soll der Forscher mehr und mehr zum Teilnehmer werden und Zugang zu Feld und Personen finden. Andererseits soll auch die Beobachtung einen Prozess zunehmender Konkretisierung und Konzentration auf für die Fragestellung wesentliche Aspekte durchlaufen" (Flick 1995, 158).

Diesen Prozess kann man in verschiedene Schwerpunkte bzw. Phasen einteilen, in denen tendenziell mal mehr Komplexität des Untersuchungsfeldes erfasst oder ein anderes Mal eher ein Ausschnitt fokussiert wird und schließlich durch selektive Beobachtungen weitere Beispiele und Belege für bis dahin vorgefundene Verlaufstypen gefunden werden.

2.5.3.2   Aufgabe: Klärung der Themen in pädagogischer Absicht

Die Konsequenz des hier gewählten Forschungszugangs läuft auf eine pädagogische Klärung von Themen für den Sport- und Bewegungsunterricht hinaus, die sich nicht so einfach aus den abstrakten und idealisierten Sphären eines didaktischen Modells oder gar aus den klinischen Befunden sportwissenschaftlicher Forschungsprojekte ableiten lässt. Solche Ableitungen verbleiben so lange auf der Ebene theoretischer Konstrukte, wie es nicht gelingt, die nahe gelegten fachdidaktischen Orientierungen, Reflexions- bzw. Sensibilisierungsgelegenheiten und handfesten Konsequenzen im Lichte wirklicher Unterrichtsvorhaben zu spiegeln. D.h., die auf der didaktischen Konstruktebene produzierten Ideen müssen in Unterrichtsmodelle übersetzt, ausprobiert, kriteriengeleitet reflektiert und gegebenenfalls auf die zuvor aufgestellten Prinzipien und Orientierungen rückbezogen werden.

An dieser Stelle kommt die enorme Komplexität von Unterricht zutage. Sie steht letztlich allen Versuchen im Wege, die darauf hinauslaufen, aus fachdidaktischen Konstrukten unmittelbar Unterricht abzuleiten. Deshalb verbleiben auch Unterrichtsvorschläge, die einfach nur Forschungsergebnisse zu Themen wie z.B. dem kooperativen Lernen, der interkulturellen Bildung oder der Genderthematik umsetzen möchten, in aller Regel ebenfalls (nur) auf der Konstruktebene – und damit hinter der Unterrichtsrealität zurück.

Um über diese Ebene hinausgehen zu können, muss das komplexe Unterrichtsgeschehen in den Blick genommen und gegebenenfalls auch von den Forschern selbst geplant, verantwortet und reflektiert werden. Wir bauen deshalb auch auf die sorgfältige Beobachtung und Interpretation der Szenen unterrichtlicher Wirklichkeiten und komplexer Unterrichtsprozesse. Und in diesem Zusammenhang interessieren die Möglichkeiten des kriteriengeleiteten und transparenten *Sich-Einblendens* und des *Sich-Ausblendens* der beteiligten Forscher bzw. Lehrer. Allerdings weder aus Gründen des Selbstzwecks noch im Sinne normativer oder empirischer Beliebigkeit. Es gilt, vielmehr Transparenz und interne Stimmigkeit im Spannungsfeld zwischen den zugrunde liegenden normativen Orientierungen und den rekonstruierbaren Eckpunkten unterrichtlicher Szenen herzustellen. Während dieses Prozesses werden möglicherweise Differenzen sichtbar, für deren Offenlegung, Beschreibung und Klärung es

Kriterien bedarf, auf deren Grundlage reflektiert, konfrontiert und diskutiert werden kann. Im Ergebnis dieses Klärungsprozesses sollte es möglich sein, Unterrichtsmodelle abzuleiten, um sie für die weitergehende Prüfung in der Schulpraxis zur Verfügung zu stellen (vgl. zusammenfassend Abb. 13).

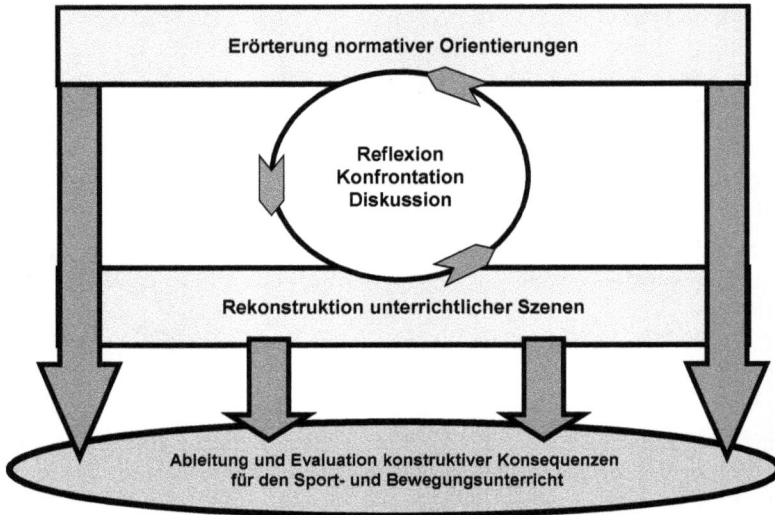

Abb. 13:   Generierung von Konsequenzen für den Sportunterricht

3 Anthropologie: Kinder verstehen und förderlich anregen

Das Kapitel zur Anthropologie baut im Wesentlichen auf den Ausführungen zu den konzeptionellen Grundlagen der Sportpädagogik auf (vgl. Kap. 1). Neben den dort thematisierten und erläuterten Begrifflichkeiten „Menschenbild" und „Weltbezug" wird der Fokus im Folgenden auf eine besondere Äußerungsform des kindlichen Körpers konzentriert: Auf das Lachen. Dies geschieht in exemplarischer Weise und in Verbindung mit dem Blick auf das kindliche Bewegungsverhalten. Die Analyse des kindlichen Bewegungsverhaltens geschieht im Kontext eines qualitativ konzipierten, empirischen Forschungszugangs (Unterrichtsbeobachtung & Rezension).

Aufgabe 58:
Klären Sie den Begriff „Anthropologie". Nutzen Sie hierfür Lexika und einschlägige Nachschlagewerke.

3.1 Das Lachen im kindlichen „Sich-Bewegen"

Im vorliegenden Kapitel wird das Körperthema im Kontext schulischen Sportunterrichts bearbeitet. Aufgrund der gegebenen Komplexität dieser Themenfokussierung (vgl. v.a. Bilstein & Klein 2002; Gugutzer 2004; 2006) richtet sich der wissenschaftliche Zugang an einem möglichst klar ein- und abgrenzbaren Kriterium bzw. Kriterienkatalog aus, der teilweise auf der Grundlage von Theorien festgestellt und teilweise aus einer theoriegestützten Auseinandersetzung mit empirischem Material heraus erst entwickelt wird. Für sportdidaktische Belange bietet sich in dieser Hinsicht an, ein solches Kriterium bzw. einen solchen Kriterienkatalog anhand des Bewegungsthemas zu entwickeln. Mit Paul Christian (1963, S.21) wird die menschliche Bewegung prinzipiell als eine „Tätigkeit, die etwas soll, etwas zeigt und zu etwas führt", ausgelegt. Bewegung wird hier also auf der einen Seite im qualitativen Sinne eines menschlichen „Sich–Bewegens" verstanden (Lange 2005a). Auf der anderen Seite wird davon ausgegangen, dass es seinen Orientierungscharakter nicht allein aufgrund kognitiver Steuerungsprozesse, sondern auch in vielerlei Hinsicht davon unabhängig erhält. Diese Auffassung wird zunächst theoretisch ausgelotet und danach anhand von empirischen Beispielen dargestellt, indem im Besonderen Phänomene kindlichen „Sich-Bewegens" im Lichte der pädagogischen Tradition sportbezogener Bewegungsforschung zum Gegenstand der Analyse gemacht werden.

Da die aus dem Forschungsgegenstand sich ergebenden empirischen Perspektiven vergleichsweise schwer fassbar sind, soll der Fokus der folgenden Untersuchung durch die Berücksichtigung eines weiteren Phänomens ein ganzes Stück weit verengt werden. Dazu wird das Lachen der Kinder in die bewegungspädagogische Untersuchung mit einbezogen. Wie im Titel dieses Kapitels bereits angekündigt, wird von einem integralen Zusammenhang zwischen dem „Lachen" und dem „Sich-Bewegen" von Kindern ausgegangen. Da dieser Zusammenhang beobachtbar und dokumentierbar ist, kann er im Kontext Interpretativer Unterrichts- bzw. Lehrlernforschung empirisch beforscht werden (Lange & Sinning 2009c).

Das Vorhaben, den Zusammenhang des Lachens und des „Sich-Bewegens" von Kindern herauszuarbeiten, wird in vier Schritten angegangen: Zunächst wird der gewählte Forschungsgegenstand vorskizziert und der methodologische und methodische Rahmen für dessen Beforschung abgesteckt (1). Auf dieser Grundlage und unter Hinzuziehung eines empirischen Beispiels wird dann ein Kriterienkatalog für die qualitative Erschließung des gewählten Forschungszusammenhangs entwickelt (2). Im dritten Abschnitt wird das Phänomen des kindlichen Lachens aufgegriffen; in theoretischer Hinsicht wird es im Lichte der Anthropologie des Soziologen Hellmuth Plessner ausgelegt und dann anhand weiterer empirisch gestützter Analysen sowie in Hinblick auf unsere Fragestellung noch vertieft (3). Damit sind die Theorieanker sowohl für das Bewegungsthema wie auch für das Lachenthema im Feld der Anthropologie gelegt. Im abschließenden vierten Schritt werden die Ergebnisse zusammengeführt (4).

Um anhand von Beispielschilderungen aus dem schulischen Sportunterricht mittels methodisch gestützter Interpretationen Schlussfolgerungen zum kindlichen Bewegungsverhalten ziehen und damit einige wesentliche Aspekte der für Kinder spezifischen Körperlichkeit erschließen zu können, wird in forschungsmethodologischer und –methodischer Hinsicht auf den auf Christoph Berg (1976) und später Gerd Landau (1985) zurückgehenden Ansatz „unterrichtlicher Portraitierung und Rezension" zurückgegriffen.

Aufgabe 59:
Nehmen Sie sich Zeit und beobachten Sie Kinder beim Spiel. Fertigen Sie Beobachtungsnotizen an und portraitieren Sie eine Szene, in der die Kinder ausgiebig gelacht haben, sehr gründlich und anschaulich.

3.1.1   Lachen und „Sich-Bewegen" – Eine szenische Annäherung

Mit dem Zusammenhang von Lachen und „Sich-Bewegen" rücken zwei Qualitäten kindlichen Verhaltens in den Fokus wissenschaftlichen Interesses, die nicht nur besonders häufig und in sehr unterschiedlichen Situationen zu beobachten sind, sondern hier auch in verschiedenen Intensitäten sichtbar werden können. Letzteres lässt sich in aller Regel mit verschiedenen Bedeutungsauslegungen in Zusammenhang bringen, von denen angenommen wird, dass sie im Bewegungs- und damit Sozialverhalten der Kinder sichtbar werden und somit empirisch beforscht werden können.

Zwischen dem Lachen und der Art und Weise des „Sich-Bewegens" von Kindern, so die Quintessenz dieser Grundannahmen, bestehen diverse Relationen, die im Sinne qualitativer Empirie aufgeschlüsselt werden können. Mithilfe einer soliden theoretischen Fundierung ließe sich dieses Vorhaben im Zuge eines interpretativen Verfahrens eventuell sogar, was hier aber nicht geleistet werden soll, bis hin zu einer Rekonstruktion subjektiver Bedeutungsauslegungen betreiben. Deutlich werden soll jedenfalls, dass ein wissenschaftlich fundiertes Wissen um die Relationen zwischen dem Lachen und der Art und Weise des „Sich-

Bewegens" von Kindern in Hinblick auf die Inszenierung schülerorientierter Sportunterrichts von großer Praxisrelevanz erscheint.

3.1.2 Zur Rekonstruktion erziehlicher Normen in der Sport- und Bewegungspädagogik

Auf den Punkt gebracht besteht das Ziel der Untersuchung in der Rekonstruktion teilweise intendierter, teilweise impliziter Strukturen von bewegungsbezogenen Bildungsprozessen.

Im Zuge einer ersten Annäherung an diese Aufgabe ist zwischen verschiedenen Einflüssen, die auf kindliches Bewegungsverhalten wirken, zu differenzieren.

Die oben genannte These, dass das menschliche „Sich-Bewegen" einer Intentionalität folgt, die ihren Orientierungscharakter partiell unabhängig von kognitiven Steuerungsprozessen entfaltet, referiert beispielsweise auf die Tatsache, dass *implizite soziokulturelle Prägungen des Bewegungsverhaltens* das pädagogische Verhältnis von beiden der daran beteiligten Seiten her grundlegend bestimmen.

Den Aspekt einer zivilisatorisch bedingten, kontinuierlichen Beeinflussung erzieherischer Prozesse bringen Ursel Fritsch & Horst Rumpf (1983, S.106) in Hinblick auf das Bewegungsthema folgendermaßen auf den Punkt: „Die Menschenkörper in ihrer Bewegungsfähigkeit werden im Prozess der Zivilisation in bestimmte Gussformen gepresst. Normale, richtige, gute Bewegungssorten werden privilegiert über bestimmte Prägezentren (Schule, Verkehr, Sport, Arbeitsplatz); andere werden für abseitig, luxuriös, verrückt, unpassend erklärt. Jede Erziehungsgeschichte ist auch eine Geschichte im Aussondern, Umformen, Privilegieren bestimmter Arten sich zu bewegen." Nach Auffassung der Autoren erfolgt die implizite Prägung des individuellen Bewegungsverhaltens also über Prozesse des Aussonderns, Umformens und Privilegierens.

Da sich vor diesem Hintergrund die verbreitete Annahme, dass ein pädagogisches Verhältnis ausschließlich von bewussten pädagogischen Intentionen bestimmt ist, als eine Illusion darstellt, ergibt sich in Anbetracht der en detail noch zu ermittelnden, großen Wirkungsmacht solcher impliziten Einflüsse eine eher pessimistische Erziehungsperspektive.

Das konkrete Agieren eines individuellen Kindes weckt demgegenüber das besondere bewegungspädagogische Interesse: Wie verhält es sich im Verhältnis zu solchen Prägungen? Fügt sich die kindliche Körperlichkeit nahtlos in eine derartig normierte Methodik des Bewegungslernens ein? Oder werden Brüche und Irritationen sichtbar? Lassen diese sich beobachten? Auf welche „Spuren" ist in Hinblick auf spezifisch kindliche Bewegungsbildungsprozesse (und aus welchen sportpädagogischen Gründen) zu achten? Was wären also die (für empirische Zwecke) sichtbaren Kriterien („Marker", s.u.), an denen das interessierte Beobachten in einem ersten analytischen Schritt festgemacht und anhand dessen es in einem zweiten Analyseschritt auch geordnet und systematisiert werden könnte? Ließe sich ein für diese Kontexte adäquater systematischer empirischer Zugang generieren, der den Gütekriterien wissenschaftlichen Arbeitens insbesondere in Anbetracht der in diesem Forschungszusammenhang zu bewältigenden Komplexität gerecht werden kann? All diese Fragen bedürfen einer sensiblen Übersetzung in ein forschungsmethodisches Konzept. Dieser Herausforderung werde ich mich im Folgenden stellen. Es kann allerdings diesbezüglich nur von einem „Werkstattcharakter" der Forschung und lediglich von einer Annäherung an das erklärte Ziel die Rede sein.

Aufgabe 60:
„Mit dem Schulbeginn beginnt der Ernst des Lebens". Diskutieren Sie diese Alltagstheorie im Lichte Ihres Bildungs- und Erziehungsverständnisses.

3.1.3   Forschungsmethodologische Vor-Überlegungen

Die folgenden Überlegungen stehen im Kontext einer an den Belangen des Grundschulsports ausgerichteten Bewegungspädagogik (vgl. Lange & Sinning 2012d). Die Thematisierung des Zusammenhangs zwischen dem Lachen und dem „Sich-Bewegen" von Kindern gilt in diesem Feld noch als recht ungewöhnlich, weshalb ich den Ausführungen zur forschungsmethodologischen Orientierung zwei Vorbemerkungen voranstellen will.

Erstens: *Beim Lachen wie auch beim „Sich-Bewegen" handelt es sich um überaus flüchtige Phänomene, die situativ gebunden und bedeutungshaltig sind und die darüber hinaus im Sinne eines leiblich verfassten Bezugs zwischen Subjekt und Welt zu verstehen sind.*

Zweitens: *Aus der Flüchtigkeit des Gegenstands ergeben sich besondere Herausforderungen für dessen Beforschung. Denn dieser Flüchtigkeit zufolge stoßen Forschungsmethoden, die auf ein Vermessen und Quantifizieren dieses besonderen Forschungsgegenstands aus sind, schnell an ihre Grenzen.*

Die demnach für den Forschungsgegenstand charakteristische *ephemere Phänomenalität* bedingt einen qualitativen und kriteriengeleiteten Zugang zu dem hier gewählten Forschungszusammenhang.

In der Philosophie Hellmuth Plessners (1941) steht ein in dieser Hinsicht überaus gewinnbringender anthropologischer Ansatz zum Verstehen des „Lachens" zur Verfügung.

Das Thema der menschlichen Bewegung wird der wissenschaftlichen Forschung im deutschsprachigen Diskurs der Bewegungspädagogik, ebenfalls unter Berücksichtigung des Aspekts ihrer Flüchtigkeit, vor allem in den Bahnen der Leibanthropologie in Anschluss an Maurice Merleau-Ponty (1966) zugänglich gemacht. Rezipiert wird dieser Philosoph und Kinderpsychologe insbesondere in der Sportpädagogik Ommo Grupes (1969, 1982). Hinzu tritt die niederländische Tradition der Bewegungsphänomenologie (Buytendijk 1956; Gordijn 1968; Tamboer 1979). Die hieraus abgeleiteten Theorien und Bewegungskonzepte wurden jedoch bislang noch nicht zusammen- und in stringente empirische Forschungsansätze überführt. Sie verbleiben deshalb auch hinsichtlich der zu erwartenden Praxisrelevanz im Bereich der Sportpädagogik auf einer nur unscharf konturierten, weitgehend normativen Ebene.

Im Folgenden soll unter Bezugnahme auf diese Theoriezusammenhänge ein Ansatz zur Diskussion gestellt werden, der eine empirische Annäherung an die beiden Phänomene „Lachen" und „Sich-Bewegen" von Kindern verspricht, ohne dass die für sie charakteristische Flüchtigkeit ignoriert (oder, etwa um diese menschlichen Verhaltensweisen einer quantitativen Untersuchung zugänglich zu machen, technologisch ausgelegt) werden müsste. Da der sich hieraus ergebene Forschungszusammenhang noch im Entstehen begriffen ist, habe ich ihn im Sinne einer „empirischen Perspektivierung" aufgearbeitet und ich will hier meinen Ansatz dazu zur Diskussion stellen.

3.1.3.1 Zum qualitativen Forschungsansatz in der Sport- und Bewegungspädagogik

Die Aufgabe der sich wissenschaftlich betätigenden Pädagogen und Didaktiker besteht prinzipiell darin, erziehliche Realitäten zuerst zu beschreiben, dann zu analysieren und schließlich zu systematisieren. Flüchtige Gegenstände lassen sich unter Hinzuziehung qualitativer Erhebungsverfahren wie beispielsweise Narrationen oder szenische Darstellungen, Beispiel- oder Fallschilderungen und zudem, wie wir noch sehen werden, in sog. „Portraits" empirisch „einfangen". Um die im Zusammenhang eines beobacht-, mess- und/oder beschreibbaren Unterrichtsgeschehens stattgefundenen Bildungs- und Erziehungsprozesse einer wissenschaftlichen Beschreibung zugänglich zu machen, ist es notwendig, eine methodologisch und methodisch ausgewiesene Distanz zum Geschehen einzunehmen. Dies geschieht im vorliegenden Forschungszusammenhang in den Bahnen qualitativer Forschungsmethodologie. Gemäß der qualitativ ausgerichteten sozialwissenschaftlichen Methodenlehre ist grundsätzlich davon auszugehen, dass bereits in die Beobachtungen theorie- und kriteriengeleitete Interpretationen eingehen, die ausgewiesen werden müssen und von daher nicht zuletzt einschlägiges Fachwissen verlangen. Die Kriterien ergeben sich aus den gestellten Forschungsfragen. Die sich daran anschließenden Interpretationen wie auch die Diskussion und die Überprüfung der erhobenen Befunde erfolgen ebenfalls kriteriengeleitet.

Qualitative Forschungsmethoden haben sich in den sozial- und erziehungswissenschaftlichen Teildisziplinen der Sportwissenschaften inzwischen etablieren können. So liegt beispielsweise für die Sportpädagogik ein von Eckart Balz & Detlef Kuhlmann (2005) herausgegebener Reader vor, in dem ein facettenreiches Spektrum der in dieser Disziplin während der letzten Jahre zur Anwendung gekommenen Forschungsverfahren am Beispiel ausgewählter Forschungsprojekte dargestellt wird. Ina Hunger & Jörg Thiele (2000, S.2) schätzen die Situation, in der sich die Sportpädagogik aktuell befindet, wie folgt ein: „Man vertraut quasi auf ein ‚sozial geteiltes Wissen', nämlich darauf, dass sich die Leistungsfähigkeit qualitativer Forschung bewährt hat, und konzentriert sich nunmehr auf die differenzierte Darstellung der für das jeweilige Forschungsthema angemessenen methodischen Schritte."

Damit reiht sich die Sportpädagogik in den aktuell für Forschung richtungweisenden Tenor ihrer Mutterwissenschaften ein, der sich dadurch näher bestimmen lässt, dass sich die Erziehungswissenschaften seit Heinrich Roth (1966) einer sog. „realistischen Wende" unterzogen haben, nach der sie sich als Erfahrungswissenschaften verstehen. Für die Sozial- und Verhaltenswissenschaften prägte Dieter Geulen (1981) das geflügelte Wort einer „Alltagswende". Darunter ist die verstärkte Zuwendung der Forschung zu den tatsächlich erlebten Wirklichkeiten und Problemen der im Fokus ihrer Forschung befindlichen Subjekte zu verstehen. Forschungsmethodologisch folgt hieraus unter anderem eine Aufwertung qualitativer empirischer Forschung.

In diesem Sinne keimt auch in der Sportpädagogik seit einigen Jahren immer mehr Interesse an der tatsächlichen Schulwirklichkeit und an den für deren Gestaltung verantwortlichen und zugleich von deren vorfindlichen Strukturen passiv betroffenen Akteuren (Lehrer und Schüler) auf. Die besagte Entwicklung führt parallel zu einer gestiegenen Aufmerksamkeit gegenüber sportdidaktischer Forschung, die vor allem durch ihre Nähe zur Unterrichts- und Schulwirklichkeit Konturen gewinnt. Man mag in diesem Sinne auch Gefallen an der Formulierung Jürgen Funkes (1989, S.11) finden, der der Sportpädagogik und -didaktik in Bezug auf das Verstehen von Bewegungssituationen eine gewisse Vorreiterstellung gegenüber allen anderen sportwissenschaftlichen Disziplinen zuerkennt, und deshalb zu folgendem Schluss gelangt: „Der Pädagoge ist z. Z. wohl der einzige, der wohl einen einigermaßen tragfähigen Begriff von der menschlichen Bewegung im Rahmen der Sportwissenschaft entwickeln kann. [...]" Schließlich gelte, so fährt Funke fort: „[...] Nur der Sportpädagoge sieht noch, was wirklich ist, nicht Bewegungen, sondern sich bewegende Menschen."

3.1.3.2 Sportpädagogische Fachzeitschriften als Quellen für die qualitative sportpädagogische und sportdidaktische Forschung

Auf dem Feld der sportdidaktischen Forschung findet neben den Entwicklungen in der sportpädagogischen Unterrichtsforschung (vgl. Friedrich 2002; Kolb 2006), die in klassischer Weise den sportdidaktischen Anker sportpädagogischer Forschung markiert (vgl. Lange & Sinning 2009c, S. 142), auch in den Zeitschriften „Sportpädagogik" (Friedrich Verlag – Seelze) und „Sportpraxis" (Limpert Verlag – Wiebelsheim) eine umfangreiche Modellbildung zu sportunterrichtlichen Wirklichkeiten statt. Dort werden sowohl von Lehrern als auch von sportdidaktisch orientierten Forschern Ergebnisse von Unterrichtsbeobachtungen und persönliche Erfahrungen bei der Unterrichtsplanung, -inszenierung und -auswertung vor dem Horizont eines praxisnahen Bildungs-, Unterrichts- und Bewegungsverständnisses zu einer Vielzahl kleinerer Studien und zu Erfahrungsberichten verdichtet. Diese werden in den sportpädagogischen Zeitschriften in konstruktiver Absicht als Modelle und Vorschläge für die zukünftige Planung von Sportunterricht vorgestellt. Viele der dort veröffentlichten Berichte und Vorschläge haben sich für größere wissenschaftliche Forschungskontexte als anschlussfähig erwiesen. So verbindet beispielsweise Ralf Laging (2006) seine hermeneutisch gewonnenen Befunde zur Unterrichtsmethodik durchgängig mit Publikationen, die aus diesem Fundus stammen. Damit leistet er einen Beitrag zur Etablierung dieser Publikationsorte als eine tragfähige empirische Basis für eine bewegungspädagogische Unterrichtslehre. Matthias Jakob (2003) baut seine erfahrungsorientierte Unterrichtslehre vor dem Hintergrund ausgewählter fachdidaktischer Positionierungen bzw. im Lichte seiner Rezeption erfahrungsorientierter Lehrlernkonzeptionen sogar komplett auf solchen Arbeiten auf. In der Weiterentwicklung solcher Ansätze (beispielsweise in Gestalt einer konstruktiven Sportdidaktik) besteht eine überaus lohnende sportdidaktische Forschungsaufgabe, die sich insbesondere dadurch auszeichnet, an sehr konkreten fachdidaktischen und im pädagogischen Alltag relevanten Problemen der Themenkonstitution im Bereich des Sports ausgerichtet zu sein.

Aufgabe 61:
Sichten Sie die oben angeführten sportpädagogischen Fachzeitschriften und wählen Sie einen Praxisbeitrag aus, dessen Konzeption zu den Anforderungen des oben skizzierten „qualitativen Forschungsansatz" passt. Fassen Sie den Beitrag für eine Präsentation zusammen.

3.1.3.3 Pädagogische Schilderungen von Fallgeschehen als Quellen für die qualitative sportpädagogische und sportdidaktische Forschung

Um gegebene theoretische Antworten auf Erziehungs- und Bildungsfragen in ihrer Praxisrelevanz auszuloten und weiter zu erläutern, greift man in der Pädagogik nicht selten auf den erfahrungsgesättigten Fundus an Fallgeschichten und auf von renommierten Pädagogen angeführte Praxisbeispiele zurück, von denen angenommen wird, dass sie pädagogische Probleme und Phänomene greifbar machen. Pädagogen wie beispielsweise Janusz Korczak,

Alexander Sutherland Neill, Martin Wagenschein oder Horst Rumpf haben auf diese Weise gearbeitet. Sie werden von Hartmut von Hentig (1982, S.219) treffend als „kühne Poeten der Pädagogik" bezeichnet. Sie generieren in ihren Fallschilderungen keine zweifellos gültigen Daten. Sie berichten und erzählen (nur). Damit holen sie aber, wie es Hartmut von Hentig (1982, S.220) in Frageform herausstellt, durchaus die Dimension des Allgemeinen ein. Von Hentig schreibt: „Was ereignet sich tatsächlich – vorstellbar, sichtbar, hörbar – in der Entwicklung und Erziehung eines Menschen? Was tun sich Menschen dabei tatsächlich – Gutes, Schlimmes, Notwendiges, Überflüssiges, nachhaltig Weiterwirkendes – an, jenseits oder diesseits ihrer Absichten?"

Da wissenschaftlich gesehen insbesondere die Möglichkeit einer interindividuellen Generalisierung interessiert, ist jede Kasuistik letztlich danach zu beurteilen, ob es ihr tatsächlich gelingt, typische Fälle auszuwählen und zu schildern.

In dieser Hinsicht gerät eine pädagogische Schilderung in die Nähe zu quantitativ orientierten Verfahren. Denn die Maßgabe einer Generalisierbarkeit von pädagogischen Beschreibungen wird unter Hinzuziehung quantitativer Daten eingelöst, indem das Kriterium der Repräsentativität solcher Aussagen durch einen (allerdings impliziten) Bezug auf möglichst viele Fälle sowie durch die Berücksichtigung von (zwar zumeist nicht expliziten, sich aber hinter diesen Aussagen sehr deutlich verbergenden) Häufigkeitsverteilungen eingelöst wird (vgl. Lamnek 1988, S.176).

3.1.3.4   Die Methode der „Spurensicherung"

Im Sinne einer Exemplarik soll auch im Folgenden gearbeitet werden, wenn die „Spur" des kindlichen Lachens im Kontext von Bewegungsspielen im Sportunterricht aufgenommen wird. Es wird hier davon ausgegangen, dass das „Lachen" ein integraler Bestandteil eines jeden kindlichen Bewegungsspiels ist. Da das Lachen von Kindern als eine sichtbare Verhaltensäußerung für die qualitativ verfahrende Empirie dokumentier- und greifbar ist, zieht es die Aufmerksamkeit des Forschers auf sich. Ich orientiere mich daher im Folgenden an folgender Leitthese: *Das plötzliche Aufkommen bzw. Ausbrechen von Lachen während bestimmter Bewegungssituationen im gemeinsamen Spiel „markiert" auffällige „Eckpunkte" kindlichen Bewegungsverhaltens.*

Diese „Eckpunkte" werden im Zuge einer sog. „Spurensuche" als „Marker", das heißt als sichtbare Kriterien für einen bestimmten Forschungsgegenstand identifiziert und auf interpretativem Weg in Hinblick auf ihr aktuelles Bedingungsgefüge näher bestimmt.

Damit ist insofern bereits eine forschungsmethodologische Richtungsentscheidung getroffen als die Bestimmung solcher „Eckpunkte" an eine einschlägige „Suchstrategie" und damit an ein bestimmtes qualitativ entdeckendes Forschungsdesign gebunden ist. Ursel Fritsch & Horst Rumpf (1983, S.108) beschreiben den Prozess der forschungsmethodologischen „Spurensicherung" für bewegungspädagogische Belange mit Blick auf Carlo Ginzburg (1980) folgendermaßen: „Der Jäger, der einem Wild auf der Spur ist, dokumentiert nicht den Gesamtbestand aller vorfindlichen Tatsachen in diesem Waldstück – er achtet auf bestimmte Einbuchtungen im Gras, auf einen bestimmten Geruch, bestimmte Schürfungen am Holz." Gleiches geschieht im Zuge des hier gewählten empirischen Vorgehens: Der Beobachter, in unserem Falle der Interpret eines Unterrichtsgeschehens, bemüht sich keinesfalls darum, alle vorfindlichen Tatsachen lückenlos zu sichern und in die Analyse mit einzubeziehen. Im Gegenteil ist in dieser Studie seine Wahrnehmung auf zuvor explizierte Auffälligkeiten im kindlichen Bewegungsverhalten gerichtet. In dieser Studie ist der Zusammenhang zwischen dem „Sich-Bewegen" und dem Lachen der Kinder anhand von „Markern" „aufzuspüren". Eine solche „Spurensuche" erfolgt in unserem Fall in Bezug auf eine sehr komplexe soziale (Unterrichts-) Situation, bei der sich verschiedene Bedeutungsebenen, intentional hergestellte wie auch implizite, überlagern. Die unabdingbare Voraussetzung für eine „Spurensuche" in einer solchen Situation ist eine in Hinblick auf die Forschungsfrage adäquate Form der Aufzeichnung derselben. In dieser Hinsicht habe ich mich für das Aufzeichnungsverfahren einer „unterrichtlichen Rezension" (Berg 1976) entschieden, das im Folgenden dargelegt wird.

3.1.3.5   Zur Methode der „Unterrichtlichen Rezension"

Rezensionen sind als schriftlich niedergelegte Diskussionsbeiträge zu kulturellen und wissenschaftlichen Gegenständen, Ausführungen und Schriften vor allem aus dem Feld der Literatur, des Films und des Theaters allgemein bekannt (vgl. Schalkowski 2005).

Mit Bezug auf Christoph Bergs (1976) Ansatz lässt sich auch Schulunterricht im Sinne einer „Rezension" dokumentieren und damit methodisch gestützter Reflexion zugänglich machen. Der verantwortliche Lehrer wird dann als für die Inszenierung des Unterrichts (als einem „Text" im weiteren Sinne) verantwortlicher Regisseur („Autor") angesehen. Wie gesagt erfolgt bereits die Sichtung und Bewertung der jeweiligen unterrichtlichen Inszenierung durch die Forscher kriteriengeleitet.

Nach Berg wird bei jeder Rezension auf sog. „Portraits" zurückgegriffen. Dabei handelt es sich um Bilder oder Vorstellungen, die in Analogie zur Portraitmalerei in der Kunst subjektiv verfasst sind. Es wird davon ausgegangen, dass verschiedene „Rezensenten" nicht nur unterschiedliche Bilder und Vorstellungen („Portraits"), sondern zudem verschiedene, ihnen wichtig erscheinende Kriterien dazu heranziehen, um einen „Text" (im weiteren Sinne, in diesem Falle ein Unterrichtsgeschehen) „rezensierend" nachzuzeichnen. Auf eine möglichst umfassende Erhebung aller (in den Unterrichtssituationen) vorfindlicher Tatsachen wird also verzichtet. Stattdessen konzentriert sich die Aufmerksamkeit des Forschers auf die „Spuren", die sich aus seinem eigenen theoretischen Vorverständnis des Untersuchungsgegenstands und der vor dem Hintergrund der ihm für das beforschte Phänomen „repräsentativ" erscheinenden Aspekte ergeben. Das heißt er achtet in unserem Fall auf die sichtbaren und beschreibbaren Verhaltensäußerungen der sich bewegenden Kinder und er zieht diese für die Darstellung verschiedener Szenen („Szenenportraits") als „Marker" heran.

Auf dieser Basis erst kann eine sog. „kontextgebundene Interpretation" des Materials erfolgen. Dabei besteht hier das erklärte Ziel darin, den Sportunterricht in Hinblick auf die gestellte Forschungsfrage darzustellen und verschiedenen Lesarten (fachdidaktischen, anthropologischen, pädagogischen) zugänglich zu machen.

Im Vergleich zur Theater- und Literaturrezension hat es der „Rezensent" von Unterricht prinzipiell mit einer Inszenierung zu tun, bei der der „Regisseur" (die Lehrkraft) inmitten des Handlungsgeschehens steht und dieses maßgeblich bestimmt. Die „Schauspieler" (die Schüler) sind ebenfalls Akteure. Sie sind aber zumeist Mitspieler und zudem Publikum. Da eine Dokumentation im „Unterrichtsportrait" oder „Szenenportrait" das Unterrichtsgeschehen schildert und dabei die Ereignisse festhält, die dem Forscher als wichtig erscheinen, ist die Beschreibungsweise bewusst subjektiv gehalten.

Berg hat die Forschungsmethode einer „Unterrichtsrezension" ursprünglich zur Beurteilung der Schule bezüglich ihrer Vermittlungsleistungen „[...] zwischen institutionalisiertem Lernen und zukünftiger Lebenspraxis entworfen" (Dietrich & Landau 1999). In unserem Zu-sammenhang findet die „Rezension" von Unterricht ihren Gegenstand in erster Linie in der Herausarbeitung der jeweiligen Auslegung einer Rollenbesetzung („Regisseur/Lehrer" und „Publikum/Akteur/Mitspieler/Schüler") durch die Akteure selbst und ihre rollengestützte Bezugnahme aufeinander (vgl. Dietrich & Landau 1999).

Wird die Forschungsmethode des „unterrichtlichen Rezensierens" im Folgenden auf Szenen aus dem Sportunterricht angewendet, so rekurriert der „Rezensent" dabei auf ein bestimmtes Bewegungskonzept. Es ist ihm zudem daran gelegen, brauchbare Vorschläge für sportdidak-tisches Handeln zu entwickeln. Da diese Vorschläge auf die konstruktive Beratung in Hin-blick auf Lehr-Lernprozesse ausgerichtet sind, wird ihm in dieser Hinsicht eine „diskursive Verständigungsarbeit" im Rahmen der Fachdidaktik abverlangt (vgl. Dietrich & Landau 1999). In dieser Beziehung wird auf die orientierenden fachdidaktischen Kategorien verwie-sen, die teilweise bei Dietrich & Landau (1999) für die Interpretation von (Sport-) Unterricht angeführt werden:

1. Themenkonstitution
2. Sinndeutungen
3. Reflexion
4. historische Thematisierung
5. Gegenwarts- und Zukunftserfüllung

Im Folgenden konzentriere ich mich weitgehend auf die fachdidaktische Kategorie einer Themenkonstitution (vgl. Lange & Sinning 2012a,b,c,d). Das Thema der Studie ist bekannt-lich der Stellenwert des Lachens im kindlichen Bewegungsverhalten. Bei der Analyse wird von daher besonderer Wert auf eine differenzierte Darstellung der in den dokumentierten Unterrichtssituationen von den Akteuren (Schüler und gegebenenfalls Lehrerin) ausgehen-den, unterschiedlichen Beiträge und Bedeutungsauslegungen in Hinblick auf die Konstitution genau dieses Themas gelegt. Es wird angenommen, dass die (zum Großteil nicht intendierte) themenkonstitutive Arbeit der Lehrkraft bestimmte Reaktionen der Schüler bedingt, die auch wiederum auf die aktuelle Themenkonstitution Einfluss haben. Die Verschränkungen und Wirkungen dieser Einflüsse werden in hermeneutischer Weise aus dem Fundus der erhobe-nen Dokumente („Unterrichts"- oder „Szenenportraits") heraus interpretiert. Die Unterrichts-situationen werden zudem in Hinblick auf die Frage „rezensiert", was Lehrer und Schüler, und auch was der „Rezensent" bei einer bestimmten situativen, an die jeweilige Rollenauftei-lung gebundenen Entfaltung des thematischen Zusammenhangs vermutlich erwarten und was sie dabei gewinnen.

Von den erstellten „Portraits" wie auch von den geleisteten „Rezensionen" werden hier le-diglich Auszüge wiedergegeben.

Aufgabe 62:

Besuchen Sie einen Praxiskurs Ihres Sportstudiums (oder eine Stunde im Sportunterricht) und fertigen Sie eine Rezension hierzu an. Gehen Sie dabei exemplarisch vor indem Sie für die vertiefende Beschreibung lediglich zwei der fünf Kriterien nach Dietrich & Landau übernehmen.

3.1.3.6   Umfang und Stand des empirischen Forschungszusammenhangs

Bei dem hier skizzierten Forschungszusammenhang handelt es sich um ein Teilprojekt zur qualitativen Interpretativen Unterrichtsforschung, das seit 2002 in studentischen Seminar- und Projektgruppen zum Thema kleinerer Studien (v.a. Examens- und Projektarbeiten) gemacht wurde. Im Laufe der Zeit ist eine umfangreiche „Portrait"- und Beispielsammlung aus dem Bereich des Grundschulsports entstanden. Insgesamt liegen mehr als 100 Dokumente zu verschiedenen Bewegungsthemen vor. Die Fülle und thematische Differenziertheit der „Portraits" erlaubt es, diesen Fundus demnächst systematisch aufzuarbeiten. Die hier vorgestellte Studie ist ein Bestandteil des Projekts, auf dieser Basis eine Unterrichtslehre für den Sportunterricht in der Grundschule zu konzipieren, die sich an prozessualen Aspekten des Entdeckens und des Problemlösens orientiert. Der Zugang zu diesen Aspekten erfolgt über Interpretationen, die mithilfe des Verfahrens einer „unterrichtlichen Rezension" methodisch gestützt durchgeführt werden.

3.1.3.7   Ein Fangspiel

Das folgende Beispiel und das dazugehörige Foto stammen aus der „Portraitierung" einer Sportstunde, die im September 2008 in einer zweiten Grundschulklasse vom Verfasser dieses Beitrags angefertigt wurde. Der Sportunterricht dieser Schulklasse wurde fünf Monate lang von einer Forschergruppe (bestehend auch einem Hochschullehrer und drei Studierenden) begleitet, photographisch dokumentiert und in Hinblick auf die Unterrichtsabläufe und auf das beobachtbare Bewegungsverhalten auch protokolliert. Auf der Grundlage dieser Datenbasis wurden schließlich zu verschiedenen Themen des Sportunterrichts „Szenenportraits" angefertigt. Im Folgenden wird ein „Szenenportrait" zum Thema „Fangspiel" vorgestellt.

Lisa und Tuncay, deutlich als Freunde erkennbar, treffen während eines Fangspiels („Jäger und Hase") im Sportunterricht aufeinander. Lisa ist die „Jägerin" und Tuncay einer der „Hasen", die vor ihr davonlaufen müssen, um nicht gefangen zu werden. Tuncay ist dies während der zurückliegenden zwei Minuten sehr gut gelungen, denn er befindet sich in dieser Zeitspanne nicht in der Nähe seiner Mitschülerin. Im Zuge des Spielverlaufs verliert er das Mädchen aber möglicherweise für einen Moment aus den Augen, und plötzlich steht sie ihm mit ihren weit geöffneten Fangarmen ganz nah gegenüber. Im Foto ist der Moment festgehalten, in dem die Spannung der Bewegungsszene am größten ist. Nur einen Augenblick später wird Lisa ihren Freund gefangen haben. Sein letzter Ausweichversuch, er täuscht eine Bewegung nach hinten an und es ist zu vermuten, dass er danach versuchen wird, nach vorn rechts auszuweichen, wird vermutlich vergebens sein. Lisa ist ihm offensichtlich viel zu nahe gekommen und sie hat diesen Verlauf bzw. das diesbezügliche Auflösen der Fangszene wohl auch einen kleinen Augenblick früher als Tuncay erkannt. Er ist also gefangen. Genau in dem Moment, in dem sich die kurz zuvor noch unentschiedene Situation auf diese Weise klärt, beginnen beide Kinder zu lachen.

3.1.3.8   Erstes Zwischenergebnis: Der Zusammenhang von Rufen, Schreien, Lachen und Bewegung

Fangspiele wie diese lassen sich in zahlreichen Sportstunden und in unzähligen Variationen auf dem Schulhof, in der Schulturnhalle und anderswo beobachten. Auf den ersten Blick fällt neben dem unübersichtlichem Hin- und Herlaufen der Kinder vor allem ihr unüberhörbares Rufen, Schreien und Lachen auf. Der *auf- und absteigende Geräuschpegel* und das Bewegungsverhalten stehen in einem Zusammenhang zueinander, der sich nur einer sehr genauen und differenzierten Beobachtung, sozusagen auf den „zweiten Blick" erschließt. So verhält sich Tuncay so lange ruhig bzw. gar gelangweilt, wie er sich in weiter Distanz zu Lisa durch die Halle bewegt. In sicherer Entfernung beobachtet er aufmerksam ihre Laufwege und versucht offenbar, möglichst frühzeitig dorthin zu laufen, wo Lisa sicherlich im nächsten Moment nicht sein wird. Manchmal, beispielsweise als Lisa über eine längere Zeit hinweg den Mitschüler Timm verfolgt, verlässt Tuncay auch diesen sicheren Schonraum und er traut sich sogar, die Verfolgung aufzunehmen und hinter Lisa her zu rennen. Zwar befindet er sich dann noch im gehörigen Abstand zu ihr, aber immerhin ist er ihr bald doch so nahe, dass er bei Lisas nächster Laufrichtungsänderung selbst in die Gefahr gerät, gefangen zu werden. Ein anderes Mal kommt er, gemeinsam mit drei anderen Kindern, ebenfalls sehr nahe an Lisa heran. Die drei anderen „Hasen" laufen direkt auf Lisa zu und drehen erst im letzten Moment jauchzend in verschiedene Richtungen ab. Das während dieser Szene spontan ausbrechende Lachen der Kinder ist also in genau dem Augenblick zu vernehmen, in dem den „Hasen" das Ausweichen in „allerletzter Minute" gelingt. Daraufhin steht Lisa sichtbar verdutzt vor einem Orientierungs- und Entscheidungsproblem. Denn sie hat sich nicht in der notwendigen Spontaneität für eine bestimmte Laufrichtung und damit für einen der zu fangenden „Hasen" entschieden.

3.1.3.9 Zweites Zwischenergebnis: Der Auf- und Abbau eines bewegungsbezogenen Spannungsbogens

Die Interpretation der Bewegungsszenen des Fangspiels in Hinblick auf den darin deutlich wahrnehmbaren Zusammenhang von Schreien, Lachen und Bewegungsverhalten lassen auf eine Dramatisierung des sozialen Handlungsgeschehens im Sinne von *Spannungsbögen* schließen, die sich durch das Bewegungsverhalten der Kinder auf- und auch wieder abbauen. Mithilfe eines solchen Aufbaus von Spannung scheint es den Kindern zu gelingen, ihr Bewegungsinteresse an diesem Spiel aufrecht zu halten und noch zu vertiefen. Sie verstehen es, sich jederzeit souverän in die gegebene und zugleich von ihnen auch herbeigeführte Sachlage zu verwickeln und sich darin zu vertiefen. Das Lachen markiert dabei, so meine Vermutung, jeweils den Augenblick, in dem sie sich von einer mit emotionaler Erregung und Spannung stark aufgeladenen Situation abrupt lösen. Im Anschluss an die Entspannung beginnen sie sogleich mit dem Aufbau neuer (spannender) Situationen und Sachlagen. Dies könnte als eine „Kompetenz" bezeichnet werden, die auf eine besondere Qualität des kindlichen Weltzugangs verweist. Für eine tiefer gehende Bestimmung dieser Kompetenz sollen im Folgenden dafür relevant erscheinende Bezüge im Feld der Bewegungstheorie herangezogen werden.

3.1.3.10 Grenzüberschreitung

Bislang konnten die relevanten Wissensgrundlagen aus dem Feld der Bewegungstheorie anhand der Bewegungsszene aus dem Sportunterricht gespiegelt und auch für das Entschlüsseln der zugrunde liegenden Bewegungsbedeutungen und für das Verstehen der Bewegungsabsichten herangezogen werden.

Für eine noch weitergehende vertiefende Ausleuchtung der hier gesetzten Thematik soll die Aufmerksamkeit im Folgenden auf das Moment sichtbarer *Grenzüberschreitungen* gerichtet werden. An den empirischen Beispielen zeigt sich, dass diese mit solchen Augenblicken in eins fallen, in denen sich die Kinder von einer für sie immer spannender werdenden Situation wieder lösen. So wird Tuncay seine eigene Grenzüberschreitung hin zum Spielraum der

Mitspielerin, wie oben herausgestellt, durch den sichtbaren Fangerfolg Lisas eindeutig rückgemeldet. Im gemeinsamen Lachen löst sich ihr Spannungszustand. Das Moment der Auflösung eines Spannungszustandes im kindlichen Bewegungsspiel ist also durch folgende beobachtbare Verhaltensäußerung charakterisiert: Die Kinder lachen. Meine These ist, dass
dieses Lachen jeweils genau in dem Moment aus ihnen heraus bricht, in dem sie bestimmte
Grenzen überschreiten. Überschritten werden nicht nur die Grenzen der jeweiligen Spielräume der Akteure. Eine andere Grenze ist die zwischen dem „hier und jetzt" und dem „gleich"
ihres „Sich-Bewegens" (Gegenwart und antizipierte Zukunft), mit deren Überschreitung die
Kinder von einer Spielsituation in die andere überwechseln. Genau bis zu diesem Punkt des
Auflösens von Spannung in lautem, nicht kontrollierbarem Lachen im Moment der Grenzüberschreitung haben sie diese Spannung stetig aufgebaut. Indem ich auch dieses Phänomen
in die weiteren Überlegungen einbeziehe, sollen die bislang erarbeiteten Bezüge aus dem
Feld der oben dargelegten Bewegungstheorie ergänzt und weitergehend vertieft werden.

Aufgabe 63:
Suchen Sie Kinder beim Spielen und Sporttreiben auf, beobachten Sie das Geschehen und
fertigen Sie eine Rezension an, in der Sie ebenfalls das Moment des kindlichen Lachens in
das Zentrum stellen.

3.1.4   Annäherung an das Phänomen kindlichen Lachens

Kinder unterscheiden sich von Erwachsenen unter anderem in ihrem Lachen. Im Alltag lachen sie weitaus häufiger und spontaner als beispielsweise ihre Eltern das tun (Gruntz-Stoll
& Rißland 2002). Das Lachen liegt ihnen aus einem nicht bekannten Grund offenbar viel
näher als uns Erwachsenen, denn sie finden in vielen verschiedenen Alltagssituationen und
vor allem im Kontext von Bewegung, Spiel und Sport viele Gelegenheiten zum Lachen. Die
situative Vielfalt der von ihnen wahrgenommenen Lachgelegenheiten deutet darauf hin, dass
sie das Lachen nicht wie wir Erwachsenen in besondere Felder verschieben. Erwachsene
scheinen hingegen genau zu wissen, welche Orte sie zu welchen Zeiten aufsuchen müssen,
um überhaupt Lachen zu können bzw. zu dürfen. Neben der althergebrachten Komödie und
dem Zirkus haben sich während der zurückliegenden Jahre sogar Formen des Yoga für das
Arrangieren speziell geformter Lachanlässe von Erwachsenen etablieren können (vgl. Emmelmann 2007).[48] Derlei Praktiken sollen im Folgenden jedoch nicht weiter verfolgt werden.
Ebenso soll eine Erläuterung von Tricks, Kinder zum Lachen bringen, hier nicht geleistet
werden.

3.1.4.1   Zum sportpädagogischen Interesse am Lachen von Kindern
im Sportunterricht

Wenn man lachende Kinder beobachtet, scheint es, als lachten sie ohne Zukunftssorgen und
Ballast der Vergangenheit für einen Moment in die ihnen unbekannte Welt hinein. Lachen
wäre demnach auch Indiz für eine erfüllte Gegenwart. Die Faszination dieses Phänomens
mag bei Pädagogen Neugierde wecken, denn man ist geneigt, dieses Lachen als ein Indiz des
Glücklichseins der lachenden Kinder zu werten. Möglicherweise ist das Lachen darum in-

---

48   Der indische Arzt Madan Kataria (1999) entwickelte verschiedene Yogaübungen, mit deren Hilfe die Übenden
      ins „grundlose Lachen" verfallen sollen (Lach-Yoga).

zwischen auch ein Thema in der Pädagogik (vgl. Kassner 2002; Gruntz-Stoll & Rißland 2002). In Ansätzen wurde es auch im Kontext der Bewegungstherapie und in der Sportpäda-gogik thematisiert (Balz 2004; Lange 2003b). Allerdings liegen in dieser Hinsicht noch kei-nerlei Zugänge zur wissenschaftlich gestützten Empirie vor. Das emotionale Gegenstück zum Lachen, die Angst, hingegen wurde im Rahmen der Sportpädagogik immer wieder the-matisiert (vgl. u.a. Klupsch-Sahlmann & Kottmann 1992) und auch empirisch überaus stich-haltig untersucht (vgl. u.a. Schack 1997). Die benannte Forschungslücke soll im Folgenden sowohl hinsichtlich einer theoretischen Fundierung der Thematik als auch in Hinblick auf das Erschließen ihrer empirischen Dimensionen bearbeitet werden. Konkret werde ich im Folgenden dem Phänomen des Lachens nachgehen und mich im Folgenden unter anthropo-logischem Blickwinkel den Fragen nach den Bedingungen und nach den Wirkungen von Lachen widmen.

3.1.4.2   Annäherungen an das Phänomen „Lachen"

Das Lachen entsteht plötzlich und lässt sich im ersten Moment seines Auftretens nicht kon-trollieren. *Eruptiv* bricht es während komischer, unerwarteter Situationen einfach so aus uns heraus. Manchmal genügt offensichtlich ein ungewohnt springender Ball (wie beispielsweise ein für ein Fußballspiel genutztes Rugby-Ei), um unerwartete, neue Situationen zu provozie-ren, auf die wir mit spontanem Lachen reagieren. Möglicherweise ist dieser nicht kontrol-lierbare, irrationale Zug des Lachens ein wichtiger Grund dafür, dass das Lachen historisch gesehen lange Zeit als verpönt galt. Vor allem für das Mittelalter, aber auch für die jüdisch-christliche Tradition ist dokumentiert, dass dem Lachen im Allgemeinen mit Misstrauen begegnet wurde. Während ein vorsichtiges Lächeln noch auf Akzeptanz traf, durften nur „Narren" überlaut lachen und in manchen historischen Quellen wird das Gelächter sogar als sündhaft bezeichnet.

Von den an der jeweiligen Situation Beteiligten positiv konnotiertes Lachen tritt heute nicht nur in besonderen Bewegungssituationen, wie dem oben skizzierten kindlichen Fangspiel aus dem Sportunterricht, sondern auch in vielen Alltagssituationen auf. Im Volksmund heißt es beispielsweise, „Lachen ist gesund", oder „wer zuletzt lacht, lacht am besten." Von den vie-len Aphorismen zum Lachen sei hier auf Wilhelm Buschs (2008) Ausspruch verwiesen: „Humor zu haben ist die List, zu lachen, wenn's zum Weinen ist." Lachen wird hier als eine positive Lebensstrategie ausgewiesen. Der schottische Schriftsteller Thomas Carlyle (o. J.) behauptet sogar, dass im Lachen der Schlüssel liegt, mit dem wir uns den ganzen Menschen erschließen können. Lachen ist demnach *etwas höchst Individuelles*. Es hat, in diesem Sinne ausgelegt, sogar etwas einschlägiges, denn es ist mit einem Fingerabdruck oder mit einer Unterschrift vergleichbar. Man erkennt Menschen an ihrem Lachen oder man versucht, sie anhand ihres Lächelns zu verstehen. – Diese unverwechselbare Ausdruckskraft des Lachens spielt beispielsweise in der Kunst eine wichtige Rolle. Allerdings ist es nicht das exzessive Lachen, das hier zur Darstellung kommt. So werden in der Kunst vergleichsweise selten „Zähne gezeigt", wie dies Heike Ostarhild (2002) in ihrem Buch „Wenn Meisterwerke Zähne zeigen. Über das Lachen in der Kunst" plausibel macht. Dem Lachen gegenüber ist das Lä-cheln, vor allem in der Malerei, weitaus häufiger Thema. Das weltberühmte, stille und intro-vertierte Lächeln der „Mona Lisa" von Leonardo da Vinci ist hierfür ein gutes Beispiel. In verschiedenen Kontexten wird herausgestellt, dass es den Betrachter ganz so, als wäre es lebendig, in den Bann zieht und dass es selbst von geübten Fälschern nicht kopiert werden kann.

Wie dem auch sei, das Lachen übt auf Menschen jedenfalls einen ganz besonderen Reiz aus. Lächelnd lässt es sich gut und treffend kommunizieren. Durch die Art des Lächelns wird Vertrauen hergestellt, so werden sogar Freunde gewonnen.

3.1.4.3   Zum Zusammenhang von Lachen und diversen Körperfunktionen

Aristoteles bemerkt, das der Mensch das einzige Lebewesen ist, das lacht. Tiere können nicht lachen, auch, wenn es in der Mimik von Primaten manchmal so aussieht als würden sie es tun. Im Rahmen der Evolutions- und Verhaltensbiologie wurde die Vermutung aufgebracht, dass das Lachen zu unser „biologischen Grundausstattung" gehört. Irenäus Eibl-Eibesfeld (1967, 140) deutet das Zähnezeigen und die typischen Laute des Lachens evolutionsge-schichtlich als eine ritualisierte, archaische Drohgebärde, die auf Fremde aggressiv, inner-halb einer sozialen Bezugsgruppe indes verbindend wirkt. Dem entsprechend wird auch beispielsweise das Lächeln eines Säuglings im Zusammenhang der Forschungen zum sog. „Kindchenschema" als anziehend auf seine Eltern erkannt. Es wird von den Eltern und ande-ren offenbar als ein Ausdruck von Freundlichkeit ausgelegt und es fördert von daher die Interaktion mit den unmittelbaren Bezugspersonen. Da die Gesichtsmuskulatur bereits bei der Geburt ausgebildet ist und Säuglinge demnach von Beginn ihres Lebens an lachen kön-nen, steht ihnen mit dieser mimischen Fähigkeit von den ersten Momenten an, die sie auf dieser Welt sind, ein Mittel zur Verfügung, mit dem sie sich die soziale Welt aneignen und sie „erobern" können.

Am Lachen sind 17 Gesichtsmuskeln beteiligt. Indem diese angespannt und wieder gelockert werden, werden der Blutkreislauf, die Atmung und das Nervensystem angeregt. Das Stress-hormon Cortisol wird abgebaut und Endorphine (alltagssprachlich „Glückshormone") wer-den ausgeschüttet. Die Wirkweise des Lachens erklärt der Neurobiologe James Olds, der im Jahr 1953 das sog. „Lustzentrum" im Gehirn entdeckte. Von diesem System, das im limbi-schen System lokalisiert ist, gehen neben der *Lust* auch andere Affekte wie beispielsweise Wut oder Aggression aus. Die Verbreitung und Übertragung solcher Gefühlsreaktionen er-folgt über die Vermittlung des neurovegetativen Systems und die Aktivität der hierfür erfor-derlichen Neurotransmitter wird durch bestimmte Hormone wie „Endorphine" gesteuert. Die These, dass die körpereigene Hormonproduktion tatsächlich durch ausgiebiges Lachen ge-steigert wird, wird unter anderem durch Untersuchungen des Neurologen William Fry (1989; 1993) bestätigt. Die Arbeitsgruppe um Ron A. Berk (1989; 1991) konnte auf der Grundlage ihrer Forschungsergebnisse die Annahme erhärten, das bei häufigem und regelmäßigem Lachen sogar die Widerstandsfähigkeit eines Organismus gegen Krankheiten erhöht wird. Die Ermittlung dieser viel versprechenden Wirkungen des Lachens hat dazu geführt, dass die Bedeutung des Lachens für die Psychotherapie Anerkennung gefunden hat und entsprechen-de Lachtherapien entwickelt und verbreitet wurden. Für den deutschsprachigen Raum liegen mittlerweile auch für sport- und bewegungsbezogene Zusammenhänge Publikationen vor, in denen die Möglichkeiten eines therapeutischen Interesses am Lachen modelliert werden (vgl. u.a. Kiphart 1999; Damrau 2002). Ich möchte auch diese Ansätze hier nicht vertiefen, ob-wohl die dort dargelegten Anhaltspunkte und dort entfalteten Zusammenhänge für das The-ma dieses Beitrags als überaus spannend erscheinen können.

Zentraler erscheint mir eine (durchaus spekulativ gemeinte) Beschäftigung mit der Frage, wie und weshalb Lachen bei bestimmten Inhalten, Themen und Methoden im Sportunterricht aufkommt. – Welcher Einfluss kommt verschiedenen methodischen Wegen der Vermittlung dabei zu? Worauf muss im Zusammenhang mit dem Prozess der Themenkonstitution geachtet werden? Welche didaktischen Konzepte passen wie zum Lachen? Passen die gängigen Verfahren der Planung, Analyse und Auswertung von Sportunterricht zum Lachen? (…)

Mit Blick auf eine pädagogische und didaktische Deutung des Lachens widme ich mich in Rekurs auf philosophisch–anthropologische Theorien einer genaueren Bestimmung der Anlässe von Lachen.

3.1.4.4   Zu einer anthropologischen Deutung des Lachens

Möglicherweise kann es in einer konkreten Situation gelingen, das Wesen eines Mitmenschen anhand seines für ihn für typisch befundenen Lachens zu bestimmen. Hinweise auf solche Zusammenhänge finden sich unter anderem in der Studie zum „Lachen und Weinen" von Hellmuth Plessner (1941). Plessner stellt die Behauptung auf, dass sich in keiner anderen menschlichen Äußerungsform als dem Lachen (und in seinem Pendant: dem Weinen) die geheime Komposition der Natur eines Menschen unmittelbarer enthüllt (vgl. Plessner 1970, 41). Er bettet seine Theorie des Lachens also in seine Theorie der menschlichen Natur ein. Für ein vertieftes Verstehen seiner Position wäre seine Vorstellung von der Doppeldeutigkeit der menschlichen Existenz in Hinblick auf dessen sog. „exzentrische Position", aufzuarbeiten (vgl. Plessner 1928). Dazu sei hier nur so viel angemerkt: Der Mensch ist nach Plessner immer zugleich Leib und er hat diesen Leib als seinen Körper.[49] Die Person kann sich zu ihrem eigenen Körper in ein weitgehend souveränes Verhältnis setzen und diesen beherrschen. So vermögen wir uns beispielsweise selbstdiszipliniert zu verhalten, wir können unseren Körper und dessen Funktionen gezielt in der Kommunikation mit anderen als Ausdrucksmittel einsetzen etc. In manchen Situationen verliert der Mensch aber seine (Körper-) Beherrschung und die Situation bleibt von ihm als autarke Person unbeantwortet. Er errötet, erbricht sich oder wird bleich. Anders beim Lachen. Auch hier verliert der Mensch seine Beherrschung, allerdings gibt der Körper mit dem Lachen eine Antwort auf die Situation, der Mensch bleibt nach Plessners Auffassung daher Person. Der Lachende ist in einer bestimmten Situation am Ende seiner Möglichkeiten angelangt und da er nicht „weiter weiß" bzw. nicht „weiter wissen" will, überlässt er sich einfach der Tatsache seiner Leiblichkeit und beginnt zu lachen. Indem die Leiblichkeit in dieser (ansonsten als ausweglos geltenden) Situation das Kommando übernimmt, wird die *Situation bewältigt*. Der Mensch als Person wird dadurch vor einer peinlichen Kapitulation bewahrt, er erfährt eigene Ressourcen und damit auch ein Moment seiner Selbstwirksamkeit. Von seiner Überlegung der Situationsbewältigung im Lachen ausgehend widmet sich Plessner in seiner Studie „Lachen und Weinen" schwerpunktmäßig den folgenden drei Fragen: Erstens, wie werden Lachen und Weinen ausgedrückt? Zweitens, welche Anlässe gehen dem Lachen und welche dem Weinen voraus? Drittens, welche Zusammenhänge bestehen zwischen den Anlässen und dem Ausdruck von Lachen und von Weinen? Seinen Antworten gehen wir im Folgenden unter Bezugnahme auf empirische Beispiele nach.

3.1.4.5   Anlässe für das Lachen

Solange der Mensch sich in einer geordneten Umgebung wähnt, hat er „nichts zu lachen", denn er kann auf berechenbare Ereignisse in der Regel adäquat reagieren. Doch sobald etwas doppel- oder mehrdeutig wird, sobald etwas absurd oder paradox erscheint, stellt sich eine

---

49   Vgl. zum Begriff und zur Theorie der Leiblichkeit bei Plessner: Landweer (2008); Jäger (2004); Krüger (2000); Herzog (1997).

Notlage ein. Um an dieser Stelle noch einmal Bezug auf das oben skizzierte Beispiel zu nehmen: Das Fangspiel hat eine überschaubare Ordnung. Nach entsprechend geplanten und wohl dosierten Laufwegen bewegen sich die „Hasen" genau dorthin, wo der „Jäger" gerade nicht (mehr) ist. Der Spielverlauf ist in diesen Fällen also klar antizipierbar. Es ist einsichtig, weshalb die Spieler (hier resp. die „Hasen") in Bezug auf das Spiel einigermaßen dazu in der Lage sind, auf die sich einstellenden, neuen Situationen adäquat zu reagieren. In Situationen allerdings, in denen der „Jäger" einen ungewöhnlichen, die „Hasen" überraschenden Laufweg wählt oder eine Finte antäuscht, kommt bei den „Hasen" Schreien und Lachen auf. Schreien und Lachen habe ich oben als für eine Situation typische Reaktionsformen herausgestellt, die von den Akteuren (hier resp. von den „Hasen") nicht „beantwortet" werden kann. Der Körper reagiert anstelle der ganzen Person und er tut dies mit dem Ausbruch des Lachens. Neben der sich hier offenbar einstellenden Unbeantwortbarkeit der durch das unberechenbare Laufverhalten des „Jägers" hervorgerufenen Situation durch die „Hasen" geben aber, wenn man die Überlegungen Plessners mit einbezieht, noch zwei weitere Situationsbedingungen Anlass zum Lachen: Die fehlende Existenzbedrohung und die Bindungskraft, die die aktuelle Situation auf die an ihr Beteiligten ausübt (vgl. hierzu grundsätzlich Plessner 1970, S.121). Im einleitenden Fangbeispiel setzen sich die Kinder, wie wir bereits gesehen haben, zu der bestehenden und zugleich im Wandel befindlichen Situation im Spielverlauf sukzessive und zugleich immer wieder neu in Beziehung. Diese Beziehung wird mit jeder weiteren Spielkonstellation („Jäger" und „Hasen" im Laufraum als bedeutungsgeladene Bewegungswelt) vertieft. Im Verlauf des Spiels lässt sich eine weitergehende Verwicklung der Kinder in die jeweilige Sachlage dahingehend feststellen, dass ihre Risikobereitschaft sichtlich wächst und sie sich deshalb immer näher an den „Jäger" herantrauen.

Interpretiert man diese von den Kindern herbeigeführten Risiken als von ihnen teilweise intentional, teilweise unwillkürlich herbeigeführte Widerstände gegen bestehende Sicherheiten und gegen den für sie viel einfacheren gangbaren Weg, so erscheint das im Moment einer Grenzüberschreitung ausbrechende gemeinschaftlich Lachen als ein Ausdruck dafür, dass die Akteure hier diese Widerstände durchbrechen.

Damit ließe sich erklären, inwiefern sich der Zustand individueller Anspannung zusehends im Lachen auflöst. Das Fangspiel hält demnach die Kinder im Sinne eines gewissen Gebundenseins an ein paradoxes Verhältnis von Raum, Zeit und Mensch (Sicherheit-Risiko, eigener Spielraum-Grenzüberschreitung etc.) gewissermaßen fest. Die Gewähr einer erfolgreichen Beziehungsaufnahme zur jeweils aktuellen, als Bewegungsdialog organisierten „bedeutungsgeladenen Bewegungswelt" ist nicht gegeben. Indem sich die „Raum-Hasen-Jäger-Konstellation" sprunghaft verändert, unterscheidet sie sich grundlegend von anderen, sehr viel berechenbareren, da mehr oder weniger statischen alltäglichen Konstellationen, wie beispielsweise von der Sitzordnung im Klassenzimmer (vgl. Plessner 1970, S.122). Wenn nun die Kinder im Spielverlauf aber immer routinierter werden, so verliert sich ihre Lust. Diesem Verlust begegnen sie aktiv durch ein Variieren der Aufgaben und Anforderungen. Sie lassen immer wieder neue, unbekannte und weitgehend unberechenbare Situationen entstehen, zu denen sie durch Spannungsaufbau und -abbau im Lachen eine lustvolle Beziehung herstellen können. Die soziale Situation wird damit durch die Erfahrung sozial hervorgebrachter individueller Selbstwirksamkeit bestimmt.

Diese Erklärung kann auf alle Lachanlässe angewendet werden: erst das Unbekannte, die Distanz zu einer gegebenen Situation o.ä. lässt Heiterkeit aufkommen, die im Zuge eines Vertrautwerdens mit dieser Situation sowie mit dem Aufkommen von Gewöhnung an dieselbe wieder nachlässt. Indem es in sozialer Hinsicht eine Übergangs- und Grenzsituation markiert, wird mit dem Lachen ein Neuanfang möglich bzw. ist ein solcher zu leisten. In dieser Hinsicht erscheint die Tatsache, dass allem Lachen etwas Oberflächliches und Unvertrautes anhaftet, in einem neuen Licht.

Aufgabe 64:
Erörtern Sie ihre in Aufgabe 63 erstellte Rezension zu einer Bewegungsszene, in der gelacht wurde, im Lichte des hier dargebotenen Hintergrundwissens zum Phänomen des kindlichen Lachens.

3.1.5   Skizze eines Forschungszusammenhangs

Die Ergebnisse dieser ersten empirischen „Spurensuche" legen im Lichte theoriegeleiteter Interpretation bereits interessante Konsequenzen für das Verstehen, und darauf aufbauend auch für das Inszenieren schulischen Sportunterrichts nahe. Meine Darlegungen haben gezeigt, dass man sich von einer systematischen Untersuchung bewegungsbezogener Lachanlässe Aufschluss über bedeutungsgeladene Verläufe von Bewegungsdialogen im Sportunterricht erwarten kann. Daher kann das Aufkommen von Lachanlässen auch als ein Indiz für das Gelingen schülerorientierter, entdeckender Lernverfahren gewertet werden. Weiter gedacht könnte das Lachen so gesehen sogar für eine Beurteilung und Qualitätssicherung schulischen Sportunterrichts herangezogen werden. Im Unterschied zu den im Zusammenhang des Sportunterrichts gängigen Beurteilungs- und Diagnoseverfahren, die in aller erster Linie auf eine Produktevaluation hinauslaufen (v.a. motorische Tests; bspw. Bös 2001), legt eine Orientierung am kindlichen Lachen eine Prozessevaluation nahe.

Die bereits skizzierten Momente der empirischen „Spurensuche" sollen im Folgenden in einen weiteren Forschungszusammenhang überführt und damit noch weiter verdichtet werden, der zum Abschluss dieses Beitrags allerdings nur vorskizziert werden kann.

Nachgegangen wird der Frage, wie „Bewegung" im Kontext schulischen Sportunterrichts für die „sich-bewegenden" Kinder selbst thematisch wird. Von einer Beobachtung von Bewegungsszenen, von dem daran gebundenen Erstellen von „Portraits" und von einem darauf Bezug nehmenden „Rezensieren" (Interpretieren) dieses Unterrichts wird erwartet, dass es dazu beitragen kann, die tragenden Momente der bewegungsbezogenen Bedeutungskonstruktion von Kindern zu entschlüsseln. Dabei werden im Folgenden an einem empirischen „portraitierten", „rezensierten" und anschließend im Sinne einer „Spurensuche" analysierten Beispiel die oben bereits angesprochenen Spannungsbögen zwischen Kind und Sache herausgearbeitet.

3.1.5.1   „Rezension" von Sportunterricht in einer dritten Klasse

Eine Lehrerin erzählt den Kindern zum Stundenbeginn eine Bewegungsgeschichte: „Familie Meyer unternimmt einen Sonntagsausflug" Die Kinder sitzen in Kleingruppen von jeweils vier Schülern hintereinander. In jeder Kleingruppe sitzen die vier Mitglieder der Familie Meyer: Vater Meyer, Mutter Meyer, Caro Meyer und Toni Meyer. Der Clou der Bewegungsgeschichte besteht darin, dass die Schüler beim Zuhören darauf achten sollen, wann der ihnen zugeteilte Name in der Geschichte fällt. Die Nennung des Namens gilt als ein Startsignal, nach dem sie sofort aufspringen und eine Runde um die ausgelegten Matten laufen, auf denen alle anderen Kinder sitzen.

Die Geschichte beginnt und alle Kinder hören gespannt zu wie Familie Meyer ihr Auto besteigt, durch die Stadt fährt und an einem Parkplatz ankommt. Lehrerin: „Angekommen, sagt Herr Meyer", woraufhin der jeweilige Herr Meyer in den fünf Schülergruppen aufspringt und so schnell er kann eine Runde um die ausgelegten Turnmatten rennt. Die Lehrerin unterbricht während dieser Laufrunde ihre Geschichte und sie wartet, bis sich alle wieder hingesetzt haben und zuhören. Dann erzählt sie weiter von den verschiedenen Erlebnissen und Attraktionen des Sonntagsausflugs der Meyers und dabei tauchen immer wieder die verschiedenen Namen der Familienmitglieder auf, woraufhin die entsprechenden Kinder aufspringen, loslaufen und sich nach dem Absolvieren einer Laufrunde wieder hinsetzen.

3.1.5.2   Zur themenkonstitutiven Funktion der Akteure im Bewegungsspiel

Dem Beobachter und Interpreten dieser Szene fällt mit Blick auf die Lehrerin folgendes auf: Sie versteht es, mit dem Agieren, also mit dem Zuhören und Aufspringen der Kinder zu „spielen", indem sie dem Agieren der Kinder vermittelt über Stimme, Lautstärke und Pausengestaltung diverse „Spielräume" verschafft. Sie stattet die Erzählung mit einer Dramaturgie aus, die sich nicht nur auf die Geschichte, sondern zugleich auch auf das Bewegungsverhalten der Kinder bezieht. Die Orientierung an Letzterem wird im Spielverlauf zusehends deutlicher. So gestaltet die Lehrerin beispielsweise die Pausen in ihrer Geschichte immer kürzer und beginnt manchmal schon mit dem Weitererzählen, wenn noch gar nicht alle Läufer angekommen sind und ihr wieder zuhören können. Hierdurch gelingt es der Lehrerin, die Spannung und die Stimmung der Kinder zu beeinflussen. Diese Stimmungssteigerung lässt sich vor allem am höheren Geräuschpegel festmachen. Die Darbietung der Geschichte variiert weitaus stärker als es deren Inhalt nahe legt. Insbesondere die stimmliche Betonung der jeweils genannten Namen verändert sich sehr stark: Sobald die Lerngruppe vergleichsweise ruhig und konzentriert der Geschichte zuhört, verlangsamt auch die Lehrerin ihren Erzählstil, um dann plötzlich einen überraschenden Akzent im Aufrufen eines Namens zu setzen.

Die Schüler verbleiben in dieser Unterrichtsphase in einer vorwiegend rezeptiven Rolle. Sie denken sich zunächst deutlich sichtbar in den Fortgang der Geschichte ein und versuchen, diese nachzuvollziehen. Deutlich wird auch, dass sie sehr bald bemerken, dass die Art des Geschichtenerzählens in Kombination mit den hierbei zu erfüllenden Aufgaben weitaus spannender ist als der semantische Gehalt der erzählten Geschichte.

3.1.5.3   Zum „Marker": Lachen

Der Geräuschpegel verändert sich während dieser Unterrichtssequenz sprunghaft. Phasen der Stille weichen blitzschnell solchen lauten Schreiens und Lachens und umgekehrt. Selbst das wildeste Durcheinander während mancher Laufphasen ordnet sich blitzschnell wieder, sobald die Lehrerin die Kinder vermittelt über ihre Stimme und über die Art des Geschichtenerzählens wieder in den Bann der Erzählung holt. Dabei baut sich über die Erwartung der Kinder, angesprochen zu werden, offensichtlich eine sehr große Spannung auf, die ihre Aufmerksamkeit fesselt. In diesen Phasen „kleben" sie regelrecht an den Lippen der Lehrerin. Sie sind darauf gefasst, dass sich im jeweiligen Erzählverlauf Gelegenheiten dafür zeigen, dass sie adressiert werden könnten. Die sich hierbei aufbauende Spannung löst sich genau in dem Moment auf, in dem ein Name fällt und das angesprochene Kind mit dem Lösen der Spannung zu einer Laufrunde aufbricht. Dabei fällt zuallererst das laute Lachen auf, das sowohl hinsichtlich des Zeitpunktes als auch in Hinblick auf die Intensität unmittelbar an das Moment der Namensnennung gebunden ist. Während der Laufrunde verliert sich die zuvor aufgestaute Spannung allmählich und wechselt in den Zustand angeregter Aufmerksamkeit über. Die Konzentration ist dann auf das erneute Abwarten des fokalen Ereignisses der bestimmten Namensnennung gerichtet.

Auch hier zeigen sich die oben herausgearbeiteten Merkmale des Zusammenhangs von kindlichem „Lachen" und „Sich-Bewegen". Ein auf- und absteigender Geräuschpegel verweist auf die teilweise gelenkte, teilweise intuitive Herstellung von Spannungsbögen. Das Lachen ist Zeichen für eine Bewegungsbedeutung (in letzterem Fall für die Passung zwischen der Stimmführung der Lehrerin und dem Aufspringen der Schüler) und für eine Integrationsleistung von Sinneswahrnehmungen und emotionalen wie auch kognitiven Prozessen. In pädagogischer Hinsicht als besonders zentral erscheint die damit offenbar verbundene Bewegungsneugierde und die Tatsache, dass sich es sich hier um ein individuelles Geschehen und zugleich um einen Bewegungsdialog (zwischen der Lehrerin und den Schülern) handelt. Denn damit verbunden sind mit Lust erfahrene Grenzüberschreitungen sowie das Moment der Erfahrung von Selbstwirksamkeit.

Aufgabe 65:
Vergleichen Sie Ihre, in Aufgabe 63 angefertigte Rezension, mit der hier dargebotenen Geschichte. Arbeiten Sie die Unterschiede und Gemeinsamkeiten anschaulich heraus.

3.1.5.4   Ausblick

Im Zuge der weitergehenden Ausdifferenzierung dieses Forschungszusammenhangs könnten die bereits erhobenen Daten noch in Hinblick auf Möglichkeiten ganz anderer Themenkonstitutionen im schulischen Sportunterricht weiter bearbeitet werden. Für die Fachdidaktik erscheint die Konstruktion eines Kategoriensystems für eine schülerorientierte Unterrichtslehre notwendig. In unserem Falle haben wir uns auf das fachdidaktische Problem der Themenkonstitution konzentriert und die gewählte Thematik des Lachens im kindlichen „Sich-Bewegen" dahingehend ausgelegt. Denkbar ist, auch weitere Aspekte sportunterrichtlicher Themenkonstitution noch begrifflich ausmodelliert und damit einer empirischen Prüfung und Konkretisierung zugänglich gemacht werden. Auch in Bezug auf andere fachdidaktischen Kategorien wäre die systematische Begriffs- und Konzeptarbeit noch voranzubringen und zu präzisieren. In dieser Studie wurde dafür ein entdeckender, qualitativer Forschungszugang gewählt. Vergleichbare Projekte im Kontext der Sport- und Bewegungspädagogik legen Bildungsideen, Bewegungsbegriffen und/oder Unterrichtsideale normativ aus. Entsprechend normativ erfolgt auch die Übersetzung verschiedener Facetten fachdidaktischer Modelle in die Unterrichtspraxis. Da empirische Zugänge im Zusammenhang mit der Konkretisierung eines bewegungsbezogenen Bildungsbegriffs bislang noch nicht vorliegen, erscheint die „experimentelle" Arbeit an der Schnittstelle zwischen der unterrichtbezogenen Theoriearbeit und ihrer empirischen Perspektivierung trotz oder gerade wegen ihrer Neuheit und ihrer noch im Aufbau befindlichen Verfahrensweisen zukunftsweisend.

3.2   Zur Gestaltung kind- und bewegungsgerechter Lernräume

Da Kinder nicht auf die gleiche Weise lernen wie Mechaniker Maschinen zum Laufen bzw. Funktionieren bringen oder Informatiker Computer programmieren, stellen sich Fragen nach der Qualität von Lernräumen.[50] In diesem Sinne: Welche Räume regen junge Menschen an? Wozu regen sie an? Wie müssen Räume beschaffen sein, damit sie über längere Zeiträume anregen können? Wie integrieren Lehrer die räumlichen Bedingungen in ihre didaktischen Konzeptionen? Welche Räume und welche Ausstattungen fördern die Inspiration und Kreativität der Kinder? Weshalb fühlen wir uns in manchen Räumen wohl und in anderen nicht? Wie viel Wärme und Wohlbehagen benötigen wir zum Lernen? Wie viel Sicherheit muss ein Raum ausstrahlen, um darin Welt und relevantes Wissen in Erfahrung bringen zu können? Wie genau verändern wir während unterschiedlicher Situationen die Räume bzw. die Raumwahrnehmung durch unser Bewegen? (…)?

Aufgabe 66:
Recherchieren Sie den Begriff „Bewegungsraum" und präsentieren Sie Ihre Ergebnisse in Form einer anschaulichen Mind-Map.

3.2.1   Lernräume als anregendes Milieu

Die Liste solcher Fragen könnte noch viel weiter und differenzierter fortgeschrieben werden, denn bei der Frage nach der optimalen Beschaffenheit von Lernräumen handelt es sich zweifelsohne um eine Schlüsselfrage unserer pädagogischen Diskussion (vgl. Luley 2000). Lernen und *Sich-Bilden* bedürfen offensichtlich eines anregenden Milieus, das neben den Wirkungen, die von Lehrern und Mitschülern ausgehen, immer auch aus den Wirkungen, Angeboten, Anforderungen und Aufforderungen des Bewegungs- und Spielraumes gespeist wird (vgl. u.a. Hildebrandt 1993; Hildebrandt –Strahmann 2004). So zeigen beispielsweise Jackel & Jackel (2001), wie die pädagogische Interpretation und Berücksichtigung verschiedener Umwelteinflüsse für das Entstehen eines gedeihlichen Lernklimas (*Wohlfühl-Klimas*) verantwortlich gemacht werden können.

Aufgabe 67:
Recherchieren Sie die Begriffe „Klima" und „Atmosphäre". Präsentieren Sie Ihre Ergebnisse in Form einer anschaulichen Mind-Map.

3.2.1.1   Lern- und Bildungsarchitektur

Die hier angesprochene Qualität der Lernorte muss aus bautechnischer Sicht vorbereitet werden, weshalb sich entsprechende pädagogische Erwartungen an die Architektur schulischer Lernräume entwickelt haben, was im deutschsprachigen Raum in den letzten Jahren

---

50   Die Ausführungen im folgenden Teilkapitel bauen im Wesentlichen auf eine überarbeitete Fassung mehrerer Ausschnitte des folgenden Beitrags: Lange, H. (2007a). Kinderwelten sind Bewegungswelten. Zur Bedeutung des kindlichen Sich-Bewegens im Kontext der bewegungspädagogisch orientierten Schulentwicklungsarbeit. Sportpraxis, 48 (1), 4 – 10.

ausgiebig diskutiert wurde. Im Anschluss an die in Beton gegossene Bildungseuphorie der späten sechziger und frühen siebziger Jahre des vergangenen Jahrhunderts, als überall in Deutschland neue Universitäts-, aber auch viele Schulbauten errichtet wurden, etablierte sich eine überaus kritische Diskussion in diesem Feld.

> „Diese entzündete sich in erster Linie an der Tatsache, dass Schulen sich derzeit immer noch allzu häufig als seelenlose ‚Lernfabriken‘, ‚Betonkästen‘ oder ‚Baracken‘ präsentieren" (Rittelmeyer 1994, 9f.; Luley 2000, 8).

Die Schule soll ein Lebensraum sein, neuerdings wird sogar von einer Schulkultur gesprochen, um deutlich zu machen, dass sich Lehrende und Lernende dort wohlfühlen sollen. Die Orientierung am Kulturbegriff (vgl. Duncker 1992), wie wir sie aus der bewegten Schulkultur (Hildebrandt-Stramann 1999) kennen, beinhaltet letztlich die Suche nach einem Gegenbegriff gegen die Aufspaltung und Spezialisierung des Schulsystems und meint deshalb auch eine Hinwendung zur Lebenswelt der Schüler. Der daran gebundene Anspruch auf entsprechend ganzheitlich ausgerichtete Bildungskonzeptionen ist (als Gegenbewegung verstanden) mindestens ebenso alt wie das sich immer weiter spezialisierende und sich selbst einengende Schulwesen. Der angesprochene Bezug zur kindlichen Lebenswelt kann im vorliegenden Beitrag selbstverständlich nicht in der erforderlichen Gründlichkeit aufgearbeitet werden. Deshalb soll als Beispiel eine mehr als 100 Jahre alte Spur ausreichen. Dabei handelt es sich um die Begegnung eines Dichters mit einer der wichtigsten Wegbereiterinnen der Reformpädagogik des letzten Jahrhunderts.

Aufgabe 68:
Wählen Sie einen Lernraum Ihrer Hochschule aus und portraitieren Sie ihn anschaulich

3.2.1.2   Rainer Maria Rilke und Ellen Key

Der Dichter Rainer Maria Rilke stand zu Beginn des letzten Jahrhunderts im kulturellen und literarischen Kontakt zu der schwedischen Reformpädagogin Ellen Key (1849–1926), die mit ihrer in 1900 erschienenen Schrift *Barnets århundrade* (Deutsche Übersetzung: 1903: Das Jahrhundert des Kindes) als eine zentrale Wegbereiterin reformpädagogischen und kindheitsgewandten Denkens in der europäischen Erziehungstradition gilt. Offensichtlich hinterließ Ellen Key vielsagende Spuren, denn Rilke zeichnet in seinen Prosaschriften (in der Beschreibung einer schwedischen Schule, 1905) ein Bild einer idealen Schule, in dem die bis dahin eher ungewöhnliche Orientierung an den Bedürfnissen und Wünschen von Kindern sichtbar wird:

> „Die Kinder sind in dieser Schule die Hauptsache. Man ist in einer Schule, in der es nicht nach Staub, Tinte und Angst riecht, sondern nach Sonne, blondem Holz und Kindheit. Die Zimmer sind wie die Zimmer in einem Landhaus. Mittelgroß mit klaren, einfarbigen Wänden und geräumigen Fenstern, in denen viele Blumen stehen. Die niedrigen, gelben, harzhellen Tische lassen sich, wenn es nötig ist, in der Art von Schulbänken aneinanderreihen, meist aber sind sie in der Mitte zu einem einzigen großen Tisch zusammengeschoben, wie in einer Wohnstube. Natürlich ist alles da, was in ein richtiges Schulhaus gehört: ein (übrigens nicht erhöhter) Lehrertisch, eine Tafel und alles andere. Aber diese Dinge repräsentieren nicht; sie ordnen sich ein."

3.2.2 Kinderwelt ist Bewegungswelt!

Die Flexibilität der Schulmöbel, von denen bei Rilke die Rede ist, erinnert ein Stück weit an das mobile Klassenzimmer, wie es durch eine innovative Schulmöbelkonzeption von Gerhard Landau vorgeschlagen und entwickelt wurde (vgl. Sobczyk & Landau 2003). Allerdings scheint die in diesem Stück zum Ausdruck gebrachte Lebensweltorientierung immer noch sehr weit von der These entfernt zu sein, die meint, dass Kinderwelten zuallererst Bewegungswelten sind. Vor dem Hintergrund unseres aktuellen Wissens um die Bewegungsinteressen, aber auch um die Bewegungsbedürftigkeit von Kindern müssten die von Rilke beschriebene Geborgenheit und Ruhe des an die elterliche Wohnstube erinnernden Schulzimmers um Aspekte der Bewegungsthematik ergänzt werden. Auch wenn die meisten Ansätze aus dem Feld unserer inzwischen mehr als 100 Jahre andauernden reformpädagogischen Tradition immer wieder auf die Notwendigkeit des selbstständigen Handelns, auf Erfahrungsbezogenheit und auf die Erlebnisdimension von Schule, Lernen und Unterricht verweisen und dies auch in ihren Konzepten eindrucksvoll umzusetzen verstehen, so scheint es, als stünde das Bewegungsthema nicht immer im Zentrum dieser Reformvorschläge. Dabei bietet die Bewegungsthematik, wenn man sie über die sportive Dimension hinausgehend betrachtet und im Sinne der oben entfalteten anthropologischen Bewegungstheorie verstehen will, nahe liegende Möglichkeiten und Potenziale, die Ziele der Reformpädagogik nachhaltig zu unterstützen. Möglicherweise könnte das Bewegungsthema inzwischen sogar zum Kern der modernen Schulentwicklung avancieren.

Aufgabe 69:
Recherchieren Sie im Internet die Angebote von Schulmöbelherstellern. Fertigen Sie eine Übersicht zu 10 verschiedenen Angeboten an. Wählen Sie aus diesem Fundus ein Produkt aus und stellen es ausführlich und im Detail vor.

3.2.2.1   Das Bewegungsthema als Kern moderner Schulentwicklung

Wer den Klassikern der Pädagogik im Hinblick auf die Bedeutung des Bewegungsthemas bislang keinen Glauben schenken mochte, wie beispielsweise der ganzheitlichen Trias Pestalozzis (*Kopf, Herz und Hand*), mag mit Blick auf die aktuelle Diskussion einerseits von den Gehirnforschern (Spitzer 2002; Roth 2004) und andererseits von den regen Aktivitäten in der Schulentwicklungsforschung (vgl. Stibbe 2004) und in der Praxis der sogenannten *Bewegten Schule* (Hildebrandt-Stramann 1999) auf den Weg und die Idee gebracht werden: Die Notwendigkeit, die Orte, die wir unseren Kindern als Lernräume zur Verfügung stellen, immer auch als Bewegungsräume zu definieren und sie entsprechend auszugestalten, geht längst über die Dimension der Prävention von Rückenschäden durch stundenlanges Sitzen im Klassenzimmer oder über die Dimension, durch den Sport Kompensationsgelegenheiten für die unbewegten Phasen des Schulvormittags zu schaffen, hinaus. Die aktuelle Befundlage der Neurowissenschaften, aber auch der Bewegungspädagogik (s.o.) stellt sich zurzeit derart verdichtet auf, dass wir von der These ausgehen können, dass das *Sich-Bewegen* der Kinder einen grundlegenden Beitrag zu deren Bildung und Entwicklung leistet. Folglich müssen sich auch moderne Konzepte der Schulreform und der Schulentwicklung daran bemessen lassen, ob und wie sie das Bewegungsthema im Hinblick auf die Gestaltung des Schullebens berücksichtigen. Vor allem dann, wenn es um die Konzeption von Ganztagsschulen gehen soll.

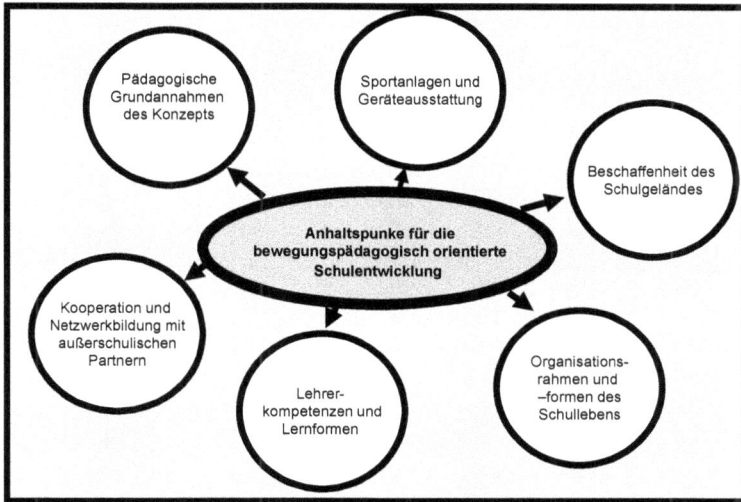

Abb. 14: Sechs Anhaltspunkte für die bewegungspädagogisch orientierte Schulentwicklung

Aufgabe 70:
Wie sollte die optimale Schule gebaut werden? Versetzen Sie sich in die Rolle eines Architekten, dem ein ausreichender Bauetat für die Planung einer optimalen Schule zur Verfügung steht. Fertigen Sie ein Konzept und einen Bauplan an und veranschaulichen Sie Ihre Idee.

3.2.2.2 Ausblick: Anhaltspunkte für die bewegungspädagogisch orientierte Schulentwicklung

Zum Abschluss dieses Teilkapitels werden sechs zentrale Anhaltspunkte skizziert, die bei der Planung und Reflexion der bewegungsorientierten Schulentwicklung zu bedenken sind. Da es sich hierbei um Anregungen und Reflexionsgelegenheiten handeln soll, werden die Hintergründe dieser Punkte zumeist in Frageform aufgezäumt.

1. Zu den pädagogischen Grundannahmen des Schulkonzepts

Je nachdem ob ein therapeutisch-kompensatorisches (z.B. Sport für Problemschüler), sportives (z.B. Partnerschulen des Leistungssports) oder ein an einem bewegungspädagogisch orientierten Bildungsverständnis ausgerichtetes Schulkonzept vorliegt, ergeben sich entsprechende Konsequenzen für die Planungen und Schwerpunktsetzungen im Bewegungsbereich. Dabei muss immer danach gefragt werden, an welchen Stellen das Arrangieren formeller (z.B. Sportunterricht), aber auch informeller Sport- und Bewegungsangebote (Schulgeländegestaltung, Arbeitsgemeinschaften) sowie das Inszenieren bewegungsbezogener Lernmöglichkeiten die Erziehungs- und Bildungsziele des vorliegenden Schulkonzepts nachhaltig stützen und befördern können.

2. Zu den Anlagen für den schulischen Sport- und Bewegungsunterricht

Da die Architektur von Sportanlagen letztlich immer als eine *in Beton gegossene Didaktik* verstanden werden muss, ergeben sich zahlreiche Fragen an die Grenzen der baulichen Gestaltungsmöglichkeiten. Räume und Geräteaufbauten wirken immer durch die

Widerstände und Schwierigkeiten, die sie den Kindern aufzugeben vermögen. Sie wecken Interesse und Neugierde bei den Kindern und fordern deshalb zu einer selbstständigen und manchmal auch mutigen und spannenden Bewegungsbildung heraus.

3. **Zum Gelände und dessen Anbindung**

In welchem Gelände liegt die Schule? Welche Bewegungsmöglichkeiten bietet das Areal? Welche Möglichkeiten und Herausforderungen bieten die Gebäude bzw. die Architektur der Schule? Welche attraktiven Ziele und Bewegungsgelegenheiten lassen sich erkennen, die Interesse bei den Kindern wecken und Lust auf das selbstständige und eigenverantwortliche *Sich-Bewegen* machen?

4. **Zum organisatorischen Rahmen und dessen Bezüge zum pädagogischen Konzept**

Welche Organisationsformen werden in welchen Lernbereichen der Schule favorisiert, und mithilfe welcher materiellen und personellen Ausstattung wird gearbeitet? Wie passen diese Aufwendungen zu denen des Bewegungsthemas? In welchen Organisationsformen im formellen (AGs, Projekte, Wahlpflicht, Kurse usw.) und informellen Rahmen finden in welchem Umfang und welchem Verhältnis Bewegungs- und Sportaktivitäten statt?

5. **Lehrer-Kompetenzen und Lernformen**

Sind neben den Sportlehrerinnen und Sportlehrern auch andere Fachleute für Bewegung, Spiel und Sport an der Gestaltung eines bewegten Schullebens beteiligt? Welche Zugänge zum Bewegungsthema haben die übrigen Lehrer, und welche Kompetenzen sollen bei den Schülern entwickelt werden (bspw. im Hinblick auf die Gestaltung von gemeinsamen Sportangeboten)?

6. **Kooperation und Netzwerkbildung mit außerschulischen Partnern**

Welche Kooperationen und Netzwerke können sich zwischen der Schule und den orts- und betriebsnahen Einrichtungen des Sports, der Gesundheitsförderung, des Fitnessmarktes, einer bewegungsorientierten Jugendarbeit, anderen bewegungsorientierten Freizeitangeboten im schulnahen Umfeld oder in der Region ergeben?

4   Erfahrung und Erfahrungslernen

„Da es dem König aber wenig gefiel, dass sein Sohn, die kontrollierten Straßen verlassend, sich querfeldein herumtrieb, um sich selbst ein Urteil über die Welt zu bilden, schenkte er ihm Pferd und Wagen. ‚Nun brauchst Du nicht mehr zu Fuß zu gehen‘, waren seine Worte. ‚Nun darfst Du es nicht mehr‘, war deren Sinn. ‚Nun kannst Du es nicht mehr‘, deren Wirkung." (Anders 1956, 97).

Diese Textpassage, auf die bereits Gerd Landau in sportpädagogischer Absicht verwiesen hatte, wurde einem Stück entnommen, das der Sozialphilosoph und Essayist Günter Anders (1902–1992) in den Kindergeschichten erzählt (die Antiquiertheit des Menschen).[51] Die Botschaft zum schwer kalkulierbaren Zusammenhang zwischen den Worten des Königs („nun brauchst Du nicht mehr"), deren tiefer liegenden „Sinn" („nun darfst Du nicht mehr") und deren mittelfristige Wirkung („nun kannst Du nicht mehr") lässt sich auch auf die Situation im schulischen Sportunterricht und das Erfahrungslernen hin übertragen: Auch dort werden Ziele und Absichten formuliert (Worte), deren Sinn von den Beteiligten unter Umständen ganz unterschiedlich verstanden und deren Wirkungen entsprechend different ausfallen. Aus diesem Grund ist der Erfahrungsbegriff sowohl in lerntheoretischer als auch in didaktischer Hinsicht ein unscharfer aber gleichermaßen herausfordernder Begriff. Deshalb geraten Theorien, die die Aufklärung des Erfahrungslernens beabsichtigen, schnell an die Grenzen ihrer rekonstruktiven und prognostischen Reichweite. Gleichwohl bieten sich in jeder Bewegungssituation Gelegenheiten für die Bildung von Bewegungserfahrungen. Das Interesse an deren Aufklärung und Systematisierung schürt in der Pädagogik den Wunsch nach dem Beschreiben, Erklären und Verstehen der theoretischen Grundlagen. Letztlich geht es auch in der sportpädagogischen Diskussion um das Erfahrungslernen darum den Zusammenhang zwischen dem Arrangieren bestimmter Lerngelegenheiten, den zugrunde liegenden Normen und Absichten sowie den hierdurch bewirkten Veränderungen (Kompetenz- und Könnensgewinn) aufzuklären.

Aufgabe 71:
Übertragen Sie die Geschichte von Anders auf ein zeitgemäßes Beispiel. Gehen wir mit unseren Kindern heute noch genauso um?

---

51   Die folgenden Ausführungen wurden bereits an anderer Stelle publiziert und für das vorliegende Buch, insbesondere hinsichtlich des hochschuldidaktischen Zugangs überarbeitet, weitergeführt und konkretisiert. Vgl. vor allem: Lange, H. (2010). Erfahrungslernen. Das „Sich-Bewegen" problemorientiert, entdeckend und dialogisch „in Szene" setzen. In H. Lange & S. Sinning (Hrsg.) Handbuch Methoden im Sport (S. 37–55). Balingen: Spitta Verlag.

4.1   Problemanriss – Erfahrung als leibhaftiges Phänomen

In der Sportpädagogik haben sich mit den Termini „Bewegungserfahrung", „leibliche Erfahrung" oder „Körpererfahrung" einschlägige Grundbegriffe etabliert, die sowohl in theoretischer Hinsicht als auch in Hinblick auf die Beschreibung und didaktisch begründete Konzeption konkreten Bewegungsgeschehens in vielerlei Richtungen anschlussfähig und diskussi-
onswürdig sind. Im Zuge der bildungstheoretischen Auseinandersetzung und Interpretation
verschiedener theoretischer Zugänge zum Erfahrungsbegriff (vgl. v.a. Baumgart 2007; Benner 2008; Borst 2009; Buck 1989; Dörpinghaus u.a. 2009; von Hentig 2007; Reichenbach
2007;) konnten sich in fachdidaktischer Hinsicht vor allem Ansätze etablieren, die sich mit
Begriffen wie z.B. dem entdeckenden, handlungs-, oder problemorientierten Lernen kennzeichnen und in pädagogischen Theorien des Bewegungslernens, wie z.B. dem dialogischen
Bewegungslernkonzept (Tamboer 1979; Trebels 1992; Bach & Siekmann 2003) zusammenfassen und verdichten lassen. Derartige Begriffe und Konzepte werden im Folgenden in
Hinblick auf das fachdidaktische Problem der Themenkonstitution (Lange & Sinning 2012a)
szenisch gestützt hinterfragt und interpretativ aufgearbeitet. Dabei soll der Stand der Diskussion einerseits mithilfe von Beispielschilderungen und andererseits im Lichte relevanter
Bezugstheorien konkretisiert werden. Dieses Vorgehen begründet sich aus der Annahme,
dass die methodische und damit letztlich bildungsrelevante Dimension des Erfahrungslernens
nicht allein in der Sphäre eines theoretischen Begriffs- bzw. Bezugsystems, sondern immer
auch an leibhaftige Kontexte, situative Zusammenhänge und konkrete Bewegungsprobleme
und Widerstände gebunden ist.

Wenn also im Folgenden vom „Erfahrungslernen im Sport" die Rede ist, wird davon ausgegangen, dass dieses Thema seine einschlägigen Konturen erst in der Schnittmenge zwischen
der Skizzierung konkreter Bewegungssituationen und den Möglichkeiten ihrer theoretischen
Modellierung und Anbindung gewinnen kann. Aus diesem Grund folgt nach der begrifflichen Annäherung an das Erfahrungsthema (1) eine szenisch gestützte Interpretation der Ambivalenz dieser Schnittmenge (2). Danach wird der hier zugrunde liegende, zwischen phä-
nomenologischer Beschreibung und theoretischer Klärung verortete prozessorientierte Ansatz hergeleitet (3), um ihn im folgenden Schritt im Horizont verschiedener bewegungspädagogischer Annahmen und Zugänge auszulegen (4). Der bis dahin entfaltete theoretische
Bezugsrahmen wird schließlich zum Abschluss des Beitrags für die fachdidaktischen Belange des Sportunterrichts konkretisiert (5) und auf die Darstellung des Dialogischen Bewegungslernkonzepts übertragen (6).

4.1.1   Zum Begriff der Erfahrung und des Erfahrungslernens

Erfahrung ist zweifellos ein Grundphänomen menschlicher Praxis, lässt sich aber begrifflich
nur schwer eingrenzen und fassen. Deshalb handelt es sich beim Erfahrungsbegriff auch um
eine ambivalente, beinahe als paradox zu kennzeichnende Begrifflichkeit. Gadamer formuliert in seinem Hauptwerk ‚Wahrheit und Methode' (1960, 329) folgendes: „Der Begriff der
Erfahrung scheint mir – so paradox es klingt – zu den unaufgeklärtesten Begriffen zu gehören, die wir besitzen." Bollnow (1974, 19) kommentiert in diesem Zusammenhang, dass
diese Behauptung geradezu ungeheuerlich sei, „[...] im Angesicht der Tatsache, dass sich die
gesamte neuzeitliche Wissenschaft als Erfahrungswissenschaft versteht."

4.1.2   Etymologie des Erfahrungsbegriffs

Die gegebene Bedeutungsweite fordert dazu heraus den Erfahrungsbegriff hinsichtlich der zugrunde liegenden Wortbedeutungen weitergehend zu untersuchen. Die etymologische Annäherung geschieht jedoch ohne dass dabei die in diesem Zusammenhang aufkommenden philosophischen Probleme erörtert werden können. Deshalb beschränkt sich die begriffliche Annäherung auch auf die Beleuchtung des Bedeutungshintergrundes: Etymologisch betrachtet kommt Erfahren vom mittelhochdeutschen Ervarn bzw. althochdeutschen Irfarn und bedeutete ursprünglich durchreisen und später dann ein Land kennenlernen bis es zum allgemeinen Kennenlernen ausgelegt wurde (vgl. Kluge 2002). Vor dem Hintergrund dieser auf das Erkunden und Reisen fokussierten Begriffsauslegung lassen sich auch alltägliche Gebrauchsformen nachvollziehen und verstehen, die darauf hinauslaufen, demjenigen Erfahrungen zuzuerkennen, der „unterwegs" gewesen ist. Deshalb liegt beispielsweise das „bewandert sein" auch ganz nahe am „erfahren sein". Und die Redewendung dass jemand als beschlagen oder sattelfest gilt, deutet darauf hin, dass sich die „Reisenden" auf die Gefahren und Widerstände einzustellen vermögen und das diejenigen, die beim Unterwegs-sein viel durchgemacht und sich dem „Erfahrungen sammeln" ausgesetzt haben, gegen die dabei aufkommenden Widerstände und Gefahren durch Sattel, Beschläge oder dem Anbringen weiterer Hilfen an den entscheidenden Stellen wappnen können. Letztlich bieten sich denjenigen, die die Sicherheit des „zu Hause seins" aufgeben, die auf Wanderschaft und in die Welt hinaus gehen, viele Gelegenheiten, Neues zu sehen, zu erleben, durchzustehen und dabei immer wieder neue Aufgaben und Situationen zu meistern bzw. Probleme zu lösen. In früheren Zeiten waren solche „Wander-" und Lebensperspektiven eine Domäne der Seefahrer, die sich auf weiter Fahrt auch in unbekannte Gewässer wagten und so zu einschlägigen Erfahrungen gelangen konnten. Und wer auf den großen Meeren dieser Welt auf Fahrt geht, der mag damit rechnen, dass er hier und da hineinfallen und auch wieder auftauchen wird. Die beim Hineinfallen und wieder Auftauchen gebildeten Erfahrungen werden in dem Sprichwort „mit allen Wassern gewaschen" zusammengefasst zum Ausdruck gebracht und verweisen durch den hier gegebenen Bezug zum Begriff der „Gefahr" auf eine weitere wichtige Facette des Erfahrungsbegriffs.

Aufgabe 72:
Übertragen Sie die etymologische Annäherung an den Erfahrungsbegriff auf den Sport. Wie muss Sport idealerweise inszeniert werden um bei den Sporttreibenden Erfahrungsbildung auszulösen. Machen Sie Ihre Ausführungen an einem anschaulichen Beispiel fest.

4.1.3   Gefahr – Widerstände – Bewegungsprobleme

Auf den oben skizzierten, Gefahren- und Problembezug des wortgeschichtlichen Hintergrundes stößt man auch in den Studien zum Erfahrungsbegriff, die der Pädagoge Bollnow (1974) betrieben hat, denn Erfahrungen konnte ehemals nur der machen, der sich in weiter Fahrt drohenden Gefahren aussetzte, „[...] sich auf die Widerständigkeiten unbekannter Wege einließ". An dieser Stelle der philosophischen Deutung kommt ein existentielles Moment zum Vorschein: Dem Erfahrungsbegriff liegt auch etwas Unwägbares zugrunde, was durchaus zu Unbehaglichkeiten, Problemen, ja sogar Schmerzen und Leiden führen kann (vgl. hierzu v.a. Fritsch & Maraun 1992). Nach Bollnow (1974, 19f.) können

„[…] nur jene Ereignisse zu eigentlichen Erfahrungen werden, die Erwartungen rigoros durchkreuzen und den Betroffenen meist schmerzlich berühren. […] Die Erfahrungen dringen auf ihn (den Menschen H.L.) ein […]. Er kann sich ihrer nicht erwehren […]. Das einzige, was er (der Mensch H.L.) tun kann […], ist sich der Möglichkeit der Erfahrungen auszusetzen, d.h. sich in Gefahr bringen.“

Sich in Gefahr bringen meint letztlich auch immer, etwas aufs Spiel zu setzen. Im Sporttreiben kann dies auch das Gelingen eines Tricks, einer Technik oder einer anderen Lösung eines Bewegungsproblems bedeuten. Der Sprung über den Kasten kann scheitern, der aufs Tor geschossene Ball danebengehen und die zu schnell angelaufene Startphase eines 400 Meter Rennens mag zu einer Übersäuerung der Muskulatur führen die im letzten Teil der Strecke zum Ein- oder gar zum Abbruch führen mag. Auf die Verbindung zwischen Gefahr und Erfahrung stößt man auch in der Wortgeschichte von Gefahr, die sich im Lateinischen auf experimentum (Versuch, Prüfung) und im Griechischen eben auf peìra (Erfahrung) zurückführen lässt. Hier weist vor allem die Wurzel per auf das Durchdringen oder Hinübersetzen (Fahren) hin (vgl. Kluge 2002).

Auch wenn ein Transfer dieses Aspekts der Wortgeschichte auf den ersten Blick hin als ungewöhnlich erscheinen mag, so folgt doch hieraus, dass derjenige, der bei seinen Schülern Erfahrungslernprozesse auf den Weg bringen möchte, Gelegenheiten arrangieren muss, in denen sich die Lernenden „in Gefahr begeben“. Damit sind wohlgemerkt keine Gefahren für Leib und Leben und auch keine Verletzungsrisiken gemeint. Deshalb müssen von den Lehrenden die Aufgaben An-, und Aufforderungen in einer Weise konzipiert werden, die die Lernenden dazu herausfordern in ihrem „Sich-Bewegen“ etwas aufs Spiel zu setzen und zu riskieren: „Versuch schwungvoll abzuspringen!“ „Schieß frühzeitig aufs Tor“, geh die Startphase mutig an und laufe schnell los.“

Aufgabe 73:
Zeigen Sie am Beispiel einer Trainingseinheit Ihrer Lieblingssportart auf, was es im Sinne des Erfahrungslernens heißt, *sich in Gefahr zu bringen*!

4.1.4   Szenische Annäherung an das Erfahrungslernen

Die möglichen Bedeutungen der soeben geleisteten begrifflichen Annäherung sollen im Folgenden durch eine Beispielschilderung konkretisiert werden. Die szenische Annäherung erfolgt mit Hilfe einer Fallerläuterung aus dem Schwimmunterricht. Im Spektrum der Schwimmmethodik hat sich während der zurückliegenden Jahre der Ansatz des so genannten Koordinationslernens etablieren können. Eine beobachtbare Konsequenz der hierzu kompatiblen Methodik gründet in der sichtbaren Öffnung der Lehrlernprozesse (vgl. Lange 1998; Frank 2008): Schüler müssen nicht mehr die isolierten Teile idealisierter Technikleitbilder einschleifen und sukzessive zu kompletten Schwimmtechniken zusammenfügen, sondern bekommen von ihren Schwimmlehrern Koordinationsaufgaben, die ihnen vergleichsweise große Bewegungsspielräume erlauben.

In diesem Sinne übt sich Jannis während einer Schwimmstunde in der siebten Klasse einer Gesamtschule im Suchen, Überwinden und Nutzen des Wasserwiderstands (ausführlich hierzu: Lange 1998). Der Lehrer hat den Kleingruppen Übungsblätter gegeben, auf denen heute sieben Koordinationsaufgaben notiert sind. Jannis beginnt auf der 12 Meter langen

Bahn, die quer durch das Schwimmbecken führt, mit der Interpretation der folgenden Aufgabe: „Schwimmt in beliebiger Technik 4 Bahnen. Auf der ersten Bahn müsst ihr Paddels an die Hände nehmen und auf der dritten Bahn sollt ihr mit weit gespreizten Fingern schwimmen. Schwimmt die zweite und vierte Bahn so wie es am schnellsten gelingt." Jannis zieht sich sogleich die Paddels an und schwimmt in der Kraullage voran. Die blauen Plastikscheiben liegen durch die engen Riemen ganz eng an den Handflächen an und bilden somit eine vergleichsweise große Fläche. Jannis bemerkt bereits beim ersten Armzug dass er wegen dieser Fläche spürbar mehr Widerstand im Wasser handhaben muss. Mitunter erfordert die Differenz zum gewöhnlichen Armzug so viel Kraft dass Jannis dazu neigt, die Handflächen etwas schräger zu stellen, so dass sein Armzug deutlich am Wasserwiderstand vorbeizieht. In diesen Situationen bemerkt der Siebtklässler aber auch einen deutlichen Geschwindigkeitsverlust, weshalb er beim nächsten Armzug einen Kompromiss in „Paddel-Armzug" sucht und ein kleinwenig langsamer durchzieht. Diese Verlangsamung wirkt allerdings auf seine Körperlage, die er deshalb neu abstimmen muss um gut im Wasser vorankommen, sprich gleiten zu können. Die Aufgabenstellung sieht vor, dass Jannis die folgende zweite Bahn in der bekannten Kraullage, ohne weiteren Geräteeinsatz, absolviert. Im Vergleich zur ersten Bahn spürt er jetzt ganz deutlich den Unterschied im Krafteinsatz und in der Geschwindigkeitsdosierung. Aber diese bekannte und gewohnte Weise der kraulschwimmbezogenen Wasserbewältigung wird während der dritten Bahn, wegen der erneut ungewohnten Bewegungsanweisung (schwimmen mit gespreizten Fingern) erneut auf die Probe gestellt: Jannis spürt hierbei wie sein Armeinsatz wirkungslos am Wasserwiderstand vorbeizieht. Deshalb probiert er verschiedene Variationen hinsichtlich der Richtung und Dynamik seiner Handbewegungen aus um mehr Widerstand und damit eine geeignete Abdruckmöglichkeit im Wasser zu finden. Letztlich findet er die aber immer dann, wenn er – entgegen der Semantik der Aufgabenstellung – die Finger enger zusammenführt. Auch dies bemerkt Jannis auf der anschließenden vierten Bahn, wenn er wiederum in der gewohnten Schwimmtechnik mit geschlossenen Fingern zurück schwimmt.

Aufgabe 74:
These: Methodische Übungsreihen stehen – wenn sie strikt befolgt werden – der Erfahrungsbildung im Wege!
Erörtern Sie diese These mit Blick auf ein Beispiel aus dem Schwimmen.

4.2 Erfahrungsgeronnene Praxis

Das „Sammeln" und „Machen" von Erfahrungen ist in sport-, spiel- und bewegungsbezogenen Kontexten en Vogue. In Anlehnung an ein populäres Watzlawik Zitat könnte man auch zu dem Schluss gelangen, dass man in der Sport- und Bewegungspraxis gar nicht umhin kommt, Erfahrungen zu machen. Bewegungslernende können nicht „nicht erfahren". Vergleichbares lässt sich auch auf der Ebene der Lehr- und Lernpraxis sowie auf der davon beeinflussten Ebene konzeptionell-systematischer Fachdidaktik feststellen. Mit Blick auf das oben skizzierte Beispiel aus dem Schwimmunterricht kommen also weder Jannis, noch seine Mitschüler und sein Schwimmlehrer umhin Erfahrungen zu machen. Da wir solche schulischen Bewegungsanlässe im sportpädagogischem Interesse auch für Bildungs- und Erziehungsabsichten erschließen wollen, stellen sich Fragen nach den Ursachen, Zusammenhängen, Steuerungsmöglichkeiten und Entwicklungsverläufen die derartigen Bewegungsbildungsprozessen zugrunde liegen. Mit anderen Worten: Das auf das Kraulschwimmen bezogene Bewegungsbildungsgeschehen wird weder Jannis allein noch dem didaktischem Zufall überlassen, sondern durch Unterrichtsmethoden, Momenten der Offenheit, aber auch Momenten der Geschlossenheit, durch bestimmte Aufgabenstellungen, Medien, Bewegungsräume, Gruppenzusammensetzungen oder Moderationen und Anweisungen des Lehrers sowie zahlreicher weiterer Momente aus dem Repertoire unserer Erziehungsmethoden beeinflusst und manipuliert. Mit manchen dieser Instrumente und Einflüsse machen Lehrer gute Erfahrungen, andere scheinen wirkungslos zu bleiben oder gar hemmend und störend zu sein. Um solche Zusammenhänge aufklären und verstehen zu können, muss die Praxis des Bewegungslernens systematisch untersucht werden. Die Ergebnisse müssen geordnet, in klare Begrifflichkeiten gefasst und im Horizont pädagogisch relevanter Bezugstheorien interpretiert werden. Auf diese Weise tragen die dabei gewonnenen empirischen und theoretischen Befunde dazu bei, Theorien und Methoden des Erfahrungslernens zu konstituieren.

4.2.1   Relevanz bedeutungsgeladener Widerstände

Die Beobachtung und Verschriftung der Szene aus dem Schwimmunterricht erfolgte selbstverständlich keineswegs wertneutral. Nein, auch diese Portraitierung ist wahrnehmungsgebunden, weil sie – analog zum Portrait in der Kunst – aus der Perspektive des Autors vorgenommen wurde (vgl. Lange & Sinning 2009c). Sie erfolgte also auf der Grundlage eines bewegungspädagogisch versierten „Sich-Einblendens" in die Bewegungswirklichkeit, wie sie sich zum Zeitraum dieser Szene für Jannis möglicherweise dargestellt hat. Es versteht sich von selbst, dass dieses Vorgehen wegen des Einblendens der Beobachter- und Forscherperspektive zunächst subjektiv gefärbt ist, weshalb dieses Unterrichtsdokument im Zuge der folgenden interpretativen Auswertung mithilfe kontrollierten „Sich-Ausblendens" ein Stück weit objektiviert werden soll. Das aufeinander abgestimmte „Sich- Einblenden" mit dem kontrollierten „Sich-Ausblenden" markiert also den hier zugrunde liegenden methodologischen Zugang zur Rekonstruktion der schwimmbezogenen Erfahrungswirklichkeit während der beobachteten Bewegungsszene.

Jannis begegnet den Strukturen der ihn umgebenen Bewegungswelt nicht passiv, sondern erkennt im Wasser Widerstände mit denen er sich aktiv auseinandersetzt. Dabei führen ihn die verschiedenen Bewegungsvariationen unmittelbar in die Auseinandersetzung mit Gegensatzerfahrungen. Da er im Wasser etwas bewirken will bekommen die spürbaren Widerstände eine Bedeutung für den Schwimmer. Für ihn ist es beispielsweise wichtig sich in diesem flüssigen Medium effizient abdrücken zu können, um Vortrieb zu gewinnen. Daher sucht er in seinem „Sich-Bewegen" aktiv nach Widerständen die er für diesen Zweck nutzen kann. Er findet im Laufe der Zeit deshalb auch heraus, welche seiner Bewegungsvariationen etwas im Sinne seines Bewegungsinteresses bewirken und welche sich in diesem Erfahrungsspektrum noch nicht einordnen lassen. Somit bringt Jannis während der skizzierten Übungssequenz einerseits etwas über die besondere Beschaffenheit des Wassers und der dort spürbaren Widerstände in Erfahrung. Darüber hinaus entdeckt, konstruiert und gestaltet er aber auch Lösungen im Umgang mit diesen Widerständen. Das Herausfinden, Erproben, Differenzieren und situativ-variable Gestalten derartiger Lösungen beschreibt letztlich den Kern des bewegungsbezogenen Erfahrungslernens.

Aufgabe 75:
Übertragen Sie den bildungswirksamen Moment des Herausspürens des Zusammenhangs zwischen Spüren und Bewirken auf das Bewegungslernen in einer Sportart Ihrer Wahl. Machen Sie Ihre Ausführungen an einem anschaulichen Beispiel fest.

4.2.2   Ein Gramm Erfahrung sei besser als eine Tonne Theorie

Die Begriffs-, Modell- und Theoriebildung im hier zugrunde liegenden Ansatz des Erfahrungslernens ist immer an den zu interpretierenden empirischen Gehalt konkreter Bewegungsszenen gebunden. Deshalb werden die Reflexionen, die beispielsweise Thiele (1996) im Kontext seiner von ihm selbst so charakterisierten skeptischen Sportpädagogik (Thiele 1997b) zur Rezeption und Konstruktion erfahrungsbezogener Theorien in der Sportpädagogik angestellt hat, zwar durchaus zur Kenntnis genommen aber nicht weitergehend ausgeführt und fortgesetzt. Stattdessen soll der hier gewählte Zugang viel näher an den empirischen Spuren unterrichtlicher Beispiele orientiert werden. Dabei bietet die Position und Arbeit des Philosophen und zentralen Protagonisten des amerikanischen Pragmatismus John Dewey (1993, 193; Erstauflage: 1916) eine angemessene Reflexionsgrundlage:

> „Ein Gramm Erfahrung ist besser als eine Tonne Theorie, einfach nur deswegen, weil jede Theorie nur in der Erfahrung lebendige und der Nachprüfung zugängliche Bedeutung hat. Eine Erfahrung, selbst eine sehr bescheidene Erfahrung kann Theorie in jedem Umfange erzeugen und tragen, aber eine Theorie ohne Bezugnahme auf irgendwelche Erfahrung kann nicht einmal als Theorie bestimmt und klar erfasst werden. Sie wird leicht zu einer bloßen sprachlichen Formel, zu einem Schlagwort, das verwendet wird, um das Denken, das rechte „Theoretisieren" unnötig und unmöglich zu machen."

4.2.3   Fragen an den Prozess der Erfahrungsbildung

Wenn die theoretische Klärung des Erfahrungslernens mit Blick auf den empirischen Gehalt konkreter Bewegungssituationen erfolgen soll, müssen wir uns die Prozesse der Erfahrungsbildung genauer anschauen und nach den Bedeutungen fragen, die die Lernenden während des Unterrichts in Erfahrung bringen. In Hinblick auf das Beispiel aus dem Schwimmunterricht interessieren deshalb die Momente, in denen es Jannis gelungen ist, in der Auseinandersetzung mit den Bewegungsaufgaben und den Widerständen im Wasser Bedeutungen zu entdecken. Wir fragen deshalb danach, ob und weshalb Jannis in seinem Tun Bedeutungen generiert? Woher kommen diese Bewegungsbedeutungen? Wie kann er sie qualitativ vertiefen? Wann gehen Sie verloren? Wie und weshalb verändern sie sich? Wann werden sie von neuen Bedeutungsauslegungen abgelöst? Welche Widerstände der Sachlage regen den Prozess des Generierens von Bewegungsbedeutungen an? Weiß der Lehrer um die hier relevant scheinende Sachstruktur? Hat er die zentralen Widerstände und Bewegungsprobleme bei der Formulierung der Bewegungsaufgaben berücksichtigt? Ließen diese Aufgaben das Auslegen von Bewegungsbedeutungen zu? Haben sie es begünstigt? In jeder Richtung? Oder war eine Richtung im Sinne eines Lehrweges vorgegeben? (...)?

Aufgabe 76:
Beschreiben und reflektieren Sie ein Beispiel/eine Geschichte aus dem Feld Ihrer Bewegungspraxis und beantworten Sie dabei die im Text gestellten Fragen (Fragen an den Prozess der Erfahrungsbildung).

Diese Fragen mögen in ihrer Klärung und Beantwortung zu einer sachgerechten theoretischen Fundierung des Erfahrungslernens beitragen. Dewey verweist im zwölften Kapitel seines Pädagogikklassikers „Demokratie und Erziehung" (Erstauflage 1916) auf eine hierzu passende Methode in der er das Denken als die Methode der bildenden Erfahrung kennzeichnet. Die Eckpunkte dieses Ansatzes lassen sich in Hinblick auf die Belange des Sportunterrichts in fünf tragenden Punkten zusammenfassen (vgl. Dewey 1964, 218):

Erstens, soll der Schüler eine wirkliche, für den Erwerb von Erfahrungen geeignete Sachlage, vor sich haben. Es soll eine zusammenhängende Tätigkeit vorhanden sein, an der er um ihrer selbst willen interessiert ist.

Zweitens, soll aus dieser Sachlage ein echtes Problem erwachsen, was zum weiteren Denken anregt.

Drittens, soll er das nötige Wissen besitzen und die notwendigen Beobachtungen anstellen, die zur Problembehandlung nötig sind.

Viertens, soll er auf mögliche Lösungen verpflichtet sein und sie in geordneter Weise entwickeln.

Fünftens, soll er die Möglichkeit und die Gelegenheit haben, seine Gedanken durch praktische Anwendung zu erproben, ihren Sinn zu klären und ihren Wert selbständig zu entdecken.

Aufgabe 77:
Übertragen Sie diese fünf Punkte, die Dewey zum „Denken als bildende Erfahrung" festgehalten hat, auf das Bewegungslernen in Ihrer Lieblingssportart.

4.3 Zur pädagogischen Bestimmung des Erfahrungsthemas

Die auf den Sport und das Bewegungslernen bezogene Beschäftigung mit dem Erfahrungsthema ist überaus ambivalent: Während die in der Praxis tätigen Lehrer, Trainer und Sportler vergleichsweise sicher sagen können und wollen was Bewegungserfahrungen sind, steht in der sportpädagogischen Theorie der Nachweis zum Problem und der Frage wie genau Erfahrungen hergestellt werden immer noch aus. Im Lichte dieser Ambivalenz wären verschiedene Konkretisierungen des Erfahrungsthemas im Spannungsfeld zwischen subjektiven Wahrnehmungen, Betroffenheiten oder Bedeutungsauslegungen der Erfahrungen sammelnden Lernenden und Lehrenden sowie den begrifflichen und theoretischen Möglichkeiten der wissenschaftlichen Objektivierung dieser Momente denkbar. Da im hier zugrunde liegenden Ansatz auf die Bezugnahmen und nicht auf die Trennungslinien zwischen Theorie und Praxis gesetzt wird, soll der sportpädagogische Zugang zum Erfahrungslernen mit der Auslegung einer begrifflichen Bestimmung des Erfahrungsthemas durch den Bielefelder Reformpädagogen Hartmut von Hentig (1973, 21f.) orientiert werden.

„Erfahrung erscheint irgendwo in der Mitte zwischen (sinnlicher) Wahrnehmung und theoretischer Vorstellung. Sie hat an beidem Anteil. Von der Wahrnehmung unterscheidet sie sich durch Bewusstsein und Individualität: darin liegt ein subjektives Moment. Von der Vorstellung unterscheidet sie sich durch die Nachweisbarkeit in der gemeinsamen physischen Welt: darin liegt ein objektives Moment. Erfahrung liegt aber auch auf einem anderen Kontinuum: Irgendwo zwischen einmaligem Erlebnis und vielfach – bis zur Gewissheit – bestätigter Wahrnehmung, die dann Einsicht oder Wissen heißt. (…)" (von Hentig 1973, S. 21).

4.3.1 Konsequenzen für die Fachdidaktik

Fachdidaktische Konzepte, die sich auf das Erfahrungslernen berufen wollen, müssen demnach mit zwei Grundfragen umgehen: Erstens, wie lassen sich sinnliche Wahrnehmungen in theoretischen Vorstellungen und Begrifflichkeiten fassen ohne dass der besondere Gehalt solcher Erfahrungen durch Abstraktion verloren geht. Zweitens, wie genau müssen solche Abstraktionen beschaffen sein, damit aus etwas subjektiv bedeutsamen bzw. einem einmaligen Erlebnis interindividuell valides Wissen hervorgehen kann. Angesichts dieser Problemlage liegt es auf der Hand, dass die sportpädagogische Konzeption des Erfahrungslernens nicht aus einer geschlossenen wissenschaftlichen Theorie heraus abzuleiten ist. Stattdessen führt die notwendige Bezugnahme zwischen dem subjektiven Moment und den Möglichkeiten seiner Objektivierung (Theorie und Praxis) geradewegs dazu, der Perspektive der Handelnden mehr Aufmerksamkeit zu widmen. In diesem Sinne ließe sich beispielsweise der Ansatz einordnen, den der Hamburger Grundschullehrer Matthias Jakob (2003) seiner Dissertationsschrift vorangestellt hat:

„Ich gehe dabei von der Annahme aus, dass reflektierte Erfahrungen Erkenntnisse zu Tage bringen, die sich in ihrer Intensität und Nähe zur pädagogischen Wirklichkeit dahingehend unterscheiden, ob man in handelnder Auseinandersetzung oder ohne handelnde Auseinandersetzung zu ihnen gelangt ist. Meine Vermutung ist, dass die Perspektive des Handelnden andere Erkenntnisse ermöglicht" (Jakob 2003, 3).

Jakob „begutachtet" in seiner praxisnahen Unterrichtslehre vor dem Hintergrund dieser Folie die Texte ausgewählter Sportpädagogen, „(…) die sich auf je eigene Art und Weise mit Sportunterrichtserfahrungen oder Erfahrungen aus dem Bewegungsalltag von Kindern beschäftigt haben" (Jakob 2003, 3). Dieser Zugang wird auch im vorliegenden Ansatz als ein inspirierender verstanden und deshalb im Lichte relevanter bewegungspädagogischer Vorarbeiten und Bezugstheorien reflektiert.

4.3.2 Reflexionen im Horizont bewegungspädagogischer Zugänge und Annahmen

Trotz der gegebenen Unbestimmtheit gilt der Erfahrungsbegriff sowohl in der Erkenntnistheorie wie auch in der Praxis des Lehrens und Lernens als zentraler Grundbegriff. Deshalb ist es nicht verwunderlich wenn auch im sport- und bewegungspädagogischen Schrifttum immer wieder von „Erfahrung" die Rede ist. Bezeichnenderweise gewinnt der Erfahrungsbegriff dort entweder in Hinblick auf die verschiedenen theoretischen Anbindungen und Forschungsausrichtungen oder in Hinblick auf die Beschreibung seiner Kontexte und Qualitäten innerhalb verschiedener Bewegungsfelder und -themen mal schärfere und mal weniger scharfe Konturen (vgl. zuletzt v.a. Thiele 1996; Jakob 2003; Giese 2007). Gemessen an der erkenntnistheoretischen Relevanz lassen sich deshalb im Zuge der sportpädagogischen Bestimmung des Erfahrungsbegriffes auch entsprechend heterogene Anleihen im Spektrum unterschiedlicher Bezugstheorien ausmachen. Hinsichtlich der theoretischen Konkretisierung hat sich im sportpädagogischen Schrifttum vor allem die auf Merleau Ponty (1966) zurückgehende Leibanthropologie als Ankerpunkt, beispielsweise in der Sportpädagogik Ommo Grupes (1984) erwiesen. Darüber hinaus spielt aber auch die Existenzphilosophie Gadamers (1960) eine wichtige Rolle, die über die Rezeption der Schriften von Bollnow (1974) in den sportpädagogischen Diskurs gelangt ist (vgl. z.B. Maraun 1983; Landau 1991; Fritsch & Maraun 1992). Des Weiteren sind neben den reformpädagogisch inspirierten Ansätzen von Hentigs (1972), auch der Pragmatismus John Deweys (1916) oder die Entwicklungstheorie von Piaget (1973), die vor allem durch die Dissertationsschrift von Scherler (1975) zur materialen Erfahrung für die Sportpädagogik fruchtbar gemacht wurde, als zentrale Bezugstheorien für den sportpädagogischen Diskurs anzuführen.

4.3.3   Zum sportkritischen Grundimpuls

In der bewegungspädagogischen Bearbeitung des Erfahrungsthemas kommt ein sportkritischer Grundimpuls zum Vorschein. Kritisch insofern als das er sich gegen die Technologisierung und Rationalisierung kindlichen „Sich-Bewegens" wendet. Der Frankfurter Pädagoge Horst Rumpf (1996) hat dieses Spannungsfeld mit Blick auf den kindlichen Bewegungskörper herausgearbeitet und differenziert dabei zwischen zwei divergierenden Körperbildern denen er in lerntheoretischer Hinsicht mit dem „zivilisierten" und dem „wilden" Lernen ebenso verschiedene Modi zuordnet. Während das so bezeichnete „zivilisierte Lernen" dem klassischen „Sport(arten) Lernen" zugerechnet werden kann und sich auf biomechanisch valide Technikleit- und -idealbilder, auf naturwissenschaftlich geprüfte Trainingsprinzipien und andere technologische Grundlagen stützt, steht das „wilde Lernen" samt dem dahinter befindlichen Körperbild für offene, kindgerechte Bewegungslernprozesse. Krawitz (1997, 275f.) merkt hierzu folgendes an:

> „Diese ursprünglichen kreativen kindlichen und damit im wirklichen Sinne kindgemäßen Lernmöglichkeiten und -formen werden in aller Regel durch die institutionalisierte Lernorganisation der Schule zu wenig oder gar nicht akzeptiert und genutzt; im Gegenteil, diese Lernmöglichkeiten werden oft geradezu aktiv unterdrückt. Das wilde Lernen der Kinder erscheint als zu chaotisch und damit wenig rational curricular plan- und organisierbar."

Die Frankfurter Bewegungspädagogin Heide-Karin Maraun (1983, 27) versteht das Erfahrungslernen im Sinne des unhintergehbaren Modus des (anthropologisch bedingten) „zur Welt seins" von Kindern, was wiederum „zuallererst Sinneserfahrung und damit an den Leib gebunden" ist (1983, S. 27). Bewegungserfahrungen sind also körperlich und sinnlich verfasst, weshalb das Erfahrungslernen im Sport im Sinne des „wilden Lernens" (Rumpf 1996) zu verstehen ist. Damit ist der Grundimpuls der sportkritischen Ausrichtung markiert, denn sportives Lernen würde genau entgegengesetzt vorgehen und das beim Modus des wilden Lernens zugrunde liegende Körper- und Bewegungsbild konsequent aus dem Sportunterricht verdrängen. Demgegenüber geht die Idee des bewegungsbezogenen Erfahrungslernens von unserer leiblich-sinnlich fixierten Existenz aus. Maraun kritisiert demzufolge, dass die an der

Logik von Sportarten ausgerichteten Lehrlernverfahren im Wesentlichen drei Ziele verfolgen:

1. Die motorischen Grundeigenschaften sollen gefördert,
2. die motorischen Grundfertigkeiten verbessert und
3. sportliche Bewegungsfertigkeiten vorbereitet werden.

Um diese Ziele zu erreichen wird in lehr-/lerntheoretischer Hinsicht im Sinne des oben benannten „zivilisierten Lernens" vorgegangen. Beispielsweise indem das durch Experimente gewonnene sportwissenschaftliche Erfahrungswissen, wie z.B. Erkenntnisse über die Wirksamkeit spezieller Trainingsverfahren oder das Wissen um biologische Gesetzmäßigkeiten, auf den Grundschulsport übertragen werden. Das, obwohl sich die Klientel des Grundschulsports keineswegs aus Sportexperten, sondern aus Kindern zusammen setzt, die hinsichtlich ihres Bewegungsverhaltens vielseitig interessiert sind, wohl aber zu keinem Zeitpunkt trainingsspezifische Zielsetzungen verfolgen. Trotzdem wird im Zuge der an der Logik von Sportarten orientierten, pragmatisch und qualifikatorisch ausgerichteten Vermittlungskonzepten (vgl. u.a. Söll 1996; Kurz 1990; Hummel 1997) an den drei Zielsetzungen festgehalten, weshalb Sportunterricht in aller Regel produktorientiert geplant und ausgewertet wird. Das in diesem Zusammenhang vermittelte Bild von Sportunterricht wird von Funke-Wieneke (1993, 4) sehr treffend als „(...) Ideologie [einer] kontrollierten und programmierten Belehrung (...)" gekennzeichnet.

Aufgabe 78:
Erörtern Sie den im Text skizzierten kritischen Grundimpuls des Erfahrungslernens vor dem Hintergrund Ihres Wissens zum Thema „Ästhetische Bildung im Sport".

4.3.4 Zur konstruktiven Wendung

Im letzten Teilkapitel war bewusst nur von einem kritischen Grundimpuls und keineswegs von einer Opposition gegenüber dem Sport die Rede. Schließlich sind auch Erfahrungslernprozesse möglich wenn im Unterricht Sport zum Thema gemacht wird. Aus diesem Grund zählt auch die Auseinandersetzung mit dem Erfahrungsbegriff seit Jahrzehnten zum Kerngeschäft sportpädagogischer Arbeit. Der dabei entstandene Fundus an Texten wird im Folgenden selektiv zur Kenntnis genommen, wobei vor allem auf die bewegungspädagogischen Grundlegungen von Maraun (1983), Trebels (1984) und Landau (1991) Bezug genommen wird. Im Spektrum des sportpädagogischen Diskurses wären darüber hinaus auch Arbeiten anzuführen, mit denen die Autoren einerseits besondere theoretische Akzente wie auch andererseits praxisbezogene Aufmerksamkeiten der bewegungsbezogenen Erfahrungs(konstrukte) in den Mittelpunkt ihrer Analysen stellen. Beispielsweise eine sportkritische Richtung, deren Ursprung bei von Hentig (1972) auszumachen ist. Der Bielefelder Reformpädagoge hat sich in einem Beitrag für die Zeitschrift Sportwissenschaft für eine Entschulung der Leibeserziehung und für ein Nebeneinander von offenen und geschlossenen Lerngelegenheiten ausgesprochen. Hiervon angestoßen und beeinflusst wurden die in der Folge entstandenen Schriften von Jürgen Funke zum Konzept der sogenannten Körpererfahrung (Funke-Wieneke 1991). Letzteres wurde im Anschluss an eine überaus kritische Bewertung durch Thiele (1997b) im Zuge eines hartnäckig geführten Diskurses im Spectrum der Sportwissenschaften (Funke Wienecke 1997; Thiele 1997a) hinsichtlich der konstituierenden Grundannahmen und der konzeptionellen Eckpunkte kontrovers konturiert. Giese (2007, 129) erkennt an dieser Stelle einen der wenigen Anhaltspunkte für wissenschaftliche „Bewegung" in der Auseinandersetzung mit dem Erfahrungsthema, dessen Gewinn und Qualität er jedoch sogleich stark zu relativieren meint:

> „Stattdessen sei ein Aufflammen der Debatte in der Zeitschrift Spectrum der Sportwissenschaft durch eine Kontroverse zwischen Funke-Wieneke (1997) und Thiele (1997a; 1997b) erwähnt. Auslöser war Thieles Kritik an Moegling und Funke-Wieneke, denen er Dogmatismus und „pädagogischen Fundamentalismus und Traditionalismus" vorwarf (vgl. Thiele, 1997a, S. 15). Diese harsche Kritik wurde von Funke-Wieneke in ähnlichem Ton beantwortet und zurück gewiesen, was Thiele zu einer Replik nötigte. Alle drei Texte erinnern allerdings mehr an ein Büchner'isches Pamphlet als an eine wissenschaftliche Auseinandersetzung über eine Sachfrage, weshalb der Disput die inhaltliche Auseinandersetzung über die Erfahrung auch nicht voran gebracht hat und keiner inhaltlichen Darstellung bedarf."

Der bewegungspädagogische Ansatz wurde neben den Ausdifferenzierungen im Konzept der Körpererfahrung auch noch um Akzente zum Thema der materialen Erfahrung (vgl. Scherler 1975) sowie durch Arbeiten zur Ästhetischen Erfahrung bereichert (vgl. v.a. Bannmüller 2003; Franke 1998; 2003). Bei materialen Erfahrungen handelt es sich um prozessgebundene und situationsabhängige Qualitäten, die durch aktive Auseinandersetzung, z.B. über experimentieren, erkunden oder probieren hervorgebracht werden. Die Grenzen zwischen materialer und ästhetischer Erfahrung verlaufen in der Regel fließend. Materiale Erfahrungen meinen immer auch gegenständliche Erfahrungen und sie kommen durch die Auseinandersetzung mit der materialen, gegenständlichen Umwelt zustande.

4.4   Erfahrungsbildung im Sportunterricht

Die Voraussetzung dafür, dass z.B. Spiel- oder Bewegungserfahrungen gebildet werden können, ist, dass sich Lernende überhaupt erst einmal dem Sammeln von Erfahrung aussetzen und sich in gewisser Weise „in Gefahr" begeben müssen. Schließlich können beim selbstbestimmten Erfahrungssammeln auch Fehler gemacht werden. Die Lernenden müssen also hinaus gehen, z.B. zur Halfpipe, neue Tricks wagen und dabei gegebenenfalls auch den einen oder anderen Sturz riskieren bzw. den sichern Stand auf dem Asphalt aufs Spiel setzen. Wenn es ihnen dabei gelingt, die Unberechenbarkeiten der Schwerkraft, die während ihrer Sprünge und Beschleunigungen auf sie einwirken, in den Griff zu bekommen und statt unkontrolliert zu stürzen, den Trick zu stehen, dann kann davon ausgegangen werden, dass dort gerade Erfahrungen gebildet wurden. Im Kern enthält Erfahrung demnach immer einen aktiven und einen passiven Teil, was unter anderem von dem amerikanischen Philosophen John Dewey (1964, 186) hervorgehoben wurde:

> „Die aktive Seite der Erfahrung ist Ausprobieren, Versuch – man macht Erfahrungen. Die passive Seite ist ein Erleiden, ein Hinnehmen. Wenn wir etwas erfahren, so wirken wir auf dieses etwas zugleich ein, so tun wir etwas damit, um dann die Folgen unseres Tuns zu erleiden. Wir wirken auf den Gegenstand ein und der Gegenstand wirkt auf uns zurück."

Wenn Lernende beispielsweise Anlauf zum Sprung über aufgestapelte Bananenkartons nehmen und ihre Laufgeschwindigkeit von Schritt zu Schritt dosieren, dann erfahren sie im

Moment des Abspringens die einschlägigen Wirkungen ihrer Aktivität: Je nachdem wie schnell sie anlaufen und wie geschickt es ihnen auf den letzten Metern gelingt, von beschleunigenden Anlaufschritten in den Absprung vorbereitende Schritte zu wechseln, so kraft- und schwungvoll werden sie das Treffen ihres Absprungs erfahren. Und je nachdem wie hoch das Risiko des schnellen Anlaufs gewählt wurde, so weit werden sie die anschließende Flugphase erleben können. Die kennzeichnende Verbindung beider Elemente (aktiv und passiv) ist sicherlich auch ein Grund für den grundsätzlich einzigartigen Charakter, den Erfahrungen tragen. Deshalb kann man „von seinen Erfahrungen zwar einem anderen berichten, aber man kann sie ihm nicht übertragen" (Bollnow 1974). Man sammelt also Erfahrungen, indem man in die Welt hinausgeht und sich beispielsweise in sportbezogenen Zusammenhängen verschiedenen Bewegungsaufgaben aber auch Spielsituationen aussetzt. Um hierbei Lernfortschritte anzubahnen, müssen die Wirkungen, d.h. das, was während solcher Situationen passiert und wahrgenommen wird, in Verbindung mit der zuvor entwickelten Aktivität des Sich-Einlassens auf diese Situationen gebracht werden. Welche Situationen hierfür aufgesucht werden, hängt letztlich vom Fundus der bislang gemachten Erfahrungen ab. In diesem Sinne erlaubt die (bekannte) Materialeigenschaft der Pappkartons für das Riskieren des Springens ganz andere Handlungsentwürfe als es z.B. harte Holzkästen zulassen würden. Und wenn – wie beim leichtathletischen Weitsprung – überhaupt kein zu überwindendes Hindernis im Weg steht, dann gehen auch von dieser Situationsmodalität einschlägige Aufforderungen aus bzw. eben nicht aus. Wer sich innerhalb seiner Bewegungsgrenzen erkundend zu bewegen versteht, der wird sicherlich auch die Neugierde kennen, die darauf zielt, die Grenzen des Bekannten auszuloten und zu überwinden. Auch auf die Gefahr hin bzw. gerade wegen des Wagnisses, sich in eine unbekannte und unter Umständen auch risikoreiche Situation zu begeben.

Aufgabe 79:
Welche Bedeutung kommt dem „Fehler" im Kontext des Erfahrungslernens zu? Erläutern sie dessen Funktionen anhand einer anschaulichen Beispielschilderung.

4.4.1 Zum didaktischen Sinn bewegungsbezogener Schwierigkeiten

Der Weg in wagnishaltige Situationen und Problemlagen verweist auf den Sinn bewegungsbezogener Schwierigkeiten. Dieser didaktische Sinn wird von John Dewey, dem exponierten Vertreter des Amerikanischen Pragmatismus, in seinem 1910 erschienenen Buch How We Think gerechtfertigt.

> „[...] The difficulties that present themselves within the Development of an experience are, however, to be cherished by the educator, not minimized, for they are the natural stimuli to reflective inquiry" (Dewey 1985, 230; zit. nach Oelkers 2004).

Er bezieht in dieser Hinsicht Position gegen eine Selbstverständlichkeit didaktischen Denkens, denn dieses Denken zielt seit jeher darauf, Schwierigkeiten zu minimieren und vermeintliche Probleme zu didaktisieren, d.h. sie zu nehmen, um Unterricht in geordneten, einfachen und so gesehen die Schüler nicht herausfordernden Bahnen stattfinden zu lassen. Demgegenüber setzt die Idee des Problemorientierten Unterrichts (Lange 2006a; 2006b) auf das Gegenteil. Nämlich auf das Schaffen neuer Schwierigkeiten, die emotional akzeptiert werden müssen,

„[…] wenn produktives Lernen einsetzen soll (vgl. Dewey 1985, 236). Ohne Anstieg
der Bewältigung von Schwierigkeiten entsteht weder ein Bewusstsein des persönlichen Könnens noch das Zutrauen, den Prozess trotz neuer und womöglich zunehmender Schwierigkeiten fortzusetzen" (Oelkers 2004, 8).

Aufgabe 80:
Analysieren Sie eine Ihnen bekannte Methodische Übungsreihe dahingehend, dass Sie klar
aufzeigen wie das methodische Vorgehen den Lernenden Schwierigkeiten nimmt. Erläutern Sie die Ergebnisse Ihrer Analyse in Hinblick auf die Theorie des Erfahrungslernens.

4.4.2   Fragen in und an Bewegungssituationen stellen

Nun könnte man zu der Auffassung gelangen, dass es genügte, offene Lernarrangements
bereitzustellen, in denen die Schüler selbstständig herausfinden, was in ihrer Bewegungswelt
gerade problemhaltig ist. Das stimmt insofern, als dass es tatsächlich nur die Lernenden
selbst sein können, die in einer konkreten Situation etwas zu ihrem Problem machen oder
nicht. Alles andere wäre ein Abarbeiten von Scheinwissen bzw. Scheinproblemen fremder
Urheberschaft.

Das Befragen der Bewegungssituationen kann den Lernenden also nicht abgenommen werden. Demgegenüber mag der Lehrer Bewegungsanlässe schaffen, die aufgrund der dort gegebenen Widerstände und Schwierigkeiten ganz bestimmte Fragen an die Kinder stellen.
Wenn beispielsweise Bananenkartons mit in die Sporthalle gebracht und vor einem Weichboden aufgebaut werden, darf in diesem Sinne erwartet werden, dass dieser Aufbau bei den
Lernenden zündelt, Interesse weckt und deshalb Fragen wie die folgenden provoziert: „Wie
überwinde ich den Stapel Bananenkartons, die vor dem Weichboden aufgebaut sind und ein
Sprunghindernis ausmachen?" „Wie schaffe ich es, meinen schweren Körper entgegen der
Schwerkraft durch die Luft und über diese Kartons zu katapultieren?" Sich-bewegende Kinder sind gezwungen, in solchen unbeantworteten und zugleich zum Handeln drängenden
Situationen nach Lösungen zu suchen und hoffen darauf, etwas Neues, Erfolgversprechendes
zu entdecken. Beispielsweise wie viel Schwung und Kraft sie aus dem Anlauf mit in den
Absprung nehmen können, an welcher Stelle die Anlaufstrecke endet und der Ort des Absprungs sein muss, damit der Schwung aus dem Anlauf den Kinderkörper auch nach oben
tragen kann. Die Identifikation des jeweiligen Bewegungsproblems kann aber noch weitaus
präziser ausfallen: Beispielsweise wenn ein springendes Kind herausfindet, wie genau es
seinen Fuß im Moment des Abspringens gegen den Untergrund drücken muss, welches Zeit-
intervall hierfür genutzt werden kann usw. Es wird deutlich, dass die Fragen, die Kinder in
solchen Lernsituationen stellen, immer spezieller werden. Mit zunehmendem Können ver-
schiebt sich also auch der Fokus des Problems, denn Kinder vermögen sich im Zuge der
leiblich verfassten Auseinandersetzung mit den Schwierigkeiten durch das sensible Ausge-
stalten des Zusammenhangs zwischen Spüren und Bewirken immer weiter in die gegebene
Sachlage (hier: Springen) zu verwickeln. Diesen Prozess mag man deshalb vortrefflich als
das Bilden von Bewegungserfahrungen kennzeichnen. Es handelt sich um ein relational
verfasstes Geschehen, das sich in sportdidaktischer Hinsicht im Dialogischen Bewegungslernkonzept zusammenhängend abbilden lässt.

4.5 Zum dialogischen Bewegungslernkonzept

Die Theorie des Dialogischen Bewegungskonzepts geht auf die Arbeiten des Niederländers Gordijn (1968) zurück, der in der Tradition der anthropologisch-phänomenologischen Bewegungslehre Buytendijks (1956) die Grundlagen eines dialogisch verfassten Konzepts menschlichen Sich-Bewegens verfasste. Im deutschen Sprachraum ist dieses Konzept vor allem durch den Gordijn-Schüler Jan Tamboer (1979; 1994), aber auch durch die Interpretationen und Weiterentwicklungen von Trebels (1992) bekannt geworden. Inzwischen zählt die Orientierung an den Aussagen und Hintergründen dieses Konzepts zum state of the art jeder Bewegungslerntheorie, deren Vertreter sich auch für das Erschließen und Fassen der Bedeutungsauslegungen im menschlichen Sich-Bewegen interessieren (vgl. z.B. Gröben 1995). Anlässlich der Emeritierung des Bewegungspädagogen Andreas Trebels fand ein Kolloquium zu den Grundlagen der von Trebels angestoßenen sportpädagogischen und bewegungsphilosophischen Positionsbestimmungen statt. Die Ergebnisse wurden in einer Festschrift zusammengestellt (Bach & Siekmann, 2003), die immer noch als richtungsweisender Gradmesser zum Stand der Diskussion sowie als Basis für die kritische und konstruktive Weiterentwicklung des Dialogischen Bewegungslernkonzepts anzusehen ist (vgl. vor allem Dietrich 2003).

Gordijn begründet sein Konzept in Positionen der philosophischen Phänomenologie und stützt sich neben der Leibphänomenologie Buytendijks unter anderem auf die philosophischen Grundpositionen von Merleau-Ponty sowie auf Hintergründe der medizinischen Anthropologie von Viktor von Weizsäcker. In der Folge Buytendijks geht Gordijns Bewegungsbegriff vom Subjekt aus, weshalb er durchgängig von menschlichem Sich-Bewegen spricht. Entsprechend der funktionellen Betrachtungsweise wird dies verstanden als „sinnvolles Verhalten […], als Ereignis innerhalb eines sinnbezogenen Zusammenhangs" (Tamboer 1979, 16). Des Weiteren werden konkrete Situationen zum Ausgangspunkt der Theorie gewählt, in denen der Sich-Bewegende Sinn und Bedeutung findet. Gordijn betrachtet also das Sich-Bewegen im Kontext der Mensch-Welt-Beziehung, da es hier als sinnvolles Geschehen in Erscheinung tritt. Er fokussiert also das persönlich-situative Sich-Bewegen (Trebels, 1992, 22). Im Lichte dieses sich relational bedingenden Hintergrundes der drei Bedingungen (Bewegungsaktor, Bewegungssituation und Bewegungsbedeutung) wird menschliches Sich-Bewegen als „ein Verhalten eines Aktors in einem persönlich-situativen Bezug" verstanden (Trebels 2001, 200).

Aufgabe 81:
Konkretisieren Sie das was Sie unter sinnvollem Verhalten im „Sich-Bewegen" verstehen anhand einer Beispielschilderung und -bearbeitung aus dem Feld Ihrer Bewegungspraxis.

Die namensgebende Metapher des Dialogs wird in diesem Konzept verwendet, um die wechselseitige Bezogenheit der drei Bezugsgrößen hervorzuheben. Damit wird unter anderem dem relationalen Grundzug des Sich-Bewegens Rechnung getragen, denn:

> „Verhalten setzt ein Subjekt voraus, das tatsächlich bezogen ist auf etwas, das außerhalb von mir ist […] Verhaltend gehe ich auf etwas außerhalb von mir ein. Ich gebe darauf eine Antwort. Ich beantworte das, was mich in der Außenwelt anspricht" (Trebels 2001, 200).

Darüber hinaus wird durch die Metapher des Dialogs aber auch die unverwechselbar individuelle Prägung des Sich-Bewegens unterstrichen: Die Urheberschaft des Sich-Bewegens als
mein Bewegen wird hervorgehoben, weshalb Gordijn auch immer in der ersten Person Sin-
gular spricht: „Ich werde angesprochen, ich gebe Antwort, ich verhalte mich" (Trebels 2001,
200). Es versteht sich von selbst, dass sich die Dialogmetapher allein auf den skizzierten
bewegungsbezogenen und nicht auf den gewöhnlichen Kommunikationskontext zweier im
Gespräch befindlicher Menschen bezieht. Dabei sind der Sich-Bewegende und die Außen-
welt wechselseitig aufeinander bezogen. Anstelle der Sprache tritt die Bewegung als das
Medium, in dem sich Menschen mit ihrer Umwelt, aber auch mit ihren Mitmenschen auseinandersetzen.

Aufgabe 82:
Übertragen Sie die Metapher des „Bewegungsdialogs" auf eine Situation des Bewegungslernens, die Sie selbst erlebt haben.

4.5.1   Sportdidaktische Konkretisierung

Durch die didaktische Absicht, Bewegung als einen Dialog verstehen zu wollen, wird der aus
der Leibanthropologie bekannte wechselseitige Bezug zwischen Mensch und Welt in das
Zentrum der pädagogischen Bewegungslerntheorie gerückt. Die hier vorausgesetzte Weltoffenheit des wahrnehmungsfähigen und sensiblen Menschen wird als Voraussetzung des Sich-
Erschließens bzw. des Sich-Einverleibens von Bewegungswelt verstanden. Demnach führen
Kinder im Bewegungsunterricht Dialoge mit und in den Gegenständen und Bewegungsräumen ihrer Umwelt. Wenn sie beispielsweise Anlauf zu einem Sprung über aufgestapelte
Bananenkartons nehmen, befragen sie durch ihre (mal mehr und mal weniger) raumgreifen-
den und/oder schwungvollen Schritte die verschiedenen Konstellationen ihrer zeitlichen und
dynamischen Raumaneignung. Dabei müssen sie sich mittels Versuch und Irrtum vergewissern, wie viel Schwung sie an welcher Stelle des Absprungortes mit in ihren Flug über die
Kartons nehmen. Dabei finden sie mithilfe sensiblen Spürens immer treffender heraus, was
mit ihnen und ihrem Sprung passiert, wenn sie ihren Anlauf verändern und variieren. Sie
befragen durch variierendes Tun und Üben ihre Bewegungsumwelt, um Widerstände herauszuspüren und dem jeweiligen Bewegungsproblem auf die Spur zu kommen.

Sobald sie sich das Problem einverleibt haben, vermögen sie ihre Sprünge weitergehend zu
gestalten. Und auch dabei liegt der Schlüssel zum Bewegungslernen in der Fähigkeit begründet, den Zusammenhang zwischen sensiblen Erspüren der Widerständigkeiten des Bewegungsproblems und den Konsequenzen des leiblichen Tuns herauszufinden und immer präziser einzugrenzen. Erst wenn Kinder herausgefunden haben, was genau die Widerstände aus
ihrer Bewegungsumwelt mit ihnen machen, können sie Wege finden, die es ihnen erlauben,
mit den Dingen, Widerständen und Bewegungsräumen so umzugehen, wie sie es wollen.

Aufgabe 83:
Wann kann ein Lernender davon sprechen dass er sich eine Bewegung „einverleibt" hat?
Argumentieren Sie auf anthropologischer Grundlage und machen Sie Ihre Ausführungen
an einem Beispiel fest.

4.5.2 Aufgaben für die Lehrer

Lehrer müssen genau an dieser Stelle ansetzen und sich um die sachliche Analyse dieser Bewegungslernprobleme bemühen. Im Lichte dieses Sachverstandes sollte es möglich werden die Fragen der Lernenden antizipieren und nachvollziehen zu können. Dieser didaktische Perspektivenwechsel ist notwendig um angemessene Lernumgebungen zu gestalten, Aufbauten bereitzustellen, Aufgaben zu formulieren und andere Wege zu den Grundthemen des „Sich-Bewegens" erschließen zu helfen, von denen wir meinen, dass Kinder sie „in Erfahrung" bringen sollten.

5 Wahrnehmungserziehung und ästhetische Bildung

Dem Ästhetischen wird ein beachtlicher Bildungswert zugesprochen. [52] *„Es heißt, Ästhetische Bildung schule die Wahrnehmung, wirke sensibilisierend und geschmacksbildend und trage zu einem umsichtigen Verhältnis des Einzelnen zu seiner Umwelt bei. Sie fördere Kreativität, Moral und Ich-Identität sowie die Fähigkeit, sich in zunehmend komplexer werdenden Lebenswelten zu orientieren"* (Kahlert, Lieber & Binder 2006, 12). Für die Belange der Sportpädagogik wurde die Bildungsdimension ästhetischer Erziehung vor allem von Ursula Fritsch (1985; 1989; 1990; 1997), aber auch von Eva Bannmüller (1987; 1990; 1999) Christine Bernd (1990; 1993) und vielen anderen Tanz- und Sportpädagogen zum Thema gemacht (vgl. im Überblick vor allem: Bannmüller & Röthig 1990; Bietz 2005; Lange, 2001). Es existieren auch zahlreiche Überschneidungen zur Psychomotorik und anderen Auffassungen von Sportunterricht.

Aufgabe 84:
Übertragen Sie die Definitionen und Erläuterungen zur Ästhetischen Bildung auf Ihre Lebenswelt. Machen Sie die Quintessenz dieser Definitionen an einem Beispiel aus Ihrer Praxis fest.

Da sich jedoch deren Bildungs-, Bewegungs- und Unterrichtsverständnis mitunter deutlich von dem der Ästhetischen Bildung unterscheiden, ergeben sich entsprechende Differenzen. In diesem Fahrwasser kritisiert beispielsweise Nils Neuber (2007b) im Feld der Ästhetischen Erziehung unter anderem die fehlende empirische Einbettung, unzureichende methodische Anleitungen, die Vernachlässigung motorischer Aufgabenstellungen sowie eine zu starke Orientierung an der Produktebene der Kunst. Er wirft hiermit allesamt Punkte auf, die in der konzeptionellen Lesart des Sportartendenkens weitaus eindeutiger geklärt sind. Aus dieser Richtung wurde der Ästhetischen Erziehung während der zurückliegenden Jahrzehnte regelmäßig mit Skepsis und Unverständnis begegnet, weshalb die am Beispiel von Neuber (2007b) sichtbar gemachten Anhaltspunkte der Kritik zum vorliegenden Problemaufriss dazugehören. Deshalb mündet die Opposition Neubers denn auch in die Forderung nach dem Herstellen stärkerer Bezüge zur Psychomotorik und einer klarer veranlagten Vermethodisierung dieses Lern- und Erfahrungsfeldes, die letztlich auch einen kontrollierbaren empirischen Zugriff erlaubt. Der Ästhetischen Erziehung attestiert Neuber an dieser Stelle Folgendes: *„Die Vernachlässigung empirischer Überprüfungen führt bestenfalls zu einer beliebigen*

---

[52] Die folgenden Ausführungen wurden bereits an anderer Stelle publiziert und für das vorliegende Buch, insbesondere hinsichtlich des hochschuldidaktischen Zugangs überarbeitet, weitergeführt und konkretisiert. Vgl. vor allem: Lange, H. & Klenk, E. (2010). Bewegungs- und Wahrnehmungserziehung im Kontext Ästhetischer Bildung. In H. Lange & S. Sinning (Hrsg.) Handbuch Methoden im Sport (S. 184–202). Balingen: Spitta Verlag. Die Anteile und Stücke der Co-Autorin wurden jedoch im vorliegenden Text nicht berücksichtigt.

Produktion von Unterrichtsbeispielen – schlimmstenfalls zur Tradierung rigider Meisterleh-ren" (Neuber 2007b, 276). Auch wenn diese skeptische Haltung einen klar herausgearbeite-ten Gegenpol zum Mainstream des ästhetischen Lernens und der ästhetischen Erziehung im Sport und „Sich-Bewegen" markiert und in ihrer Grundtendenz auf die Forderung eines empirischen Zugriffs hinausläuft, soll ihr im Folgenden nicht gefolgt werden. Im Gegenteil: Die empirischen Perspektiven werden von uns in Anschluss an die aktuellen Entwicklungen im Feld der Ästhetischen Bildung (Brenne 2008; Mattenklott 2004; Peez 2005) gesehen. Hierzu passt dann auch die exponierte Bedeutung der Verschriftung von Unterrichtsbeispie-len in diesem Feld, die wir in konzeptionell-systematischer Hinsicht im Kontext der Unter-richtsportraits und -rezension der sportdidaktischen Themenkonstitution (Lange & Sinning 2012a,b,c,d) verortet und anschlussfähig sehen. Wir folgen in dieser Hinsicht also einer Posi-tion, wie sie beispielsweise von Kahlert, Lieber & Binder (2006, 13) perspektiviert wird: *„Wenn Ästhetische Bildung tatsächlich die Wahrnehmung sensibilisiert, dann fördert sie auch den Eigensinn von Kindern und Jugendlichen (vgl. z.B. Mollenhauer 1990; Schulz 1997). Dieser Bildungsgewinn auf dem langen Weg der Kinder und Jugendlichen zu eigen-ständigen, unverwechselbaren Persönlichkeiten lässt sich jedoch nicht operationalisieren und schon gar nicht messen. Er entzieht sich dem anschwellenden bildungstechnokratischen Steuerungsmythos, der den Wert von Bildung faktisch auf „Outcomes" reduziert, auf das, was sich normieren und messen lässt."*

Aufgabe 85:
Wie trägt das Sporttreiben dazu bei die Wahrnehmung zu sensibilisieren und Geschmack zu bilden? Machen Sie Ihre Ausführungen an einer Beispielschilderung fest. Haben Sie so etwas schon in Ihrem Sportstudium erlebt?

5.1   Aufmerksamkeit: Kindliches Bewegungsverhalten

Wenn Sportpädagogen ihre Aufmerksamkeit auf kindliches Bewegungsverhalten konzentrie-ren und das Beobachtete zu ordnen und zu charakterisieren versuchen, mögen Sie zu einem „Kinderbild" gelangen, wie es beispielsweise von Andreas Flitner (1986, 120) zusammenge-fasst und festgehalten wurde:

> „(…) Sie wollen Wälder und Felder, Müllhalden und Bauplätze erforschen; über Zäu-ne klettern, Abkürzungswege finden. Sie schlagen sich durch fremde Gärten. Bauplät-ze oder Materialien sind Anziehungspunkte von hohem Reiz. Kletterbäume und Baumgehäuse, Verstecke im Knick sind ihr Revier. Überall möchten sie Zeugen sein, bei Feuerwehreinsätzen, Verkehrsunfällen, bei Umzügen und Versammlungen, beim Einsatz von großen Baumaschinen. Unersättlich ist ihr Bedürfnis nach Verkleidung, Maskierung, Auftritten und Drama, nach Tanz, Szene und Bewegung. Unerschöpflich auch ihre Bereitschaft, ihrem Körper etwas hinzuzutun, ihre Organe zu verlängern und sich mit Prothesen aller Art, mit Schlappen oder Stiefeln der Erwachsenen, mit Rollschuhen, Stelzen, Skiern oder Schlittschuhen zu versehen, auf Balken, Baum-stämmen oder Gartenmäuerchen zu balancieren, zu gleiten, ihre Geschicklichkeit zu üben, ihre Kräfte zu steigern."

Dieses Portrait bewegter Kindheit wurde von Reiner Hildebrandt-Stramann und Andrea Probst (2006, 183) aufgegriffen um den Zugang zur ästhetischen Erziehung im Sport in den

Kontext der von Bräuer (1989, 39) ins Spiel gebrachten Forderung nach einer „Ästhetik von unten" zu stellen. Dabei spielen die Sinneswahrnehmungen und die damit verbundenen Erkenntnis- und Ausdruckmöglichkeiten der Kinder eine tragende Rolle. Kindliche Sinne werden nämlich keineswegs auf die Werkzeugfunktion reduziert, so wie man es beispielsweise in neueren am Anforderungsmodell orientierten Entwürfen zum Koordinationslernen (vgl. Neumaier 2006) versteht. Im Gegenteil, „(…) *sie sind vom Leib selbst wachstümlich hervorgebrachte, dem Organismus im Ganzen zugehörende und an seinem Eigenrhythmus teilnehmende Erschließungsorgane*" (Bräuer 1989, 38). Mit anderen Worten: Es geht um Formen der „spürbaren Bildung" (Engel 2004).

Aufgabe 86:
Nehmen Sie das „Kinderbild" aus der Textpassage von Flitner im Hinterkopf mit wenn Sie aus dem Haus gehen und Kinder beim Spiel und Sporttreiben beobachten. Machen Sie sich Notizen und verdichten Sie diese zu einem Text in dem Sie Ihr Verständnis des Ästhetischen im kindlichen Bewegungslernen zum Ausdruck bringen.

5.2 Ästhetische Bildung und Erziehung

Der Begriff der Ästhetischen Erziehung und Bildung impliziert scheinbar alsgleich eine Lehre des Ausdrucks von Schönheit, von Muse und harmonischer körperlich-geistiger Entwicklung. Nicht zuletzt deshalb wird der Ästhetischen Erziehung auch spätestens seitdem der Philosoph Alexander Gottlieb Baumgarten (2007) sie im Jahre 1735 als Wissenschaft der sinnlichen Erkenntnis begründete und als Paralleldisziplin zur Logik etablierte ein besonderer Bildungswert zugesprochen (vgl. hierzu auch Allesch (2006, 23–92). Demzufolge offenbart sich im Zuge einer differenzierteren Betrachtung in Hinblick auf Erziehungs- und Bildungsfragen eine entsprechend komplexe Dimension der Thematik (vgl. Kahlert 2006; Kleinmann 2002; Küpper & Menke 2003; Mollenhauer 1996; Rittelmeyer 2005).

Durch die auf den Ursprung zielende Annäherung an die Begrifflichkeit der Ästhetik wird die hier zugrunde liegende Komplexität erkennbar: Im griechischen Begriff der *aisthesis*, der sich sinngemäß als „sinnliche Wahrnehmung„ übersetzen lässt, bildet sich im weitesten Sinne die basale Grundlage jeglichen Bewegungshandelns ab. Dabei kommt der Wahrnehmungsfähigkeit zentrale Bedeutung zu. In der ästhetischen Erziehung geht es nämlich nicht allein um „schöne, attraktive Bewegungen" sondern um differenziertes und waches, sinnliches Wahrnehmen, weshalb das gesamte Spektrum menschlichen „Sich-Bewegens" betroffen ist. Die kinästhetische Wahrnehmung (griech. kinesis: Bewegung) markiert eine zentrale Grundlage allen Bewegens und damit allen Bewegungslernens. Denn nur wenn Körper und Geist ihr Handeln im Raum zu adaptieren vermögen, wenn alle (verfügbaren) Sinne dem „Sich-Bewegenden" ein synchrones Gesamtbild der Umgebung und des bewegten Körpers zugänglich machen, können bewusste oder unbewusste Bewegungshandlungen ausgeführt werden.

5.2.1 Ästhetisches Verhalten

Vorgänge sinnlich geleiteten und fundierten Erkennens basieren auf einer aktiven, handelnden Auseinandersetzung des Menschen mit der Welt. Damit steht ein Prozess im Fokus den

Ursula Fritsch (1989) auch als „ästhetisches Verhalten" (1989, 11) bezeichnet hat. „Ziel jeglicher ästhetischen Erziehung wäre – allgemein formuliert – die Bildung, Übung und Ausdifferenzierung ästhetischen Verhaltens" (Fritsch 1989, 11). Im Ästhetischen Verhalten ist dem Menschen eine Möglichkeit gegeben, sich seine Welt symbolisch zu vergegenwärtigen. Eine Option, die übrigens nicht allein im Feld des Tanzes oder des Bewegungstheaters, sondern auch in anderen sportiven Feldern, z.B. im Trendsport, vorkommt (Lange & Sowa 2004). Dabei stehen ihm zwei Modalitäten zur Verfügung: Einerseits die „Aisthesis", womit die sinnengetragene reflexive Wahrnehmung gemeint ist, die in uns Empfindungen weckt und Erkenntnischarakter trägt. Andererseits die „Poiesis", womit die Fähigkeit gemeint ist, subjektivem Empfinden und Erleben durch Gestaltung Ausdruck zu verleihen (vgl. Fritsch 1989). *„Ästhetisch zu denken bedeutet, alle wahrnehmbaren Zusammenhänge eines Sachverhaltes zu erkennen, nicht nur die Lokalisierung und Aufnahme der von außen auf den Menschen einströmenden Reize, wie Farben, Geräusche oder Gerüche. Es bedeutet ein „Gewahr-Werden" der Gesamtheit von Geschehnissen oder Dingen, für das alle Wahrnehmungen, insbesondere innerleibliche, ausschlaggebend sind"* (Hildebrandt-Stramann & Probst 2006, 185). In Hinblick auf das Erziehungsthema rückt damit die Leiblichkeit des Lernenden in den Fokus. Die Geschehnisse im Kontext einer Lehrlernsituation wirken auf den Lernenden ein, der sie durch das Zusammenspiel seiner Sinne zu seinem Thema macht und sich dadurch auch die Gegenstände des Lehrlernprozesses im wahrsten Sinne des Wortes „einzuleiben" vermag.

Neben dem differenzierten, sinnengetragenen Wahrnehmen (aistesis) vermögen Kinder sich mithilfe und durch Bewegung auch auszudrücken und zu gestalten, was in der Theorie der ästhetischen Bildung als der „expressive Bereich des ästhetischen Verhaltens" (Fritsch 1989) verstanden wird. Dabei werden die ursprünglichen Erfahrungsgestalten bearbeitet und in neue Gestalten übersetzt (vgl. Bernd 1990, 306). *„Solche Transformationsprozesse lassen sich in Anlehnung an Langer (1979) in diskursive (sprachlich-logische) oder präsentative (individuell-künstlerische) Formen unterteilen. Diskursiv-wissenschaftliche Formen des Ausdrucks liefern eine einmalige, allgemein gültige Erklärung für Wirklichkeit. Präsentative Transformationsprozesse vereinen objektive und subjektive Komponenten und liefern individuelle Anschauungen von Wirklichkeit"* (Hildebrandt-Stramann & Probst 2006, 187). Die hier ins Spiel gebrachte subjektive Komponente des selbst gestalteten „in der Welt seins" erlaubt den Lernenden die Gestaltung eigener Weltzugänge, die durchaus als Differenz und Alternative zur gegebenen Wirklichkeit anzusehen sind. Solche kreativen Leistungen und Prozesse können auch als ästhetisch geformte Entschlüsselung von Bedeutungszusammenhängen und damit als ein besonderes subjektives Erkenntnispotenzial verstanden werden. Deshalb liegen im kreativen Umgang mit verschiedenen Bewegungsproblemen und -themen auch besondere Möglichkeiten, Beiträge zur ästhetischen Bildung auf den Weg zu bringen. In den Worten von Hildebrandt-Stramann & Probst (2006, 187): *„Der Mensch kann in Bezug auf ästhetisch reflektierte Erfahrungen, etwas vorher nicht Dagewesenes entstehen lassen, das andere dazu anregt, sich differenzierter mit dem Gegebenen auseinanderzusetzen. So wird dem Menschen verdeutlicht, dass er in der Lage ist, Welt selber zu gestalten, und ihr nicht ausgeliefert ist."*

Aufgabe 87:
Übertragen Sie diese Dimension des Ästhetischen Verhaltens auf Lern- und Erfahrungsmöglichkeiten, die Kinder in Ihrer Lieblingssportart entdecken können.

5.2.2   Fächerübergreifender Ansatz

Um sich dem Begriff der Ästhetik über die schulische und fächerumfassende Perspektive annähern zu können, und somit ein Bild zu zeichnen, das über den Bereich der Bewegung hinaus geht, ist ein allgemeinpädagogischer Zugang zum Ästhetikthema bzw. ein erziehungsästhetischer Diskurs erforderlich. Nach Mattenklott (1998) ist ästhetische Erziehung als Unterrichtsprinzip zu verstehen, das alle Lernbereiche der Grundschule in sich verbindet. Als spezifische Form eines produktiven und subjektiven Weltzugangs fördert die Ästhetische Erziehung *„das allgemeine Erziehungsziel des mündigen, sich selbst bestimmenden Menschen, der die Welt erkennend, urteilend und handelnd gestaltet"* (Mattenklott 1998, 31). Dieses Erziehungsziel wird dann erreichbar, wenn die Kunst im Zuge des schulischen Erziehungs- und Lernprozesses im umfassenden Wortsinn, also alle Künste betreffend, zur Geltung gebracht wird.

Ästhetische Erziehung soll deshalb auch im schulischen Rahmen für die Lernenden im Sinne ganzheitlicher Erfahrungen spürbar werden. In interdisziplinär verstandener Weise soll über die oben genannten musisch- künstlerischen Bereiche hinaus die Aufarbeitung von unterrichtlichen Themen stattfinden. Durch die Integration möglichst aller Fachgebiete, wie z.B. Sport, Sachunterricht sowie der mathematischen und sprachlichen Bereiche, soll dem Lernenden eine *„spezifische Form des produktiven und subjektiven Weltzugangs"* eröffnet werden (Mattenklott 1998, 31). Die ästhetische Erziehung als Teil des humanistischen Bildungsgedankens soll allen Kindern eine grundlegende Bildung ermöglichen, und ist deshalb in den Curricula der verschiedenen Schulformen als solche zu manifestieren (Rora 2007, 5). Diese Zielperspektive kann in der Schule jedoch nur wirklich werden, wenn der unterrichtliche Rahmen auf interdisziplinäre Weise thematisch und für die Lernenden über die künstlichen Fächergrenzen hinausgehend fass- und verstehbar werden kann. Auf diese Weise werden Lernende befähigt, die Welt als Ganzes wahrzunehmen und sie mündig und selbstbestimmt zu gestalten. Dieser Gedanke ist bereits bei Fröbel in dem zentralen Erziehungsziel der *„inneren Bildung"* verdichtet. Damit wird zum einen die *„allgemein- menschliche"* und gleichzeitig die *„allseitig harmonische Bildung"* beschrieben (Reble 1995, 182). In Anlehnung an die Auffassungen der humanistisch geprägten Antike sollte im Sinne Fröbels eine *„Erhöhung aller Gemütskräfte zu einer schönen Harmonie des äußeren und inneren Menschen"* gewährleistet werden (Reble 1995, 186).

An dieser Stelle schließt sich der Kreis, da hier die ganzheitliche Betrachtung der Lernenden mit dem ursprünglichen Kern der Ästhetik ineinander fließen: Die Wahrnehmung des Selbst und die der unmittelbaren personalen Umgebung markieren die Grundlage jeden Handelns, Denkens und „in der Welt seins" der Lernenden. Der Diskurs zur ästhetischen Erziehung mündet demzufolge in der methodischen Perspektive, nach Möglichkeiten zu suchen, die geeignet scheinen bei den Lernenden eine differenzierte Wahrnehmungsfähigkeit auszubilden.

Aufgabe 88:
Welche besonders geeigneten Möglichkeiten sehen Sie am Beispiel Ihrer Lieblingssportart die Wahrnehmungsfähigkeiten von Kindern differenziert zu schulen? Machen Sie Ihre Ausführungen an einer anschaulichen Beispielschilderung fest.

5.2.3   Perspektiven des Bewegungs- und Sportunterrichts

Überall dort, wo in der Schule Bewegung, Spiel und Sport zum Thema gemacht wird, bieten sich Gelegenheiten zur differenzierten Wahrnehmungsschulung. Im Verbund mit künstlerisch- musischen Aspekten können sich die Lernenden in ihrer Körperlichkeit ganzheitlich wahrnehmen und ihrem Inneren in Bewegungen, Formen, Farben und Klängen Ausdruck verleihen. Hierzu passt eine Position aus dem Feld der humanistischen Pädagogik:

> „Die kindlichen Gefühle sind von Bedeutung nicht als etwas Vergangenes, dessen man sich entledigen müsste, sondern als einige der schönsten Kräfte im Leben (des Erwachsenen), die wiederhergestellt werden müssten: Spontaneität, Phantasie, Unmittelbarkeit im Gewahrsein (awareness) und im Zugriff auf die Umwelt." (Fatzner 1998, 43).

Dieses Zitat verweist auf die Perspektive, mithilfe der Wirkungskraft der ästhetischen Erziehung bereits im Kindeshalter ein Gegengewicht bzw. eine Alternative zum Problem der „Verkopfung" im Erwachsenenalter entgegen zu stellen. Damit soll den freien, schöpferischen und kreativen Kräften vermehrt Raum geschaffen werden. Der ästhetisch ausgerichtete Unterricht muss dem Lernenden Freiräume eröffnen, seine kindlichen Gefühle „im Hier und Jetzt" ausleben zu können. Nur im Rahmen dieses sich natürlich entfaltenden Gemütszustands können sie sich selbst und damit die Fähigkeiten und Grenzen ihrer Sinneswahrnehmungen in realitätsnaher Weise erfahren. Denn nur dann haben sie unmittelbaren und bewusst- aktiven *„Zugriff auf ihre Umwelt".*

In diesem Kontext darf davon ausgegangen werden, dass die ästhetische Bewegungserziehung umfassende Bildungsgelegenheiten bietet. Es wird angenommen, dass Lernende, die bereits im Kindesalter erfahren, dass ihre positiven Gefühlsäußerungen, die damit verbundenen Sinneswahrnehmungen und die aus diesen resultierenden gestalterischen Kräfte ausdrücklich „erwünscht" sind, ein positives Selbstbild aufbauen können. Kinder erfahren auf diese Weise wie wertvoll sie selbst mit ihren individuellen Fähigkeiten sein können. Möglicherweise können sie dann dieses Bewusstsein und die dadurch gewonnene Haltung bis ins Erwachsenenalter transportieren.

Aufgabe 89:
Wurden Sie während Ihres Sportstudiums schon einmal ermuntert *„positive Gefühlsäußerungen"* zuzulassen? Oder fühlen Sie sich in dieser Hinsicht dahingehend bedrängt, derartige Gefühlsäußerungen zu unterdrücken. Schildern Sie diese Situationen anschaulich und erläutern Sie diese mit Blick auf die Ausführungen im vorliegenden Text (Perspektiven des Bewegungs- und Sportunterrichts).

5.3   Ästhetische Bewegungsbildung im Sportunterricht

Zurzeit lassen sich aus dem Spektrum des sportpädagogischen Schrifttums einige Orientierungen entnehmen, die zeigen, wodurch sich die Prozesse der Bewegungserziehung auszeichnen. Im Hinblick auf die ästhetische Perspektive der Bewegungsbildung hebt Beckers (1997) die Tatsache hervor, dass der Lernende ein Problem sinnlich wahrnehmen können muss. Das heißt, er muss das Bewegungsproblem am eigenen Leibe erfahren und es im Zuge dieser Betroffenheit zu seinem leiblichen Problem und zu seiner ureigenen Sache machen.

Das meint auch, dass die Wahrnehmung immer mit einer gewissen Affektivität verbunden ist. Wir benötigen beispielsweise Anstöße, um gewohnte Muster unserer Wahrnehmung durchbrechen und vertraute Dinge mit neuen Augen sehen zu können.

> „Zur Erfahrung wird das Wahrgenommene erst dann, wenn es einen Widerspruch zum Erwarteten oder Gewohnten enthält" (Beckers 1997, 23).

Mit anderen Worten: Auf einmal passiert im kindlichen Bewegungsspiel etwas Unerwartetes, und der in diesem Kontext konstituierte Widerspruch markiert letztlich den Gegenstand einer ästhetischen Erfahrung. Lernende müssen sich also während ihrer bewegungsbezogenen Bildungsprozesse immer wieder in für sie bedeutungsvolle Ereigniszusammenhänge der Bewegungssituation hineinbegeben, sie müssen dabei die Offenheit für plötzliche Veränderungen und Widersprüche bewahren und deshalb durchaus auch gewohnte Wahrnehmungs- und Deutungsmuster, die ihnen möglicherweise von ihren Trainern oder Sportlehrern anerzogen wurden, durchbrechen können. Dabei ist jedoch darauf zu achten, dass dieses Spiel aus Wahrnehmen, Entscheiden und Handeln nicht in Beliebigkeit gerinnt, sondern von den Lernenden sensibel geordnet wird. Beckers (1997, 24) hält in diesem Zusammenhang fest:

> „Wahrnehmungen können nur dann zur Veränderung und Identitätsbildung führen, wenn sie zu Erfahrungen verarbeitet und in eine Ordnung gebracht werden."

Und dieses Ordnen beginnt in aller Regel mit der Verarbeitung des Erfahrenen durch subjektive Bedeutungszuschreibungen. Das Erziehliche im Umfeld solcher Bewegungsbildungsprozesse zeigt sich in der Art und Weise, wie der Sportlehrer dem Lernenden (z.B. Tänzer, aber auch Fahrradfahrer oder Fußballspieler) während dieses Prozesses begegnet, wie er ihn anspricht, was er ihm zeigt, wie er ihn tröstet, berät, herausfordert, aber auch reglementiert und zurücknimmt. Dabei muss der betroffene Pädagoge sich sowohl in die Komplexität der jeweiligen Bewegungssituation als auch in die Lage des Lernenden hineinversetzen können. Er muss dabei auch normative Setzungen verankern, die in unserer abendländischen Pädagogiktradition dem Gedanken der humanen Gestaltung in demokratischer Verfassung verpflichtet sind (Dewey 2000).

Aufgabe 90:
Schildern Sie eine Situation in der man Ihnen beim Ordnen von Wahrnehmungen geholfen hat. Oder: Schildern Sie eine Situation in der Sie jemanden beim Ordnen seiner Wahrnehmungen geholfen haben.

5.3.1 Felder bewegungsbezogener Bildungsgelegenheiten

Derartige Befunde passen zu den Skizzen der Bildungspotenziale, die Beckers (1997, 15) auf den Sportunterricht hin auszulegen versteht, wenn er meint, dass solche Bildungsprozesse durch die Sensibilisierung bzw. Lenkung der Wahrnehmung eingeleitet werden. Er kennzeichnet solche Prozesse als aisthetische Bildung, in der das Subjekt, sein Körper und die Bewegung im Mittelpunkt stehen. Im weiteren Verlauf seiner Ausführungen gelangt Beckers schließlich in Anlehnung an Klafki (1994, 138) zu den epochaltypischen Schlüsselproblemen der modernen Welt, die die Erziehung und die Erziehungswissenschaften vor neue, große Aufgaben stellt. Durch diese Bezugnahme wird die vergleichsweise enge Sphäre, die durch die Orientierung am gesellschaftlichen Phänomen Sport vorgegeben ist, deutlich überstiegen. An dieser Stelle ist nämlich danach zu fragen, welchen Zugang der Schulsport den Kindern im Hinblick auf die Auseinandersetzung mit diesen Schlüsselproblemen zu schaffen vermag. Schließlich besteht eine Aufgabe schulischer Erziehung darin,

> „Heranwachsenden ‚Schlüsselqualifikationen' zu vermitteln, die sie befähigen, diese alltäglichen Lernsituationen bewältigen und mit Widersprüchen umgehen zu können" (Beckers 1997, 16).

So weit zum normativen Anspruch ästhetischer Bewegungsbildung, der zugleich auf eine Forschungslücke verweist. Im Spektrum der sportpädagogischen Publikationen fehlt bislang nämlich noch die konkrete Übersetzung solcher bildungstheoretischer Vorstellungen. Die Frage nach dem Wie von Bildung bleibt im gegenwärtigen Diskurs um die Bildungspotenziale weitgehend ausgeklammert. Der vorhandene Fundus an Unterrichtsbeispielen und szenischen Darstellungen aus dem Feld der ästhetischen Bewegungserziehung sollte in den kommenden Jahren differenzierter und präziser ausgebaut werden. Beispielsweise mit präzisen phänomenologischen Beschreibungen und Analysen zu konkreten und authentischen Situationen aus dem Sportunterricht, die das vermutete und eingeforderte Bildungspotenzial sichtbar werden lassen.

Aufgabe 91:
Welche Schlüsselqualifikationen vermag der Sportunterricht bei Kindern in besonderer Weise zu vermitteln? Zählen Sie mehrere Beispiele auf und vertiefen Sie ein Beispiel anhand einer anschaulichen Beispielschilderung.

5.3.2   Wahrnehmung und Weltkonstruktion

> „Auslöser für Lernen muss eine Wahrnehmung sein, die in Konkurrenz zu den zahllosen anderen Reizen, die dauernd auf den Organismus einströmen, signalisiert, hier lohnt sich eine besondere Aufmerksamkeit und Aktivität. Wahrnehmung selbst ist nicht bloßes Registrieren von Sinnesdaten, vielmehr wird den Sinnesdaten eine Realität zugedacht (vgl. Riedl 2000, 166). Eine starke Wahrnehmung, die Lernen auslöst, ist die Erfahrung einer Diskrepanz zwischen dem, was man will, und dem, was man (noch nicht) kann: (…) Man möchte dahinter kommen. Warum schwimmt das schwere Schiff, aber nicht der winzige Stein?" (Kahlert, Lieber & Binder 2006, 19f.)

Das auch in der Pädagogik Martin Wagenscheins propagierte Bild eines aktiven, sich selbst entwickelnden Kindes kennzeichnet beispielsweise auch die moderne Wahrnehmungs- und Gehirnforschung (vgl. Caspary 2008; Spitzer 2006). Das Wahrnehmen übersteigt nämlich die Sphäre des passiven Aufnehmens und Zusammenstellens von Sinneseindrücken zu Abbildern einer vermeintlich gegebenen Wirklichkeit. Stattdessen wird von einem aktiven Konstruktionsprozess ausgegangen: Kinder erzeugen die Bilder der sie umgebenden und betreffenden Welt im Zuge ihrer Denk- und Wahrnehmungsprozesse. Dabei gebrauchen sie die Integration ihrer Sinnessysteme, sodass auf allen Ebenen des Verarbeitungsprozesses von einer Verknüpfung ausgegangen werden kann. Die verschiedenen Wahrnehmungsweisen beeinflussen sich sogar während des Wahrnehmungsprozesses, sodass sich die Informationen verschiedener sensorischer Modalitäten integrativ ergänzen können. Darüber hinaus werden auch noch emotionale Marker in die Wahrnehmung und in das Denken integriert. Diese Emotionen bestimmen maßgeblich den Grad der Aufmerksamkeit, verleihen dem Wahrgenommenen subjektive Bedeutung und beeinflussen deshalb auch die Auswahl dessen, was wir in unserer Welt wahrnehmen und wie und als was wir es wahrnehmen. Damit ist die auch heute noch gebräuchliche Idee bzw. Metapher der verschiedenen Sinneskanäle hinfällig (vgl. Zimmer 2005, 59–158). Ein Kanal würde die Informationen einer Sinnesmodalität weitgehend isoliert von den übrigen Kanälen mehr oder weniger sicher und weitgehend original (im Sinne von Byte) bis zu einem Zielort (Gehirn) befördern. Alternativ sollte daher vom Vorhandensein gemeinsamer Leitungs- und Verarbeitungsnetze der verschiedenen Sinnesmodalitäten ausgegangen werden. Diese Annahme passt zu den Aussagen der Wahrnehmungs- und der Polyästhetischen Erziehung (vgl. Roscher 1976; 1993). Polyästhetik wird als vielgestaltige sinnliche Wahrnehmung oder als *sinnliche Mehrwahrnehmung* verstanden (Roscher 1976, 10). Vgl. weiterhin v. a. Harrison (2007); o. A. Spektrum Dossier (2006).

5.3.3 Die Konsequenzen für das Lehren und Lernen

Die Gegenstandsbestimmung des ästhetischen Potenzials im Kontext der Bewegungserziehung steht im Grunde allen Versuchen im Wege, die darauf hinauslaufen, den Lehrlernprozess methodisch zu zerstückeln, aufzugliedern und im interindividuellen Sinne in immer gleiche Stücke zu portionieren. Aus diesem Grund haben sich auf der methodischen Ebene komplexe Darstellungs- und Präsentationsformen des Unterrichts bzw. ausgewählter Szenen bewährt (vgl. z.B. Bannmüller 1998; Forytta 1992; Hildebrandt-Stramann-Stramann 2003; Polzin 2001; Probst 2002; Rothmaier 1989). Diese sind natürlich – ganz anders als die bekannten methodischen Übungsreihen zum Schwimmen oder zur Leichtathletik – durch eine ganzheitlich gefasste Form der Darstellung charakterisiert. Sie lassen deshalb auch weitaus mehr Interpretationsspielraum zu und können nicht als unmittelbare Handlungspläne oder Unterrichtsschemata verwendet werden. Wie auch, schließlich vereinen sie im Sinne „präsentativer Transformationsformen" objektive und subjektive Zugänge und liefern deshalb Beispiele individueller Anschauungen von Welt. Sie unterscheiden sich deshalb grundlegend von diskursiven Transformationsprozessen, die sprachlich-logische Deutungen von Wirklichkeit mit dem Anspruch von Allgemeingültigkeit liefern. Genau diese Differenz zur traditionellen Sportmethodik (vgl. auch Lange 2004c) wird von Nils Neuber (2007) überaus kritisch angesprochen, wenn er das Fehlen der Ebene konkreter Aufgabenstellungen moniert. Er geht sogar noch weiter und meint hier Alltagserfahrung und Meisterlehre identifizieren zu können: „*Die Vernachlässigung methodischer Konkretisierungen führt nicht selten zu unterrichtlicher Beliebigkeit – oder zu einem willkürlichen Dirigismus im Lehrerhandeln*" (Neuber 2007, 275). Dabei ließen sich seine zuvor gestellten methodisch orientierten Fragen nach dem Stellen von Bewegungsaufgaben, dem Anleiten von Szenen oder dem Verfremden von Bewegungsabläufen durchaus mit Blick auf den Fundus publizierter Unterrichtsbeispiele beantworten. Allerdings keineswegs im Sinne eines Lehrlernverständnisses, in dem Lehren als „Lernenmachen" verstanden wird. In diesem Sinne verstehen wir die in Neubers Argumentation gebrauchte Feststellung von Prange (1986, 93) *„Was nicht schematisierbar ist, ist auch nicht lehrbar"* keinesfalls als brauchbaren Anker für Methodenkritik an den oben zitierten Entwürfen zur ästhetischen Bewegungserziehung. Wir fragen stattdessen nach den (gegenstands-) und themenangemessenen Möglichkeiten methodischer Schematisierungen. Hier sehen wir vor allem die Möglichkeit Unterricht in Stücken zu portraitieren und somit auch den Prozess der Konstitution der verschiedenen Themen ästhetischer Bewegungsbildungsprozesse abzubilden und zu dokumentieren. Die verdichteten Bilder realen Unterrichtsgeschehens aus diesem Themenkreis müssen natürlich im Zuge der Lehreraus- und -

weiterbildung von den Lesern diskutiert, kontrastiert und in verschiedenen Lesarten ausprobiert und reflektiert werden, bevor hieraus neuer Unterricht hervorgehen kann. Sie erfüllen also keinesfalls die Anforderungen einfach umzusetzender Unterrichtslehren und Methoden-kataloge. In ihrer Summe und Verschiedenheit erlauben sie aber trotzdem treffende Zugänge zum konkreten Unterrichtsgeschehen. Wie dem auch sei. In Hinblick auf die kritische Auseinandersetzung um die Potenziale und Grenzen des ästhetischen Lernens und der ästhetischen Bildung im Sport fanden wir das folgende Zitat von John Dewey (1998, 53) überaus zielführend für die Ausrichtung der Methodenfrage: *„Die Gegner der Ästhetik sind weder die Praktiker noch die Intellektuellen. Es sind die Langweiler; die Schlaffheit loser Enden; die Unterwerfung unter die Konvention auf praktischem und auf geistigem Gebiet. Strenge Abstinenz, erzwungene Unterwerfung und Härte einerseits und Haltlosigkeit, Inkonsequenz und richtungslose Nachgiebigkeit andrerseits führen in gegensätzlichen Richtungen von der Einheit der Erfahrung weg.“*

Mit der Opposition gegen die Langeweile im Hinterkopf sollte für die Zukunft eine lohnende Aufgabe darin gesehen werden, den bestehenden Fundus an Lehrstücken und Unterrichtsbeispielen im Feld der ästhetischen Bewegungserziehung weiter und vor allem differenzierter auszubauen, um ihn gleichzeitig tiefer gehend zu systematisieren. Im Zuge dieses Prozesses mögen sich die im Folgenden angeführten Gestaltungsprinzipien für die Entfaltung ästhetischen Verhaltens und für die Inszenierung entsprechender Bewegungsthemen im Sport- und Bewegungsunterricht ebenfalls weiter ausdifferenzieren und konkretisieren lassen (vgl. Lange 2005b). Der Bewegungsunterricht soll so inszeniert werden, dass die Kinder (…)

1. Die Vielfalt der eigenen Bewegungsmöglichkeiten ständig erweitern und sich dabei geschickt und umweltangemessen bewegen.
    a) Sie sollen dabei auch ungewöhnliche Wege ausprobieren dürfen, die noch nicht zu den standardisierten Lösungen der jeweiligen Problemlage zählen.
    b) Sie sollen unterschiedliche Räume erkunden und diese in Hinblick auf ihre Bewegungsmöglichkeiten und ihr Bewegungskönnen einverleiben.
    c) Sich selbst und ihren Körper und dessen Wirkungsweisen auf die Umwelt erkunden und erproben.
2. Ihr „Sich-Bewegen“ auf einzelne Körperteile oder Sinnesorgane fokussieren können.
3. Texte und Geschichten in Bewegung transformieren.
4. Mit anderen Menschen über ihr „Sich-Bewegen“ Beziehungen eingehen, aufbauen, vertiefen und gestalten.
    a) Die Widerständigkeit von Partnern herausfinden und ihnen adäquat begegnen.
    b) Mit Partnern kooperieren, sich gemeinsam in Sachlagen vertiefen.
    c) Sich in bewegungsbezogene Sozialformen einbringen und dort Bewegungsideen weiterentwickeln.
5. Situative Aufgabenlösungen zu gestellten Bewegungsproblemen finden.
    a) Spielgedanken bzw. Spielmotive aufnehmen oder einbringen, weiterentwickeln und in Bewegung umsetzen und ausgestalten.
6. Die Zeitlichkeit des „Sich-Bewegens“ einschätzen.
    a) Und auf die Räumlichkeit beziehen.

7. Materialeigenschaften hinsichtlich der daran gebundenen Bewegungsmöglichkeiten herausfinden und für das „Sich-Bewegen" nutzen.

   a) Geräte auf das „Sich-Bewegen" beziehen können und die einschlägigen Eigenschaften der Geräte herausfinden und gebrauchen.
   b) Sich verkleiden und dabei ihr Bewegungskönnen differenziert erkunden
   c) Bilder in Bewegung transformieren.

8. Die rhythmischen Strukturen des „Sich-Bewegens" mit und ohne Musik zum Ausdruck bringen.

   a) Sich über Bewegen ausdrücken.
   b) Klänge aufnehmen und in Bewegung transformieren.

6 Bewegungsspiele

Unter den beiden Termini *Bewegungsspiele* und *Kleine Spiele* werden solche Spiele subsumiert, deren Grad der Kodifizierung des Regelwerks im Vergleich zu den Sportspielen gering ist. Das hat den Vorteil, dass das Regelwerk sich den spezifischen Spielbedürfnissen und -voraussetzungen der Spielgruppe individuell und situativ anpassen lässt (vgl. Schierz 1986). Diese Flexibilität führt aber auch zu einer enormen Fülle an Bewegungsspielen, weshalb zahlreiche Publikationen zu diesem Themenfeld vorliegen, die sich mit den Kennzeichen, möglichen Systematisierungen, Einsatzmöglichkeiten, pädagogischen Wirkungen und Inszenierungsgrundlagen auseinandersetzen. Daneben gibt es Bezug nehmend auf bestimmte Einteilungen der Spiele entsprechende Bücher, die spezielle Handlungen wie Laufen oder Raufen, besondere Materialien (Rollbretter, Räder, Bälle, Alltagsmaterialien etc.), ausgewählte Umgebungen (Wasser, Eis etc.) oder spezifische Ziele (Kooperation, Koordination, Vertrauen, Aufwärmen etc.) aufgreifen und neben themenbezogenen theoretischen Hintergründen eine Zusammenstellung ausgewählter Spiele präsentieren. Um die Breite der Veröffentlichungen verstehbar zu machen, systematisch einzufangen und im Hinblick auf die Inszenierung im Sportunterricht zu konkretisieren, greifen wir auf diverse Vorarbeiten zurück.[53]

Aufgabe 92:
Fertigen Sie eine Literaturliste zum Thema „Kleine Spiele & Bewegungsspiele" an. Nehmen Sie ausschließlich Bücher auf und ordnen Sie die Fülle gefundener Literatur in Kategorien. Die Kategorien müssen Sie sich selbst ausdenken.

6.1 Bewegung als Spiel – Bewegungsspiele

Zu Beginn des Semesters brachte eine Studentin einen Artikel aus dem Sportteil der *Ludwigsburger Kreiszeitung* mit in das Spieleseminar. Dort war auf der ersten Seite in großen Lettern die Schlagzeile zu lesen: „*Titelverteidigung. Der Kampf gegen den Amerikaner – ein Kinderspiel!*" Obwohl nach dieser Schlagzeile ein Bericht aus dem Profiboxen folgte, benutzte der Sportjournalist die Metapher des *Kinderspiels*. Genauer gesagt, er bezog sich auf die Leichtigkeit, Unbekümmertheit und Naivität des Kinderspiels, was wir auch aus anderen Zusammenhängen her kennen, in denen wir Probleme sozusagen nebenbei lösen und den Umgang mit gestellten Aufgaben im metaphorischen Sinne als ein *Kinderspiel* erleben. Hin-

---

53 Bei den folgenden Ausführungen handelt es sich in mehreren Passagen um eine überarbeitete und erheblich erweiterte Fassung der folgenden Beiträge: Lange, H. & Wagner, A. (2003). Bewegung als Spiel – Bewegungsspiele. In G. Köppe & J. Schwier (Hrsg.): Handbuch Grundschulsport. (315–333) .Baltmannsweiler: Schneider. Sowie: Lange, H. & Sinning, S. (2009d). Bewegungsspiele – Kleine Spiele. Spiele verstehen, systematisieren und erfinderisch spielen können. In H. Lange & S. Sinning (Hrsg.). Handbuch Sportdidaktik. (S. 340–358). Balingen: Spitta.

ter dieser in unserer Sprache fest verankerten Metapher verbergen sich einige Auffälligkeiten des alltäglichen Spielens und Kennzeichens des Sich-Bewegens von Kindern, die wir im ersten Teil dieses Kapitels herausstellen. Anschließend wird der Fokus auf das Spiel im Kontext von Schule und Sportunterricht konzentriert, und wir zeigen auf, wo die Grenzen des im Alltag zu beobachtenden, so selbstverständlichen und einfachen *Kinderspiels* für den Sportunterricht liegen. Abgeschlossen wird dieser Teil mit der Systematisierung der sogenannten *Kleinen Spiele* bzw. *Bewegungsspiele*, wobei wir uns aus der Fülle vorhandener Vorschläge auf eine Kategorisierung von Landau und Maraun (1993) beziehen. Gemessen an der Vielzahl pragmatischer Ordnungsversuche und der beachtlichen Fülle theoretischer Zugänge zum Kinderspiel im Allgemeinen und den Bewegungsspielen im Besonderen, fällt die Anzahl empirischer Zugänge vergleichsweise übersichtlich aus. Wir werden aus diesem Grund aus dem Fundus eigener empirischer Studien zum kindlichen Bewegungsspiel einige Beispiele aufgreifen und in die theoretisch hergeleitete Struktur dieses Bewegungsfeldes integrieren.

6.1.1   Die Leichtigkeit des Kinderspiels

Dass Kinder für ihren Schulweg nicht ausschließlich den geteerten Fußweg benutzen, sondern sich an manchen Tagen viel lieber links und rechts neben diesem Weg auf unebene Rasenstreifen, unübersichtliche Gräben oder unwegsame Böschungen wagen, sollte auch Sportpädagogen interessieren. Das im Alltag beobachtbare Bewegungsverhalten der Kinder lässt nämlich den Schluss zu, dass sie die Kompetenz besitzen, ihren Bewegungsraum selbstbestimmt zu erweitern und mit ihren Bewegungen neugierig zu experimentieren und mit den sich dabei ergebenden Freiheiten variations- und einfallsreich zu spielen. Wenn also eingefahrene Wege langweilig werden, macht es Sinn, sie zu verlassen, um auf neuen Streckenführungen die Sicherheit des zügigen und ökonomischen *Nach-Hause-Kommens* gegen Sprünge über Gräben, Balanceakte über umgefallene Baumstämme oder Streifzüge durch knie- oder hüfthohes Gras einzutauschen. Wer genauer hinsieht, wird dieses verspielte Moment auch bei den Kindern entdecken, die *nur* den Fußweg benutzen und dort beispielsweise versuchen, genau auf dem Bordstein zu balancieren oder von Steinplatte zu Steinplatte zu springen bzw. immer auf den Linien, die die Fugen zwischen den Platten markieren, zu gehen. Dabei variieren sie nicht nur die Streckenführung, Geschwindigkeit und Richtung ihres verspielten Nach-Hause-Wegs, sondern verstehen es auch, Partneraufgaben zu integrieren und bereits Erfahrenes auch in anderen Situationen bzw. in Auseinandersetzung mit anderen Materialien zu vertiefen (z.B. in Form von Spielen wie Hinkelkästchen oder Gummitwist). Das immer wieder neue Aufteilen und spielerische Gestalten solcher Bewegungen soll auch im Sportunterricht zum Thema gemacht werden. Dabei steht der Lehrende allerdings zunächst vor dem Problem, dass viele der im Sportunterricht thematisierten Bewegungsaufgaben und zur Verfügung gestellten Spielgeräte zumeist künstlich sind und sich deshalb von denen, die die Kinder z.B. auf ihrem Schulweg oder beim Spiel mit Freunden entdecken und ausprobieren, unterscheiden.

Aufgabe 93:
Beschreiben Sie eine Szene, in der Sie die oben skizzierte „Leichtigkeit des Kinderspiels" selbst beobachtet haben.

6.1.2 Vom *wilden* und vom *zivilisierten* Körper

Im Sportunterricht werden didaktische Überlegungen demnach im Spannungsfeld zwischen sportbezogener Sachlogik bzw. methodischen Traditionslinien einerseits und kindlicher Experimentierfreude andefrerseits getroffen. Der Frankfurter Pädagoge Horst Rumpf (1996) hat dieses Spannungsfeld mit Blick auf den kindlichen Bewegungskörper herausgearbeitet. Er differenziert dabei zwischen dem *zivilisierten* und dem *wilden* Körper. Diese Differenzierung ist gleichbedeutend zu der in der Didaktik gebräuchlichen Unterscheidung zwischen dem wildem und dem zivilisierten Lernen. Die Lernprozesse von Kindern sind nämlich oftmals weitaus komplexer, spontaner, individueller, impulsiver und kreativer, als es Lernpsychologen zu erklären vermögen. Deshalb passiert vor allem in informellen Bewegungsszenen, wie dem freien Spielen oder dem Lernen an der Half-Pipe (vgl. Lange 2002), zumeist weitaus mehr als das, was mit Hilfe der lernpsychologisch abgesicherten Didaktik zu fassen ist.

> „Diese ursprünglichen kreativen kindlichen und damit im wirklichen Sinne kindge-
> mäßen Lernmöglichkeiten und -formen werden in aller Regel durch die institutionali-
> sierte Lernorganisation der Schule zu wenig oder gar nicht akzeptiert und genutzt; im
> Gegenteil, diese Lernmöglichkeiten werden oft geradezu aktiv unterdrückt. Das wilde
> Lernen der Kinder erscheint als zu chaotisch und damit wenig rational curricular plan-
> und organisierbar" (Krawitz 1997, 275f.).

Während in der sportbezogenen Methodikliteratur fast ausnahmslos von dem ersten Körper und Weg ausgegangen wird, möchten wir das Augenmerk vermehrt auf den zweiten, den wilden Bewegungskörper der Kinder richten. Aus diesem Grund sollen vorerst notwendige Abgrenzungen zur traditionellen Methodik vorgenommen werden, die man in der spielme-thodischen Literatur vorwiegend unter dem Stichwort der *Kleinen Spiele* finden kann. Der Zusatz *klein* weist in diesem Zusammenhang bereits auf eine Geringschätzung solcher Spiele hin. Wir beleuchten im Folgenden dieses Problem exemplarisch, bevor wir dann in einem zweiten Schritt auf die Spiegelung des sogenannten *zivilisierten Körpers* in den *Kleinen Spielen* eingehen.

Aufgabe 94:
Recherchieren Sie aus dem Fundus der Ihnen bekannten Methodenliteratur zum Sportun-terricht je ein Beispiel das a) zum oben skizzierten Bild des zivilisierten Kinderkörpers und b) zu dem des wilden Kinderkörpers passt. Präsentieren Sie die Beispiele anschaulich

6.1.3 Zur Geringschätzung der *Kleinen Spiele*

Hinter dem Satz des Sportlehrers – *Zum Abschluss machen wir noch ein Spiel* – verbirgt sich ein weit verbreitetes Denken, das die sportunterrichtliche Randstellung der Spiele kenn-zeichnet. Die *Kleinen Spiele* werden nämlich mancherorts lediglich als eine spaßbringende, aber nicht für ernsthafte Zwecke zu gebrauchende Tätigkeit gesehen. Möglicherweise han-delt es sich oftmals auch nur um eine Art Belohnung, die sich die Kinder verdient haben, wenn sie zuvor gut mitgemacht und an diesem Tag im Sportunterricht viel geleistet haben. Für andere Kinder bedeutet diese geläufige Inszenierung des Spiels möglicherweise aber auch das sehnsüchtig erwartete Ende des Sportunterrichts, weil sie wissen, dass der Unter-richt nur allzu oft mit diesem Ritual beendet wird. Der Eigenwert des Spiels taucht hierbei leider überhaupt nicht auf. Unterricht und Spiel werden hier als zwei verschiedene Dinge erkannt, die nebeneinander stehen und nicht aufeinander bezogen werden. Spielen wird dem Unterricht nachgestellt, es ist sozusagen *Nicht-Unterricht* und es scheint, als würde Spielen erst möglich werden, wenn der eigentliche Unterricht beendet ist (vgl. Dietrich 1980, 13). Manchmal werden die *Kleinen Spiele* aber trotzdem zielorientiert im Unterrichtsverlauf untergebracht und dort für andere Zwecke funktionalisiert, was ihnen ebenfalls ihren Eigenwert und -sinn nimmt und deshalb auch konsequent durch die Verwendung des Zusatzes *klein* zum Ausdruck gebracht wird.

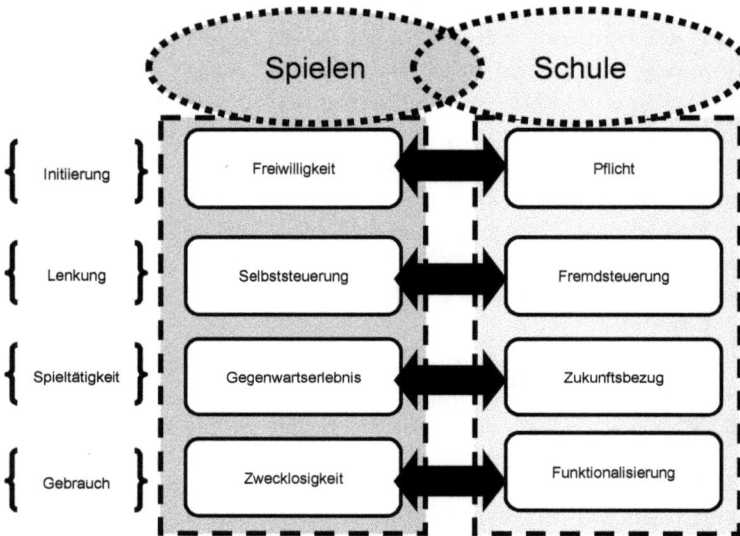

Abb. 15:   Polaritäten zwischen dem freien Spiel und der Schule (vgl. bereits Dietrich 1980)

Aufgabe 95:
Erörtern Sie die Differenz zwischen den Settings „Schule" und „Spielen" im Lichte Ihres Bildungs- und Erziehungsverständnisses.

6.1.4   Nutzbarmachung und Funktionalisierung

Eine gängige Strategie im Umgang mit den sogenannten *Kleinen Spielen* läuft darauf hinaus, sie für das Erlernen der *Großen Sportspiele* (Fußball, Handball, Basketball, Volleyball oder Hockey) oder für andere Zwecke zu instrumentalisieren. Die Gefahr ist groß, unfd das Problem ist in der Praxis und der praxisanleitenden Literatur weit verbreitet. Derjenige, der versucht, die *Kleinen Spiele* zuerst nach ihrem Verwendungszweck zu betrachten, stellt sie dadurch schon prinzipiell in einen funktionalen Zusammenhang. Das Ziel der Lehrenden ist dabei, durch den Vollzug der *Kleinen Spiele* bestimmte Effekte bei den Spielenden hervorzurufen. Neben der Vorbereitung auf die *Großen Sportspiele* orientiert sich die Funktionalisierung und Nutzbarmachung u.a. auf die Verbesserung der Kondition und Fitness oder gar der Förderung sozialen Verhaltens. Die Strategie der Vorbereitung auf die *Großen Sportspiele* ist zumeist additiv und simpel gedacht, denn es werden einfach mehrere *Kleine Spiele* aneinandergereiht und nacheinander gespielt. Und zwar so lang, bis man beim richtigen *Großen Sportspiel* angekommen ist. Im Spektrum der traditionellen Sportspielvermittlung tauchen mehrere Varianten solcher instrumentellen spieldidaktischen Lehrgänge auf: So führt beispielsweise Söll (1996) die sogenannte *indirekte Konfrontationsmethode* als Möglichkeit an, das Zielspiel durch *Kleine Spiele* vorzubereiten. Vergleichbares lässt sich aber auch in den Vorschlägen zum *spielgemäßen Konzept* wiedererkennen, in denen von reduzierten Spielformen ausgehend das Zielspiel erarbeitet wird. Der integrative Ansatz der Sportspielvermittlung (vgl. Groth & Kuhlmann 1989; aber auch Adolf & Hönl 1998) sieht vor, die Vielzahl *Kleiner Spiele* zu ordnen, um sich über einen methodischen Dreischritt zum Zielspiel vorzuarbeiten: Zuerst *Kleine Spiele*; dann folgt eine integrative Gruppe und schließlich die *Großen Sportspiele* (vgl. auch Kuhlmann 1999).

Aufgabe 96:
Wie haben Sie den Lernbereich „Kleine Spiele/Bewegungsspiele" in Ihrem Studium kennen gelernt? Nehmen Sie für die Bearbeitung dieser Aufgabe einen Praxiskurs in den Blick und portraitieren Sie eine einschlägige Spielszene.

6.1.5   Der zivilisierte Körper in den Kleinen Spielen

Aus den eben skizzierten Methoden der Sportspielvermittlung geht unmissverständlich hervor, dass die in diesem Zusammenhang thematisierten Spiele ihren Wert nicht in sich selbst, sondern in Hinblick auf die Sinnmuster des jeweiligen Zielspieles bzw. angedachten Verwendungszwecks finden. Das kindliche Bewegen findet mit Blick auf die von Rumpf (1996) gebrauchte Unterscheidung demnach im Geiste des sogenannten *zivilisierten Körpers* statt. Der Eigenwert des kindlichen Spielens wird also der perspektivisch gedachten Spielschulung bzw. der Verbesserung von Kondition und Fitness etc. geopfert. Diese methodische bzw. strategische Richtungsentscheidung spiegelt sich auch in dem wohl bekanntesten Spielebuch zum Sportunterricht von Erika und Hugo Döbler (1978/2003) wider. Dort beschreiben die Autoren die Notwendigkeit *Kleiner Spiele* im Sportunterricht folgendermaßen: Die Spiele haben

> „[…] ihren Teilbeitrag zu leisten bei der Erfüllung der Hauptaufgabe des Sportunterrichts – der vielseitigen körperlichen Grundausbildung. Dazu gehören die Entwicklung und Vervollkommnung konditioneller und besonders koordinativer Fähigkeiten, die Ausbildung sportlicher Fertigkeiten, die Vermittlung und Anwendung von Kenntnissen" (Döbler & Döbler 2003).

Kleine Spiele werden also nach dieser Auffassung nur deshalb gespielt, um etwas, das außerhalb des ursprünglichen Spielsinnes liegt, zu erreichen. Daher richten sich auch die Auswahl und Beurteilungskriterien dieser Spiele nicht am Selbstzweck, sondern an dem der Zielspiele bzw. der zugrunde gelegten Fitnessmotive und Zielvorstellungen des Lehrers aus. Da auch die Art und Weise der Inszenierung betroffen ist, muss der Bogen sogar noch weiter gespannt werden. Schließlich spielen die Kinder im Zuge von Unterrichtsreihen, die nach solchen Vorgaben geplant wurden, nicht mehr *wild*, sondern sie trainieren, belasten und erholen sich nach den Vorgaben einer *zivilisierten Trainingsmethodik*. Eine weitere Verzweckung der *Kleinen Spiele* geschieht unter dem Deckmantel des sogenannten *sozialen Lernens*. Dabei wird angenommen, dass durch das Spielen *Kleiner Spiele* vielfältige Anlässe zum Erwerb sozialer Kompetenzen gegeben sind, die zur Schulung derselben genutzt werden können. Weil Kinder in ihren Mannschaften gemeinsam spielen oder gegeneinander antreten, Regeln einhalten und gegebenenfalls auch verändern, wird angenommen, dass die *Kleinen Spiele* immer wieder auch soziale Lerngelegenheiten schaffen. [54]

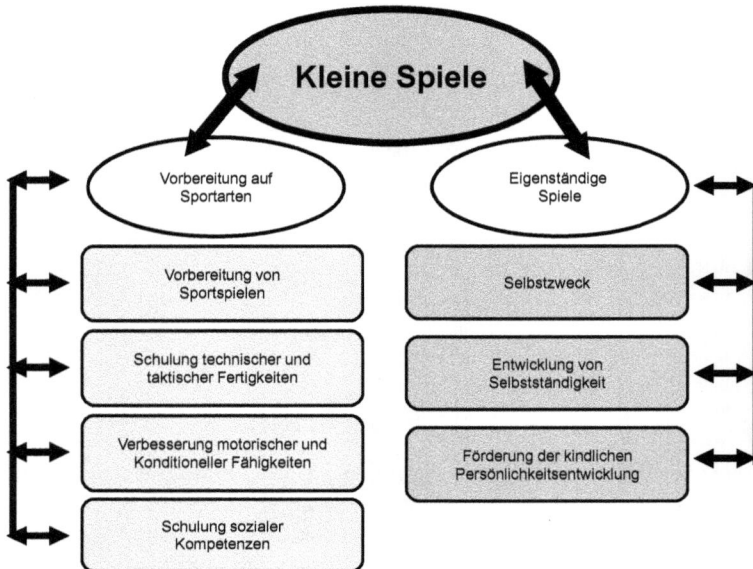

Abb. 16:   Zur Einbeziehung *Kleiner Spiele* in den Sportunterricht

6.1.6   Der wilde Körper in den Bewegungsspielen

Wenn man auf den Zusatz *klein* verzichten und stattdessen den Eigenwert der Spiele betonen möchte, dann gelangt man – auch in terminologischer Hinsicht – zu den *Bewegungsspielen*, deren Sinn nicht in der Instrumentalisierung, sondern im zweckfreien Tun zu finden ist. Bezogen auf die spielenden Kinder interessiert dann auch der wilde, ursprüngliche und nicht der zivilisierte, angepasste Körper. Im Spielen geht es zuallererst darum, das Spielen zu lernen, weshalb die oben angesprochenen Verzweckungsabsichten außen vor bleiben. Allgemein gesagt lässt sich deshalb für den Sportunterricht die Aufgabe ableiten, dieses ursprüngliche Spielen überhaupt erst zuzulassen. Für den Lehrer folgt hieraus, dass er den Kindern in diesem Prozess helfen und zur Seite stehen soll. In spieldidaktischer Hinsicht wird also das Effizienzkriterium der *Kleinen Spiele* durch die Eigenwertigkeit der *Bewegungsspiele* ersetzt, woraus für die Systematisierung folgt, dass man sich nicht an den konditionellen Belastungen, sondern an den Motiven der Spiele orientieren muss.

---

54   Vgl. hierzu auch die Schrift von Sygusch (2007), der ein sportartenorientiertes Konzept zur Förderung psychosozialer Ressourcen vorlegt, das gleichzeitig für die Schule und den Verein Geltung beansprucht. Das Konzept geht von der einfachen Gleichung aus, dass eine Förderung durch Sport genau an solchen Ressourcen ansetzen muss, die im Sport selber von zentraler Bedeutung sind. In diesem Sinne orientiert Sygusch sein Konzept am Gegenstand Sport bzw. Sportarten. Er verzichtet auf die Diskussion des didaktischen Problems der Themenkonstitution, weshalb er seiner Arbeit einen schlichten Methodenpool anhängen kann (S. 146–240). Hier finden sich zahlreiche Kleine Spiele, von denen einschlägige Wirkungen erwartet werden.

Aufgabe 97:
Erörtern Sie die Differenz zwischen der im Alltag beobachtbaren Leichtigkeit des Kinderspiels und der im Schulsport zu beobachtenden Lustlosigkeit mancher Schüler.

6.2   Zur Theorie des Spiels

Manche Aufschreie oder Lachanfälle, die Kinder während ihres Spielens haben, deuten darauf hin, dass dort Unerwartetes passiert, was die Kinder bei ihrem Tun überrascht. Solche *Äußerungen* können deshalb als Indiz dafür angesehen werden, dass das kindliche Spiel von Überraschungsmomenten durchsetzt ist. Diese Überraschungen sind spannend, die Kinder wissen nämlich nicht, wann und ob sie auf sie zukommen, ob sie sich wiederholen oder in welcher Variante sie vielleicht noch einmal auftreten. Das Spiel im Rahmen dieser Überraschungsmomente und unerwarteten Handlungsabläufe bereitet Kindern zumeist Freude und fordert zum Schreien und zum Lachen heraus.

Ein Weg, diese Phänomene zu verstehen, könnte dahin führen, dass man versucht, die besondere Offenheit des Spielens genauer in den Blick zu nehmen. Die ist geradezu kennzeichnend für das Spiel, weil man beispielsweise zu Spielbeginn noch gar nicht weiß, ob eine bestimmte Aufgabe überhaupt erfüllt werden kann oder ob sie vielleicht einen ganz ungewöhnlichen Verlauf nehmen wird. Gelingt es beispielsweise, bei einem Fangspiel den Mitspieler geschickt abzuticken? Und zwar so, dass man sich nach dem daran gebundenen Rollentausch vom *Jäger* zum *Hasen* wieder rasch in Sicherheit bringen kann? Der ständige Wechsel zwischen Spannung und Entspannung hält das Spiel im wahrsten Sinne des Wortes in Bewegung. Dabei können Gemeinsamkeitserlebnisse, Bestätigungen bei der Aufgabenbewältigung, Eindrücke zur Fantasie und Selbstbestimmung erfahren und erlebt werden. Der spielende Mensch wird also in seiner Ganzheitlichkeit von den Eindrücken des Spielens erfasst, was ihm Freude und Befriedigung vermitteln kann.

Aufgabe 98:
An welchen Phänomenen und Begriffen orientieren Sie sich, wenn Sie den Kern des kindlichen Bewegungsspiels beschreiben möchten. Listen Sie die für Ihre Sicht relevanten Begriffe auf und verdichten Sie diese zu einer persönlichen (vorläufigen) Arbeitsdefinition.

6.2.1   Eckpunkte aus dem Feld der Spieltheorie

„Das Spiel gehört zu den faszinierendsten Erscheinungen unseres Lebens. Philosophen und Dichter, Verhaltensforscher, Pädagogen und Ärzte sind von ihm zu grundsätzlichen Betrachtungen wie zur sorgsamen Beobachtung, Beschreibung und fördernder Pflege seiner einzelnen Formen und Aspekte aufgefordert worden" (Scheuerl 1994, 9).

Aus diesem Grund liegt inzwischen auch eine kaum mehr überschaubare Fülle an Forschungsergebnissen, Veröffentlichungen und Theorien zum Spielen vor. So stellte beispielsweise Rimmert van der Kooij, Präsident des ICCP (International Council for Children's Play), 1991 fest, dass inzwischen weit über 5000 wissenschaftliche Publikationen über das Spiel veröffentlicht wurden (van der Kooij 2001, 293), und Scheuerl (1997, 241) weist darauf hin, dass inzwischen sogar mehr als 25 differenzierte Spieltheorien existieren. Dabei hatte van der Kooij vor allem das kindliche Spielen im Blick, wozu bis heute ohne Zweifel noch etliche weitere Veröffentlichungen hinzugekommen sind. In Anbetracht dieser beachtlichen Fülle versteht es sich von selbst, dass der Fokus im Folgenden nur exemplarisch auf ausgewählte Aspekte konzentriert werden kann. Für ein vertieftes Studium sei an dieser Stelle auf die beiden einschlägigen Bände des Pädagogen Scheuerl (1994, 1997) verwiesen, der sich dort sowohl mit dem Wesen als auch mit der relevanten Theorie des Spiels auseinandersetzt. Um an dieser Stelle dennoch eine Orientierung vorzunehmen, soll in aller Kürze auf die Theorie der sogenannten *Funktionslust* eingegangen werden.

6.2.2   Funktionslust

Was entdecken und empfinden Kinder, wenn sie beispielsweise auf ihrem Schulweg verspielt von links nach rechts und wieder zurück springen, den Fugen des Fußweges nachlaufen oder auf umgefallenen Bäumen balancieren, anstatt schnurstracks nach Hause zu gehen? Wohl so etwas wie eine besondere Lust, auf die bereits der Psychologe Karl Bühler (1879–1963) aufmerksam gemacht hat. In Hinblick auf die Ausformulierung einer Spieltheorie plädierte er sogar dafür, dass man sich dem mit dem Spiel verbundenen Lustgefühl widmen muss, um angemessene Definitionen und Erklärungen des Spiels ergründen zu können. Er führte in diesem Zusammenhang den Begriff der *Funktionslust* ein, der in der pädagogischen Psychologie jahrzehntelang zu den zentralen Begrifflichkeiten zählte. Hinter dem Terminus der *Funktionslust* steht Bühlers Auffassung nach der reibungslose Ablauf einer *Funktion*. Dieser Ablauf hat eine eigene besondere Bedeutung, er ist deshalb auch als solcher lustvoll, hat seinen Wert in sich und bedarf aus diesem Grund auch keinerlei externer Ziele.

> Ein spielender Mensch „[…] verfolgt damit kein außerhalb seiner Tätigkeit liegendes Ziel, sondern die im Spiel tätigen ‚Funktionen‘ selbst machen ihm Lust und um eben dieser ‚Funktionslust‘ willen spielt er" (Scheuerl 1973).

Wenn man sich also in seinem Unterricht für die Inszenierung von Laufspielen entscheidet, dann muss klar sein, dass die pädagogische Aufmerksamkeit nicht auf irgendwelche technologisch gedachten Anpassungen gerichtet ist, sondern auf die durch die Laufaufgaben provozierte Lust hin konzentriert wird. Deshalb muss bereits vor dem Unterrichtsbeginn in der didaktischen Analyse geklärt werden, um welche Funktionen es bei dem jeweiligen Spiel eigentlich geht.

Aufgabe 99:
Ist Ihnen das Phänomen der „Funktionslust" im Zuge Ihres Sporttreibens und Spielens auch schon einmal begegnet? Skizzieren Sie hierzu ein Portrait.

Zum Aufrechterhalten der Lust am Spiel

Wenn diese Lust an der Funktion beim Laufen zum Thema gemacht werden soll und wenn man dabei immer noch vom Spielen bzw. gar von Laufspielen reden möchte, dann kommt es weniger auf das Festlegen von Regeln, sondern vielmehr auf das Offenhalten von Möglichkeiten an. Es gilt, den Spielenden eine Aufgabe bzw. einen Rahmen zur Verfügung zu stellen, der es erlaubt, Lust auf die jeweilige Funktion zu entwickeln. Es gilt also, den Begriff der *Funktionslust* weiterzudenken, was u.a. der niederländische Anthropologe Buytendijk

getan hat. Er hat dabei das Moment der Überraschung und des Abenteuers genauer untersucht und ist deshalb deutlich über die Dimension des Sports hinausgegangen. Er kritisiert
sogar den durch das sportbezogene Regelwerk vorgegebenen Rahmen und richtet den Fokus
seiner Studie viel grundsätzlicher aus. Buytendijk erkennt eine wesentliche Seite des Spiels
in dem offenen und zugleich kennzeichnenden Spannungsfeld zwischen Gelingen und Misslingen. Er meint, dass sich unter anderem das freie Spiel der Kinder sowohl von bloßen *lust-
betonten Bewegungen* als auch von starren *Fixierungen* eines entarteten Sports unterscheidet
(Scheuerl, 1973, 21). Vor dem Hintergrund seines anthropologischen Zugangs wendet er sich
deshalb gegen eine *Sportifizierung* des Spiels und bemängelt den fließenden Übergang des
Spiels in den Sport. Besonders kritikwürdig scheint ihm die Tatsache, dass bereits Kinder
zum Sport hin und weg vom Spiel erzogen werden. Sie bekommen seiner Meinung nach die
Inhalte und Regeln des Sports genau in den Kanälen vermittelt, die Erwachsene zu diesen
Inhalten tradiert und fixiert haben (Buytendijk 1933, 47f.). Dem zum Trotz meint er, dass die
Grunddynamik des Spielens im freien, flüssigen Hin und Her zwischen Spieler und Gegenspieler (oder Spielgegenstand) liegt. Das in dieser Weise verstandene Spiel geht also deutlich
über die sportbezogene Auslegung hinaus, denn im Gegensatz zum Sport meint das Spiel
demnach „*[...] nicht nur, dass einer mit etwas spielt, sondern auch, dass etwas mit dem
Spieler spielt*" (Scheuerl, 1973, 22). Hinter diesem *Etwas* verbirgt sich aller Voraussicht
nach die jeweilige Funktion. Das Herausfinden und Vertiefen in diese Funktion macht Lust,
und diese Lust ist der Motor des Spiels, sie treibt immer weiter zum Spielen an.

Aufgabe 100:
Was fällt Ihnen ein um die Lust am Spiel aufrecht zu erhalten? Versetzen Sie sich in die
Lage eines Spielleiters und listen Sie Ihre Maßnahmen anschaulich auf.

6.3   Kennzeichen des Spiels

Die theoriegeleitete Einführung in die sogenannte *Funktionslust* könnte an dieser Stelle ohne
Probleme durch die Verarbeitung weiterer, der von van der Kooij genannten 25 relevanten
Spieltheorien ausgebaut und kontrastiert werden. Dies kann hier nicht in der erforderlichen
Breite geschehen, weshalb auf den nächsten Seiten lediglich sechs charakteristische Kennzeichen des Spiels skizziert und im Hinblick auf das Thema *Laufspiele* ausgelegt werden
sollen. Diese Kennzeichen beleuchten das Phänomen der Funktionslust aus unterschiedlichen
Perspektiven und erlauben somit einen differenzierten Zugang zu dem vermeintlichen Kern
des Spiels. Sie werden deshalb auch in der spielbezogenen Literatur immer wieder genannt
und aufgearbeitet (vgl. vor allem Scheuerl 1994; 1997). Da diese sechs Kennzeichen sehr
treffende Anknüpfungspunkte für ein Verstehen des Spielens erlauben, greifen wir entsprechend darauf zurück. Wir beginnen mit dem Kennzeichen der sogenannten *inneren Unendlichkeit*, hinter dem sich die Tiefe der Funktionslust verbirgt.

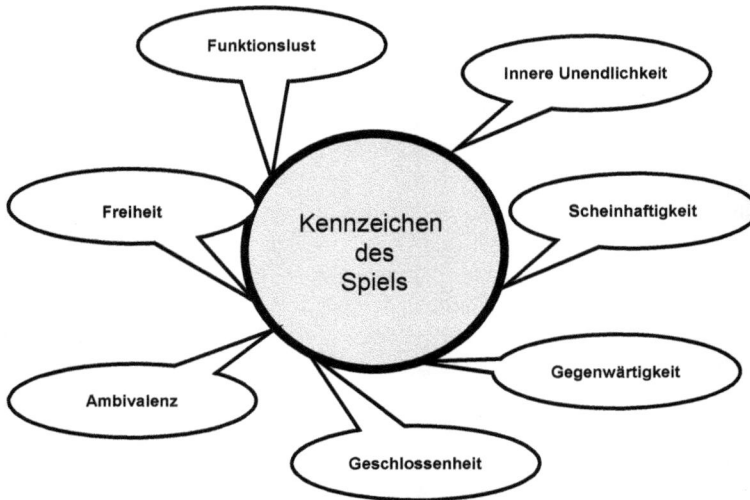

Abb. 17:   Kennzeichen des Spiels

6.3.1   Innere Unendlichkeit

Manchmal gelingt es, sich derart in eine Tätigkeit zu vertiefen, dass man gar nicht mehr aufhören kann. Man versinkt regelrecht in die Auseinandersetzung mit der Sache, die deshalb so etwas wie eine *innere Unendlichkeit* zu haben scheint. Dieser Begriff passt wiederum ausgezeichnet zum Begriff des Spielens, denn das deutsche Wort *Spielen* kommt vom Althochdeutschen *spilen*, was das Fließende, Bewegliche, das Schwebende, sich Bewegende bedeutet (vgl. Kluge 2002). Die Wortbedeutung lässt also bereits vermuten, dass das Spiel nicht den Stillstand, sondern, im Gegenteil, die Bewegung kennzeichnet. Spieler können also im Zuge der aktiven und selbstbestimmten Auseinandersetzung mit einer Sache, Umwelt oder Spielidee in einen regelrechten Spielfluss gelangen. Aus Erfahrungsberichten von Läufern kennt man das Phänomen des sogenannten *Laufrausches*. Die Betroffenen vertiefen sich derart in ihren Lauf, dass sie gar nicht mehr aufhören wollen bzw. können. Populär geworden ist dieses Phänomen durch die Erklärung eines sogenannten *Runners High*, der mit der Produktion körpereigener Opiate, dem Hormon *Endorphin*, erklärt wird. Auch wenn diese hormonelle Ursache des Laufrausches mittlerweile sportmedizinisch sehr gut erforscht ist, soll das nicht über die Bedeutung des *Sich-Vertiefens* hinwegtäuschen. Denn bei diesem Vertiefen kann es Läufern gelingen, in ihrem Bewegen immer wieder Neues zu entdecken und sich immer weiter und vor allem feiner abgestimmt zu vertiefen. Dieser differenzierte Prozess der Achtsamkeit kann durchaus auch mit dem Moment der inneren Unendlichkeit des Spiels in Verbindung gebracht werden. Dabei ist die Aufmerksamkeit der Spieler vollends auf den Verlauf des Spiels konzentriert und sie sind in die Sachlage und den Fortgang des Spiels versunken. Neuerdings wird hierfür auch der englische Begriff *Flowexperience* gebraucht, um dieses Gefühl des *Fließens* und der völligen Versunkenheit im Spiel zu beschreiben (vgl. v.a. Csikszentmihalyi 1995).

Aufgabe 101:
Ist Ihnen das Kennzeichen der „inneren Unendlichkeit" während Ihres Spielens auch schon einmal begegnet? Fertigen Sie hierzu ein anschauliches Portrait an.

6.3.2   Scheinhaftigkeit

Ein zweites Merkmal des Spiels wird in der Spieltheorie als das Moment der Scheinhaftigkeit beschrieben. Damit sind nicht die objektiven Gegenstände, mit denen gespielt wird, gemeint, sondern der Anschein, den sie während des Spielens erwecken. Das Kennzeichen des *Scheinhaften* wird in der Spieltheorie nicht durchgängig als positiv bewertet, sondern mitunter auch als *bloße Einbildung* und *Illusion* abgetan. Dieser negative Akzent schwingt in den Deutungen der meisten Spieltheoretiker immer ein Stück weit mit. Wenn es bei der Deutung des Scheinhaften demgegenüber gar nicht auf das Erfassen von Realität, sondern auf das unmittelbare Erleben dieses (gegebenen) Scheins ankommt, dann fallen die Einschätzungen weitaus positiver aus. So versucht auch Scheuerl (1994, 82) in positivem Sinne dieses Merkmal der Scheinhaftigkeit folgendermaßen zu deuten und zu erklären:

> „Man kann mit Holzklötzen als stereometrischen Körpern oder man kann mit ihnen als Zeichen für Häuser, Türme, Tore, Tiere, Menschen usw. spielen. Konstituierend für das Spiel sind in beiden Fällen nicht die Klötze als Körper oder als Häuser usw., sondern ein Drittes, Scheinhaftes, das zwischen ihnen und über sie hinweg spielt."

In diesem Sinne spielen Kinder nicht mit den Dingen an sich, sondern mit den Bildern, die sie in diesen *Dingen* sehen, sowie mit den Bedeutungen, die sie in Auseinandersetzung und Vertiefung *mit diesen Dingen* hineinlegen. So gesehen kann ein umgefallener Baumstamm zu vielen Spielmöglichkeiten Anlass bieten, je nachdem was der Spieler mit ihm in Verbindung bringen kann. In Bezug auf das Thema Laufen werden mit bestimmten Zielen oder auch Aufgaben zum Teil unterschiedliche Bedeutungen in Verbindung gebracht, die dann auch zu entsprechend unterschiedlichem Spielengagement herausfordern. Mit Scheuerl (1994, 84) gesprochen ist also die *Spieltätigkeit* des Spielers so etwas wie *ein Erzeugen von Bildern und ein Sich-Hingeben an sie*. Genau diese Möglichkeit sollten gute Laufspiele für die Spieler bzw. Läufer bereithalten. Die Aufgabenstellung muss also genügend Spiel- und Interpretationsraum für solche Bedeutungsauslegungen lassen.

Aufgabe 102:
Ist Ihnen das Kennzeichen der „Scheinhaftigkeit" während Ihres Spielens auch schon einmal begegnet? Fertigen Sie hierzu ein anschauliches Portrait an.

6.3.3   Gegenwärtigkeit

In Opposition zur *Zukunftsorientierung* der klassischen Trainingslehre gründet in der Möglichkeit des *Gegenwartserlebens* eine weitere einschlägige Qualität für die Spielenden. Anders als die ausschließlich sachlogisch und zielorientiert geplanten Trainingseinheiten bietet das Spielen vielfältige Gelegenheiten, Gegenwart zu erleben. In dem kennzeichnenden Zyklus aus Wahrnehmen, Entscheiden und Handeln bleibt es immer ein Stück weit ungewiss, ob die jeweilige Entscheidung nun richtig oder falsch war. Ebenso offen bleibt die Aussicht, im

Spiel Neues bzw. neue Variationen bereits bekannter Erfahrungen zu entdecken. Die hierdurch gegebene Spannung finden Spieler keineswegs im vorausschauenden Planen, sondern vielmehr ganz unmittelbar, d.h. in der Gegenwart. In diesem Sinne beschreibt beispielsweise Schleiermacher (1768–1834) die Spieltätigkeit als eine *„Befriedigung des Momentes ohne Rücksicht auf die Zukunft"* (zit. n. Scheuerl 1994, 95). Im Spiel kann der Spielende die Grenzen der physikalischen, messbaren Zeit vergessen. Die spielerische Vertiefung in die jeweilige Sachlage und Aufgabe sowie das daran gebundene *Aufgehen im Tun* lassen den Spieler scheinbar im Moment der Gegenwart verbleiben, die Gegenwart wird deshalb als erfüllt erlebt.

Aufgabe 103:
Ist Ihnen das Kennzeichen der „Gegenwärtigkeit" während Ihres Spielens auch schon einmal begegnet? Fertigen Sie hierzu ein anschauliches Portrait an.

6.3.4   Geschlossenheit

Das Moment der Geschlossenheit wird von vielen Autoren als weiteres Kennzeichen des Spiels hervorgehoben. So deutet z.B. Johan Huizinga diese Geschlossenheit und das Begrenzt-Sein des Spiels als das primäre Kriterium des Spielbegriffs. Der niederländische Kulturanthropologe meint nämlich, dass spielende Menschen sich von der *„gewöhnlichen Welt"* distanzieren, indem sie *„in eine zeitweilige Sphäre von Aktivität mit eigener Tendenz"* eintreten und sagen: *„Wir sind und wir machen es anders!"* Genau in diesem *Anders* liegt die Begrenztheit des Spiels, sein Abgezäunt-Sein gegenüber dem sonstigen Leben (Scheuerl 1994, 92). Man spielt die Spiele deshalb wohl auch in einem passenden Rahmen. Hierzu zählen nicht nur besondere Spielorte, sondern auch Spielpartner, -aufgaben und -regeln. Die Abstimmung all dieser Parameter des Spielrahmens kann in der Konsequenz dazu führen, dass Kinder in Rollen schlüpfen (z.B. Hase und Jäger oder Wolf und Schafe) und nach bestimmten Regeln und Ritualen voreinander weg- bzw. hintereinander herlaufen und dabei viel Freude erleben. Einen ähnlichen Aspekt der spielbezogenen Geschlossenheit hebt Fröbel hervor, wenn er meint, dass es immer zum Spiel dazu gehöre, *„[...] sich nur innerhalb einer gewissen Beschränkung und Begrenzung"* frei zu bewegen. Das Spiel ist demnach von (in sich geschlossenen) schlüssigen Gesetzen bestimmt, die spielimmanent sind und mit denen die Spielenden während ihres Spiels umgehen müssen, um es vollziehen zu können.

Aufgabe 104:
Ist Ihnen das Kennzeichen der „Geschlossenheit" während Ihres Spielens auch schon einmal begegnet? Fertigen Sie hierzu ein anschauliches Portrait an.

6.3.5   Ambivalenz

Die kennzeichnende Doppelwertigkeit (Ambivalenz) im Wesen des Spiels kann auf verschiedene Weise verstanden werden. Buytendijk (1933) hat diese Seite der spielerischen Dynamik am klarsten von allen Spieltheoretikern herausgearbeitet: Er erkennt das Charakteristische des Spielens in einem ewigen Hin und Her, Auf und Ab, Nach-rechts und Nach-links. Beobachten kann man dieses Phänomen beispielsweise im Werfen und Fangen von

Kindern (vgl. Lange & Sinning 2002). Das kennzeichnende *Hin und Zurück* dieses Spiels beschreibt immer auch die Ambivalenz zwischen *Befreiung* und *Vereinnahmung*. Die Kinder geben den Ball im Moment des Werfens frei und verleiben ihn sich im Moment des Fangens bald wieder ein. Sie unterliegen damit dem Prinzip endloser Wiederholungen. Vergleichbares lässt sich auch im Laufen der Kinder beobachten, denn sobald sie dort nichts Neues mehr entdecken können, wird die Aufgabe uninteressant. Wenn in der Laufaufgabe hingegen eine Ambivalenz entdeckt wird, wenn beispielsweise bei einem Fangspiel ständig und vor allem plötzlich zwischen der Rolle des Fängers und des zu Fangenden gewechselt werden muss, dann bleibt das Laufspiel spannend. Die Ambivalenz entgegengesetzter Momente kann auch als ein Abwägen verstanden werden, indem die Spieler immer wieder versuchen, einen aufgegebenen Zustand neu bzw. wieder zu entdecken. Sobald sich diese Ambivalenz allerdings in Eindeutigkeit umwandelt, so schlägt auch das Spiel in *Ernst* um oder es löst sich ganz auf. Wenn z.B. Kinder während eines Fangspiels bemerken, dass ein übermächtig starker Fänger den anderen Kindern gar keine Chance lässt, dann wird das Spiel uninteressant und zumeist recht bald beendet. Aus diesem Grund verstehen es Kinder, solche Spielvoraussetzungen bzw. -situationen zu retten, indem sie den Stärkeren mit einem Handicap ausstatten bzw. den Schwächeren Inseln verschaffen (z.B. Male), auf die sie sich in Sicherheit zurückziehen können. Hierdurch steigen ihre Chancen zum Entkommen, und das Spiel wird wieder interessant. In diesem Sinne meint beispielsweise auch Buytendijk, dass das völlig Bekannte genauso sehr zum Spielen ungeeignet ist wie das völlig Unbekannte. Gleiches versucht Scheuerl (1994, 90) in Rückgriff auf eine Äußerung von Helmuth Plessner (1950) zu sagen:

> „Spielen ist ein In-sich-Halten im ‚Zwischen‘ in jeglicher Hinsicht. Wer von einem Wesen, einem Ding, einem Geschehnis sagt, ‚es spielt‘, der sagt formal nichts anderes aus, als dass es nicht entschieden festgelegt sei, weder auf ein eindeutiges Ziel, noch auf einen eindimensionalen ‚Aktionstunnel‘, sondern dass es sich gegenüber allen Richtungspolen in einem kreisenden, pendelnden, schwebenden ‚Zwischen‘ befinde.“

Aufgabe 105:
Ist Ihnen das Kennzeichen der „Ambivalenz“ während Ihres Spielens auch schon einmal begegnet? Fertigen Sie hierzu ein anschauliches Portrait an.

6.3.6 Freiheit

Die Ausführungen zu den vorangegangenen fünf Kennzeichen des Spiels ließen immer wieder Schlüsse und Anknüpfungen zum Moment der Freiheit zu, weshalb mit Recht angenommen werden darf, dass es sich hierbei um ein besonders zentrales Kennzeichen des Spiels handelt. In vielen Spieltheorien heißt es, dass das Spiel keinen außerhalb seiner selbst liegenden Zwecke erfüllt. Durch die Hervorhebung dieser Eigenwertigkeit und Eigengesetzlichkeit wird der Eindruck erweckt, dass sich das Spiel durch die Freiheit von den Zwängen des Alltags- und Arbeitslebens auszeichnet. Im Spiel gibt es keine unbeliebte Arbeit, keinen Kampf ums Dasein, keine Not und keine Existenzzwänge, wie wir sie aus dem Spektrum des sogenannten Ernst des Lebens her kennen. Und trotzdem sind Spielaufgaben für die Spieler wichtig genug, um sich vollends darin zu vertiefen, ja manchmal sogar um in diesem Spielen regelrecht aufzugehen.

Vor dem Hintergrund der in der Spielliteratur vorzufindenden zahlreichen Befunde, die zur Bedeutung der Freiheit im Spiel Auskunft geben, fasst Scheuerl (1994, 69) Folgendes zusammen:

> „Spiel ist frei vom Zwang ungebärdig drängender Triebe, frei von den gebieterischen Nötigungen des Instinkts. Es ist frei von den Bedürfnissen des Daseinskampfes, von der Not des Sich-Wehrens. Spiel ist nicht Ernst im gewöhnlichen Sinne, was nicht ausschließt, dass es mit Ernst und mit Eifer betrieben werden kann. Es ist ohne Konsequenzen. Es ist nicht auf Zwecke gerichtet, was nicht ausschließt, dass es durchaus zweckvolle Zusammenhänge enthalten kann."

Aufgabe 106:
Ist Ihnen das Kennzeichen der „Freiheit" während Ihres Spielens auch schon einmal begegnet? Fertigen Sie hierzu ein anschauliches Portrait an.

6.4   Um ein Spielmotiv herum systematisieren

Wenn der Eigensinn des Spiels Thema sein soll, müsste auch die Systematisierung darauf hinauslaufen, eine Spielvermittlung anzustreben, die es möglich macht, das Spiel hinsichtlich seines *Eigensinns* zu verstehen. Um das Spiel jedoch in dieser Weise verstehen zu können, muss der Spieler und der Lehrende das jeweils Typische eines Spiels erfahren und dadurch das Problem des spezifischen Spiels begreifen können. Dieses Typische eines Spiels lässt sich allerdings nicht haarscharf benennen, denn es kann nur in einem Spannungsfeld zwischen den speziellen Anforderungen an den Spieler und dem Reiz, den das Spiel auf ihn ausübt, erschlossen werden. Demnach stellt sich beispielsweise die Frage, was der Beweggrund der Spieler ist, ein bestimmtes Spiel zu spielen. Mit dieser Frage richtet sich die Aufmerksamkeit auf die Frage nach dem Ursprung des jeweiligen Spiels, also auf dessen Entstehungsbedingungen. Der *Ursprung* des Spiels offenbart uns wiederum das eigentliche Spielmotiv und das, was den Spieler dazu antreibt, ein bestimmtes Spiel zu spielen. Auf diese Weise sollte es gelingen, herauszufinden, was denn das jeweils Typische, Besondere und Eigenartige eines Spiels ist. Genau das zieht letztlich die Spieler in seinen Bann und ruft deren schöpferische Kräfte hervor (vgl. Landau & Maraun 1993, 75). Wenn es gelingt, mehrere zentrale Motive zu identifizieren und voneinander abzugrenzen, dann ist es auch möglich, die Vielzahl vorhandener Spiele zu systematisieren und in Spielfamilien einzuteilen. Dabei wird das Ordnungs- und Vermittlungssystem aus dem jeweils Typischen und Ursprünglichen eines Spiels und seinen besonderen Anforderungen und Reizen abgeleitet (vgl. Landau & Maraun 1993, 73). In diesem Sinne ist beispielsweise der besondere Reiz eines Fußballspiels ein anderer als der eines Fangspiels oder eines Rollenspiels. In dem einen muss der Spieler den Ball in ein Tor befördern, in dem anderen vor jemandem wegrennen oder selbst einen Mitspieler verfolgen.

6.4.1   Spielideen nach Buytendijk

Von dem niederländischen Anthropologen Buytendijk (1970) stammt eine Kategorisierung der *Bewegungsspiele*, die sich systematisch an dem soeben skizzierten Ansatz orientiert. Er nimmt die jeweils zugrunde liegende Idee eines Spiels als Kriterium für seine Systematisierung auf (vgl. hierzu vor allem Dietrich 1980) und leitet daraus drei Typen von Spielen ab. Diesen kann man aus dem beachtlichen Fundus vorhandener Spielvorschläge die entsprechenden Spiele zuordnen. Die drei *Spielfamilien* ergeben sich aus:

6.4.1.1   Dem Spielen mit etwas

Dabei handelt es sich um Spiele mit Gegenständen, Materialien, Objekten, mit denen etwas ausprobiert wird. Sie werden in Bewegung gebracht und dabei bewegen sich die Spielenden selbst mit. Es entsteht ein Bewegungsdialog mit den Gegenständen.

6.4.1.2   Dem Spielen als etwas

Dabei handelt es sich um Spiele, bei denen die Spielenden selbst etwas darstellen, etwas imitieren, eine gespielte Wirklichkeit in Bewegung setzen und zur Aufführung bringen. Sie selbst übernehmen dabei bestimmte bewegende Rollen.

6.4.1.3   Dem Spielen um etwas

Dabei handelt es sich um Spiele, bei denen nach frei vereinbarten und insofern *künstlichen* Regeln widerstreitende Spielerinnen, Spieler und/oder Parteien mit- und gegeneinander spielen. Sie versuchen dabei, ein (*das*) Spielziel zu verwirklichen, z.B. einen Ball in ein aufgestelltes Tor zu werfen.

Dietrich (1980) fügt den oben genannten Systematisierungen in seinem wegweisenden Aufsatz zum Thema *Spielen* noch das Spielen mit anderen hinzu. Seine Kategorie *Spielen mit anderen* steht mit den übrigen drei Kategorien in enger Beziehung. So meint Dietrich, dass in allen drei Kategorien das Problem erschwerend hinzukommt, mit anderen gemeinsam ein Spiel zu vollziehen und dass dies in unterschiedlichster Form die soziale Komponente des Spiels darstellt.

Aufgabe 107:
Erörtern Sie die Plausibilität der von Buytendijk und Dietrich vorgeschlagenen Kategorien. Verwenden Sie für die Veranschaulichung Ihres Textes persönliche Erfahrungen und Beispielschilderungen.

6.4.2   Fünf Spielfamilien nach Landau und Maraun

Landau & Maraun (1993) verfahren ebenso wie Buytendijk (1970), wenn sie die *Bewegungsspiele* nach ihrem bestimmten Spielsinn oder Spielmotiv kategorisieren. Sie differenzieren im Feld der Spielfamilien allerdings nicht in drei, sondern in fünf verschiedene Akzente. Aber auch in ihrem spielpädagogischen Vorschlag wird die Kategorisierung immer durch den einschlägigen und spezifischen Reiz des Spieles und dessen besonderer Ursprünglichkeit begründet. Darüber hinaus gehen Landau und Maraun aber noch in besonderer Weise auf den spezifischen *Beweggrund* und die charakteristischen Anforderungen ein. Sie verweisen also auch auf die motorischen und sozialen Bewältigungsprobleme, die das Spiel initiiert.

Wir möchten uns dieser differenzierten Unterteilung anschließen und skizzieren im Folgenden die kategorialen Beweggründe und Problemhorizonte dieser fünf Spielfamilien. Daraus ergibt sich zunächst das folgende spieldidaktische Muster:

Spiele mit motorischer Regelmäßigkeit = z.B. Gummitwist, Ballprobe, Hinkelkästchen.

Beweggrund:
Faszination des *Zuspielens* und der *Passung*; des *Hin und Zurück* (vgl. u.a. Lange & Sinning 2002).

Problemhorizont:
Das Spielobjekt in jeder Lage manipulieren können, sich mit dem eigenen Körper in Prozesse motorischer Regelmäßigkeit hineinfinden. Bewegungen immer treffender präzisieren können.

Lauf-, Such- und Fangspiele = z.B. *Komm mit – Lauf weg*, Brennball, *Böser Wolf.*

Beweggrund:
Spannung zwischen Gefahr und Rettung des *Rollenwechsels*. Vom Jäger zum Gejagten, vom Abschläger zum Abschlagenden, vom Sucher zum Versteckten. (vgl. u.a. Sinning 2008b)

Problemhorizont:
Den richtigen Zeitpunkt für den Einsatz finden. Sich in das Kräftespiel einer Mannschaft hineinfühlen.

Kampfspiele = z.B. Ringspiele, Raufspiele.

Beweggrund:
Erlebnis und Spannung der *Kind-gegen-Kind-Situation*. Die eigene Kraft und die des Gegners herausfinden.

Problemhorizont:
Den richtigen Zeitpunkt für den Krafteinsatz finden, Kraft einteilen, sich in das Kräftespiel einer Mannschaft hineinfühlen, Finten ins Spiel bringen, Finten des Gegners erkennen, Spielmoral entwickeln.

Parteiliche Tor- und Punktespiele = z.B. Fußball, Handball, Basketball, Volleyball.

Beweggrund:
Reiz des *Ausspielens*; Variantenreichtum im Aufbau motorischer Kommunikation. Dem Gegner zuvorkommen.

Problemhorizont:
Spielobjekte manipulieren können. Spielzüge eröffnen und mit vollziehen können. Strategisches Handeln. Regeln absprechen, sich an Regeln halten, Regeln nutzen und verändern.

Darstellungs- und Rollenspiele = z.B. Pantomime, Zirkus, Puppenspiel.

Beweggrund:
Lust am *Sich-Verwandeln* entdecken. In andere Rollen schlüpfen.

Problemhorizont
Stimmungen, Vorstellungen und Lagen in Bewegung umsetzen und ausdrücken. Bewegungen gestalten. Gestaltungseffekte ab- und besprechen.

Das Spielobjekt in jeder Lage manipulieren können,
sich mit dem eigenen Körper in Prozesse motorischer
Regelmäßigkeit hineinfinden. Bewegungen immer
treffender präzisieren können.

Stimmungen, Vorstellungen
und Lagen in Bewegung
umsetzen und ausdrücken.
Bewegungen gestalten.
Gestaltungseffekte ab-
und besprechen.

Spiele mit motorischer Regelmäßigkeit

Den richtigen Zeitpunkt für
den Einsatz finden,
sich in das Kräftespiel
einer Mannschaft
hineinfühlen,

Darstellungs- und Rollenspiele

Lauf-, Such- und Fangspiele

Fünf Spielfamilien (in Anlehnung an Landau & Maraun)

Parteiliche Tor- und Punktespiele

Kampfspiele

Spielobjekte manipulieren
können.
Spielzüge eröffnen und
mit vollziehen können.
Strategisches Handeln.
Regeln absprechen,
sich an Regeln halten,
Regeln nutzen und verändern

Den richtigen Zeitpunkt für
den Krafteinsatz finden,
Kraft einteilen,
sich in das Kräftespiel
einer Mannschaft hineinfühlen,
Finten ins Spiel bringen,
Finten des Gegners erkennen,
Spielmoral entwickeln

Abb. 18:   Problemhorizonte der fünf Spielfamilien

Aufgabe 108:
Welches sind Ihre Lieblingsspiele? Listen Sie 20 verschiedene Spiele auf und ordnen Sie diese den oben skizzierten Spielfamilien zu.

6.5   Spieldidaktische Systematisierung

Die nun folgende spieldidaktische Konkretisierung erfolgt im Lichte der theoretischen Vorlagen und Systematisierungsvorschläge von Buytendijk sowie von Landau & Maraun. Aus diesem Grund ist es sinnvoll, die *Kleinen Spiele* bzw. die *Bewegungsspiele* nicht vereinzelt und isoliert, sondern in *größeren Zusammenhängen*, z.B. im Kontext sogenannter *Spielfamilien*, thematisch zu machen. Auf diese Weise wird nämlich erst das besonders Typische (die Spielidee) verständlich und das allgemein Typische, was sich um die Spielidee herumsituiert, kann im Sinne einer entsprechenden Relation zur Spielidee inszeniert und realisiert werden.

Die Begegnung mit den diversen einschlägigen Spielproblemen taucht im kindlichen Spiel ganz selbstverständlich in verschiedenen Variationen auf. Wir haben im Zuge mehrerer Forschungsprojekte zur Analyse des informellen Kinderspiels und des Bewegungsspiels im Sportunterricht eine Reihe an Fall- und Unterrichtsbeispielen gesammelt, die – in systematischer Form – der oben skizzierten spieldidaktischen Konkretisierung besonders scharfe Konturen verleihen. Im informellen Spiel der Kinder tauchen nämlich zahlreiche Situationen auf, die bei näherer Betrachtung und tiefer gehender Analyse genau auf die oben beschriebenen Spielprobleme verweisen. Aus diesem Grund sollen die fünf Spielfamilien in den nachfolgenden Teilkapiteln jeweils mit einer Beispielschilderung aus dem informellen Spiel der

Kinder bzw. aus dem Bewegungsunterricht der Grundschule eingeleitet werden. Diese Szenen wurden im Verlauf mehrerer Schulvormittage während der großen Pausen bzw. während des Sportunterrichts beobachtet. Im Anschluss daran wird zunächst das Spielgeschehen interpretiert, um im zweiten Schritt das Charakteristische der jeweiligen Spielfamilie im Rückbezug zum Vorschlag von Landau und Maraun (1993) differenziert erläutern zu können.

6.5.1   Spiele mit motorischer Regelmäßigkeit – Eine exemplarische Spielszene

„Ich beobachte eine Gruppe, bestehend aus 3 Mädchen und einem Jungen. Sie haben sich einen Hula-Hoop-Reifen ausgeliehen. Eines der Mädchen scheint diesen besonders gut zu beherrschen: Es lässt ihn ganz lange um sich herumschwingen, während die anderen ihm intensiv zuschauen. Das Mädchen zieht dann seine Jacke aus. Es gelingt ihm, den Reifen sehr lange schwingen bzw. drehen zu lassen. Eines der beiden anderen Mädchen spielt anschließend mit demselben Reifen. Es hält ihn ebenfalls relativ lange oben. Das Mädchen zieht danach auch seine Jacke aus und probiert es erneut mit gutem Erfolg. Auch das dritte Mädchen darf sich dann ausprobieren, ihm gelingt es nicht so gut wie den anderen beiden. Anschließend bekommt das erste Mädchen den Reifen wieder. Es zieht seine Jacke aus und ‚lässt den Reifen tanzen‘. Der Junge, der bei den dreien dabeisteht und bisher nur beobachtet und immer mal einen Kommentar in die Runde geworfen hat, singt nun in relativ hoher Lautstärke das Lied ‚La Bamba‘. Als er dann jedoch wieder aufhört zu singen, fordert ihn das Hula-Hoop-spielende Mädchen auf, er möge doch weiter machen. Er sagt, der Strom wäre aber ausgefallen. Das Mädchen erwidert, dann solle er doch den Stromkasten wieder anstellen, aber er scheint nun wirklich nicht mehr zu wollen. Daraufhin singt das Mädchen selbst das Lied aus vollem Halse. Diese Szene wird unterbrochen von dem Klingeln der Schulglocke.“[55]

6.5.1.1   Interpretation

In dieser Spielszene fällt zunächst der besondere Aufführungscharakter auf. Die Mädchen führen sich einander ihre *Hula-Hoop-Künste* vor, und es gelingt ihnen dabei, auch die Aufmerksamkeit eines weiteren Zuschauers auf dieses Spiel zu ziehen. Sie finden offensichtlich Gefallen am Hula-Hoop und beherrschen das Spiel mit dem kreisenden Reifen sehr gut. Es ist ihnen wichtig, einen möglichst engen Körperkontakt zum Reifen herzustellen, weshalb sie ihre Jacken ausziehen. Auf diese Weise können sie die Fliehkraft und die *Kreiseigenschaften* des Reifens in Relation zu ihren Körperbewegungen sehr gut herausspüren. Der Verzicht auf die wärmende Polsterung bzw. Dämmung der Winterjacken erlaubt außerdem recht gute Steuerungsmöglichkeiten. Die Mädchen können durch kleinste Bewegungen unmittelbar nachvollziehbaren Einfluss auf den kreisenden Reifen nehmen.

Der Zusammenhang aus Spüren und Bewirken erfolgt im sachlichen Kontext der motorischen Regelmäßigkeit. Der einmal in Schwung und Rhythmus gebrachte Reifen garantiert für eine gewisse Kontinuität im Kreisen. Die motorische Herausforderung besteht darin,

---

55   Diese Szene wurde einem Beobachtungsprotokoll entnommen, das Esther Klenk im Rahmen eines gemeinsamen Forschungsprojekts zum Thema „Kinderspiel in informellen Kontexten“ erhoben und in ihrer Examensarbeit interpretiert hat (vgl.: Klenk (2003). Anhang Beobachtungsprotokolle Z.: 640 – 661).

diesen Schwung bei jeder Umdrehung so zu manipulieren, dass er erhalten bleibt. Hierbei bemerken die Mädchen selbst kleinste Veränderungen, und es gelingt ihnen im Zuge des Spiels immer treffsicherer, den *Willen* des Hula-Hoop-Reifens, d.h. das Verhalten des Schwungs und des Rhythmus zu erkennen. Das *Spiel mit motorischer Regelmäßigkeit* lädt sozusagen durch sich selbst ein. Es entsteht ein Dialog zwischen Spielerin und Reifen, den die Mädchen möglichst lange und schwungvoll aufrechterhalten möchten (vgl. Landau & Maraun 1993, 52). Das Können im *Hula-Hoop* unterscheidet sich bei den drei Kindern. Vor allem bei der erstbenannten Spielerin ist eine regelrechte *Kunst* in diesem Spiel erkennbar, während die an dritter Stelle benannte Spielerin wohl noch am Anfang ihrer *Kunst* steht.

Diese Spielszene wird durch den *La Bamba*-singenden Jungen komplettiert. Er spielt zwar selbst nicht mit, beobachtet aber und kommentiert die Spielszene der Mädchen mit seinem Lied. Trotz der winterlichen Kälte konstruieren die Mädchen und der Junge aufgrund des gegebenen Bewegungsanlasses eine sommerliche Strandszene. Wahrscheinlich ruft das *Hula-Hoop-Spiel* bei allen Beteiligten entsprechende Assoziationen hervor. Möglicherweise wird der Rhythmus des Liedes auch auf das Bewegen des Reifens hin übertragen. Offensichtlich ist diese Atmosphäre allen Beteiligten wichtig, denn die Mädchen animieren den Jungen während ihres Spiels immer weiter zu singen, um das Spiel mit und in der motorischen Regelmäßigkeit weiter aufrechtzuhalten und zu gestalten. Der Junge bleibt aber auch nachdem er seinen Gesang beendet hat im Spiel, denn er bricht nicht einfach ab, sondern gebraucht die Metapher, dass der Strom ausgefallen sei (vgl. Klenk 2003, Z. 659), womit die Ebene des Spielens nicht verlassen wird. Statt die Mädchen durch eine schlichte Bekundung von Desinteresse aus ihrem Spiel herauszuholen, erlaubt der Gebrauch der Metapher, es sei ein Stromausfall passiert, den Beteiligten die Möglichkeit, in der Welt der Scheinhaftigkeit bleiben zu können und weiterhin *über dem Faktischen* zu schweben. Wie bei Buytendijk beschrieben, findet das Spiel somit insbesondere in der Phantasie des jeweiligen Spielers statt. Oder wie es Landau und Maraun in der Spielgruppe des Rollen- und Darstellungsspiels formulieren, wird die Welt *verrückt* bzw. Traum und Realität vermischen sich. Das Spiel zeichnet sich durch eigenweltlichen Charakter aus, diese Welt ist in sich stimmig und geschlossen. Deshalb kann und will auch niemand einfach so aus dem Spiel aussteigen, weshalb beispielsweise auch das Mädchen den Jungen bittet, den „ [...] *Strom doch wieder anzustellen*" (vgl. Klenk 2003 Z. 658). Die Beteiligten möchten das Spiel nicht zu Ende gehen lassen und finden sich deshalb wohl intuitiv und kompetent in die verschiedenen Rollen ein, die die Dramaturgie des Spiels ihnen aufgibt. Beendet wird diese Spielszene durch die klingelnde Schulglocke, die sich eben nicht dieser Dramaturgie anzupassen vermag und die Kinder wieder zurück in die banalen Zeitstrukturen des Schultags holt.

6.5.1.2 Perspektiven für den Spieleunterricht

In diesen Spielen geht es darum, sich als Spieler in eine, sich immer wiederholende Bewegung hineinzufinden. Das Spielobjekt soll in jeder Lage manipuliert werden können, und die Spieler sollen sich mit ihren Körpern in die Prozesse motorischer Regelmäßigkeit hineinfinden. Dadurch sollen die Bewegungen letztlich immer treffender ausgeführt und präzisiert werden.

Spiele wie Hinkelkästchen, Gummitwist und Seilspringen sind Beispiele für diese Kategorie. Die *Rhythmisierung* oder *Stromarbeit* kann den Kindern helfen, sich in diese erforderliche Regelmäßigkeit hineinzufinden. *Rhythmisierung* bedeutet in diesem Zusammenhang u.a., die Stimme so zu benutzen, um mit ihr die Regelmäßigkeit der Bewegung zu unterstützen (z.B.

Teddybär, Teddybär …). *Stromarbeit bedeutet* z.B., Kinder nacheinander in das Seil springen zu lassen und dazwischen keine großen Pausen zuzulassen. Dies erleichtert es den Kindern, einfach so in das Seil zu springen, ohne dass sie zuvor ihren Kopf einschalten müssen
und dadurch möglicherweise blockieren.

6.5.2   Lauf-, Such- und Fangspiele

Die Annäherung an die Dramaturgie von Lauf-, Such- und Fangspielen erfolgt über einen
Bericht aus dem Grundschulsport. Im Zuge einer Unterrichtsreihe zum Thema *Laufen und
Laufspiele* wurde an diesem Tag unter anderem der sogenannte Puzzellauf (Puzzelstaffel)
gespielt[56]. Im Folgenden wird zunächst der sachanalytisch verdichtete Planungshorizont
dieser Stunde zum Thema *Puzzellaufen* skizziert. Im Anschluss daran wird der Bericht der
Lehrerin präsentiert, bevor zum Abschluss der Zusammenhang aus Sachanalyse, Unterrichtsplanung und persönlich gehaltener Unterrichtsreflexion interpretiert wird.

6.5.2.1   Zum sachanalytisch verdichteten Planungshorizont

Die Aufgabe der Schüler besteht bei diesem Staffelspiel darin, die einzelnen Puzzelteile, die
ca. 20 Meter vom Puzzelstand (Startpunkt) entfernt auf einem kleinen Kästchen liegen, zu
erlaufen. Um Wartezeiten zu reduzieren, sollte der Spielablauf so organisiert sein, dass möglichst viele Schüler gleichzeitig laufen können. Dies kann durch die Organisation vieler
Kleingruppen und Teams erreicht werden. Beispielsweise indem immer zwei Schüler einer
Mannschaft als ein Team gemeinsam ein Puzzelteil erlaufen. Für die besagte Stunde wurde
ein aus 60 Teilen bestehendes Großpuzzle ausgewählt. Dadurch mussten die Kleingruppen
insgesamt 15 Puzzelteile erlaufen, was für jeden einzelnen Schüler bedeutete, dass er die
Laufstrecke sieben- bis achtmal zu absolvieren hatte.

Die Puzzle-Staffel kann in mehrerer Hinsicht inspirierend wirken. Zum einen besteht hier ein
gewisser Anreiz für die Schüler, die Aufgabe zu erfüllen. Die Schüler sehen das Laufen im
Kontext der gesamten Aufgabe in erster Linie in einer Art Transportfunktion, schließlich
müssen die einzelnen Puzzelteile herbeigeschafft werden. Diese Aufgabenstruktur wird weiterhin durch den Wettbewerbscharakter verstärkt. Deshalb ist zu erwarten, dass sich die
Schüler beim Laufen nicht viel Zeit lassen bzw. möglichst schnell laufen, um ihre Aufgabe
noch vor der anderen Gruppe abschließen zu können. Bei diesem Spiel wird eine gebräuchliche und durchaus beliebte außersportliche Freizeitaktivität der Schüler (das Puzzeln) mit
dem Laufen kombiniert, was bei einigen Schülern sicherlich dazu beitragen wird, den Reiz
des Spiels noch einmal zu erhöhen. Dabei verleihen die Unwägbarkeiten des Puzzelns der
gesamten Aufgabe noch eine zusätzliche Spannung. Diese Spannung steigt im Zuge des
Spiel- bzw. Puzzelverlaufs immer weiter an, weshalb die Schüler gegen Ende des Spiels
wahrscheinlich einen beachtlichen Drang verspüren, das Puzzle endlich zu vollenden.
Dadurch wird das Laufen während dieser Aufgabe von Mal zu Mal immer unbewusster, d.h.
immer deutlicher im Kontext der schlichten Transportfunktion betrieben. Dieser Aspekt
sollte vor allem auch aus physiologischer Sicht interessieren, denn zum Ende des Spiels,
nach vier, fünf oder sechs absolvierten Staffelsprints, sollte die Ermüdung am größten sein.

---

56 Die folgende Skizze einer Unterrichtsstunde sowie die anschließende Reflexion der Sportstunde wurden von
    Maike Rosenauer im Zusammenhang eines gemeinsamen Forschungsprojekts zum Thema „Laufen im Sport-
    unterricht" geplant, gehalten und im Zuge ihrer Examensarbeit verschriftet (vgl. Rosenauer 2005).

Eine weitere Verstärkung dieses Spannungsempfindens wird durch die für alle Beteiligten sichtbare Nähe während des Zusammenpuzzelns erreicht, denn dies geschieht in beiden Großgruppen direkt nebeneinander. Die Schüler beider Gruppen können sich dabei unmittelbar beobachten und bekommen jeweils hautnah mit, wie weit die andere Gruppe gerade ist.

Neben den bereits benannten Aspekten sollte schließlich auch von der Dramaturgie des Gruppenlernens ein besonderer Reiz ausgehen. Es ist zu erwarten, dass im Zuge des Zusammenspielens ein besonderes Gemeinschaftsgefühl bei den Schülern aufkommen mag, das sie ebenfalls zum engagierten Laufen herausfordert. Zum Abschluss dieser sachanalytischen Annäherung sei schließlich noch erwähnt, dass innerhalb dieses Spiels Regeln gelten, die dem Spiel einen transparenten Rahmen geben, aber die Schüler in ihrem Spieleifer möglichst nicht einengen sollen. An dieser Stelle der Unterrichtsplanung kommt der Aspekt der Freiheit ins Spiel, der trotz des Regelrahmens an den zentralen sachlichen Stellen beachtet werden muss. Die Schüler können nämlich selbst entscheiden, wie schnell sie die Laufstrecke absolvieren oder welches Puzzleteil sie aufnehmen, sodass die Anstrengung individuell gesteuert werden kann und sich die Schüler nicht überfordern. Jeder läuft während dieses Spiels so schnell er kann, und da der unmittelbare Vergleich, wie man ihn von klassischen Staffelläufen her kennt, in der Unübersichtlichkeit des partnerschaftlichen Puzzleteilesuchens, -übergebens und gemeinsamen Zusammensetzens nicht gegeben ist, wird die Einzelleistung nicht exponiert sichtbar.

6.5.2.2 Beispiel einer persönlich gehaltenen Unterrichtsreflexion

„Im abschließenden Puzzellauf waren die Meinungen zum Spiel zweigeteilt. Dadurch, dass die Sportstunde in der Zeit sehr weit fortgeschritten war, waren die Schüler etwas unaufmerksam. Teilweise hörten sie bei der Erklärung des Spielablaufes nicht richtig zu, sodass das Spiel der einen Großgruppe falsch ausgeführt wurde. Folglich staute sich der Frust im Laufe der Spielentwicklung bei ihnen immer mehr an, sodass sich schon bald in dieser einen Großgruppe eine Unmutstimmung durchsetzte. Die Schüler leisteten keinen weiteren Versuch, das Spiel zu verstehen und schrien sich am Ende gegenseitig an. Die andere Großgruppe hatte Spaß daran und erlief sich mit Begeisterung die einzelnen Puzzleteile. Diese unterschiedlichen Haltungen zum Spiel spiegelten sich auch in ihrem Laufverhalten wider. Wie bereits schon erläutert, erlief sich die Großgruppe, in der das Spiel richtig ausgeführt wurde, mit einem engagierten und beherzten Laufstil die einzelnen Puzzleteile. Im Gegensatz dazu liefen die Schüler der anderen Großgruppe sehr schwerfällig und lustlos, ohne Elan. Ihre Laufgeschwindigkeit war deutlich gedrosselt, und ab und zu hielten sie während des Laufens an oder gingen einen Teil der Strecke. Außerdem zeigte sich innerhalb dieser Gruppe, dass nur selten jemand zu zweit sich ein Puzzleteil erlief, wie es eigentlich hätte sein sollen. Und wenn sie es dennoch versuchten, zu zweit zu laufen, liefen sie meist versetzt hintereinander, sodass das Gemeinschaftsgefühl und auch die Gruppendynamik in dieser Gruppe nie zum Vorschein kam und sie positiv beeinflusste.

Auch beim anschließenden Zusammensetzen des ganzen Puzzles konnte man den Unterschied der beiden Gruppen im Empfinden des Gemeinschaftserlebnisses sehen. In der motivierten Großgruppe, bei der der vorherige Spielablauf richtig ausgeführt wurde, halfen fast alle beim Puzzeln mit. Im Gegensatz dazu puzzelten bei der frustrierten Gruppe nur einige wenige.

Der Wetteifer, der sich innerhalb des Spiels bei der motivierten Gruppe einstellte, und auch der Anreiz, das Puzzle auf Grund der Ästhetik möglichst schnell zusammenge- puzzelt zu haben, wurden im Gegensatz zur anderen Großgruppe zudem ersichtlich.

Dass den Schülern jedoch insgesamt die Laufspiele Spaß gemacht haben, zeigt die einstimmige Antwort der Schüler mit ‚Jaaaa!'. Diese Antwort kam aus vollem Herzen und war somit ehrlich gemeint, während die Angaben mancher Schüler in den zuvor ausgefüllten Fragebögen, in denen sie die Spiele als ‚langweilig, blödes Spiel, ich kenn' bessere, …' bezeichnet haben, meist aus Gruppenzwang, weil es ‚cool' ist, ge- schahen. Des Weiteren vollzog sich am Ende der Stunde folgender Dialog: Schüler: ‚Spielen wir noch etwas mit einem Ball?' Lehrerin: ‚Die Stunde ist leider schon vor- bei!' Der Dialog weist eindeutig darauf hin, dass die Schüler so in die Laufspiele ver- tieft waren, dass bei ihnen, in den Worten von Katzenbogner, ‚[…] das Zeitmaß nicht mehr existent war' (Katzenbogner 2004, 185). Sie waren in Gedanken in eine Scheinwelt eingetaucht und vergaßen alles um sich herum, einschließlich der Zeit" (Rosenauer 2005).

6.5.2.3   Interpretation

In dieser persönlich gehaltenen Unterrichtsreflexion besticht das Aufdecken der Polarität des Zugangs, den die Kinder der beiden Gruppen zu diesem Spiel gefunden haben. Diese Unter- schiedlichkeit interessiert vor allem auch deshalb, weil sich hier (mit Blick auf eine Teil- gruppe der Grundschüler) eine beachtliche Differenz zu der eingangs so klar und logisch anmutenden, sachanalytisch fundierten Planungslogik auftut. Es ist offensichtlich, dass es lediglich für eine Teilgruppe der Kinder gelungen ist, diese Sachlogik thematisch werden zu lassen und Interesse am Spiel zu wecken. Die anderen Kinder waren nicht dabei, was die Lehrerin auf anfängliche Unaufmerksamkeiten zurückführte. Sie hatten die Spielerklärungen entweder nicht mit angehört und/oder nicht verstanden. Letztlich mussten sie das Spiel dann aber gegen Gegner spielen, die dieses sehr wohl getan haben und deshalb das Spiel auch entsprechend kompetent und engagiert spielen konnten. Möglicherweise verstärkten die reglementierenden Worte der Lehrerin, die im Zuge ihrer Spielleitung die Kinder der desinte- ressierten Gruppe doch noch auf (ihren) Weg bringen wollte, das Aufbauen von Distanz und Ablehnung gegenüber diesem Unterricht.

Bei der anderen Gruppe verlief alles gegenteilig. Die Kinder waren im wahrsten Sinne des Wortes bei der Sache, weshalb sich der Lehrerin im Zuge ihrer Unterrichtsreflexion tatsäch- lich viele Gelegenheiten boten, Bezüge zur Logik der Sachanalyse und Unterrichtsplanung vorzunehmen.

Auch wenn sich zu diesem Thema und der dazugehörigen Reflexion noch viele weitere Inter- pretationen anschließen könnten, soll an dieser Stelle mit einem Verweis auf einen zentralen unterrichtlichen Aspekt abgeschlossen werden. Ein gelingendes bzw. gutes Spiel gewinnt seine Qualität vor allem durch die Lehrkunst des Lehrers. Und die zeichnet sich in erster Linie dadurch aus, ob und wie es dem Lehrer gelingt, den Schülern Zugänge zur Sachlage zu ermöglichen. Diese werden im Zuge der Sachanalyse und der daran gebundenen Unter- richtsplanung vorbereitet und können im Verlauf der komplexen Inszenierung des Themas selbst durch vermeintliche Kleinigkeiten, wie z.B. anfängliche Unaufmerksamkeiten (s. o.), verhindert werden.

6.5.2.4   Perspektiven für den Spieleunterricht

Wenn Spielideen aus dieser *Familie* inszeniert werden, dann rangiert im sachlichen Kern des Spiels immer eine Idee, zu deren Erfüllung gelaufen werden muss. Wichtig dabei ist, dass diese zentrale Spielidee das Laufen nicht einseitig hinsichtlich der konditionellen Belastung und Anstrengung thematisch werden lässt. Stattdessen wird das Laufen – in andere Zusammenhänge gestellt – mehrperspektivisch inszeniert. Genauer gesagt: Das Laufen wird als Funktion verstanden, die zur Erfüllung der Spielidee notwendig ist.

Zu dieser Kategorie gehören viele Spiele, die sehr bekannt sind, schon seit sehr vielen Jahren bestehen und in ihrer Beliebtheit nicht nachgelassen haben, wie z.B. *Der böse Wolf*. Daneben können dieser Kategorie auch Geländespiele zugeordnet werden. Das Motiv ist ebenso eindeutig wie einfach. Man läuft jemandem hinterher oder vor jemandem davon und wechselt immer wieder und manchmal ganz plötzlich die Rollen. Außerdem wechseln je nach Aufgabenstellung die Situationsarrangements.

6.5.3   Kampfspiele[57] – Eine exemplarische Spielszene auf dem Pausenhof

„Ich beobachte außerdem ein Kampfspiel zwischen zwei Mädchen. Die eine der beiden ist wesentlich größer als die andere, ich vermute, es handelt sich hier um eine Erstklässlerin und ein Mädchen aus der 3. Klasse: Sie haben eine leicht gebückte Haltung eingenommen und drücken ihre Köpfe ganz fest aneinander. Sie versuchen so, sich gegenseitig wegzuschieben und somit ihre Kräfte zu messen. Das ältere Mädchen lässt die Jüngere ganz offensichtlich gewinnen, denn ihre körperliche Überlegenheit ist ganz offensichtlich. Trotzdem schiebt das kleine Mädchen das größere weg: Das Spiel wirkt, obwohl es ein Kampfspiel ist, sehr liebevoll."[58]

6.5.3.1   Interpretation

Die beiden Mädchen bringen verschiedene körperliche Voraussetzungen in dieses Spiel ein, da sie von sehr unterschiedlicher Statur sind. Das Gleichgewicht der Kräfte liegt eindeutig auf der Seite des größeren Mädchens. Trotzdem kommt ein für beide Kinder interessantes Spiel zustande, denn sie probieren dieses ungleiche Kräftemessen variationsreich aus. Sie tun dies, obwohl eigentlich schon vor Beginn dieses Spieles offensichtlich ist, wer als Sieger daraus hervorgeht. Genau hierin spiegelt sich allerdings auch das Spielerische, denn zu einem Spiel gehört es auch, die beteiligten Kräfte auszugleichen, damit der Ausgang des Spiels so lange wie möglich offen bleibt. Aufgrund des ungleichen Kräfteverhältnisses der beiden Mädchen kam es also in dieser Szene darauf an, diesen Ausgleich allmählich stattfinden zu lassen. Die Kräfte also so einander gegenüberzustellen, dass der Ausgleich im Zuge eines spielerischen Hin und Her entsteht. Dieser Fortgang bringt es mit sich, dass das stärkere Mädchen rücksichtsvoll mit ihrer Freundin umgehen muss, um das Spiel aufrecht zu halten.

---

57   Eine weitere, weitaus ausführlichere Fallschilderung und die dazugehörige Interpretation zum Thema Kämpfen findet sich im fünften Kapitel des Abschnitts C (Bewegungsthemen) unseres Buches „Analysen zum Gegenstand bewegungspädagogischen Handelns. An Beispielen innovativen Sporttreibens und den Grundthemen des ‚Sich-Bewegens' aufgezeigt."

58   Auch diese Fallbeobachtung wurde einem Beobachtungsprotokoll entnommen, das Esther Klenk im Rahmen eines gemeinsamen Forschungsprojekts zum Thema „Kinderspiel in informellen Kontexten" erhoben und in ihrer Examensarbeit interpretiert hat (vgl.: Klenk (2003). Anhang Beobachtungsprotokolle Z.: 618 – 629).

Aus diesem Grund wirkt das Spiel auf die Beobachter *„[...], obwohl es ein Kampfspiel ist, sehr liebevoll"* (s.o.). Auch wenn das kleinere Mädchen manchmal gewinnt, darf das Nachgeben und Zurückweichen der größeren Freundin nicht als Gleichgültigkeit oder Unehrlichkeit erscheinen. Dann wäre das Spiel schnell zu Ende. Deshalb muss es dem stärkeren Kampfpartner während solcher Spielsituationen gelingen, im Nachgeben etwas Interessantes zu entdecken. Mit Blick auf das oben geschilderte Beispiel könnte man also vermuten, dass es der Größeren gelungen ist, sich in die Widerständigkeit ihrer Freundin hineinzuspüren und den Zusammenhang zwischen dem, was sie ihr entgegenstellt, und dem, was die Kleinere damit anzufangen weiß, immer treffender einzugrenzen und zu verstehen lernt.

6.5.3.2   Perspektiven für den Spieleunterricht

Die Kampfspiele lassen sich in drei Kategorien einteilen: den Kampf um Territorium, den Kampf um einen Gegenstand und den Kampf um körperliche Überlegenheit. Jede Art von Kampfspiel verlangt von dem Spieler eine andere Art der Partizipation am Spiel. Aus diesen Gründen werden die jeweiligen Spiele diesen drei Kampfspielarten zugeordnet.

6.5.4   Parteiliche Tor- und Punktespiele – Beobachtungen auf einem schulischen Bolzplatz

„Ich laufe an einem Feld vorbei, auf welchem Fußball gespielt wird. Es handelt sich hierbei um eine erhobene (man muss zwei Treppenstufen hinauf, um auf dieses Feld zu gelangen) gepflasterte Ebene. Sie ist an ihrer einen Längsseite, zum Hof hin, offen und die gegenüberliegende Seite ist durch einen Holzbalken abgeschlossen. [...] Als Tore, so kann ich erkennen, werden eben diese Feldenden verwendet" (Vgl. Klenk 2003, Z. 63–72).

Am nächsten Tag; es hat geschneit:

„Es erscheint mir interessant, darauf einen genaueren Blick zu werfen, denn dieses Feld ist, zum Fußballspielen, ein besonderes Arrangement, wie mir scheint. [...] Es spielen insgesamt 10 Jungen auf dem Feld, also 5 gegen 5. Wie die Mannschaftsfindung stattgefunden hatte, wurde zuvor von mir nicht beobachtet. Das Fußballfeld ist, wie bereits erwähnt, erhöht und bestehend aus Pflaster. Somit erweist es sich als besonders schwierig, mit der zusätzlichen Erschwerung durch den rutschigen Schnee auf dem Pflaster, ein Spiel in Gang zu bringen. Alle Spieler müssen sich also sehr vorsichtig auf dem Spielfeld bewegen, da erhöhte Rutschgefahr besteht.

Ich kann nun mit Sicherheit sagen, dass die jeweiligen Feldenden, welche, proportional zu den Feldseiten sehr groß sind (ich schätze das Spielfeld auf 4 x 5 Meter), als Tore fungieren. Und dass jeweils ein Spieler dafür zuständig ist, dieses Tor zu schützen.

Das Spiel besteht, aufgrund der ungünstigen Gegebenheiten fast ausschließlich darin, dass der Ball ins ‚Aus' geht, was verbunden ist damit, dass er die Stufen hinunterrollt, in die anderen Teile des Schulhofes hinein. Von dort wird er dann wieder geholt. Alle ‚klumpen' zusammen und versuchen den Ball vom Einwerfenden zu erhaschen und ihn sogleich ins Tor zu befördern. Gelingt dies nicht, erfolgt eine kleine Spielsequenz, bis der Ball wieder ins Aus oder ins Tor geht. Geht der Ball ins ‚Tor', rollt er auch die Stufen hinunter in den Schulhof, und das gleiche Ritual erfolgt, wie wenn der Ball

,aus' ist. Ein Spielfluss zwischen den einzelnen Spielern kann kaum in Gang kommen, denn das Spielfeld ist zu klein und nicht begrenzt, weshalb der Ball immer wieder ,aus dem Spiel' ist. Außer in einer Situation: Als der Ball ins ,Aus' geht, rennen ihm mehrere Spieler hinterher und spielen auf der Fläche unterhalb ihrer erhöhten Spielfläche weiter. Ein Junge hat den Ball am Fuß, er versucht sich frei zu laufen, wirkt konzentriert, als sei er ,im Spiel drin'. Zwei weitere Jungen verfolgen ihn, versuchen an den Ball zu gelangen: Die Spielsituation wirkt wie eine ,Verfolgungsjagd' – Spannung entsteht offensichtlich. Ein Spieler, der in dieses Geschehen nicht involviert ist, sich jedoch auch auf die ,erweiterte Spielfläche' begeben hat, ruft plötzlich ,FOUL!', weil der Ballbesitzer scheinbar durch einen Verfolger beeinträchtigt wurde, was ich jedoch nicht konkret beobachtet habe, da mein Augenmerk auf den Rufenden gerichtet war. Das Spiel wird unterbrochen und wieder auf die eigentliche Fläche, nach oben, verlegt. Zwei Spielsituationen sind mir zudem aufgefallen: Einmal spielt ein Spieler ,Hand' zum Abfangen des Balles, den ein anderer als ,Einwurf' ins Feld befördert hat. Dies wird von keinem der anderen sanktioniert, sondern als mögliche Reaktion akzeptiert. Eine Besonderheit ist weiterhin, dass es keinen expliziten Schiedsrichter gibt; es schreitet jeweils der Spieler bei Regelverletzungen ein, welcher beobachtet hat, was passiert ist. Hieraus ergibt sich die zweite von mir beobachtete Spielsituation: Nach einer Spielunterbrechung macht einer der Spieler ,Hochball' und nimmt den Ball anschließend selbst an, auch dies wird ohne Beschwerden von den anderen akzeptiert" (Vgl. Klenk 2003, Z. 163–210)[59].

6.5.4.1   Interpretation der Spielszene

In der Nachbetrachtung dieser Spielszene fallen zunächst die Besonderheiten des Spielfeldes ins Auge. Möglicherweise werden die Jungen allein durch die Form des Feldes angezogen, denn es erinnert wegen der Rechteckigkeit an ein richtiges Fußballfeld. Die erhöhte Plattform ist, in Bezug auf den restlichen Schulhof, klar abgetrennt. Die Treppenstufen markieren eindeutige Grenzen, die sich die Spieler an einem anderen Ort erst suchen müssten. Möglicherweise spielen die Kinder dort aber auch *schon immer* Fußball, sodass diese Räumlichkeit trotz der widrigen Umstände (wenn der Ball ins Aus geht) als Fußballraum nicht in Frage gestellt wird.

Die räumlichen Gegebenheiten (Treppenstufen und eine relativ kleine Spielfläche) bestimmen letztlich die Spielmöglichkeiten dieses Fußballspiels. Die Spielstruktur ist denn auch dadurch gekennzeichnet, dass der Ball immer wieder ins *Aus* gespielt wird und über die Feldenden und -seiten in den Schulhof rollt. Ein weiterer spielbestimmender Parameter ist in den vergleichsweise großen Toren zu sehen (ca. 4 Meter), die nur von einem Torwart behütet werden, was sich für alle Torhüter als eine kaum zu bewältigende Aufgabe erweist. Auch aus diesem Grund rollt der Ball immer wieder aus dem Spielfeld, und das Spiel wird unterbrochen. Das gesamte Fußballspiel wird also durch die immer wiederkehrende Situation vom Herausrollen des Balles mit anschließendem Einwurf durch den Torwart gekennzeichnet. Spielfluss und eine das Spiel kennzeichnende Geschlossenheit (vgl. Scheuerl 1997, 204) kommen also nicht zustande. Das Spiel ist höchstens während der kurzen Momente, in denen

---

59 Diese Szene wurde einem Beobachtungsprotokoll entnommen, das Esther Klenk im Rahmen eines gemeinsamen Forschungsprojekts zum Thema „Kinderspiel in informellen Kontexten" erhoben und in ihrer Examensarbeit interpretiert hat (vgl.: Klenk (2003). Anhang Beobachtungsprotokolle Z.: 163 – 210)

sich der Ball auf der schmalen Spielfläche befindet, für einige Kinder in kleineren Stücken geschlossen.

Obwohl der Spielraum und die daran gebundene Spielstruktur nur bedingt das Aufkommen von Spielfluss zulassen, scheint es trotzdem so zu sein, dass die Kinder mit großem Interesse spielen. Für die Interpretation des beobachteten Verhaltens stellt sich deshalb die Frage, weshalb die Kinder während dieser Situation Interesse finden können. Möglicherweise verbinden die Jungen mit diesem Spiel sehr viele Erwartungen und Vorstellungen zum Fußball, weshalb das an das Fußballspiel erinnernde Spielfeld und Regelwerk bereits als Motor für die Interessensbildung angesehen werden kann. Die konkreten, den Spielfluss unterbrechenden Spielbedingungen rücken deshalb durchaus in den Hintergrund. Es zählt nur, dass überhaupt in irgendeiner Form *Fußball* praktiziert werden kann. Diese Vermutung lässt sich durch einige Verhaltensweisen der Jungen bestätigen. Beispielsweise fließen gewisse Regeln und Bedingungen des normierten Fußballspiels mit in ihr Spiel ein, wie z.B. das rechteckige Feld, *Aus* als festgelegte Regel, Hochball oder Freistoß bei Fouls etc. Es besteht allerdings keine festgelegte Gebundenheit an jene Spielbedingungen, wie sie im normierten Fußball vorherrschen, sondern das Regelwerk der Jungen ist – trotz dieser Orientierungen an fußballerische Normen – immer noch ein Stück weit flexibel.

Ein gutes Beispiel, das eine gewisse Flexibilität in Bezug auf die Ausgestaltung und Interpretation der Spielbedingungen belegt, bietet jene Situation, in welcher sich das Spiel aus dem Spielfeld verlagert und in einem unteren Teil des Schulhofes weitergeht. An dieser Stelle der skizzierten Beobachtung, gemeint ist die Szene *Verfolgungsjagd*, wird das so benannte spielerische Stückwerk sichtbar überschritten. Das an dieser Stelle sichtbar gewordene Spielgeschehen hätte auf der kleinen, rechteckigen Spielfläche niemals entstehen können, weil dort zu wenig Platz für 10 engagierte Fußballspieler zur Verfügung steht. Die wilde Szene der Spielfeldüberschreitung setzt sich so lange fort, bis ein *Foul* erfolgt. Es darf vermutet werden, dass der Mitspieler, der das Foul bemerkt und die anderen darauf aufmerksam gemacht hat, vor allem deshalb auf die Regelsanktion besteht, weil er selbst nicht mehr in das Spielgeschehen involviert ist. Das Foul hat somit eine erneute Spielfeldverlagerung zur Folge, und alle anderen, die nicht an der *Verfolgungsjagd* beteiligt waren, sind danach auf dem gewohnten Terrain wieder *im Spiel*. Möglicherweise sind sie wieder in einem anderen Spiel, das nämlich aus Einwürfen und Hochbällen im eng begrenzten Raum charakterisiert wird. Das spannungsreiche Moment der *Jagd*, das nach dem Foul aufgelöst wurde, damit das gemeinsame Spiel auf der Plattform weitergehen konnte, ist eine Seltenheit in der Spielform der Jungen. Gewohnt ist hingegen das, was danach kommt: Nach dem Einwurf *klumpen* die Jungen aneinander, und jeder versucht die Ballannahme mit anschließendem Schuss auf das Tor. Dieses Spielgeschehen lässt sich wie folgt deuten: Das Gemeinsame tritt hinter dem individuellen Spiel zurück, und die Möglichkeit, durch den Einwurf an den Ball zu gelangen, hat einen höheren Stellenwert, als dem gemeinsamen Spiel Raum zu verschaffen.

In der Zusammenschau ist diese Art des Fußballspiels dadurch charakterisiert, dass es einerseits zwar an ungünstige Bedingungen geknüpft ist, die aber andererseits von den Jungen akzeptiert und durch flexible Auslegung relativiert werden. Im letzten Part der Interpretation wurde deutlich, dass die Jungen die begrenzten Spielbedingungen tatsächlich genauso haben wollen, denn wenn eine abweichende Situation, wie die der *Verfolgungsjagd* eintritt, werden sogleich die ursprünglichen, von außen ungünstig erscheinenden Spielbedingungen wieder eingeleitet. Die Kinder verstehen es, ihr Fußballspiel zu spielen, auch wenn die Perspektive der Beobachter den engen Raum und den nicht zustande kommenden Spielfluss, wie sie es aus dem klassischen Fußballspiel her kennen, vermissen. Die Kinder finden am Zusammenhang aus *Einwurf, Klumpen* und *Torschuss auf große Tore* offensichtlich Interesse.

6.5.4.2 Perspektiven für den Spieleunterricht

Diese Kategorie lässt zunächst auf die gängigen Sportspiele wie Fußball, Basketball, Handball usw. schließen. Neben diesen Spielen besteht jedoch auch eine große Bandbreite an *Bewegungsspielen*. Diese Spiele verhindern, dass die Spieler nicht sofort auf die bereits bestehenden und festgelegten Regeln der Sportspiele zurückfallen, sondern sich völlig frei dem Spiel öffnen können.

Dennoch ist es den Kindern äußerst wichtig, die Grundidee des Spiels – das Toreschießen und -verhindern – als auch zentrale Regeln wie das Einwerfen oder im Sinne des Freistoßes den Hochball zu erhalten. Hierdurch wird nach außen signalisiert, dass es sich eindeutig um ein Fußballspiel und nicht um eine Verfolgungsjagd oder ein Raufballspiel handelt. Diese zentralen Merkmale muss der Lehrende gemeinsam mit den Lernenden immer wieder neu herausarbeiten, um darüber auch den gemeinsamen Zugang zum jeweiligen Spiel zu sichern.

6.5.5 Rollen- und Darstellungsspiele – Eine Szene aus dem Grundschulsport

„Während eines Schulpraktikums in der Grundschule inszenierte die Lehrerin eine Bewegungsgeschichte mit den Kindern. Die Kinder der zweiten Klasse sollten sich als Astronauten fühlen, und die Lehrerin kündigte eine Reise durch das Weltall an. In der Turnhalle waren einige Turngeräte aufgestellt, es lagen viele Matten aus, und hinter einer Turnbank hatte die Lehrerin einige Kleingeräte und Luftballons deponiert. Alle Materialien wurden im Laufe der Weltraumreise zur Ausgestaltung verschiedener Bewegungsaufgaben genutzt.

Die Lehrerin begann ein Gespräch über den Mond, die Sterne, Tag und Nacht und zum Weltraum. Die Kinder berichteten von dem, was sie über das All und die Gestirne wussten. Nachdem sich alle Beteiligten ein Bild zu diesem Thema gemacht hatten, kündigte die Lehrerin die Reise ins All an. Die Kinder sprudelten vor Freude, und ihr Jubel machte dem Ordnungsstreben der Lehrerin einen kurzzeitig dauernden Strich durch die Rechnung, denn das sichtbare Interesse der Kinder fand seinen ebenso sichtbaren Ausdruck in einer Kombination aus Jubeln, Herumlaufen und Toben. Nach ein paar Minuten waren alle wieder zurück in den Sitzkreis gekommen und hörten den Anweisungen der Lehrerin zu. Sie wies darauf hin, dass doch alle gemeinsam in einem Raumschiff ins All fliegen sollen und dass sich Astronauten an einige Regeln halten müssen. Eine davon war z.B., dass die kleinen Astronauten den Anweisungen des Kommandanten (der Lehrerin) folgen sollen und dass sie sich trotz aller Spannung im Raumschiff diszipliniert und ruhig verhalten müssen.

Die Kinder hörten der Lehrerin in Erwartung des Startsignals geduldig zu und verhielten sich plötzlich tatsächlich so wie die Astronauten, die die Lehrerin ihnen gerade skizziert hatte (ruhig im Kreis sitzend und aufmerksam dem Kommandanten zuhörend). Dann ging es endlich los. Nach dem im Chor gesprochenen Startsignal: ‚Knall, Knall, Knall, wir fliegen jetzt ins All', sprangen alle Kinder gemeinsam aus der Hocke in den Strecksprung, warteten eine kleine Weile, und plötzlich waren sie im All.

Die Lehrerin lief los, forderte alle auf, möglichst dicht hinter ihr her- und um die verschiedenen Planeten (Turngeräte, Turnmatten) herumzufliegen und kündigte nach ein paar Runden die Landung auf einem Planeten an. Nach der erfolgreichen Landung saßen alle auf einer Weichbodenmatte. Die Lehrerin sagte, sie seien auf dem Planeten der Affen gelandet und alle Astronauten sollten sich auf diesem Planeten einmal umschauen. Um dabei nicht aufzufallen, sollten sie sich so bewegen, wie es die Affen tun. Die letzte Anweisung hätte sich die Lehrerin auch sparen können, denn kaum war das Stichwort ‚Planet der Affen‘ gefallen, da waren die Kinder auch schon in die Affenrollen geschlüpft, sie gaben entsprechend seltsame Brülllaute von sich und liefen in gebückter Affenhaltung auf der Matte herum und nach der Freigabe des Erkundungsausflugs auch durch die gesamte Turnhalle. Sie ahmten all das, was sie dem Verhalten von Affen zuschreiben konnten, nach und bewegten sich so lange auf diese ‚Affen-Weise‘, bis die Lehrerin den Weiterflug zum nächsten Planeten ankündigte.

Der Stundenverlauf folgte auch während der nächsten Landungen und Ausflüge dem gleichen Muster. Allein die Namen der Planeten und damit die Bewegungsweisen der Kinder veränderten sich von Mal zu Mal. Nach dem Schlangenplaneten folgte der Elefanten-, dann der Schmetterlings- und zum Schluss der Spinnenplanet. Auf dem letztgenannten Planeten ist mir ein Junge aufgefallen: Tim lief – wie die anderen Kinder auch – im Vierfüßergang durch die Halle. Dann blieb er direkt am Mittelkreis stehen, schaute nach unten und versuchte, seine Spucke in einem langen Faden zu Boden gehen zu lassen. Dies gelang ihm auch ausgesprochen gut, denn der Faden wurde immer länger. Er wurde so lang, bis er plötzlich abriss und zu Boden fiel. Daraufhin erschreckte der Junge, schaute sich den ‚Spuckeklecks‘ entsetzt an und lief weg.

Der Spinnenplanet war denn auch der letzte Stern, den die Kinder auf ihrem Weltraumflug angesteuert hatten. Sie flogen zurück in die Kornwestheimer Turnhalle. Dort angekommen, setzten sich alle in den Mittelkreis, um über die Eindrücke der Reise zu sprechen. Unmittelbar nachdem die Kinder im Kreis saßen, schrie Anja ganz laut: IIIIhh! Sie stand auf und schimpfte, denn sie hatte den riesengroßen ‚Spuckeklecks‘ entdeckt. Die Lehrerin stand ebenfalls auf und betrachtete diesen Klecks. Sehr überrascht, fragte sie in recht strenger Manier mit verärgerter Stimme: ‚Wer hat auf den Hallenboden gespuckt?‘ Die Freude und Gelassenheit der Planetenexkursion war im Nu dahin, alle Kinder saßen wie versteinert auf ihren Plätzen, und niemand wollte sich rühren. Auch Tim nicht, der war ja der Verursacher dieses Flecks. Daraufhin fragte die Lehrerin nochmals nach und versprach angesichts der sichtbaren Betroffenheit der Kinder, dass sie lediglich wissen wolle, wer da gespuckt habe und keinesfalls eine Strafe aussprechen möchte. Auch daraufhin hat sich niemand gemeldet. Nach weiterem Schweigen nahm die Lehrerin ein Taschentuch und wischte den Klecks weg. Sie setzte sich in den Kreis und lancierte ein Gespräch zu den Planeten. Die Kinder stiegen da auch wieder ein und berichteten über ihre Erlebnisse. Den Affenplaneten fanden die meisten am schönsten. Die Stunde war bald darauf zu Ende, und alle Kinder liefen in die Umkleiden. Ich stand mit der Lehrerin an der Tür und plötzlich kam Tim auf uns zu und sagte: ‚Den Spuckeklecks hat die Spinne gemacht! Ich war das nicht.‘ Die Lehrerin sagte: ‚Ach so, gut dass du mir das gesagt hast, ich habe den Spinnen-Spuckeklecks ja schon weggewischt.‘ Daraufhin rannte Tim jauchzend in die Umkleidekabine.“

6.5.5.1 Interpretation der Unterrichtsszene

Das Unterrichtsbeispiel zeigt ausgesprochen deutlich, wie schnell und kompetent Grundschüler in verschiedene Rollen schlüpfen können. Die Lehrerin hat sich diese Kompetenz zunutze gemacht und die Astronautenrolle im Sinne ihres Ordnungsinteresses ausgelegt. Auch die Wechsel zwischen eng angeleiteten und offenen Bewegungsphasen wurden an die Übernahme verschiedener Rollen gebunden. Zu guter Letzt hat die Lehrerin durch die Auswahl verschiedener Tiernamen auch in motorischer Hinsicht unterschiedliche Bewegungsweisen und -erfindungen bei den Kindern provoziert.

Selbstverständlich bieten das gewählte Unterrichtsthema, die Inszenierung und vor allem die Strenge, die die Lehrerin zum Abschluss der Stunde im Zusammenhang mit der Fahndung nach dem *Spuckeklecks-Verursacher* an den Tag gelegt hat, interessante Anhaltspunkte für vorzunehmende Interpretationen. Für den vorliegenden Zusammenhang interessiert aber vor allem die nachahmende Kompetenz der Kinder, denn vor allem Tim hat im Zuge der Exkursion des Spinnenplaneten gezeigt, dass es Grundschüler sehr gut verstehen, sich auch für kurze Zeit vollends in eine neue Rolle bzw. in ein neu konstruiertes Lebewesen begeben zu können. Tim spielte die Spinne so authentisch, dass er offensichtlich selbst davon überzeugt war, dass der Klecks in der Tat nicht von ihm, sondern von der Spinne produziert wurde. Er weiß zwar auch, dass er die Spinne gespielt hat, aber die Verantwortung für diesen Fleck trägt in erster Linie jene Spinne, die zum Ende des Unterrichts natürlich nicht mehr da war. Trotz allem hat das Hin und Her zwischen den beiden Rollen bei Tim große Verunsicherung und Betroffenheit ausgelöst, weshalb er der strengen Lehrerin zum Schluss der Stunde wohl auch mitgeteilt hat, wer der *Spuckekleckser* gewesen ist. Damit war die Situation denn auch bereinigt.

6.5.5.2 Perspektiven für den Spieleunterricht

Diese Spiele verlangen von den Spielern ein hohes Maß an Kreativität und Phantasie. Bei der Umsetzung der Spiele kommt es auch besonders darauf an, seinen Mitspielern Respekt und Achtung entgegenzubringen. Diese Voraussetzungen müssen geübt und in ihrer Umsetzung kontrolliert werden. Spiele mit dem Schwungtuch, Pantomime oder Zirkus sind mögliche Themen für diese Kategorie. Diese Spiele lassen auch fächerübergreifenden Unterricht zu. So können möglicherweise im Kunstunterricht Materialien gebastelt, im Deutschunterricht Geschichten geschrieben, im darstellenden Spiel Theaterstücke inszeniert und im Musikunterricht Musikstücke ausgewählt oder komponiert werden.

6.5.5.3 Perspektiven für die Inszenierung

Landau & Maraun wollen die Bewegungsspiele durch eine genetische Sichtweise vermittelt sehen, was in der konkreten Umsetzung heißen würde, „die Kinder darin zu unterstützen", dass sie „[...] die einzelnen Spielmotive in ihrer Prägnanz erkennen können und sich daraus den jeweils spezifischen Regelzusammenhang erspielen" (vgl. Landau & Maraun 1993, 81). Dabei kennzeichnet dieser didaktische Ansatz ein Vorgehen, bei dem die Kinder dem ursprünglichen Problem (dem Typischen eines Spiels) gegenübergestellt sind und erprobend, erkundend genau dieses Typische des Spiels herausspüren sollen. Der Lehrende muss den Spielern dafür vor allem genügend Zeit zum Experimentieren lassen und Situationen arrangieren, in denen sich entsprechende Freiräume für eigenes Entdecken ergeben können (vgl. Landau & Maraun 1993).

7 Methoden im Sport

Der Methodenbegriff findet eine weitgehende, uneinheitliche, zuweilen auch kontroverse Verwendung (vgl. Terhart, 2000), was nicht zuletzt auf eine unzureichende theoretische Fundierung, insbesondere auch im Feld der Didaktik (Gruschka, 2002) zurückzuführen ist.[60] Dieses Problem scheint die Sportdidaktik ganz besonders zu kennzeichnen, weshalb Laging (2006, S. 23) die Konturen der sport- und bewegungsbezogenen Methodendiskussion in entsprechend pessimistischer Weise auf den Punkt bringt:

> „Grundsätzlich lässt sich [...] in der wissenschaftlichen Bearbeitung von Unterrichtsmethoden eher eine Theorie- und Reflexionsabstinenz beobachten. Methoden werden praxisnah und anwendungsorientiert entwickelt, begründet und erfahrungsgesättigt aus der Praxis für die Praxis angeboten [...]".

Was also als vermeintlich attraktives Motto mancher Lehrerfortbildung, aber auch als Richtschnur zahlreicher praxisanleitender Publikationen voransteht (vgl. u. a. König, 2004; Kern & Söll, 2005), stößt im Zuge kritischer sportdidaktischer Reflexionen schnell an Grenzen. Es sei denn, man möchte auf das Einlösen des schulischen Doppelauftrags (Bildung und Erziehung) in diesem Fach verzichten bzw. ihn den Geschicken und Zufällen der „Türklinkendidaktik" (Meyer, 2001) überlassen.

Die sich aus dieser komplizierten Ausgangssituation ergebenden Orientierungsschwierigkeiten werden im abschließenden Kapitel des Buches diskutiert, geordnet und in konzeptionelle Bahnen überführt, was in insgesamt vier Schritten geschieht: Zunächst wird die Methodenthematik tiefer gehend ein- und abgegrenzt, um verschiedene Positionen herauszuarbeiten und einander gegenüberzustellen (1). Im Anschluss daran wird die als klassisch zu bezeichnende Idee des Beibringens im Sinne des „Lernen-machens" skizziert, an einem Beispiel festgemacht und in Hinblick auf deren theoretische Fundierung nachgezeichnet (2). Darauf folgend wird ein dem Bildungsdenken verpflichtetes offenes Unterrichts- und Methodenkonzept umrissen, ebenfalls anhand einer Beispielbearbeitung konturiert und hinsichtlich der grundlegenden bewegungspädagogischen Orientierungen erläutert (3). Im vierten und abschließenden Schritt werden die Erziehungs- und Bildungsaufgaben des Sportunterrichts in einen Entwurf der sogenannten Lehrkunst überführt und als Beispiel methodischen Handelns im Sportunterricht sichtbar gemacht (4).

---

60 Die folgenden Ausführungen wurden teilweise bereits an anderer Stelle publiziert und für das vorliegende Buch, insbesondere hinsichtlich des hochschuldidaktischen Zugangs überarbeitet, weitergeführt und konkretisiert. Berücksichtigt wurden unter anderem Auszüge einer überarbeiteten und erheblich erweiterten Fassung der folgenden Beiträge: Lange, H. (2005a). Problemanriss zu den Facetten einer qualitativen Bewegungslehre. In H. Lange, Facetten qualitativen Bewegungslernens. Ausgewählte Schlüsselbegriffe, konzeptionelle Orientierungen und bewegungspädagogische Leitlinien. Band 24 der Schriftenreihe Bewegungslehre & Bewegungsforschung (S. 12–38). Immenhausen bei Kassel: Prolog. Sowie: Lange, H. (2009). Methoden im Sportunterricht. Lehrlernprozesse anleiten, öffnen und einfallsreich inszenieren. In H. Lange & S. Sinning. (Hrsg.), Handbuch Sportdidaktik (S. 294–318). Balingen: Spitta. Vgl. weiterhin Lange & Sinning (2010).

Aufgabe 109:
Befragen Sie einen Ihrer Dozenten, der sportpraktische Lehrveranstaltungen gibt, nach den wissenschaftlichen Eckpunkten und Zusammenhängen seines methodischen Konzepts. Entwerfen Sie hierzu (auf der Grundlage Ihres Wissens) einen Leitfaden für ein Interview. Führen und verschriften Sie das Interview mit dem Dozenten.

7.1   Probleme des sportpädagogischen Methodendiskurses

Fragen und Entscheidungen zum Thema „*Unterrichtsmethoden*" rangieren im Alltag von Sportlehrern an vorderster Stelle. Deshalb lässt sich auch die Feststellung, die Gudjons (2006, 27) im Anschluss an die Beobachtung von Gesprächen zwischen Lehrern getroffen hat, ohne Abstriche auf die Sportkollegen übertragen: „*Der Austausch von Unterrichtstechniken, Hinweisen auf Medien und Materialien, Erfahrungen mit methodischen Varianten nimmt (sic. H. L.) einen breiten Raum ein. Vorsichtig bis neugierig schaut man auf KollegInnen, die neue Methoden erproben.*" Diese Neugierde ist im Sport in ganz besonderer Weise ausgeprägt und wird durch die Konstruktion und Begründung immer neuer Methoden von den sportwissenschaftlichen Disziplinen sehr unterschiedlich bedient. Daraus ergeben sich zwei charakteristische Probleme der sportdidaktischen Methodendiskussion. Das erste Problem betrifft die Praxis des Lehrens, denn das zur Verfügung stehende Methodenwissen reicht im Feld des Sports weit über die Sphäre des schulischen Bildungs- und Erziehungsauftrags hinaus und betrifft auch Lehr-/Lernformen des außerschulischen Sporttreibens (u.a. Vereins-, Freizeit- und Gesundheitssport). Das zweite Problem bezieht sich auf die facettenreichen Begründungszusammenhänge methodischer Entscheidungen und betrifft damit in erster Linie die Theorieebene. Beide Probleme sind miteinander verbunden und werden im Zuge der folgenden Eingrenzungen in zwei Schritten abgearbeitet.

Aufgabe 110:
Führen Sie ein offenes Interview mit einem Sportlehrer aus dem Schuldienst. Lenken Sie das Gespräch auf Fragen und Probleme des Bewegungslernens und halten Sie die Aspekte, die dem Lehrer wichtig sind fest.

7.1.1   Methoden und Praxisrelevanz

Das Methodenproblem bzw. -thema betrifft Absolventen aller Studiengänge, die auf die Wahrnehmung von Lehrfunktionen in den verschiedenen Feldern des Sports vorbereitet werden. Das Spektrum sport- und bewegungsbezogener Lehrberufe reicht von der frühkindlichen Bildung über die verschiedenen Formen und Klassenstufen des Schulsports, den verschiedenen Bereichen des Vereinstrainings, dem Leistung-, Erlebnis-, Freizeit- und Breitensport bis hin zum weiten Feld des Fitnesssports und den verschiedenen Einrichtungen der Sport- und Bewegungstherapie.

Allein für die Belange des Bodybuildings hat beispielsweise Jürgen Giessing (2002) mehr als 30 verschiedene Trainingsmethoden differenziert aufgearbeitet, verglichen und dargestellt. Vergleichbares lässt sich mit Blick auf die Bewegungstherapie (vgl. Hölter in diesem Band) sowie das gesamte Feld des Gesundheitssports attestieren. Gerade im Fitnesssport werden zu bestimmten Inhalten regelmäßig spezielle Methoden kreiert und sogar über ein lizenziertes Aus- und Weiterbildungssystem an Trainer und Übungsleiter weitergegeben, bevor sie letztlich in den Fitnesskursen implementiert werden und zur Anwendung kommen. Auch dort wird von unterschiedlichen Methodikern gesprochen, was sich in der Praxis dahingehend äußert, dass beispielsweise die Teilnehmer von Walkingkursen je nach Lehrmeinung unterschiedliche Schrittlängen, Stocklängen oder Griffhaltungen befolgen müssen. Zumeist halten sich die Teilnehmer auch akribisch an die vorgegebenen Handlungs- und Materialhinweise, womit letztlich ein Indiz für die Tatsache geliefert ist, dass sich bewegende Menschen im wahrsten Sinne des Wortes auch „techno-logisch" verhalten können. Die mechanistisch anmutenden Methoden des Fitnesssports lassen eine Sachlage nämlich nur innerhalb ganz eng abgesteckter Grenzen für den Trainierenden thematisch werden. Dieses Vorgehen ist nicht selten erfolgreich, denn inzwischen ist es durchaus realistisch im Zuge spezieller Trainingsmethodiken innerhalb kürzester Zeit für beachtliche konditionelle Leistungen vorbereitet zu werden (z.B. in einem Jahr von Null zum Marathonfinisher). Im Feld der Medizin ist es eindrucksvoll gelungen die Heilung und Rekonvaleszenz bestimmter Organsysteme mithilfe einer detaillierten und kleinschrittig konzipierten Bewegungstherapie auf ein beachtlich kleines Zeitmaß zu reduzieren. Und zahlreiche Ergebnisse aus dem Feld des so genannten Alterssports belegen den Erfolg bestimmter Krafttrainingsmethoden, die beispielsweise bei 90-jährigen Patienten zu enormen Kraftzuwächsen und damit zu einer bedeutenden und spürbaren Vergrößerung des Bewegungs- und Handlungsrepertoires beigetragen haben. Letztlich erweisen sich die dort zur Anwendung kommenden Trainingsmethoden – trotz der augenfälligen Bezüge zur mechanisch orientierten Trainingskonzeption – immer auch als Schrittmacher für das Optimieren von Lebensqualität.

Aufgabe 111:
Weisen Sie 10 Berufe aus die sich mit Bewegung und Bewegungspädagogik befassen. Ordnen Sie jedem dieser Berufe eine spezifische methodische Tätigkeit zu. Veranschulichen Sie diese Tätigkeiten an jeweils einem Beispiel.

7.1.2 Methoden und Bewegungsbildung

Im Sport bieten sich zahlreiche Bildungsgelegenheiten, die von den Lernenden bzw. Trainierenden in vielfältigster Weise und unterschiedlichsten Erlebnisqualitäten wahrgenommen werden. Gemessen an der Vielzahl sportiver bzw. spiel- und bewegungsbezogener Erscheinungsformen, darf der Sport durchaus als entsprechend gewichtiger bzw. bedeutender Teilbereich unserer Bildungslandschaft angesehen werden. Bewegungs-, Spiel- und Sportthemen werden sowohl in der schulischen Bildungs- und Erziehungsarbeit wie auch im leistungsorientiertem Training, der gesundheitsorientierten Präventionsarbeit, der entwicklungsförderlichen frühen Bildung, der erlebnisreichen Freizeitangebote oder der um Heilung und Rekonvaleszenz bemühten Therapie eingesetzt, um bei den Sporttreibenden Lebensqualität zu verbessern, Verhaltensänderungen auf den Weg zu bringen oder besondere Haltungen zu stützen bzw. auszubilden.

Die Frage ob und wie bewegungsbezogene Bildungsprozesse gelingen oder nicht gelingen ist zuallererst durch persönliche Bezüge charakterisiert und durch Rollenübernahmen und Kommunikationsprozesse zwischen Lehrenden und Lernenden geprägt. Ein derart verstandenes „Bewegungslernen" bzw. „Vermitteln von Bewegung" bemisst sich einerseits an den

Zielen, die im jeweiligen Setting Gültigkeit beanspruchen (z.B. der Heilungserfolg in der Bewegungstherapie oder der Lerngewinn im schulischen Sportunterricht) und ist andererseits an die Inhalte und Sachlagen gebunden, mit denen sich die Lernenden auseinandersetzen müssen. Dies alles geschieht zuweilen planmäßig und reflexiv womit die methodische Dimension der Bewegungsbildung angesprochen ist, denn in der Methode verbirgt sich der Schlüssel zur Unterrichts- und Trainingsqualität bzw. zum Bildungspotenzial des Sports. Die jeweilige Sachlage des Sports wird methodisch aufgeschlossen und im Dialog zwischen Lehrenden und Lernenden in Erfahrung gebracht. Dabei ergeben sich unterschiedliche Möglichkeiten und Wege der Sacherschließung, die wiederum als Ursache für die gegebene Methodenvielfalt anzusehen sind.

Aufgabe 112:
Ordnen Sie den in Frage 111 angeführten Berufen jeweils zwei einschlägige Ziele zu, deren Erreichen als spezifisches Qualitätsmerkmal gelten kann.

7.1.3   Ambivalenz der Methodenthematik

Methodenwissen, -kompetenz und -performanz wird in den verschiedenen Settings einerseits als Folge differenzierter, von pädagogischen Kriterien geleiteter Reflexionen und andererseits aber auch als Folge technologisch stimmiger Ableitungen (sport-)wissenschaftlicher Wissensbestände generiert. Die Gegenstände Sport, Spiel und Bewegung werden deshalb in den verschiedenen Feldern auf unterschiedliche Weise thematisch. Während im schulischen Sportunterricht vor allem der Erziehungs- und Bildungsanspruch das methodische Denken und Handeln von Sportlehrern beeinflusst und leitet, wird diese Funktion in Trainingsprozessen von den erwarteten und weitgehend operationalisierbaren Trainingsanpassungen und in der Bewegungstherapie von den anvisierten Gesundheits- bzw. Rehabilitationserwartungen bestimmt. Da diese richtungsweisenden Orientierungen allein genommen selbstverständlich noch nicht ausreichen, um eine Methode als solche zu konstituieren, liegt es nahe die wissenschaftliche Bearbeitung des Methodenthemas an einem entsprechenden Bildungs- und Bewegungsbegriff einerseits und an das didaktische Problem der Themenkonstitution andererseits zu koppeln (Lange & Sinning 2012a).

Aufgabe 113:
Explizieren Sie Ihren Bewegungsbegriff und diskutieren Sie dessen Relevanz für die berufliche Professionalität in dem von Ihnen angestrebten Berufsfeld.

7.1.4   Facettenreiche Methodenexpertise

Sportmethodisches Wissen zählt in seiner inhaltlichen Vielfalt (z. B. Gesundheits-, Freizeit-, Fitness- und nicht zuletzt auch der Mediensport) längst zum Alltagswissen dazu und wird in den Sportwissenschaften aus dem Fundus unterschiedlicher Disziplinen und vor dem Hintergrund entsprechend verschiedener Anwendungsinteressen, aber auch divergierender Theoriehorizonte, Forschungskonzeptionen und Begriffsverständnisse entwickelt und bereitgestellt. Sportlehrer gelten aufgrund ihres Studiums auch in diesen Feldern als Experten und sollten deshalb zu der überaus umfangreichen Palette relevanter Methodenfragen Stellung beziehen können. Dabei verlaufen die Grenzen zwischen schulischen und außerschulischen Methodenbelangen selbstverständlich fließend, weshalb die Konstituierung einschlägigen methodischen Wissens und Könnens in der Aus- und Weiterbildung von Sportlehrern zu einer zentralen und anspruchsvollen Bildungsaufgabe avanciert.

Aufgabe 114:
Befragen Sie einen Dozenten, der Lehre in der Sportpraxis gibt, nach methodisch relevanten Anschlussthemen, die seiner Meinung nach im Zuge von Weiterbildungsveranstaltungen nach dem Abschluss des Studiums zum Thema gemacht werden müssen.

Im Verlauf der folgenden Ausführungen wird zu klären sein, wie aus fachdidaktischer Sicht mit dieser Unübersichtlichkeit umzugehen ist, d. h. welche theoretischen und konzeptionellen Vorschläge für eine pädagogisch zu rechtfertigende Lösung des Methodenproblems bereitzustellen sind. Dabei wird von vornherein davon ausgegangen, dass die Methodenthematik wegen des permanent gegebenen Handlungsdrucks an Dringlichkeit gewinnt. Dieser Druck ist letztlich auch dafür verantwortlich, dass in der Lehrerschaft eine enorm große Nachfrage nach pragmatischen und das heißt nach möglichst schnell und reibungslos umsetzbaren Methodentipps besteht. Während sich Lehrer in vielen Fächern immerhin noch im Klippertschen Methodenkoffer (Klippert, 2006) bedienen, genügen für den Sport bereits schlichte Übungssammlungen und Stundenbeispiele, wie man sie beispielsweise in der von Bucher unter den Titeln „Tausendundeins" herausgegebener Übungssammlungen sowie in den von König herausgegebenen Praxisbänden „Doppelstunde Sport" findet. Hier verzichten die Autoren auf methodische Erörterungen und Diskussionen und beschränken sich stattdessen darauf, einfach nur die unterrichtliche Beschäftigkeit zu bedienen und am Laufen zu halten. Ein Geschäft, was von Gruschka (2002) in Hinblick auf die Entwicklungen in der Allgemeinen Didaktik pointiert kritisiert wird.

Aufgabe 115:
Gab es im Verlauf Ihres Sportstudiums Situationen und Lehrveranstaltungen die Sie an ein Vorgehen im Sinne des skizzierten „Klippertschen Methodenkoffers" erinnern? Portraitieren Sie diese Lehrveranstaltung und machen Sie dabei das hochschuldidaktische Vorgehen sichtbar.

7.1.5 Methodenvielfalt als Praxisproblem

Aufgrund der in den verschiedenen Praxisfeldern üblichen Unterschiede in der Auslegung des jeweiligen Gegenstandsverständnisses resultiert ein entsprechend breites Spektrum verschiedener, teilweise hochgradig spezialisierter und ausdifferenzierter Methoden des Vermittels, Trainierens, Therapierens und Beibringens. Neben den gängigen Varianten der Unterrichtsmethodik des Schulsports (vgl. hierzu die Themenhefte der Zeitschrift Sportpädagogik: „Vermitteln" (5/1995); „Methoden im Sportunterricht" (5/2000) existieren also auch weitere spezifische sportmethodische Wissens- und Könnenspotenziale. Diese außerschulischen Methodenbestände weisen sich zwar immer durch ihren besonderen Gegenstandsbezug (Training, Therapie, Wellness, Freizeit) als passende Methoden des jeweiligen Praxisfeldes aus, sie wirken allerdings zugleich immer auch auf die methodische Situierung des Sportunterrichts: Teilweise werden die Inhalte und Methoden des außerschulischen Sports sogar direkt und weitgehend ungebrochen in den Schulsport importiert (z. B. Fitnesskonzepte für den Grundschulsport oder Entspannungsprogramme für vermeintlich gestresste Schüler). Darüber hinaus diffundieren solche Elemente neuerdings über die Kooperationen mit Vereinen und Übungsleitern, die im Zuge der Ganztagsschulentwicklung auf den Weg gebracht werden, ins Schulleben. Und schließlich wirkt dieses außerschulisch relevante Methodenwissen auch implizit auf die Methodenkompetenz des Lehrers. Dieser Diffusionsprozess führt letztlich dazu, dass die technologisch orientierten Anteile der Unterrichtsmethodik, so wie wir sie klassischerweise aus dem Feld der Therapie und des Trainings her kennen, immer mehr ins Gewicht fallen und dass dadurch die Konkurrenz der verschiedenen methodischen Orientierungen vergrößert wird.

Aufgabe 116:
Identifizieren Sie innerhalb des Spektrums Ihrer Praxiskurse zwei Beispiele die den Import von methodischen Ideen/Anlehnungen aus anderen (nicht-schulischen) Feldern des Sports belegen. Diskutieren Sie diese Beispiele kritisch.

7.1.6   Struktur- und Theorieproblem

Das oben skizzierte Problem der Methodenvielfalt setzt sich auf der Ebene seiner theoretischen Begründung und konzeptionell-systematischen Strukturierung fort, weshalb wir es in der Methodendiskussion der Sportdidaktik auch noch mit einem Struktur- und Theorieproblem zu tun haben.

Die Konstruktion und die Begründung von Unterrichtsmethoden lassen sich durchaus auf zwei verschiedenen Ebenen durchführen. Während Methoden einerseits unter dem Primat der Didaktik und damit auch im Zusammenhang mit dem jeweils zugrunde liegenden didaktischen Konzept sowie dem daran gebundenen Bildungsdenken verstanden werden, folgt man andererseits eher pragmatischen Gesichtspunkten, nach denen Methoden – ganz im Sinne der von Laging (2006, S. 23) vorgetragenen Kritik – als erfahrungsgesättigte, praxisnahe und Erfolg versprechende Lernwege betrachtet und isoliert konzipiert werden.

Hinter dieser Polarisierung verbirgt sich – im Unterschied zur Situation in anderen Fachdidaktiken – keinesfalls „nur" ein schlichtes Theorie-Praxis-Problem. Für die Methodik des Sportunterrichts wird nämlich auch die pragmatische Variante im Feld der technologisch orientierten Bewegungs- bzw. Motorikforschung vergleichsweise treffend begründet. Aus diesem Grund geht das Strukturproblem der Methodendiskussion im Sport weitaus tiefer und lässt sich folgerichtig auch als Theorieproblem einordnen, dass aufgrund zweier polar gegenüberstehender theoretischer Zugangsweisen auf das menschliche „Sich-Bewegen" bzw. die Bewegung (vgl. Scherer 2001a) besteht. Letztlich handelt es sich hier auch um ein sportwissenschaftliches Problem, das einer interdisziplinär auf den Weg zu bringenden Lösung bedarf. Neben der bewegungspädagogisch geführten Begründung von Unterrichtsmethoden (vgl. u. a. Funke, 1991, Funke-Wieneke, 1995) existiert ein bemerkenswerter Begründungsdiskurs im Umfeld eines eher objektivistisch ausgerichteten Methodenverständnisses (vgl. u. a. Hirtz & Hummel, 2004; Wiemeyer, 2004). Auch wenn die pädagogischen Bezugnahmen der technologisch orientierten Bewegungsforschung fern ab tragbarer Unterrichts-, Bildungs- und Erziehungskonzeptionen verortet sind, beeindrucken sie doch vor allem in empirischer Hinsicht, zumindest was die Anzahl und interne Sorgfalt empirischer Studien betrifft.

7.2 Zum Zusammenhang zwischen Bewegungsbegriff und methodischem Konzept

Die Tragweite der Bewegungsbegriffe von Sportpädagogen wird ebenso wie die Tragweite der Bewegungsbegriffe anderer Sportwissenschaftler (z.B. Mediziner, Motorikforscher, Psychologen, Soziologen oder Trainingswissenschaftler) in den fachdidaktischen und methodischen Kontext der Lehrlernpraxis sicht- und spürbar.

Trotz der beachtlichen Bedeutung, die dem Methodenthema im Kontext bewegungsbezogener Lehrlernsituationen zukommt, lassen sich methodische Fragen und Probleme im Lichte der fachdidaktischen Modell- und Theorieentwicklung längst nicht so stringent und einvernehmlich klären, wie es das Anwendungsinteresse in der Praxis einfordern würde. Dort müssen Methodenfragen nämlich im Kontext der die methodische Position konstituierenden Lernbegriffe, Bildungs- und Erziehungs- sowie Bewegungs- und Unterrichtskonzepte verstanden werden. Je nach Ausrichtung dieser konzeptionellen Orientierungen resultieren entsprechend unterschiedlich verfasste Vermittlungsstrategien bzw. Inszenierungsweisen. In diesem Sinne resultiert beispielsweise als Konsequenz des sogenannten Dialogischen Bewegungskonzepts (Gordijn u.a. 1975; Tamboer 1979; 1997; Trebels 2001) ein völlig anderes Vermittlungskonzept als es beim programm- und informationstheoretischen Ansatz (vgl. u.a. Roth 1991; 1998) der Fall wäre. Die Analyse der aus dem Umfeld dieser lerntheoretischen Konzeptionen abzuleitenden Methodenentscheidungen zeigt unmissverständlich auf, dass hier jeweils auch von unterschiedlichen Bewegungs-, Bildungs-, Erziehungs- und Unterrichtsbegriffen ausgegangen wird. Mehr noch, wie Jan Tamboer (1994) eindrucksvoll gezeigt hat, verbergen sich hinter den verschiedenen Bewegungsbildern auch sehr verschiedene Menschenbilder.

Aufgabe 117:
Wählen Sie einen Ihrer Praxiskurse aus und analysieren Sie anhand der Kursinhalte und -themen das zugrunde liegende Bewegungs- und Menschenbild des Kursleiters.

7.2.1 Zur Differenzierung physikalischer und relationaler Betrachtungsweisen

Da die bereits einleitend angeführte Vielfalt bewegungswissenschaftlicher Betrachtungsweisen für die Belange dieses einführenden und orientierenden Theoriekapitels ein Stück weit bewertet und geordnet werden muss, bedarf es neben der Ausrichtung an ordnungstiftenden Parametern (hier: Bewegungsdidaktische Implikationen) eines strukturierenden Vorgehens. Die hieran gebundene Konzeptionsarbeit erfolgt mit Blick auf die Bewegungslehre des niederländischen Anthropologen Frederik Jacobus Johannes Buytendijk (1887–1974). In der sportwissenschaftlichen Bewegungsforschung unterscheidet man spätestens seit dem Erscheinen seines Buches Allgemeine Theorie der menschlichen Haltung und Bewegung

(1956) zwischen der physikalischen und der funktionellen Betrachtungsweise von Bewegung (vgl. Gordijn 1968; Tamboer 1979; 1994, 1997; Prohl 1996).

7.2.2   Antiquierte Position: Lehren als „Lernen-machen"

Mit Blick auf die Methodendiskussion, wie sie während der zurückliegenden Jahrzehnte betrieben wurde (vgl. v.a. Stiehler 1966; 1974; Fetz 1979; Kurz 1998), scheint es nahe liegend wie auch verlockend, Methoden im Sinne des Bildes einer aufsteigenden Treppe verstehen zu wollen. Dabei wird davon ausgegangen, dass die Lernenden auf dieser Treppe Schritt für Schritt über einen vermeintlich idealen Weg zu den Zielen des Unterrichts geführt werden.

> „Die Methode wird im eigentlichen Sinne des Wortes als <Weg> verstanden, als eine Reihe von Schritten, die man gehen muss, wenn man ein bestimmtes Ziel erreichen will. Das Bild, das dem methodischen Denken durchweg zugrunde liegt, ist das einer Treppe: das geistige Fortschreiten des Schülers stellt sich als ein Hinaufschreiten von Stufe zu Stufe dar. Es wird so zu einem Hauptanliegen des methodischen Denkens, durch Analyse der geistigen Prozesse die Stufen dieses geistigen Hinaufschreitens zu erkennen, und dementsprechend den Aufbau des Unterrichts zu planen" (Geißler zit. nach Aschersleben 1991, 18).

Methoden werden demnach im Sinne von Vermittlungsstrategien, einfacher Rezepte, Wegbeschreibungen und Verfahrensweisen aufgefasst. Diese Metaphern sind überaus praxisnah und alltagstauglich angelegt, denn Lehrer möchten durch ihre Planungs-, Ordnungs- und Steuerungsfunktionen seit jeher bei den Schülern etwas bewirken. Aus diesem Grund neigen sie auch dazu, Unterricht von diesen Lehrintentionen ausgehend zu konstruieren, was wiederum ausgezeichnet zu der Treppenmetapher passt. In diesem Sinne liegt es denn auch nahe, Lehren tatsächlich als eine Form von *„Lernen-machen"* zu verstehen, weshalb sich Lernprozesse der vermeintlichen Logik des zu vermittelnden Unterrichtsstoffes unterordnen müssen. Zusammengefasst: Unterrichtsmethoden beschäftigen sich demnach mit den Verfahren zur Vermittlung von Lerninhalten (vgl. Aschersleben 1991, 11). Historisch gesehen erinnert diese Sichtweise an das Schritt- und Stufendenken der Herbartianer. Während die Unterrichtsmethodik bei Herbart noch auf einen Erkenntnisprozess ausgelegt war, so verkam sie bei seinen Schülern zu einem recht formalisierten System, das in der zu Beginn des 20. Jahrhunderts einsetzenden reformpädagogischen Gegenbewegung treffend als Tyrannei der Formalstufen bezeichnet wurde.

> **Aufgabe 118:**
> Nehmen Sie zur Metapher der Treppe auf der Grundlage eigener Erfahrungen Stellung! Referieren Sie hierzu eine Ihnen bekannte Methodische Übungsreihe und ordnen Sie das dadurch provozierte methodische Vorgehen in die Aussagen des Textes (Lehren als Lernen-machen) ein.

Die oben skizzierte enge Auslegung des Methodenverständnisses lässt sich auch auf etymologischem Wege rekonstruieren. Die Wortbedeutung (gr. méthodos: der Weg auf ein Ziel hin) verweist dabei zunächst auf die enger gefasste Bedeutung, die sich in Fragen nach den jeweiligen Lehr- und Lernwegen ausdrückt (wie?). In diesem Sinne definiert Stadler (2003, 366) den Terminus im Sportwissenschaftlichen Lexikon folgendermaßen:

> „Unter Methodik versteht man die Lehre vom zielgerichteten Vorgehen beim Unter-
> richten mit den aufeinander bezogenen Schritten der lang-, mittel- und kurzfristigen
> Unterrichtsplanung, der Durchführung und Auswertung."

An dieser Stelle sind wir wieder bei der Metapher der Treppe bzw. bei dem zu einem Ziel führenden Weg angelangt, womit in methodischer Hinsicht Folgendes impliziert wird: Letztlich weiß der Lehrer ganz genau um die Passgenauigkeit der Schritte, um das Tempo, mögliche Abkürzungen oder Umwege, weshalb es ihm folgerichtig auch zugestanden wird, den Lernprozess in allen relevanten Parametern zu steuern. Zu dieser Lehr- und Lernauffassung passen deshalb auch Methodenbegriffe wie z.B. Beibringen, Einpauken, Einbläuen, Dozieren, Konditionieren, Belehren, Anweisen, Unterweisen, Anleiten, Anlernen, Drillen, Dressieren, Eintrichtern, Formen, Unterweisen, Schulen usw.

Aufgabe 119:
Explizieren Sie Ihr Verständnis zu den folgenden Begriffen: Beibringen, Einpauken, Einbläuen, Dozieren, Konditionieren, Belehren, Anweisen, Unterweisen, Anleiten, Anlernen, Drillen, Dressieren, Eintrichtern, Formen, Unterweisen, Schulen. Belegen Sie mindestens fünf dieser Begriffe mit Beispielschilderungen aus dem Fundus Ihrer Praxiserfahrungen.

7.2.3   Lernerbilder und Lehrerbilder

Die zuletzt benannten Methodenbegriffe implizieren allesamt einschlägige Bilder vom Lehrer, vom Lernenden und von der zu vermittelnden Sache. Im Zuge der klassischen Sachanalyse wird die Sache als etwas Feststehendes verstanden, deren Struktur von den Lernenden übernommen werden muss. Deshalb baut man hier zunächst auch auf die detaillierte Beschreibung der formalen Strukturen und Abläufe sportlicher Techniken. Solche Anforderungsanalysen und die daran gebundenen Unterrichtsmethoden haben sich vor allem im Verlauf der zurückliegenden drei bis vier Jahrzehnte enorm ausdifferenziert. Sie wurden bis in die neunziger Jahre des vergangenen Jahrhunderts hinein vor allem durch die Orientierung an biomechanisch validen Technikleitbildern geprägt. Inzwischen wurde das an der objektivistischen Außensicht orientierte sachanalytische Vorgehen durch weitere Modelle ergänzt, von denen an dieser Stelle zwei besonders erfolgreiche benannt werden sollen: Dabei handelt es sich erstens, um den von Neumaier, Mechling & Strauß (2009) konzipierten Koordinationsanforderungsregler (KAR) sowie zweitens um ein sogenanntes Baukastensystem, das auf Modulvorstellungen zur Organisation der menschlichen Motorik zurückgeht und vor allem im Feld der Sportspielvermittlung weite Verbreitung findet (Kröger & Roth 1999; Hossner 1997).

7.3   Zur physikalischen Betrachtungsweise

In der physikalischen Betrachtungsweise, die wegen des zugrunde liegenden kausalistischen Erklärungsschemas ganz in der galileischen Tradition verstanden wird, werden Ortsveränderungen des Körpers in Raum und Zeit gemessen und analysiert. Demzufolge spielen in sol-

chen Forschungszusammenhängen einfache Motoriktests, mit deren Hilfe Fähigkeitskonstrukte gemessen werden, eine wichtige Rolle (vgl. v.a. Bös & Tittelbach 2002; Bös 2001).
Menschliches Bewegungsverhalten wird dort als Folge von Ursachen begriffen, die der Zeit
nach vorangehen.

> **Aufgabe 120:**
> Sichten Sie die Literaturempfehlungen aus Ihren Praxiskursen und führen Sie aus diesem
> Fundus einen Beleg an, mit dem deutlich wird, dass menschliches Bewegungsverhalten (in
> dieser Publikation) als Folge von Ursachen gesehen wird.

Solche Sichtweisen zum Bewegungslernen sind in der bewegungswissenschaftlichen und vor
allem methodisch orientierten, praxisanleitenden Literatur weit verbreitet. Sie passen ganz
ausgezeichnet zu den Alltagstheorien von Lehrern, Trainern und Übungsleitern, die es sich
nicht leisten können und/oder wollen, bei der Planung und Betreuung der von ihnen zu verantwortenden Lernprozesse auf Offenheit zu setzen und stattdessen lieber die Sicherheit
gebende Logik von Methodischen Übungsreihen (MÜR) bevorzugen.

7.3.1   Konsequenzen für die Methodik

„Erst das Leichte, dann das Schwere – stufenweise richtig lehre." Mit diesem Zitat von
Schubert (1981, 212), der zwölf Regeln des Trainingserfolgs beschreibt, greift Roth (1991)
eine Alltagstheorie zur Methodik des Bewegungslernens auf, die er einem Aufsatz als Überschrift voranstellt, in dem er das Neulernen von Bewegungstechniken thematisiert. Der zugrunde liegende lerntheoretische Bezugsrahmen degradiert den Lernenden auf die Stufe einer
Rechenmaschine bzw. auf die eines Plattenspielers, denn der Sportler wird als information-
sumsetzendes System charakterisiert:

> „Er nimmt kontinuierlich Meldungen aus der Umwelt und von seinem eigenen (sich
> bewegenden) Körper auf, führt komplizierte Zusammenfassungen und Verrechnungen
> durch und wählt schließlich eine angemessene motorische Handlung aus […]. Der
> Sportler greift dabei auf weitgehend vorformulierte, festgeschriebene Bewegungsent-
> würfe im Gehirn – sogenannte Repräsentationen – zurück" (Roth 1998, 28f.).

Wer dieser Bestimmung des Lernenden zustimmen kann, für den sollte es dann in der Tat
auch möglich sein, der hierzu passenden Methodik etwas Praktisches abzugewinnen. Deren
Logik wird von Roth (1998, 28) nämlich folgendermaßen charakterisiert:

> „Der überforderte Schüler wird dadurch unterstützt, dass der Schwierigkeitsgrad der
> Aufgabenstellung in sinnvoller und wirksamer Weise reduziert wird. Er übt zunächst
> vereinfachte Probleme, die nach einer angemessenen Zeit zur Gesamtaufgabe aufge-
> schaltet bzw. erweitert werden."

7.3.2   Lerntheoretischer Bezug – Programmtheorien

Der lerntheoretische Hintergrund dieses bewegungswissenschaftlichen Zugangs lässt sich im
Spektrum der sogenannten Programmtheorien ausfindig machen. Deren Vertreter (vgl. zusammenfassend: Wiemeyer 1992) gehen davon aus, dass die im Labor bzw. in der sportbezogenen Praxis beobachtbaren und sichtbaren Bewegungen Entsprechungen interner Reprä-

sentationen (z.B. Bewegungsschemata; generalisierte motorische Programme) sind. Zu diesen Annahmen passt auch die Metapher eines Computers, der ein motorisches Programm mit
generalisierten Merkmalen bestimmter Bewegungsklassen enthält. Diese werden bei Bedarf
situationsspezifisch abgerufen und können während der Bewegungsausführung auch noch –
in einem kleinen Intervall von ca. 200 Millisekunden – verändert und korrigiert werden.
Programmtheoretiker erklären vor diesem Hintergrund das Neulernen von Bewegungen
konsequenterweise als einen Erwerb eines neuen motorischen Programms. Gesteuert werden
die Bewegungen durch Kraft- und Zeitinformationen, die vom motorischen Programm ausgehend an die Muskulatur gesendet werden. Da die Speicherkapazität des Systems überfor-
dert wäre, wenn für jede Situation und für jede denkbare Bewegung spezielle Programme zur
Verfügung stehen müssten, liegt die Vermutung nahe, dass diese Programme weniger feste,
invariante Parameter, sondern stattdessen mehr variable Parameter enthalten, die je nach
Situation angepasst werden können. Organisiert werden die vielen variablen Anteile in zwei
Schemata. Dem Recall-Schema, das all die Daten enthält, die notwendig sind, um eine Bewegung in die Wege zu leiten. Als Zweites steht ein sogenanntes Recognition-Schema zu
Verfügung, das während der Bewegungsausführung Vergleichsmöglichkeiten bereitstellt.
Wenn also Bewegungen im Zuge von Übungsprozessen wiederholt werden, verdichten sich
nach der Auffassung von Programmtheoretikern auch im sportbezogenen Bewegungslernen
in beiden Schemata einzelne Parameter zu Schemaregeln. Dieser Mechanismus aus Pro-
gramm- und Schemabestandteilen erlaubt den Zusammenbau komplexer Bewegungen. Bewegungen werden demnach zentral initiiert und gesteuert, so ähnlich, wie wir es von Maschinen und Computern her kennen. Das zugrunde liegende Theoriegebäude und die umfangreichen empirischen Befunde gelten allerdings nur für überaus eingeschränkte Bewegungen. Sie stießen während der zurückliegenden Jahre in der experimentellen Überprüfung
immer dann an Grenzen, wenn Bewegungen untersucht wurden, die großräumig angelegt
sind und über mehrere Gelenke erfolgen und somit der Komplexität sportlicher Bewegungen,
wie wir sie aus dem Sportunterricht her kennen, nahe kommen. Aber auch auf der Ebene der
kleingestückelten empirischen Bewegungsforschung wurden immer wieder Widersprüche
und Grenzen aufgezeigt (vgl. Loosch, Prohl & Gröben 1996). Spätestens seit Mitte der neunziger Jahre des vergangenen Jahrhunderts ist man dabei, sich von der Programmtheoretischen Position zu verabschieden. In diesem Zusammenhang wurde sogar schon von einem
Paradigmenwechsel in den Bewegungswissenschaften gesprochen (vgl. Daugs, 1994), der
aber auf der Ebene der Unterrichtsmethodik entweder noch gar nicht angekommen ist oder
aber bereits durch andere Orientierungen wie z.B. das modular organisierte Baukastensystem
(Kröger & Roth 1999) oder den Koordinationsanforderungsregler (Neumaier, Mechling &
Strauß 2009) ersetzt wurde.

Aufgabe 121:
Diskutieren Sie die Grenzen der Programmtheorien in Hinblick auf das Methodenthema.
Gehen Sie dabei von Ihrem Bildungsverständnis aus.

7.3.3   Zur programmgestützten Lehrarbeit in der Unterrichtspraxis

In der Methodik der Sportarten wird vielerorts immer noch im programmtheoretischen Sinne
weitergedacht und argumentiert. Möglicherweise auch deshalb, weil man dort zuweilen auf
eine wissenschaftliche Begründung methodischer Entscheidungen gut und gerne verzichten

kann. Zumindest dann, wenn die zugrunde gelegte Orientierung an motorischen Programmen und die Konkretisierung in Form von methodischen Übungsreihen das Gefühl von Sicherheit aufkommen lässt. In diesem Sinne laufen die methodischen Konsequenzen zunächst einmal darauf hinaus, Wege zu finden, auf denen diese Programme und Schemata für den Lern- und Übungsprozess vereinfacht werden.

Roth (1998) schlägt hierfür die Verkürzung der Programmlänge sowie die der Programmbreite vor. Die erste Verkürzung soll dann erfolgen, wenn die Gesamtbewegung, wie beim leichtathletischen Weitsprung oder der Kraulwende im Schwimmen, zu lang ist, d.h., wenn zu viele Teile zeitlich nacheinander bewältigt werden müssen und den Lernenden deshalb überfordern. Die Lernenden müssen im Sinne der Programmlängenverkürzung also nur noch Teilbewegungen üben, die nach ihrem Beherrschen zu einer Gesamtbewegung zusammengebaut werden. Die zweite Verkürzung kommt dann zum Einsatz, wenn zu viele Teile einer Bewegung gleichzeitig erfolgen und die Gesamtbewegung deshalb zu breit ist. In diesem Sinne werden z.B. beim Schwimmen zunächst nur die Armbewegung und anschließend nur die Beinbewegung geschult, und beim Nackenüberschlag im Turnen werden Beinschlag und Armschub getrennt voneinander trainiert.

Neben diesen beiden Prinzipien der Programmmanipulation weist Roth (1998) auch noch auf die Möglichkeit hin, weitere Parameter der Bewegungsaufgabe zu verändern. Gemeint sind Überforderungsfälle wie z.B. die zu hohe Anlaufgeschwindigkeit, zu kurze Bewegungsdauer oder zu hohe Kraftanforderungen mancher Disziplinen und Sportarten. Als methodische Lösungen werden beispielsweise sogenannte Slow-Motion-Übungen vorgeschlagen, in denen die Lernenden einfach langsamer üben sollen. Darüber hinaus werden erhöhte Absprungflächen oder Sprunghilfen eingesetzt, um den Zeitdruck bei manchen Sprüngen zu mindern, oder es werden, z.B. in der Leichtathletik, leichtere Wurfgeräte genutzt, um die Kraftanforderungen zu reduzieren.

Aufgabe 122:
Portraitieren Sie ein ausführliches Beispiel zum Bewegungslernen aus einem Ihrer Praxiskurse mit dem Sie belegen und zeigen können, das das Lehren zuweilen immer noch im Sinne der Programmtheorie gedacht wird, auch wenn dies im Kurskonzept gar nicht so vorgesehen und expliziert ist.

7.3.4   Zur Relevanz technologisch implizierter Methoden

Entgegen der bis hierher vorgetragenen Kritik weisen sich die technologischen Anteile der Sportmethodik in vielen Feldern des Sports aber auch als überaus erfolgreich aus. Sie werden deshalb unter anderem als pragmatische Elemente von Gesundheitskonzeptionen, als effiziente Trainings- und Einübungsformen sportlicher Techniken oder als Elemente von Fitnesskonzeptionen in den schulischen Sportunterricht importiert. Deren Aussagen gründen auf ebenso klar nachvollziehbaren wie effizient wirksamen biowissenschaftlichen Prinzipien, deren Wissensgrundlagen in der Trainingslehre gebündelt sind und für die Anwendung in der Praxis zur Verfügung stehen.[61] In diesem Sinne ist z.B. bekannt, dass das Wachstum einzel-

---

61   Vgl. hierzu als Beispiel einer – in diesem Sinne – konsequenten Verwendung eines technologisch geprägten Methodenbegriffes in einem aktuellen Lehrbuch der Trainingswissenschaft: Olivier, Marschall & Büsch (2008, 199ff.).

ner Muskeln über die Manipulation der Intensität, Dauer und Dichte einer bestimmten Anzahl an Wiederholungen, die den Muskel belasten, exakt modelliert werden kann. Sei es für
therapeutische Notwendigkeiten in der Rehabilitation oder für ästhetische Zwecke der Körperformung (z.B. Bodybuilding). Um die in diesen Feldern möglichen Ziele erreichen zu
können, muss sich der Sportler diesen Normen anpassen bzw. unterordnen können, was –
wie die messbaren Leistungsfortschritte in den oben benannten Feldern deutlich belegen –
sehr gut gelingen kann. Vor allem im Therapie-, Fitness-, Gesundheitssport und nicht zuletzt
im leistungssportlich ausgerichteten Training beweisen Trainierende und Lernende doch sehr
eindrücklich und im wahrsten Sinne des Wortes, wie techno-logisch sich Menschen hinsichtlich der methodischen Dimension ihres Sich-Bewegens verhalten können. Auch wenn man in
der Sportdidaktik solchen Wissensbeständen traditionellerweise sehr skeptisch gegenübersteht (vgl. Dietrich & Landau 1999, 164f.; Größing, 1997a, 131), ist nicht von der Hand zu
weisen, wie zielorientiert und treffend sich die technologisch orientierten Trainings- und
Lehrmethoden einsetzen lassen.

Diese Funktionalität genügt für sich allein genommen selbstverständlich noch nicht, um die
Methodik eines erziehenden Sportunterrichts daran auszurichten. Diese technologischen
Wissensbestände müssen deshalb im pädagogischen Sinne gebrochen und in den Bahnen
einer am Bildungsdenken orientierten Trainingspädagogik gebündelt werden (vgl. Baschta &
Lange 2007). Für die Lernenden ergibt sich an dieser Stelle die Perspektive, herauszufinden,
wie man selbstbestimmt mit solchen technologischen Möglichkeiten umzugehen vermag.
Wird dieses auf konzeptioneller Ebene nicht berücksichtigt, dann darf getrost von einer
Selbstbeschränkung technologisch implizierten Methodendenkens gesprochen werden, wie
wir es beispielsweise aus dem Konzept der qualifikatorischen Sportdidaktik (Hummel 1997)
und der dort angelegten Skepsis gegenüber dem in der neueren Bewegungspädagogik üblichen Bildungsdenken her kennen (Hummel, 2001).

Die konzeptionellen Eckpfeiler der qualifikatorischen Sportdidaktik passen zunächst sicherlich nicht zum Mainstream bewegungspädagogischen und bildungstheoretischen Denkens
(vgl. z.B. Funke – Wienecke 2004). Wie auch? Eine nach technologischen Regeln verlaufen-
de Mechanisierung der Methode und damit auch die Mechanisierung der Bewegungspraxis
des Menschen erinnern an eine Erziehungspraxis, die auf konzeptioneller Ebene gerade nicht
an Begriffen wie Mündigkeit oder Selbstbestimmung ausgerichtet wird. Aus diesem Grund
weisen sich solche methodischen Ansätze auch durch eine weitaus größere Nähe zu einer
qualifikatorisch ausgerichteten Sportdidaktik aus, deren Wurzeln in der Methodentradition
der ehemaligen DDR-Sportwissenschaft zu finden sind. Deren Vertreter bekennen sich inzwischen auch folgerichtig zur Abkehr des in der Sport- und Bewegungspädagogik etablierten Bildungsdenkens (Hummel 2001; Hummel & Krüger 2006). Stattdessen wird in den
Bahnen dieser bildungskritischen Konzeptionen Gefallen an der technologischen Effizienz
und Machbarkeit motorischer Leistungsproduktion gefunden. Die reicht sogar bis hin zu
Fragen der Evaluation und Qualitätssicherung, wo die mithilfe von Pulsfrequenzmessgeräten
ermittelte Beanspruchung als Qualitätskriterium für den Sportunterricht vorgeschlagen wird
(Adler, Ertl & Hummel 2006).

Aufgabe 123:
Was fasziniert Sie im Prozess des Bewegungslernens? Portraitieren Sie ein ausführliches
Beispiel in dem diese Faszination sichtbar wird. Diskutieren Sie auf dieser Grundlage die

Grenzen der qualifikatorischen und der mechanistisch-programmtheoretisch ausgerichteten Methodenkonzeption.

7.3.5   Zur Kritik an den Methodischen Übungsreihen

Die Kritik an den bis hierher skizzierten Konzeptionen Methodischer Übungsreihen nimmt bereits im zugrunde liegenden Bewegungsbegriff ihren Ausgang. Gerhardt & Lämmer (1993, 1) stigmatisieren die bewegungswissenschaftliche Beschränkung des physikalischen Bewegungsbegriffs für solche Kontexte folgendermaßen:

> „Wer im Sport nur einen Vollzug körperlicher Bewegungen sieht, der wird nie verstehen, worum es im Spiel und Wettkampf eigentlich geht.“

Aber auch die aus diesem Bewegungsverständnis abgeleitete methodische Konkretisierung ist wegen ihrer Anspruchslosigkeit zu kritisieren. Im Kern lässt sich diese Methodik nämlich in der Sprache alltagstheoretischer Lehrformeln ausdrücken, wie z.B. vom Leichten zum Schweren oder vom Einfachen zum Komplexen. Diese Einfachheit scheint aus pädagogischer Sicht natürlich sehr bedenklich, weshalb Laging (2000, 2) mit Recht fragt: „Was ist für den Einzelnen aus seiner Lern- und Lebensgeschichte ‚leicht‘ oder ‚schwer‘?“ Immerhin kommen Kinder mit individuellen Erfahrungen, Bedürfnissen und Interessen in die Schule, weshalb die ausschließlich an der Sachlogik der Inhalte ausgerichtete Methodik ganz erheblich von pädagogischen Ansprüchen der Vermittlung abweicht. Vom pädagogischen Standort aus gesehen werden die Themen für das Bewegungslernen und den Bewegungsunterricht nicht allein durch die Ziele oder Inhalte, sondern durch das wechselseitige Zusammenwirken von Zielen, Inhalten und Methoden bestimmt.

Aufgabe 124:
Greifen Sie das Zitat von Gerhardt und Lämmer (1993) auf und erläutern Sie den dort angedeuteten Kern des Spiels und Wettkampfes aus Ihrer Perspektive.

Die Gängelung des Lernens durch die Tradierung solcher ordnenden Methoden wurde von Fritsch & Maraun (1992, 36) treffend als „[…] die Behinderung von Lernen durch Lehrhilfen“ charakterisiert. Die Kritik der Frankfurter Sportpädagoginnen richtete sich schon damals gegen die Verselbstständigung von Methoden im Sportunterricht und scheint angesichts der skizzierten Problemlage immer noch aktuell.

> „Bewegungserfahrungen sind nicht mehr Folge einer selbsttätigen Auseinandersetzung mit einem bestimmten Bewegungsproblem, sondern eine Ansammlung nachvollzogener Muster fremder Urheberschaft. Erfahrung ist reduziert auf instrumentell erzeugte Aneignungsmuster, mit einem Begriff von H. v. Hentig (1984), Erfahrung wird ‚enteignet‘“ (Fritsch & Maraun 1992, 36f.).

Im Lichte dieser Kritik wird klar, dass der Wert von Methodischen Übungsreihen (MÜR) nicht in der produktiven Ansteuerung von Lernerfolgen, sondern in erster Linie in den Möglichkeiten begründet liegt, Unterrichtsabläufe zu ordnen und sie für den verantwortlichen Lehrer übersichtlich und sicher zu gestalten bzw. ablaufen zu lassen. Da aber nicht die Ordnung an sich, sondern der Prozess des Ordnens als bildsam angesehen wird, wäre es falsch, die MÜR als Bedingung und Ursache von motorischen Lernprozessen verstehen zu wollen.

Wir sollten viel lieber danach fragen, wie dieses Ordnen aus der Perspektive der Lernenden vonstattengehen kann, wie also Schüler Zugänge zur Welt, den Mitmenschen und deren Objektivationen schaffen und wie Bildung letztlich möglich wird. So gesehen soll auch Sportunterricht als Gelegenheit verstanden werden,

> „[…] Zugänge zur Welt und zum Leben der Menschen zu gewinnen und Aufschlüsselungen von zunächst Verschlossenem (in Fächern wie in fachübergreifenden Lernbereichen) zu leisten" […]. So gedacht und inszeniert […] „hat Bildung, verstanden als fragende und wissende Verfasstheit des Individuums zur Welt, zu den Menschen und ihren Objektivationen, immer wieder eine Chance, Kompetenz, Verantwortung und Engagement zu entfalten" (Bönsch 2006, 170).

Aufgabe 125:
Argumentieren Sie von einer bildungstheoretischen Position ausgehend, weshalb es wichtig ist, dass Bewegungserfahrungen nicht „enteignet" werden und die Lernenden selbst Urheber ihrer Bewegungen bleiben.

Da allerdings die organisatorische Struktur und der traditionelle Takt von Schule diesen Bildungsabsichten nur allzu oft entgegenstehen, reduzieren sich die Ansprüche von Unterricht oftmals schlicht auf die Ausgestaltung von Routinen und finden ihre Übersetzung in einer methodisch lancierten Beschäftigkeit.[62] Die scheint nach Ansicht von Laging (2006, 29) im Sportunterricht fest etabliert zu sein, wie man seiner Bilanz zur Methodenfrage in der Sportpädagogik entnehmen kann:

> „Die gängige Methodik des Sportunterrichts verbleibt in der Regel auf der untersten Reflexionsebene einer ‚Theorie' und Systematisierung von Unterrichtsmethoden, nämlich dort, wo Methoden als Weg der Zielerreichung von Bewegungsfertigkeiten verstanden werden. Ein schlüssiges, auf das Lehren und Lernen von Bewegungen gerichtetes und erziehungs- sowie bildungstheoretisch fundiertes Methodenkonzept für den schulischen Bewegungs- und Sportunterricht liegt bisher nicht vor."

Aufgabe 126:
Greifen Sie den Terminus der methodisch lancierten Beschäftigkeit auf indem Sie einen Kursplan aus dem Feld Ihres Praxisstudiums diesbezüglich analysieren und kritisch reflektieren. Arbeiten Sie die Grundlagen heraus, an denen sich der Dozent in seiner Planung orientiert hat. Inwieweit lässt sich das analysierte Kurskonzept mit dem Terminus der methodischen Beschäftigkeit in Verbindung bringen?

7.3.6 Ausgangspunkt: Sachverständnis

Die zuletzt benannten Methodenbegriffe implizieren allesamt einschlägige Bilder vom Lehrer, vom Lernenden und von der zu vermittelnden Sache. Im Zuge der klassischen Sachana-

---

62 Vgl. hierzu in allgemeindidaktischer Hinsicht auch die von Gruschka vorgebrachten elf Einsprüche gegen den didaktischen Betrieb. „Wo die Didaktisierung der Stoffe nicht nur Mittel zum Zweck ist, sondern zum Selbstzweck des Unterrichts gerät, die Sache damit hinter der didaktischen Inszenierung verschwindet, ist nichts anderes als didaktische Betriebsamkeit festzustellen" (Gruschka 2002, 402).

lyse wird die „Sache" als etwas Feststehendes verstanden, deren Struktur von den Lernenden übernommen werden muss. Deshalb baut man hier zunächst auch auf die detaillierte Beschreibung der formalen Strukturen und Abläufe sportlicher Techniken. Solche Anforderungsanalysen und die daran gebundenen Unterrichtsmethoden haben sich vor allem im Verlauf der zurückliegenden 3 bis 4 Jahrzehnte enorm ausdifferenziert. Sie wurden bis in die neunziger Jahre des vergangenen Jahrhunderts hinein vor allem durch die Orientierung an biomechanisch validen Technikleitbildern geprägt. Inzwischen wurde das an der objektivistischen Außensicht orientierte sachanalytische Vorgehen durch weitere Modelle ergänzt, von denen an dieser Stelle zwei besonders erfolgreiche benannt werden sollen: Dabei handelt es sich erstens, um den von Neumaier (2003) konzipierten Koordinationsanforderungsregler (KAR) sowie zweitens, um ein sogenanntes Baukastensystem, das auf Modulvorstellungen zur Organisation der menschlichen Motorik zurückgeht und vor allem im Feld der Sportspielvermittlung weite Verbreitung findet (Kröger & Roth, 1999; Hossner, 1997). Da sich an der sachanalytischen Zugangsweise bei den beiden neueren Modellen aus diesem Feld nichts verändert hat (objektivistische Orientierung), soll das folgende Beispiel zur Sachanalyse des Hürdenlaufens im Sinne des traditionellen Vorgehens (Technikleitbild) vorgestellt und diskutiert werden:

7.3.6.1   Beispiel: Hürdenlaufen

In dem methodischen Standardwerk der Leichtathletik (Bauersfeld & Schröter, 1998, S. 156) findet der Leser im Kapitel zum Hürdenlaufen die biomechanischen Idealwerte einer vermeintlich effizienten Hürdentechnik. Dort werden sogar auf den Zentimeter und Grad genaue Angaben zu den Körperwinkeln und Abständen während der Hürdenüberquerung benannt. Demnach soll beispielsweise die Entfernung zwischen dem Schwungbeinfuß und dem Boden im Moment, in dem sich das Knie des Nachziehbeines über der Hürde befindet, 20 Zentimeter über dem Boden sein und der Schwungbeinunterschenkel soll beim letzten Bodenkontakt zu 75° im Verhältnis zum Oberschenkel befinden. Das Wissen um diese Spezifika des Hürdenlaufens füllt ganze Bücher, obwohl, oder gerade weil die Streckenlängen, Hürdenhöhen und Abstände weltweit normiert sind. Das sich aus dieser Sachanalyse und Gegenstandsbestimmung ergebende klassische Hürden- und Hindernislaufen, so wie es von Biomechanikern in allen Feinheiten exakt vermessen und beschrieben wird, zeigt ein abstraktes Idealbild dieser sportlichen Aufgabe auf, das wohl von kaum einem Schüler im Sportunterricht auch nur annähernd erreicht werden kann.

7.3.6.2   Konsequenz: Klassische, lehralgorithmisch orientierte Methodik

Die Perspektive für die Methodik folgt konsequenterweise derselben Logik und setzt an den einzelnen, überschaubaren Phasen und Akzenten des komplexen Hürdenlaufens an. Diese scheinen für sich allein betrachtet, geeignet, die spezielle, detailliert beschriebene und in exakten Abständen und Winkeln formalisierte Anforderungsstruktur des Hürdenlaufens bewältigbar zu machen. In der praktischen Konsequenz werden deshalb entsprechend des zugrunde liegenden technologischen Methodengedankens ausgewählte Technikelemente der leichtathletischen Disziplin zunächst isoliert, dann einzeln trainiert und irgendwann wieder zur ursprünglichen Aufgabe zusammengebaut. Bauersfeld und Schröter (1998, S. 158) fassen die entsprechende Methodik für das Hürdenlaufen überblicksartig zu einem „Dreischritt" zusammen:

1. Entwicklung des sprintgemäßen und rhythmischen Überlaufens flacher Hindernisse
2. Erlernen der Bewegungen des Schwungbeines im Hürdenschritt
3. Erlernen der Bewegungen des Nachziehbeines

Zu allen drei Phasen des Lernprozesses werden nicht nur konkrete Übungsvorschläge, sondern vor allem auch detaillierte Beobachtungsmerkmale und methodisch-organisatorische Hinweise gegeben, die allesamt in ihrer Akribie und hinsichtlich des technologischen Sachbezuges überzeugen. Der hier skizzierte methodische Prozess lässt sich in einem einfachen Modell einer Reihung einzelner methodischer Schritte zusammenfassen (vgl. Abb. 19):

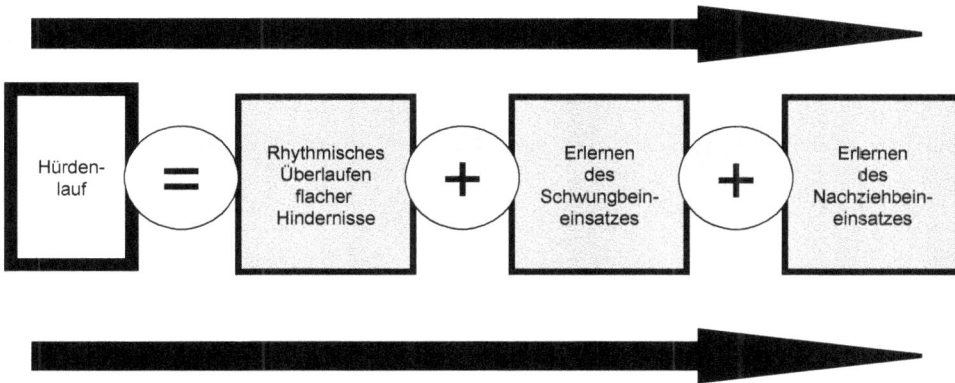

Abb. 19:   Reihungsmodell am Beispiel Hürdenlaufen

7.3.7   Methodische Übungsreihen

Dieser Logik folgend wurden im Verlauf der zurückliegenden Jahrzehnte zu jedem Inhaltsbereich des (Schul-)sports Lehrgänge und Abläufe entwickelt, die in ihrer standardisierten Form als Methodische Übungsreihe (MÜR) bekannt geworden sind. Die methodische Übungsreihe steht wie keine andere Lehr-/Lernhilfe im Fokus ambivalenter didaktischer Erwartungen. So wissen beispielsweise Sportstudierende aufgrund eigener unterrichtspraktischer Erfahrungen ihrer zumeist 13 Jahre dauernden Schülerkarrieren nur zu genau um den besonderen Stellenwert, den die methodische Übungsreihe im Unterrichtsgeschehen einnimmt. Diese Methoden wurden in der Praxis des Sportunterrichts tradiert und werden seit Jahrzehnten von den Autoren der meisten Praxis-Lehrbücher und anderer Praxis-Lehrhilfen als Schlüssel zur Organisation von Lernprozessen angesehen. Mit Blick auf die empirischen Ergebnisse, die Hage (1985) in Hinblick auf die Tradierung des Frontalunterrichts vorgelegt hat, ist im Bereich des schulischen Sportunterrichts genau dasselbe zu erwarten: Wenn aus den Studierenden erst einmal Lehrer geworden sind, dann darf auch dort erwartet werden, dass sie für die Strukturierung ihres Unterrichts – wider besseren Wissens – auf die Methoden zurückgreifen, die sie während ihrer eigenen Schulzeit selbst erfahren haben. Deshalb werden Methodische Übungsreihen wohl auch in Zukunft zum etablierten Methodeninventar des Sportunterrichts gehören.

Aufgabe 127:
Rekonstruieren Sie aus dem Fundus Ihrer Praxiserfahrungen aus dem Sportstudium ein weiteres Beispiel einer Methodischen Übungsreihe, die dem hier referierten Beispiel zum Hürdenlaufen gleicht.

7.3.7.1   Zu den Grenzen der „MÜR-Methodik"

Scherer (2001b) hat anhand einer Lerngeschichte („Jan lernt Speerwerfen") die Grenzen der „MÜR-Methodik" eindrucksvoll aufgezeigt. In dieser Geschichte werden die mehr oder weniger eng festgeschriebenen methodischen Abfolgen, Regeln und Schritte für Ernst genommen und aus der Beobachterperspektive eines Lernprozesses konterkariert. Im Zuge der Interpretation solcher Lerngeschichten kommen letztlich fünf Problemthemen der sachlogisch-objektivistisch orientierten Lehrweise zum Vorschein (vgl. Lange, 2006b):

1. Die Sachlogik muss zu den Lernenden passen und von ihnen umgesetzt bzw. aufgenommen werden können.
2. Die Sachlogik legt unmissverständlich fest, was leicht und was schwer ist, ohne den Erfahrungshorizont der Lernenden zu berücksichtigen.
3. Die Frage, weshalb Sportler Interesse an der selbstbestimmten Steigerung von Schwierigkeiten finden können, wird schlicht ignoriert.
4. Der Lehrer gilt hier als der „Macher" des Lernprozesses. Sein Wissen um Beobachtungsschwerpunkte oder methodische Organisationsmaßnahmen avanciert zum Maß aller Dinge.
5. Die Lernenden müssen demzufolge die Anweisungen des Lehrers (maschinengleich) umsetzen.

Wenn man diese klassische Sachanalyse des Hürdenlaufens zugrunde legt, dann gibt es wenig zu suchen oder zu finden, sondern einfach nur zu beachten und umzusetzen. Die hieraus entstehenden Unterrichtsphasen, in denen die einzelnen Happen eingeübt werden, sind in aller Regel frei von einschlägigen Schwierigkeiten. Wenn also Schüler in einem Sportunterricht, in dem das Hürdenlaufen zum Thema gemacht werden sollte, während solch einer Phase in Partnerarbeit lediglich ihr Nachziehbein in der wettkampftypischen Form über eine Hürde ziehen, dann sind die komplexen und spannenden Anforderungen des Hürdenlaufens derart abgeflacht und verfälscht, dass überhaupt gar keine einschlägigen Fragestellungen, geschweige denn Problemidentifikationen zum Hürdenlaufen aufkommen können. Es sei denn, es handelt sich bei den Übenden bereits um Hürdenlaufexperten. Ansonsten wird der Unterricht zur sinnlosen Zwangsbeschäftigung degradiert, deren Logik von der Hoffnung lebt, dass das während der einzelnen, aufeinander aufbauenden Phasen Erfahrene bzw. Absolvierte am Ende Stück um Stück zu einem wirklichen Hürdenlauf zusammengesetzt werden kann. Da so ein Vorgehen seit Jahrzehnten zum unhinterfragten Repertoire der Leichtathletikausbildung an fast allen Sportinstituten zählt, wird jeder Sportlehrer, der das am eigenen Leib erfahren hat, bestätigen können, dass diese Logik spätestens am Tag der Prüfung wie ein Kartenhaus zusammenfällt. Zumeist sogar noch weitaus schmerzlicher, denn wenn unerfahrene Sportstudierende am Ende eines solchen „Reihenlernprozesses" plötzlich alles zusammenfügen und aus dem Startblock heraus über mindestens fünf hohe Hürden sprinten sollen (so steht es zumindest in fast allen Prüfungsordnungen), dann wird deutlich, dass es sich bei dieser schwierigen Anforderung um etwas völlig anderes handelt, als das, was sie während der vielen isolierten Übungssequenzen auf sich genommen und mit Recht auch nicht verstanden haben. In diesem Unterrichts- und Lehr-Lernverständnis rangieren deshalb auch die Ziel- und Inhaltsfragen eindeutig vor der Methodenfrage, denn mithilfe der Methode soll praktisch jeder beliebige Inhalt jedem Lernenden beizubringen sein. Aufgrund der Dominanz von Inhalten werden Methoden angepasst, weshalb zu den verschiedenen zu erlernenden Fertigkeiten oder Techniken konsequenterweise auch unterschiedliche, vermeintlich spezialisierte Methoden bestehen. Dabei wird allein mit Blick auf die vermutete Sachstruktur einfach festgelegt, was denn nun leicht oder schwer ist, ohne die Perspektive der Lernenden zu berücksichtigen.

Aufgabe 128:
Verändern Sie die in Aufgabe 127 referierte Methodische Übungsreihe dahingehend, so dass sich die Lernenden aktiv mit den originären Schwierigkeiten auseinander setzen müssen.

Aufgabe 129:
Reflektieren Sie den Lehrlernprozess, der durch die in Aufgabe 128 vorgenommenen Veränderung der Methodischen Übungsreihe auf den Weg gebracht wurde, im Lichte Ihres Wissens um den am Bildungsdenken orientierten Sportunterricht.

7.3.7.2   Zur Relevanz technologisch implizierter Methoden

Entgegen der bis hierher vorgetragenen Kritik weisen sich die technologischen Anteile der Sportmethodik in vielen Feldern des Sports aber auch als überaus erfolgreich aus. Sie werden deshalb unter anderem als pragmatische Elemente von Gesundheitskonzeptionen, als effiziente Trainings- und Einübungsformen sportlicher Techniken oder als Elemente von Fitnesskonzeptionen in den schulischen Sportunterricht importiert. Deren Aussagen gründen auf ebenso klar nachvollziehbaren wie effizient wirksamen biowissenschaftlichen Prinzipien, deren Wissensgrundlagen in der Trainingslehre gebündelt sind und für die Anwendung in der Praxis zur Verfügung stehen. In diesem Sinne ist z. B. bekannt, dass das Wachstum einzelner Muskeln über die Manipulation der Intensität, Dauer und Dichte einer bestimmten Anzahl an Wiederholungen, die den Muskel belasten, exakt modelliert werden kann. Sei es für therapeutische Notwendigkeiten in der Rehabilitation oder für ästhetische Zwecke der Körperformung (z. B. Bodybuilding). Um die in diesen Feldern möglichen Ziele erreichen zu können, muss sich der Sportler diesen Normen anpassen bzw. unterordnen können, was – wie die messbaren Leistungsfortschritte in den oben benannten Feldern deutlich belegen – sehr gut gelingen kann. Vor allem im Therapie-, Fitness-, Gesundheitssport und nicht zuletzt im leistungssportlich ausgerichteten Training beweisen Trainierende und Lernende doch sehr eindrücklich und im wahrsten Sinne des Wortes, wie „techno-logisch" sich Menschen hinsichtlich der methodischen Dimension ihres Sich-Bewegens verhalten können. Auch wenn man in der Sportdidaktik solchen Wissensbeständen traditionellerweise sehr skeptisch gegenübersteht (vgl. Dietrich & Landau, 1999, S. 164f.; Größing, 1997, S. 131), ist nicht von der Hand zu weisen, wie zielorientiert und treffend sich die technologisch orientierten Trainings- und Lehrmethoden einsetzen lassen. Diese Funktionalität genügt für sich allein genommen selbstverständlich noch nicht, um die Methodik eines erziehenden Sportunterrichts daran auszurichten. Diese technologischen Wissensbestände müssen deshalb im pädagogischen Sinne gebrochen und in den Bahnen einer am Bildungsdenken orientierten Trainingspädagogik gebündelt werden (vgl. Baschta & Lange, 2007). Für die Lernenden ergibt sich an dieser Stelle die Perspektive herauszufinden, wie man selbstbestimmt mit solchen technologischen Möglichkeiten umzugehen vermag. Wird dieses auf konzeptioneller Ebene nicht berücksichtigt, dann darf getrost von einer Selbstbeschränkung technologisch implizierten Methodendenkens gesprochen werden, wie wir es beispielsweise aus dem Konzept der qualifikatorischen Sportdidaktik (Hummel, 1997) und der dort angelegten Skepsis gegenüber dem in der neueren Bewegungspädagogik üblichen Bildungsdenkens her kennen (Hummel, 2001).

Aufgabe 130:
Erläutern Sie die drei zentralen Leitbegriffe der bildungstheoretisch orientierten Bewegungspädagogik. Machen Sie Ihre Ausführungen an anschaulichen Beispielschilderungen fest.

7.4   Pädagogische Position: Offenes Unterrichts- und Methodenverständnis

Die Erörterung von Lerntheorien, Möglichkeiten und Konzepten, die zu einer Öffnung des Unterrichts- und Methodenverständnisses führen, kennzeichnet seit Jahrzehnten den Tenor pädagogischer Diskussionen. Dabei sind Ideen, die darauf zielen, in der Schule auch über bloße Beschäftigkeit hinauszugehen, keineswegs neu. Bereits im 18. Jahrhundert formulierte der Aufklärungspädagoge J. F. Herbart mit dem Diktum der „Verschmelzung von Person und Unterrichtsinhalt" die Richtungsweisenden Grundlagen des Erziehenden Unterrichts. Auf diese Orientierungen besinnt man sich auch im aktuellen Didaktikdiskurs (vgl. u.a. Prohl, 2004, S. 117), weshalb Gruschka (2002, S. 5) seinen elf Einsprüchen gegen den didaktischen Betrieb auch in treffender Weise einen Satz von Herbart voranstellt: *„Und da die Ausbreitung der Kraft dadurch geschieht, dass man dem Zögling eine Menge von Gegenständen darbietet, die ihn reizen und in Bewegung setzen, so muss, um die Aufgabe zu erfüllen, etwas Drittes zwischen Erzieher und Zögling in die Mitte gestellt werden, als ein solches, womit dieser von jenem beschäftigt wird. So etwas heißt unterrichten. Das Dritte ist der Gegenstand, worin unterrichtet wird, der hierher gehörige Teil der Erziehungslehre ist die Didaktik"* (Herbart).

Eine in diesem Sinne verstandene, didaktisch fundierte Unterrichtsmethodik nimmt letztlich immer auch die Weisen der Begegnung bzw. Verwicklung der Lernenden mit den jeweiligen Lerngegenständen in den Blick. Die methodische Kompetenz von Sportlehrern muss sich also danach bemessen lassen, ob und wie es ihnen gelingt, in jeweils neuen, nicht vorhersehbaren Unterrichtssituationen bei ihren Schülern Lernprozesse in Gang zu bringen, die vor allem durch Zielorientierung und Selbsttätigkeit gekennzeichnet sind. Solche Orientierungen werden im Folgenden skizziert. Dabei wird das Augenmerk in exemplarischer Absicht auf ausgewählte Hintergründe des situierten, entdeckenden und problemorientierten Lernens gelegt (vgl. hierzu Lange, 2006a; 2006b).

7.4.1   Eine relationale Betrachtungsweise

Die Konsequenz der zuletzt vorgetragenen Kritik läuft darauf hinaus, die bildungstheoretische Klärung des Gegenstandes (hier: Bewegung) mit der Weise seiner Vermittlung theoretisch und konzeptionell zu verbinden. Wir müssen uns also mit der Frage nach dem Wie von Bewegungsbildung auseinandersetzen, damit das Geschehen im Sportunterricht auch über die Perspektive Schüler zu bewegen und zu beschäftigen hinausgeht und die Funktionen eines erziehenden Sportunterrichts erfüllen kann. Deshalb soll die Methodendiskussion im Folgenden im Lichte eines relationalen Bewegungsverständnisses fortgeführt werden.

Aufgabe 131:
Benennen Sie sechs Ziele für den Sportunterricht, die über die Perspektive Schüler lediglich körperlich bewegen zu wollen hinausgehen. Argumentieren Sie in einem zweiten Schritt, weshalb diese Ziele die Eckpunkte eines Konzepts für den erziehenden Sportunterricht ausmachen können.

In der funktionellen (bzw. relationalen) Lesart von Bewegung wird davon ausgegangen, dass menschliches Bewegen immer einen Zweck erfüllen soll. Es ist situativ gebunden, sinnerfüllt und die Lernenden erschließen sich über ihr Sich-Bewegen die Welt, in der sie leben. Deshalb soll diese Betrachtungsweise hier auch als relationale bezeichnet werden. Des Weiteren wird das menschliche Sich-Bewegen im Kontext der in diesem Buch vorgelegten bewegungswissenschaftlichen Position als Phänomen verstanden (vgl. Prohl & Seewald 1995; Müller & Trebels 1996; Scherer 1997), weshalb das Sich-Bewegen in seiner Ganzheit und in seinem Facettenreichtum vor allem aus einer wahrnehmungsbezogenen Perspektive heraus beleuchtet und beforscht werden soll. Bewegung wird als etwas Lebendiges verstanden und ist demnach auch im wissenschaftlichen Kontext nur begreifbar zu machen, wenn man sie in Relation zu drei Bedingungen setzt und versteht (vgl. Tamboer 1979; Trebels 1992; 2001).

1. Die Bewegung muss demnach erstens in Bezug auf einen Aktor verstanden werden, der das Subjekt der Bewegung ist.
2. Darüber hinaus findet die Bewegung zweitens immer in einer konkreten Situation statt.
3. Schließlich gilt es drittens die jeweilige Bewegungsbedeutung zu berücksichtigen, die vom jeweiligen Aktor in der entsprechenden Situation handelnd in Erfahrung gebracht werden muss und die die Bewegungsaktion leitet.

Im Unterschied zur physikalischen Betrachtungsweise werden also bei der relationalen Betrachtungsweise nicht bloß Bewegungen, sondern sich in einem bestimmten situativen Kontext bewegende Menschen wahrgenommen. Darüber hinaus setzt das Verstehen von Bewegung immer eine Einsicht in den Sinn des Bezugs von Individuum und Umwelt voraus. Sich-Bewegen ist also ein Verhalten der Menschen in einem persönlich-situativen Bezug (vgl. Abb. 20)[63].

---

63   An dieser Stelle sollen die primär bewegungstheoretisch orientierten Ausführungen enden. Ab dem folgenden zweiten Teilkapitel werden die Erörterungen stärker fachdidaktisch orientiert.

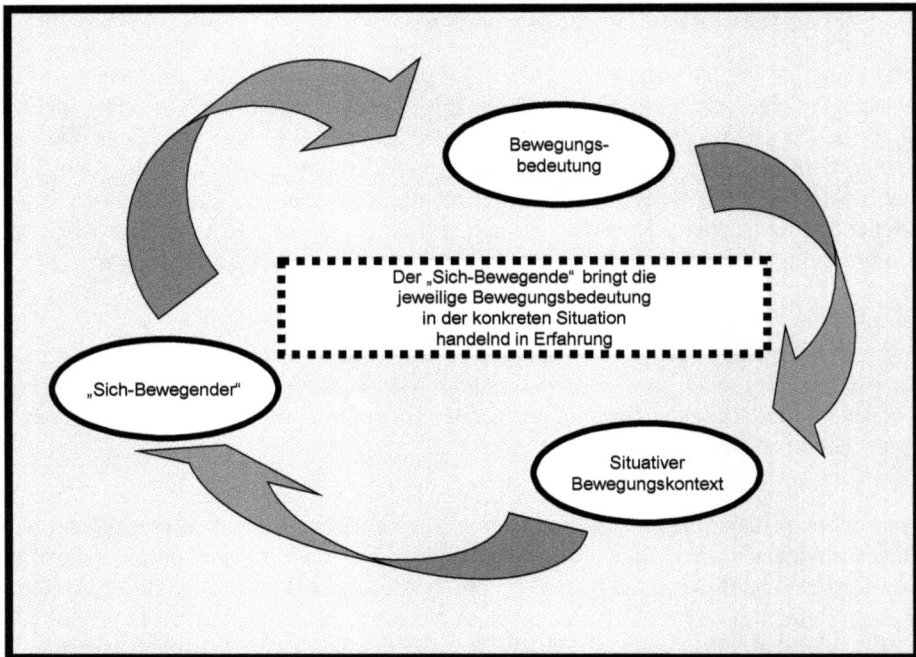

Abb. 20:   Relationalität menschlichen Sich-Bewegens (vgl. Lange 2005a)

Aufgabe 132:
Übertragen Sie das Modell der Relationalität menschlichen Sich-Bewegens auf ein Beispiel aus dem Fundus Ihrer Bewegungspraxis.

7.4.2   Anstoß einer mathetischen Sichtweise auf Vermittlung

Die Frage nach dem vermeintlich rechten Beibringen, Vermitteln oder Inszenieren im Sport soll mit Blick auf einen Auszug eines Statements des wohl bekanntesten Schulreformers unserer Zeit erfolgen. Hartmut von Hentig (1999) gab für die Frankfurter Rundschau anlässlich des 25-jährigen Bestehens der von ihm gegründeten Bielefelder Reformschulprojekte zu insgesamt acht Stichworten der gegenwärtigen bildungspolitischen und pädagogischen Diskussion einen Kommentar ab. Das unten angeführte Zitat findet sich unter dem Stichwort Didaktik. Die hierin erkennbare Positionierung interessiert auch für die Methodendiskussion im Sport, denn der Erfolg der Schulreform wird am didaktischen Wandel festgemacht. Und dieser Wandel verläuft offensichtlich in einem Spannungsfeld zwischen Didaktik und Mathetik, also zwischen den Eckpunkten der Lehre des richtigen Lehrens und denen des richtigen Lernens. Wenn nun also im Sport die Sachen geklärt und die Personen gestärkt werden sollen, ist darauf zu achten, ob und wie diese Sachen zu den Schülern und der jeweiligen Situation passen, wie man sie also als Lehrer vergegenwärtigt und wie sie in einen Bezug mit dem Schüler verwickelt werden und wie sie deshalb Bedeutung erhalten. Genau diese Perspektive unterscheidet den Sportunterricht (gemeinsam mit einigen weiteren leiblichen Fächern) vom übrigen Kanon der Schulfächer, denn im Sport, im Spiel und im Sich-Bewegen ist die Verwicklung mit und die Vertiefung in den Gegenstand (Bewegung) leiblich verfasst. Was genau im Zuge dieses Prozesses für den Lernenden thematisch wird, hängt wiederum von der Art und Weise seines Zugangs (also vom Wie) ab. Letztlich konstituiert nämlich die Methode den Gegenstand.

„[…] Aber das, was den Tätern ihren Namen gibt, das Lehren, hat sich bei all dem Wandel kaum geändert. Auch wer die Laborschule und das Oberstufen-Kolleg besucht, sieht zuerst und zumeist Gruppen von Kindern oder jungen Leuten um einen Erwachsenen geschart, der ihnen etwas erzählt oder erklärt, sie also in einer ‚Sache‘, wie wir sagen, unterrichtet. Er bemüht sich vermutlich, dies in Formen zu tun, die dem pädagogischen Zweck der Einrichtung entsprechen: die kleine Person zu stärken – sie urteilsfähig, selbstständig, verantwortungsbewusst, hilfsbereit, aufmerksam, verlässlich, ausdauernd, empfindsam und so fort zu machen. Aber die Sache will dazu nicht immer passen, zumal sie meist nicht gegenwärtig, sondern nur vorgestellt ist und mit der Person des Schülers bisher nichts zu tun hat. Die Schulprojekte lehren mich, dass der pädagogische Wandel der Schule sich erst mit dem didaktischen Wandel erfüllt. Dabei wird aus Didaktik – einer Lehre vom richtigen Lehren – oft mit Notwendigkeit Mathetik – eine Lehre vom richtigen Lernen. Und diese wiederum hat so andere Gesetze als die der geordneten kollektiven Belehrung, dass man im Rahmen der alten Schulorganisation nur geringe und langsame Fortschritte machen kann" (Hartmut von Hentig 1999).

Aufgabe 133:
Suchen Sie einen Ort auf in dem Kinder Bewegungen lernen, ohne von Lehrern belehrt zu werden. Fertigen Sie hierzu eine Bewegungslerngeschichte an.

7.4.3 Situiertes und entdeckendes Lernen

Die Komplexität von Lernprozessen ist in aller Regel an die Besonderheiten der jeweiligen Situationen gebunden, in denen Lernen stattfindet. Den Lernenden bieten sich beispielsweise an Halfpipes und in anderen informellen Bewegungsszenen einschlägige Gelegenheiten, in denen sie eigene, selbstbestimmte Konstruktionsleistungen erbringen können. In der neueren, konstruktivistisch orientierten Didaktik (vgl. Reich, 2006) spricht man in diesem Zusammenhang auch von situierten Lernumgebungen, die aufgrund ihrer Wirksamkeit gern in den schulischen Unterricht hinein geholt würden. „Ziel situierter Lernumgebungen ist es, dass die Lernenden neue Inhalte verstehen, dass sie die erworbenen Kenntnisse und Fertigkeiten flexibel anwenden können und darüber hinaus Problemlösefähigkeiten und andere kognitive Strategien entwickeln" (Reinmann-Rothmeier & Mandl, 2001, S. 615). Die wichtigsten Grundüberlegungen dieser Lerntheorie wurden bereits von Law & Wong (1996) zusammengefasst:

(…) „das Wissen in einer Gesellschaft stellt immer geteiltes Wissen dar, d. h. Wissen wird von Individuen im Rahmen sozialer Transaktionen gemeinsam entwickelt und ausgetauscht. Das konkrete Denken und Handeln eines Individuums lässt sich jeweils nur auf dem Hintergrund eines konkreten (sozialen) Kontextes verstehen. Lernen ist stets situiert, d. h. es ist an die inhaltlichen und sozialen Erfahrungen der Lernsituation gebunden. Wissen wird nicht passiv erworben, sondern aktiv konstruiert." (Reinmann-Rothmeier & Mandl, 2001, S. 615).

Auch an dieser Stelle wird deutlich, dass konstruktivistisches Denken im Feld der Lerntheorie an bereits etablierte Überlegungen anknüpfen kann. Beispielsweise an die Theorie des sogenannten Entdeckenden Lernens, das bereits in den sechziger Jahren des vergangenen Jahrhunderts von Brunner (1961) propagiert wurde. Er baut mit seinen Ideen letztlich auf ein Grundaxiom jeglichen Erkenntniszuwachses, denn Lernprozesse beinhalten immer Momente des Entdeckens. Diese „neuen" Momente laufen allerdings Gefahr im Strudel schulischer Routine und fremdbestimmter Wissensvermittlung unterzugehen. Sie gehen immer dann verloren, wenn die Belehrung an die Stelle des neugierigen Entdeckens tritt. Entdeckendes Lernen zielt auf den Erwerb von Wissensbeständen, Ordnungen und Beziehungen, die für den Lernenden von subjektiver Neuartigkeit sind und eigenständig erworben werden. Sie werden also nicht von einem Wissenden vermittelt (vgl. Bönsch, 2004, S. 114). Selbstverständlich bedarf es angemessener Suchanlässe, denn je besser sich jemand in einem Feld auskennt, desto größer ist die Wahrscheinlichkeit, dass ihn Fragen und Neugierde zum Entdecken drängen. Das Entdeckende Lernen zeichnet sich laut Brunner (1981) durch drei Eigenschaften aus:

1. Die Lernenden sollen sich aktiv mit einem Problem auseinandersetzen.
2. Sie sollen selbstständig Erfahrungen machen.
3. Sie sollen mit den sich stellenden Problemen und Sachlagen auch experimentell umgehen, um auf diese Weise Einsichten in die komplexen Sachverhalte und die jeweils zugrunde liegenden Prinzipien gewinnen zu können.

Aufgabe 134:
Spiegeln Sie die drei Kennzeichen des Entdeckenden Lernens am Beispiel eines Lernprozesses den Sie selbst im Rahmen Ihres Sportstudiums erlebt haben.

7.4.4   Problemorientiertes Lernen

Die Einsicht, dass das Lernen in der Auseinandersetzung und Überwindung echter Probleme stattfindet und sich das Lehrerhandeln deshalb am Schaffen und Inszenieren solcher Schwierigkeiten zu orientieren habe, gehört seit langem zum Wissensinventar der Pädagogik. So finden sich beispielsweise bereits im Schrifttum der Reformpädagogen des vergangenen Jahrhunderts (Gaudig; Kerschensteiner; Petersen) wichtige Wegbereiter problemorientierter Vermittlungskonzepte, die sich damals für einen stärkeren Erfahrungsbezug aussprachen und damit in Opposition zu der auf rezeptives Lernen ausgerichteten Buch- und Stoffschule standen.

Problemorientierter Unterricht baut auf zwei Grundannahmen auf: Erstens, die Lernenden müssen in der Lage sein Probleme als solche für sich erkennen zu können und zweitens, sie müssen in der gegebenen Situation Lösungen entwickeln und hinsichtlich ihrer Erfolgswahrscheinlichkeit ausprobieren wollen und können. Wenn Lehrer auf diese Weise unterrichten wollen, dann geht es erstens zunächst darum Betroffenheiten auszulösen und Interesse zu wecken, um zweitens in dieser „neugierigen Atmosphäre" das Nachdenken über mögliche Lösungsansätze und erste Versuche zur Lösung des zündelnden Problems anzustoßen. „Problemorientierter Unterricht versteht sich demzufolge als ein Unterricht, der Probleme als

Lernausgang virulent macht, um nach der Problemidentifikation (Relevanz, Inhaltlichkeit) Problemlöseaktivitäten zu erreichen mit dem Ziel der Problemlösung" (Bönsch, 2004, S. 348).

Aufgabe 135:
Haben Sie im Zuge Ihres Sportstudiums jemals im Sinne des Problemorientierten Ansatzes gelernt? Beschreiben Sie eine Lernsituation aus Ihrem Studium und reflektieren Sie Gemeinsamkeiten und Differenzen zum hier skizzierten Ansatz des Problemorientierten Lernens.

Ebenso wie die Idee, dass es sich beim Lernen um einen Konstruktionsprozess handelt, ist auch die Idee, dass man im Sportunterricht an Problemen lernen kann und soll, keine neue Erfindung. Entsprechende Vorschläge sind bereits Ende der siebziger Jahre des vergangenen Jahrhunderts (Adden, 1977; Adden, Leist & Petersen, 1978) in die sportpädagogische Diskussion eingebracht worden und wurden vor einem Vierteljahrhundert in einem richtungsweisenden Aufsatz von Gerd Landau und Dieter Brodtmann (1982) auf den Punkt gebracht. Mit den folgenden Ausführungen soll in diese Richtung weitergedacht werden (vgl. auch Lange, 2006b). Brodtmann & Landau haben mithilfe präzise erläuterter und kritisch gedeuteter Beispiele vor allem die Grenzen des methodischen Vorgehens aufgezeigt, bei dem an den Problemen des Sich-Bewegens vorbei unterrichtet wird, weil lediglich Lösungen fremder Urheberschaft geschult werden. Ein eindrückliches Beispiel liefert die klassische Methodik zur Einführung des Tiefstarts beim Sprinten. Die Kinder kennen diese Startform aus dem Fernsehen, der Lehrer aus seinem Studium und aus der einschlägigen Methodikliteratur. Das Wissen um die formale Logik des vermeintlich richtigen und effizienten Tiefstartens mag als Legitimation für die Einführung bzw. das „Beibringen-Wollen" im Sportunterricht genügen. Brodtmann & Landau (1982, S. 17) skizzieren hierzu eine typische Situation aus dem Sportunterricht:

> „Die Bundesjugendspiele stehen für eine 5. Klasse an, und der Lehrer hat sich u. a. vorgenommen, die Schüler in die Technik des Tiefstarts einzuführen. Er schlägt dazu den üblichen Lehrweg ein: Spielformen zur Schulung der Reaktions- und Konzentrationsfähigkeit, Übungsformen (Hoch- und Fallstart) und Leistungsformen (Tiefstart). Nachdem der Lehrer in einigen Unterrichtsstunden das Thema Start in Spiel- und Übungsformen verfolgt hat, ist der Tiefstart «dran». Der Lehrer verdeutlicht den «richtigen» Bewegungsablauf, indem er eine eingehende Ablaufbeschreibung, eine Bildreihe, vielleicht sogar noch einen Filmstreifen mit vorbildhaften Starts von Spitzenläufern heranzieht, vielleicht auch gekoppelt mit eigenem Vormachen. Dann versucht er, die Schüler in die Tiefstarttechnik hineinzuformen."

Aufgabe 136:
Lassen Sie sich durch das Beispiel zum Tiefstart für Kinder inspirieren. Beschreiben Sie ein weiteres Beispiel aus dem Sportunterricht in dem eine Bewegung/Technik aus der Welt der Erwachsenen in einer vergleichbar unreflektierten Weise für Kinder thematisch wird.

Die Logik dieses unterrichtlichen Vorgehens besticht nur in den Augen derjenigen, die sich in der Leichtathletik nicht auskennen. Zumindest nicht so gut um zu wissen, dass man für wirklich gute, explosive und deshalb schnelle Tiefstarts eine ausgeprägte Explosivkraft benötigt. Auch dies kann man im Fernsehen bei den Leichtathletikprofis beobachten, die nach dem Startschuss regelrecht aus den Blöcken herausspringen und sich im Zuge der ersten 20 bis 40 Meter allmählich in die aufrechte Sprinthaltung hinein aufrichten. Bei Fünftklässlern sieht das Ganze völlig anders aus. Zwölfjährigen fehlt in aller Regel die erforderliche Explosivkraft, weshalb sie aus dieser tiefen Stellung heraus auch ganz anders als die weltbesten Sprinter in den Lauf hinein kommen. Sie richten sich in aller Regel erst einmal mühsam auf, bevor sie mit dem Sprinten beginnen. Diese umständliche Form des Aufrichtens kostet vor allem Zeit und geht am eigentlichen Bewegungsproblem (schnell loslaufen) vollends vorbei. Auch wenn das skizzierte Unterrichtsbeispiel recht knapp ausgefallen ist, wird unmissverständlich deutlich, dass die Kinder in diesem Unterricht gar keine Gelegenheit dazu hatten Fragen zu entwickeln. Der Unterricht war überhaupt nicht authentisch, denn es ging lediglich darum eine vorgedachte und vorgefertigte Lehrreihe abzuspulen. Das Wissen des Lehrers zum Tiefstart könnte man in den Worten Wagenscheins als „Scheinwissen" bezeichnen. Dass der Lehrer auf dessen Wirksamkeit vertraut hat, hat dazu geführt, dass die Kinder ein sinnentleertes Kunststück einüben mussten. Es ist sinnlos, weil es sich um eine Lösung des objektiv gegebenen Problems „schnell loslaufen" handelt, die gar nicht zu den Erfahrungen und vor allem nicht zu den konditionellen Voraussetzungen der Kinder passt. Um die erforderliche Authentizität wiederzugewinnen, müssten Situationen arrangiert werden, in denen die Kinder Antworten auf ihre Frage finden können, wie sie denn nun am schnellsten loslaufen. Am Beginn des Lernprozesses muss also ein wirkliches Problem stehen, sodass die Schüler die Notwendigkeit des schnellen Loslaufens auch leiblich spüren und differenziert herausfinden können. Entdecken ließe sich so etwas beispielsweise in vielen Lauf- und Fangspielen, bei denen es darauf ankommt, immer einen Tick schneller zu sein als die Mitspieler. Die entscheidenden und spannenden Situationen laufen in solchen Spielen zumeist innerhalb weniger Sekunden und zumeist auch nur auf ganz kurzen Strecken von wenigen Metern ab. Aber die Rückmeldungen, wenn beispielsweise ein Fänger ein klein wenig schneller war, sind deutlich spürbar: „Ich hab Dich!"

Bezug zur Bildungsthematik

Der problemorientierte Vermittlungsansatz lässt sich im Zuge der theoretischen Begründung auch treffend mit dem Bildungsdenken in Verbindung bringen. Demgegenüber scheint es vom Standpunkt der unter Abschnitt 2 aufgearbeiteten „klassischen" Methodenposition aus betrachtet, als sei der Begriff des „Bewegungsproblems" ein unattraktiver. In diesem Denken wird noch davon ausgegangen, dass man möglichst vielen Kindern alles beibringen möchte und deshalb geneigt ist, Inhalte und Sachlagen dermaßen zu vereinfachen, dass sämtliche Hürden, Schwierigkeiten, Widerstände und „Probleme" glatt gebügelt und aus dem Weg geräumt werden. Das Vernachlässigen des aktiven Parts in der Erfahrungsbildung widerspricht allerdings dem Bildungsdenken, das seit einigen Jahren auch im sportpädagogischen Diskurs eine Wiederbelebung erfährt. An dieser Stelle sei auf Oelkers (2004, S. 5) verwiesen, der den Bildungsbegriff folgendermaßen auf den Punkt bringt: *„Bildung hat mit Auffassung und Wahrnehmung, darauf bezogen mit Geschmack und Urteilskraft zu tun, die nur langwierig aufgebaut werden können, Umwege gehen müssen und sich nicht mit einem Instant-Produkt besorgen lassen. In diesem Sinne verlangt Bildung viele vergebliche Anstren-*

gungen und stellt erst allmählich Könnensbewusstsein zur Verfügung. Der Grund dafür ist, dass der Zugang nicht sofort und nicht unmittelbar möglich ist, vielmehr voraussetzungsreich gelernt werden muss, während triviale Lernmedien unmittelbar Zuwachs verschaffen, weil besondere Hürden gar nicht gegeben sind." In diesem Sinne macht es einen Unterschied, ob man beispielsweise im Schwimmunterricht herausfinden will, wie man sich in diesem ungewohnten Medium sicher, gekonnt und durchaus auch schnell und oder ausdauernd zu bewegen lernt und damit auch seine Form der angemessenen Umweltbewältigung (z. B. funktionelle Schwimmtechniken) verbessert, oder ob man den Zusammenhang zwischen den eigenen Bewegungsmöglichkeiten und den Eigenschaften des Wassers über das „Sich-im-Wasser-Aalen", Baden und „Toter-Mann-Spielen" herauszufinden gedenkt. Erfahrungsbildung ist immer an Aktivität, an das ständige Ausprobieren und differenzierte Wahrnehmen der ausgelösten Wirkungen gebunden. Die in diesem Zusammenhang hervorgehobenen Probleme, Widerstände und Schwierigkeiten der Sachlage bestehen nicht an sich, sind also nicht an den konkreten Inhalten und Zielen des Sportunterrichts festzumachen, weshalb wir in diesem Zusammenhang folgerichtig von einem „offenen Sachverständnis" sprechen.

7.4.5 Zum offenen Sachverständnis

Das offene Sachverständnis orientiert sich nicht an physikalischen Parametern wie z. B. abstrakten Winkeln oder Abständen, sondern am Handlungssinn, den die Sportler auf die jeweilige Sachlage auslegen. Dieser Sinn entsteht in der direkten Auseinandersetzung mit den spürbaren und überwindbaren Schwierigkeiten, die die Sache in sich birgt. Hürden bedeuten demnach für den Sportler weitaus mehr als es formale Angaben über Höhen, Abstände und dazu passende Körperhaltungen ausdrücken können. Sie stellen ein echtes, ernst zu nehmendes und herausforderndes Problem dar, denn sie unterbrechen den flach angelegten Laufraum, sie strukturieren ihn und damit die Möglichkeiten des Läufers auf neue Weise. Mit Blick auf das Hürdenlaufen meint dies beispielsweise die Herausforderung, immer wieder „Unterbrechungen" in einen Flachlauf zu integrieren. Im Abrunden dieser „Unterbrechungen", d. h. im Versuch das schnelle Lauftempo auch trotz dieser Hürden aufrechterhalten zu können, sehen Hürdenläufer das zentrale Problem ihrer Disziplin. Der Weg, auf dem dieses „Abrunden" erreicht wird, geht selbstverständlich nicht an den biomechanischen Kriterien der optimalen Bewegungsausführung vorbei. Deshalb ist die auf biomechanischem Weg zu leistende Weise der Sachanalyse im Prinzip auch immer richtig. Allerdings dringt man auf der Basis dieser Sachanalyse nicht bis zum Kern der Sache vor, weil hiermit der Prozess des Aufsuchens, Aushaltens und Lösens der kennzeichnenden und herausfordernden Schwierigkeit, die die Hürden dem Läufer stellen, unberücksichtigt bleibt. Hürdenlaufen funktioniert eben nicht ohne Läufer, d. h. die Sache wird erst durch das Einbeziehen derjenigen, die diese Sache für sich als attraktives Ziel bzw. als Freizeitbeschäftigung entdecken, zu einer echten, wirklichen Sache. Alles andere mag zwar im biomechanischen Sinne als „richtig" und „logisch" angesehen werden, was für die Inszenierung eines zeitgemäßen Sportunterrichts jedoch nicht ausreicht, denn dort soll es um Betroffenheit und um die Verwicklung zwischen dem Lernenden und der Sachlage gehen. Diese Perspektive wird im Folgenden wiederum an einem Beispiel zum Thema Hürdenlaufen konkretisiert.

Aufgabe 137:
Fertigen Sie eine Sachanalyse zu einem Thema Ihrer Lieblingssportart an, die sich nicht an der Form der Bewegung (Außensicht) sondern am Handlungssinn der Bewegung (Innensicht) ausrichtet.

7.4.5.1   Bewegungsproblem: Laufräume auf- bzw. unterbrechen und rhythmisch erschließen

Was im Zuge einer pädagogisch angelegten Sachanalyse (vgl. Lange 2006a) als Motor bei der Entwicklung des Hürdenlaufens identifiziert und herausgestellt wurde (die Vergrößerung der Schwierigkeit im Vergleich zum Flachlauf) wird auch im Folgenden für die Bestimmung des zentralen Bewegungsproblems herangezogen. Dabei wird davon ausgegangen, dass Kinder und andere Hürdenläufer ihre Laufräume (z. B. Schulhof, Klassenzimmer, Turnhalle usw.) durch das rasche Überwinden von Hindernissen selbstverantwortlich aufteilen und dabei attraktive Herausforderungen für sich entdecken können. Mehr noch, sie finden daran sogar ausgesprochen viel Gefallen, weshalb sie beim wagnishaltigen Aufbrechen ihrer Laufräume einer regelrechten Bewegungslust folgen und immer wieder neue Streckenführungen sowie schnellere und anspruchsvollere Überquerungsvarianten suchen. Deshalb wäre auch ein methodischer Ordnungsrahmen, der regeln soll, wo im Raum welche und wie viele Hindernisse bzw. Hürden stehen sollen, im Zuge dieses Gegenstandsverständnisses eher hinderlich und überflüssig. Viel hilfreicher ist stattdessen ein Blick auf das alltägliche Spielverhalten von Kindern und in Hinblick auf den Inhaltsbereich „Hürdenlaufen", wie Kinder dort mit Hindernissen umgehen. In solchen Situationen erkennt der Beobachter zuallererst und unmissverständlich, dass sich Kinder ihre Hindernisse einfalls- und abwechslungsreich von selbst suchen. Beispielsweise wenn sie sich in einem Klassenzimmer, das sich kurz vor Stundenbeginn durch viele Tische, Bänke, Schulranzen und andere Kinder als unübersichtlicher Laufraum darstellt, immer wieder neue, attraktive Laufstrecken suchen. Von der gegebenen Unübersichtlichkeit geht ein enormer Reiz für das kindliche Toben, Weglaufen und Fangen aus. Die Kinder überwinden diese „Hürden" im Stützen oder Springen, sie laufen einfach darüber oder – wenn der Boden frisch und glatt gebohnert wurde – rutschen sie geschickt und mutig darunter durch. In Anbetracht dieser offensichtlichen Bewegungsfreude liegt es doch für Sportpädagogen nahe danach zu fragen, wie sich die zugrunde liegende Faszination in einem freudvollen Sportunterricht aufgreifen und weiterführen ließe. Anders gefragt: Wie kann das zentrale Bewegungsproblem des Aufbrechens und rhythmischen Einverleibens unübersichtlicher Laufräume im Sportunterricht thematisch werden?

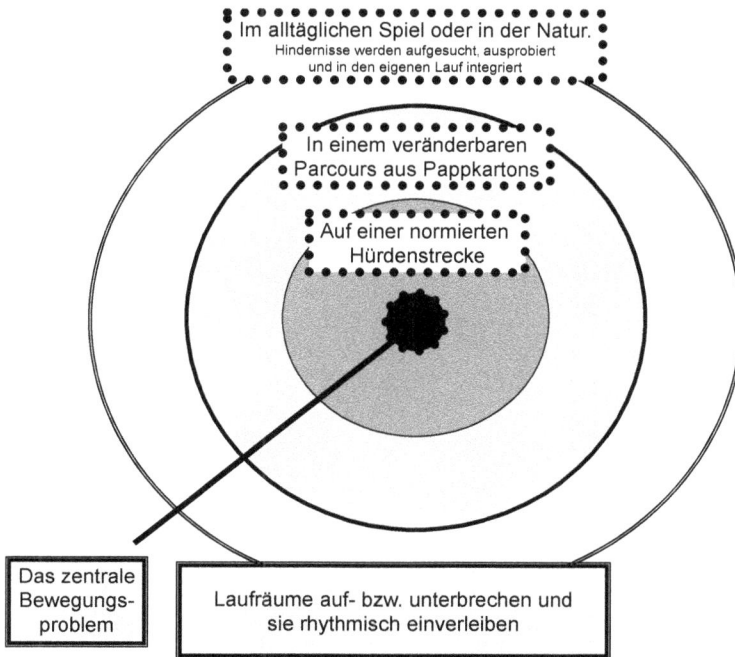

Im alltäglichen Spiel oder in der Natur.
Hindernisse werden aufgesucht, ausprobiert
und in den eigenen Lauf integriert

In einem veränderbaren
Parcours aus Pappkartons

Auf einer normierten
Hürdenstrecke

Das zentrale
Bewegungs-
problem

Laufräume auf- bzw. unterbrechen und
sie rhythmisch einverleiben

Abb. 21:   Organisches Planungsmodell zum Hürdenlaufen

7.4.5.2   Konsequenzen für den Sportunterricht

Die Konsequenzen für die Planung und Inszenierung eines attraktiven Leichtathletikunterrichts liegen auf der Hand und lassen sich auf der Modellebene zunächst in der Überwindung des klassischen Reihungsmodells (Abb. 20) festhalten. Das Modell des additiven Aneinanderreihens kleiner, formallogischer Bestandteile der komplexen Bewegungsaufgabe wird durch eine organische Modellvorstellung ersetzt (Abb. 21). Im Kern des Modells befindet sich das zentrale Bewegungslernproblem, das man mithilfe der sokratischen Methode als solches analysieren und herausstellen kann (vgl. Lange, 2006b). Die konzentrischen Kreise, die um diesen Kern herum orientiert sind, beschreiben einerseits immer noch die komplexe Bewegungsaufgabe (Hürdenlaufen), zeigen aber andererseits immer auch – je nach Entfernung zum Kern – an, in welcher Spezifik und Könnerschaft diese Problembearbeitung gerade angegangen und bewältigt wird. Schließlich hängt es vom individuellen Erfahrungsschatz ab, in welcher Sphäre des Modells die Hürdenläufer ihre spannenden Bewegungsprobleme entdecken.

Für die Unterrichtspraxis folgt hieraus für das Beispiel Hürdenlaufen, dass man gemeinsam mit den Schülern versuchen soll, die Unübersichtlichkeit zugestellter Lauf- und Bewegungsräume in die Turnhallen hinein bzw. auf die Sportplätze zu holen, um innerhalb dieser räumlichen Voraussetzungen gemeinsam immer variantenreicher, ausdauernder und/oder schneller zu laufen. Dabei ist es zunächst nebensächlich, welche Abstände, Höhen und Streckenführungen gewählt werden. Es geht in diesem Unterricht immer um das Hürdenlaufen, und jedem Hürdenläufer wird das grundlegende Bewegungsinteresse zugestanden, dass er sich selbstbestimmt und neugierig in diese Sache (Hürdenlaufen) vertiefen will und – mit Blick auf das organische Modell (Abb. 21) – immer tiefer zum Kern der Sache vordringen kann.

Die Aufgabe des Lehrers liegt hierbei im Schaffen anregender Lernumgebungen, d. h. im Arrangieren und Aufzeigen von Schwierigkeiten, die den Lernenden in der jeweiligen Situation zur weiteren Verwicklung und Vertiefung in die Sachlage herausfordern. Mit dem Verweis auf die Aufgaben des Lehrers ist eine sportpädagogische Herausforderung benannt, die zum Abschluss des Beitrags unter dem Stichwort „Lehrkunst" exemplarisch konkretisiert wird. Damit soll erzieherisches Handeln im Sportunterricht für die Zwecke dieses Beitrags sichtbar gemacht werden.

8   Felder innovativen Sporttreibens

Innovation entsteht in der Regel immer dort, wo sich Probleme stellen. Im Sport werden beispielsweise immer wieder neue Techniken erfunden, mit deren Hilfe die Erfinder die gestellten Bewegungsprobleme besser lösen, als andere Sportler dies mithilfe ihrer (tradierten) Techniken bis dahin konnten. So hatte beispielsweise Dick Fosbury im Vorfeld der Olympischen Spiele von Mexiko (1968) den genialen Einfall, die Hochsprunglatte rücklings zu überqueren und den Körperschwerpunkt gewissermaßen zu überlisten, in-dem er ihn – bei ausreichender Bogenspannung – unterhalb der Latte durch-führt. Seither wird diese *Problemlösungsstrategie* oder – wie man in der klassischen Sportterminologie zu sagen pflegt – *Flop-Technik* von fast allen Hochspringern weltweit angewandt. Interessanterweise müssen vielerorts auch Sportstudierende diese Technik erlernen und im Rahmen sportpraktischer Demonstrations- oder Leistungsprüfungen vorzeigen. Und mancherorts wird diese Technik sogar Kindern im Vereinstraining oder im Sportunterricht der Schule von fachkundigen Experten beigebracht. Dies geschieht selbst dann, wenn die besagten Studierenden oder Kinder im Hochspringen ganz andere Probleme haben, als sie der geniale Dick Fosbury seinerzeit im olympischen Finale von Mexiko hatte. An dieser Stelle wird ein offensichtlicher Widerspruch deutlich, hinter dem sich sogar das genaue Gegenteil von Innovation verbirgt, nämlich das unreflektierte Befolgen einer tradierten Methodenidee. Dieses Defizit ist es wert, in diesem Buchprojekt aufgegriffen zu werden, weil man es in so vielen Beispielen unserer Schulsportmethodik wiederfinden kann. Dieses Manko drückt aus pädagogischer Sicht umso mehr, weil es weitgehend verdeckt passiert. Schließlich lassen Sportlehrer und Übungsleiter Kinder ja nicht aus bösem Willen rücklings über Hochsprunglatten springen, Starts aus tiefen Startblöcken absolvieren oder andere Tricks und Techniken aus der *großen Welt des Sports* nachmachen, sondern sie tun dies, weil sie es *gut meinen* und dem festen Glauben anhängen, dass gerade dieser Weg der Beste für die Kinder sei.

Auflösen lässt sich dieses Missverständnis mit Blick auf die Unterscheidung zwischen der Bewegungsform und der Bewegungsfunktion: Die Form ist das sichtbare Produkt. Um beim Hochsprung zu verbleiben: Sie ist die Erfindung Dick Fosburys, so wie man sie als Technikleitbild heutzutage in jedem Lehrbuch zur Leichtathletik finden kann. Die Funktion geht hingegen weit darüber hinaus. Sie bezieht sich auf das Lösen der Bewegungsprobleme, denen sich der 2,24-Meter-Springer während seines Olympiasieges und im weiteren Verlauf seiner Karriere als Leistungssportler immer wieder gegenübergestellt sah. Wenn wir also von Innovation im Sport und später auch von den Möglichkeiten eines innovativen Sportunterrichts sprechen wollen, dann interessiert uns am *Vorbild* Dick Fosbury nicht seine abstrakte Technik, sondern zuallererst die Art und Weise, wie er damals eine problemhaltige Situation gelöst hat. Innovation hat also immer etwas mit Problemlösen zu tun, und wenn der Reiz – wie beim Sporttreiben – im Optimieren der persönlichen Möglichkeiten der motorischen Problembearbeitung gründet, dann interessieren wir uns als Lehrer, die solche Prozesse betreuen und verantworten wollen, für die Lösungen, die die Lernenden während der jeweils aktuellen Bewegungssituation herausbilden können. Dabei ist es wichtig, die entwickelten

Lösungen immer in Relation zu dem jeweiligen Bewegungsproblem und vor dem Hintergrund der individuellen Bewegungserfahrungen und -möglichkeiten zu verstehen. Dieses
relationale Finden eigener Lösungen darf keinesfalls mit dem Übernehmen von fremden
Lösungen verwechselt werden, die sich andernorts bei anderen Sportlern im Kontext einer
anderen Problemlage bewährt haben. So gut diese Lösungen auch ausschauen, sie bleiben
dann, wenn sie z.B. in Form methodischer Übungsreihen lediglich übernommen und absolviert werden, immer nur Lösungen fremder Urheberschaft. Für die Inszenierung von innova-
tivem Sportunterricht folgt hieraus also die Verpflichtung gegenüber dem Aufspüren bewegungsbezogener Problemlagen, was im folgenden Kapitel mit Blick auf die entsprechenden
Bewegungs- und Lerngelegenheiten geschehen soll.

Aufgabe 138:
Kennen Sie weitere Beispiele aus dem Sport, in denen das Phänomen der Innovation so
anschaulich sichtbar wird? Konzentrieren Sie sich auf ein Beispiel und fertigen Sie hierzu
einen Bericht an.

8.1   Neue Inhaltsfelder – Trendsport

Trendsportarten passen ebenso wie andere innovative Bewegungspraktiken ganz ausgezeichnet in das aktuelle Bild der Sportpädagogik und des Sportunterrichts. Nicht nur weil die
Schüler ihren *Freizeitsport* auch in der Schule betreiben möchten und weil ihre Lehrer ihnen
solche Inhalte tatsächlich auch vermitteln wollen, wie Petra Sieland (2003) in ihrer Disserta-
tion herausgefunden hat, sondern weil die von Offenheit, Innovation, Verspieltheit und Zukunftsorientierung geprägten Bewegungspraktiken der Kinder und Jugendlichen in die offenen Möglichkeitsräume passen, die uns von den aktuellen Bildungs- und Lehrplänen sowie
der einschlägigen didaktischen Begleitliteratur zugestanden werden.

Petra Sieland hat unter anderem die Einstellungen von Lehrern zum Trendsport untersucht
und dabei herausgefunden, dass die Lehrerschaft diesen neuen Inhalten ausgesprochen aufgeschlossen gegenübersteht:

- Nur 4 Prozent der Befragten geben eine negative Einstellung an.
- Demgegenüber liegen 63,5 Prozent mit ihrer Einschätzung im positiven oder sehr positi-
  ven Bereich.
- Ein Drittel der Befragten nimmt eine neutrale Haltung ein (vgl. Sieland 2003, 83).

Trotz des ausgesprochenen Interesses in der Lehrerschaft und der vermeintlichen Aktualität
des Trendsports tun sich einige Hürden und Widersprüche auf, wenn diese neuen Inhalte
zum Thema von Sportunterricht gemacht werden sollen. Dabei stellen sich sowohl auf der
Begründungsebene als auch in sportdidaktischer und unterrichtspraktischer Hinsicht Fragen,
die im Zuge dieses einleitenden Theoriekapitels bearbeitet werden sollen. Wenn die Vermittlung von Trendsport in der Schule zu begründen ist, dann müssen zunächst Antworten zu
zwei Fragestellungen gefunden werden: Erstens, wird die jugendkulturell gefärbte Bewegungspraxis bei einem Import in die Schule verändert, verfälscht oder gar entstellt? Und
zweitens, wie geht man als Lehrer mit der Gefahr der Verschulung um, in deren Verlauf aus
spannenden Bewegungsthemen, wie z.B. dem selbstbestimmten Bewegungslernen an der
Halfpipe, langweilige Unterrichtssequenzen mit Pflichtcharakter werden können? Wenn

diese ersten beiden grundsätzlichen Fragen weitergedacht werden, dann gelangt man sehr bald in das Feld sportdidaktischen Denkens und Handelns. Hierzu werden im Folgenden weitere Akzente gesetzt, weshalb Fragen, Probleme und Aufgaben des Lehrens und Lernens bzw. des Vermittelns von Trendsportarten untersucht werden. Hierzu orientieren wir uns an Fragestellungen wie den folgenden:

Aufgabe 139:
Führen Sie ein Interview mit einem Dozenten, der in der Sportpraxis „Trendsport" unterrichtet. Finden Sie seine Position zur Relevanz und Methodik der Trendsportarten für die Schule heraus. Erörtern Sie die Ergebnisse im Lichte des hier dargebotenen Hintergrundwissens kritisch.

- Wie sollen neue Sportarten im Unterricht inszeniert und vermittelt werden?
- Wie und was können Kinder im Feld der Trendsportarten lernen?
- Und worauf müssen Lehrer achten, damit solche Lernprozesse auch wirklich stattfinden können?
- Welche Verluste müssen Bildungsplanmacher fürchten?
- Oder welche Gewinne mögen sie erhoffen, wenn sie die Sicherheit gebende Orientierung fester Inhaltsbereiche (z.B. den tradierten Sportartenkanon) aufgeben und sich auf die ungewohnten Lernmöglichkeiten der Trendsportarten einlassen?

Diese Fragen ergeben in ihrer Perspektive einen bewegungspädagogischen Zugang, der im Folgenden entfaltet wird. Dabei interessieren einerseits die einschlägigen Bewegungserlebnisse, die die Schüler bzw. Trendsportler in der Ausübung dieser neuen Inhalte erfahren und entdecken können. Andererseits soll aber auch neugierig und zugleich kritisch untersucht werden, ob, an welchen Stellen und wie das besondere Flair des Trendsports verwischt und verloren geht, wenn er in den Bahnen des schulischen Sportunterrichts zum Thema gemacht wird (vgl. Abb. 22).

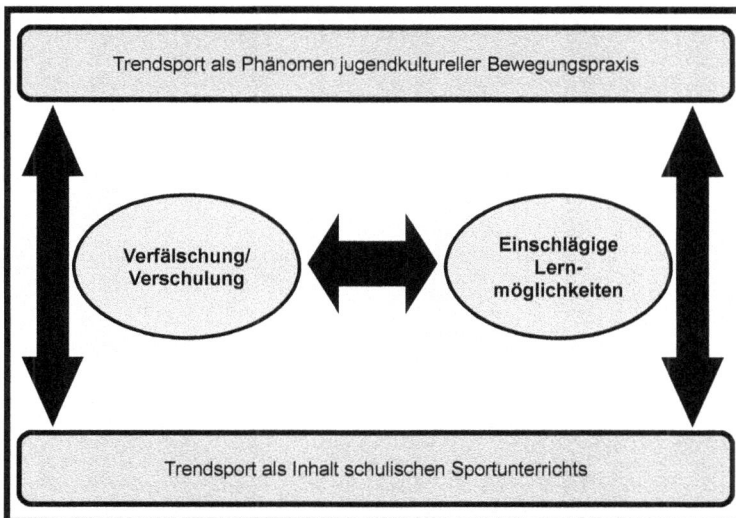

Abb. 22:   Zum Spannungsfeld zwischen Verschulung und phänomenalen Lerngelegenheiten

Aufgabe 140:
Portraitieren Sie eine Situation aus einem der von Ihnen besuchten Trendsportkurse. Wählen Sie eine Situation aus, in der die Methodik für den Schulsport zum Thema gemacht wurde. Erörtern Sie die Ergebnisse im Lichte des hier dargebotenen Hintergrundwissens kritisch.

8.1.1 Inszenierung von Trendsport in der Schule

Wer sich angesichts des anstehenden Imports jugendkulturell imprägnierter Bewegungssze-nen in die erziehlichen Strukturen des Sportunterrichts vor dem Aufkeimen pädagogischer Orientierungslosigkeit fürchtet, der benötigt Ordnungs- und Entscheidungshilfen. Die wer-den im Folgenden hergeleitet, wobei von der Idee ausgegangen wird, dass in den Trendsport-arten bzw. den innovativen Bewegungspraktiken der Kinder und Jugendlichen in der Tat etwas sehr Sinnvolles und Lehrreiches enthalten ist, das durchaus für den Sportunterricht fruchtbar gemacht werden kann, damit dort Bildungsprozesse in Gang gesetzt werden kön-nen. Wie dieser Prozess aussehen kann, soll im Folgenden in insgesamt fünf Schritten skiz-ziert werden und mündet in die Formulierung von Anhaltspunkten für die Inszenierung von Trendsportarten und anderen neuen Inhalten im Sportunterricht.

Begonnen wird mit einer exemplarischen Annäherung an das Phänomen des *trendigen* Sport-treibens von Kindern und Jugendlichen (1.2), bevor in einem zweiten Schritt geklärt wird, was Trends und Trendsportarten sind und wie sie entstehen und sich entwickeln (1.3 und 1.4). Im dritten Abschnitt werden Bezüge, Herausforderungen und Konsequenzen für die Sportpädagogik skizziert (1.5), die in eine Heuristik auffälliger Kennzeichen des Bewe-gungserlebens im Trendsport überführt werden. Auf dieser Grundlage werden dann im vier-ten Schritt Grundsätze zum Lehren und Lernen im Trendsport abgeleitet (1.6), die zum Ab-schluss mit Blick auf die besonderen Bedingungen des Bewegungslernens begründet und am Begriff des *Bewegungserlebens* festgemacht (1.7). Im darauffolgenden Kapitel wird das bis dahin entworfene Modell zum Inszenieren von Trendsport und anderen neuen, gegebenen-falls auch jugendkulturell imprägnierten Inhalten im schulischen Sportunterricht am Beispiel des *Bewegungslernens an der Halfpipe* präzisiert.

8.1.2 Annäherung an das informelle Bewegen und Lernen von Kindern

Informell betriebene Bewegungspraktiken von Kindern und Jugendlichen, wie z.B. Street-ballspielen, Inlinern, Skateboarden oder Tanzen (vor allem Hip-Hop), können durchaus als Schlüssel zum Verstehen der gegenwärtigen Entwicklungen im Bereich kindlicher Lebens-welten und Jugendkulturen angesehen werden. Entsprechend aufschlussreiche Zugänge mö-gen deshalb auch überall dort gefunden werden, wo sich Kinder und Jugendliche jenseits institutionalisierter Sport- und Erziehungseinrichtungen bewegen und spielen. Manchmal bemerkt man aber als Außenstehender zunächst *nur* auffällige Produkte, die diesen Lebens-welten entstammen. Z.B. die Graffitis an Hauswänden oder S-Bahnen oder man bleibt beim Zappen während eines Fernsehabends einmal zufällig bei MTV oder einem anderen Mu-siksender stehen und wundert sich über die dort gezeigten Aufführungen aus Tanz, Musik und Lifestyle. Bewertungen dieser neuen Praxis fallen unterschiedlich aus. Aufgrund der gegebenen Differenzen zu den tradierten Modellen und Erscheinungsformen des Erwachsenensports wird vielem aus diesem Umfeld mit einer gewissen Skepsis begegnet. Genau darin gründet der Hemmschuh, der den neuen, z.T. durchaus innovativen Inhalten des Sporttreibens von Kindern und Jugendlichen den Weg in die Schulen und in den Sportunterricht versperrt.

Aufgabe 141:
Wo und wie bewegen sich Kinder heutzutage? Fertigen Sie eine Übersicht zu 10 ausgewählten Settings der informellen Bewegungspraxis von Kindern und Jugendlichen an und veranschaulichen Sie Ihre Darstellung durch treffende Beschreibungen und Bilder.

8.1.2.1 Beispiel: Tanz und MTV-Moves

Beobachtungen in Sportstudios, auf Schulhöfen, öffentlichen Plätzen oder Straßen zeigen, dass bestimmte Spielarten des Tanzens boomen. Im Zuge der Medienwirkung diverser Pop-Sender, wie z.B. MTV oder Viva, scheinen die Choreografien von Britney Spears, den No Angels und anderen Popsternchen fast überall präsent. Vor allem für 12- bis 16-jährige Mädchen werden z.B. in Fitnessstudios seit langem sogenannte *Teeniemoves*, *MTV-Moves* oder *Fit-Kids* angeboten. Während dieser Trainingsstunden üben die Kinder unter der fachkundigen Anleitung von Aerobictrainern die Tanzschritte und Choreografien ihrer Popidole. Wer das als Erwachsener noch nicht gesehen hat und deshalb dabei vielleicht an so etwas wie eine klassische Tanzstunde denkt, der liegt grundfalsch. Die Abläufe bestechen durch Engagement, Interesse und Einsatz. Die tanzenden Teenies schwitzen, rackern, arbeiten und trainieren, und sie verausgaben sich dabei zuweilen noch mehr, als sie es jeweils am Tag der traditionellen Bundesjugendspiele tun.

Es darf angenommen werden, dass eine derart intensiv und engagiert betriebene Praxis auch in die übrigen Lebensbereiche dieser Kinder und Jugendlichen hineinwirkt, weshalb derartige Themen auch auf das grundsätzliche Interesse der Sportpädagogik stoßen. Die Musik, Kleidung, das Treffen mit Gleichaltrigen und die Freizeitgestaltung scheinen vielerorts von einer jugendlichen Bewegungskultur beeinflusst, in deren Rahmen der Tanz präsent und wichtig ist und die auf einen einschlägigen Kanon an Werten, Bildungsvorstellungen und kulturellen Orientierungen verweisen, die dieser Jugendkultur zugrunde liegen.

Diese Voraussetzungen müssen zunächst einmal herausgefunden und präzise beschrieben werden, um einerseits die Strukturen der Jugendkulturen und der in diesen Feldern zu beobachtenden Dynamiken verstehbar zu machen. Andererseits können im Lichte dieser Theoriefolien aber auch pädagogische Bewertungen der verschiedenen Bewegungspraktiken vorgenommen und Perspektiven für den Sportunterricht abgeleitet werden. Das Spannungsfeld dieser Bewertungen und nahe gelegten Konsequenzen für die Schule verläuft zwischen den Polen *Vorbild* und *Schreckensbild*. Dabei bieten das von Kindern und Jugendlichen in informellen Bewegungskontexten an den Tag gelegte Engagement und der beobachtbare Eifer im Üben und Lernen zahlreiche Ankerpunkte, die man aus pädagogischer Sicht als interessant und fruchtbar einstufen möchte, während die gegebene Kommerzialisierung des Fitnesssports, die hier zugrunde liegenden Körperbilder und das zuweilen zu beobachtende stumpfsinnige Konditionieren und Trainieren den Pädagogen eher an ein *Schreckgespenst* erinnern mag.

8.1.2.2   Tanzen mit dem Drill-Master

Wenn der Starchoreograf Detlef *Dee!* Soost in die Stadt kommt und mit den Kindern tanzen will, ist das so ähnlich, als würde Dieter Baumann mit ihnen laufen oder Michael Ballack mit ihnen Fußball trainieren. Vielleicht gäbe es nur einen Unterschied: Die Kids, die mit *Dee* tanzen, verausgaben sich bis aufs Letzte und behaupten hinterher nahezu einhellig: *„Das hat Spaß gemacht!"* Der geschäftstüchtige Choreograf hat längst ein eigenes Tanz- und Castingstudio in Berlin, bildet eigene Coaches aus, verteilt ein Lizenzsystem, das nach seinen inhaltlichen und methodischen Vorgaben funktioniert, und tourt immer wieder durch die Republik, um in Spezialveranstaltungen nach seiner Weise mit Kindern und Jugendlichen zu tanzen. In Kooperation mit Tchibo und dem Allgemeinen Deutschen Tanzlehrer-Verband (ADTV) führte der populäre Berliner im Sommer 2002 in 20 Städten Deutschlands unter dem Motto *„One ... Two ... Dee! – Tanzen wie Stars"* fünfstündige Workshops für Jugendliche ab zwölf Jahren durch, in denen er den Teenies für 49 Euro die Eckpunkte seiner *Tanz- und Show-Philosophie* präsentierte. In diesen Workshops geht es im wahrsten Sinne des Wortes an die Substanz. Die zahlenden Kinder absolvieren zunächst ein etwa 90-minütiges Aufwärmprogramm, in dem jeder Körperteil beansprucht wird. In diesem Kontext werden unter anderem auch 100 bis 150 Bauchaufzüge abverlangt. Vorher kündigt der Tanzmeister an, dass all diejenigen, die sich das nicht zutrauen, auch aussteigen können. Das ist wichtig, denn falls jemand während der Übung schlapp macht, müssen alle anderen zur Strafe noch mal ran (vgl. Habel 2002). Und wie könnte es anders sein, alle machen mit und alle halten durch, in einer Atmosphäre, die eine Mischung aus dem Big-Brother-Container, den Popstars Castings, Elementen eines Psycho-Managerseminars und einem Flair vom internationalen Big Business des Show- und Popgeschäfts in jeder Provinzturnhalle lebendig werden lässt. Die hier zugrunde liegende Machart wurde unter anderem in einem Interview, das Annette Langer für den Spiegel führte, unter dem antiquierten pädagogischen Motto *Zuckerbrot und Peitsche* zusammengefasst, was von *Dee* insofern bestätigt wurde, als dass er immer dann hart durchgreifen und – wie er es nennt – motivieren müsse, wenn die Teilnehmer den kritischen Punkt ihrer körperlichen Belastung erreicht hätten, an dem die Spannung nachlässt. So ähnlich hätte es in der Tat auch ein Feldwebel während der militärischen Grundausbildung benennen können, weshalb pädagogisch orientierte Kritik in solchen Feldern durchaus angeraten ist.

Jeder, der Kindern und Jugendlichen nachlassendes Interesse am Sport und Sich-Bewegen unterstellt hat, wird in vielen Szenen trendsportlicher Bewegungsinszenierungen das Gegenteil entdecken. Deren Engagement geht vielerorts so weit, dass die Interessen der Anbieter solcher Events und Veranstaltungen innerhalb und außerhalb von Schule einer kritischen Analyse und Prüfung unterzogen werden müssen.

Aufgabe 142:
Erörtern Sie das skizzierte Beispiel „Tanzen mit dem Drillmaster" im Lichte Ihres Erziehungs- und Bildungsverständnisses.

8.1.3   Ambivalente sportpädagogische Ordnungsversuche

All diese Facetten könnten als Anschub und argumentative Steilvorlage für die Tanzerziehung aufgefasst werden. Andererseits – wegen der Kommerzialisierung, der zugrunde liegenden Körperbilder und der an stumpfsinniges Konditionieren und Trainieren erinnernden Aktionsformen – mag man als Tanzpädagoge hinter manchen dieser aktuellen Entwicklungen auch ein Schreckgespenst erkennen. Wie dem auch sei, die jugendkulturelle Tanzbewegung erinnert in der pädagogischen Reflexion derzeit an einen argumentativen Spannungsbogen, der zwischen den Polen der ästhetischen Erziehung und dem trainingsbezogenen Drill verortet ist. Es käme sicherlich nur einer oberflächlichen Augenwischerei gleich, wenn versucht würde, auf der didaktischen Ebene die verschiedenen Praxisperspektiven, die sich hinter den jeweiligen Polen verbergen, zwanghaft aufeinander zu beziehen und gewissermaßen als *gut* gepriesene Praxis gleichzuschalten. Deshalb beschränken sich die folgenden Ausführungen auch *nur* auf die Unterscheidung der beiden Pole (*Ästhetik* und *Training*). Wem es gelingt, diese Differenzierung auf seine Unterrichtssituation auszulegen und weiterzudenken, der sollte aus beiden Richtungen brauchbare, methodische Konsequenzen für den Tanzunterricht ziehen können.

8.1.4   Annäherung an ein weites Feld

Der Tanz hat im Rahmen unserer Bewegungs-, Sport- oder Ausdruckskultur eine herausgehobene Stellung, die es fast unmöglich macht, ihm ganz bestimmte Werte oder Kennzeichen zuzuschreiben – zumindest im Sinne eines ausschließlichen Entweder-oder-Charakters.

Betrachtet man hingegen ausgewählte Erscheinungsformen des Tanzes, beispielsweise bestimmte Richtungen der westeuropäischen Tanzpädagogik, Varianten der Tanztherapie, kulturell geprägte Erscheinungsformen wie Capoeira oder Salsa und deren Import in unser westliches Tanzschulen- und -kurssystem, religiös fundierte Tanzpraktiken oder sportive Varianten des Aerobic, dann gelangt man jeweils zu einem unterschiedlichen, aber zumeist mehr oder weniger einschlägigen Werte-, Normen- oder mindestens Kennzeichenkanon, der die im Blick befindliche Tanzpraxis charakterisiert. Von dort aus gedacht sollte es dann auch möglich sein, über entsprechende Pädagogiken nachzudenken und didaktisch-methodische Wege anzubahnen, die dafür garantieren können, dass bestimmte Formen des Tanzens im Kontext unserer Vorstellungen und Ideale von Erziehung und Bildung weitergegeben werden und somit auch Thema von Unterricht, Schule, Vereins- und Kinder- bzw. Jugendarbeit werden können. In unserer schulpädagogischen Tradition schwingen an dieser Stelle immer Vorstellungen zum *Ästhetischen* mit, auf deren Hintergrund an dieser Stelle nur knapp eingegangen und ansonsten auf einschlägige Literatur verwiesen wird (vgl. v.a. Bannmüller & Röthig 1990).

8.1.5   Zum ästhetischen Pol

Auch wenn das Ästhetische im Alltagsverstand zumeist mit diversen Vorstellungen des Schönen, Anmutigen oder Graziösen in Verbindung gebracht wird, geht die ästhetische Perspektive für den Tanz- und Sportunterricht darüber hinaus. Das Ästhetische wird dort nämlich im Sinne des griechischen *aisthesis* als Sinneswahrnehmung verstanden, die im Konzept der ästhetischen Erziehung als Verbindung von Wahrnehmung und Reflexion im Kontext einer Sinndeutung verstanden wird (vgl. v.a. Fritsch 1990). Deshalb kann es auch nicht Aufgabe der Tanzerziehung sein, sich lediglich auf das Einführen von Tanzschritten bzw. das Nachmachen irgendwelcher Popchoreografien zu reduzieren.

„Tanzenlernen soll die SchülerInnen in der Entwicklung ihrer Fähigkeiten unterstüt-zen, die eigene Umwelt wahrzunehmen, zu verstehen, zu genießen, zu kritisieren und sie zu gestalten (Haselbach 1979, 80 und Drefke 1976, 47). Fachimmanente Ziele des Tanzenlernens verbinden sich also mit emanzipatorischen. Tanzenlernen wird also als Auseinandersetzung mit Tanztraditionen, aktuellen Tanzwelten und den Möglichkei-ten individueller tänzerischer Ausdrucksweisen gesehen" (Lange, He. 2001, 272f.).

Tanzenlernen ist nach dieser Auslegung also zuallererst eine Bildungsgelegenheit, in deren Konsequenz es darum geht, seine Bewegungswelt und seine Beziehung zur Mitwelt immer wieder selbst zu ordnen. Dieses Ordnen ist in aller Regel auch ein Improvisieren, denn es soll versucht werden, die eigenen Bewegungsgrenzen immer wieder zu verändern, sich in das Finden neuer Räume und Rhythmen vorzuwagen und die dabei notwendig werdenden Ent-scheidungen auf der Grundlage sensibler Körperwahrnehmungen vorzunehmen.

Aufgabe 143:
Erörtern Sie die Differenz zwischen den beiden verschiedenen Weisen des Tanzens (Drillmaster vs. Ästhetische Bildung).

8.1.6   Zur Dissonanz zwischen Tanz- und Sporterziehung

Vor dem Hintergrund des soeben angedeuteten (ästhetischen) Bildungspotenzials werden bestimmte Sinnperspektiven für den Sportunterricht, wie z.B. Gestaltung, Kreativität oder Ästhetik, in aller Regel und aus gutem Grund zuerst mit dem Tanz und der Tanzerziehung in Verbindung gebracht. Bei näherer Betrachtung unseres aktuellen Sportunterrichts könnte man sogar zu dem Schluss gelangen, dass der Tanz in der Schule ein Gegengewicht zu der ansonsten sportiven, auf Leistung und Wettkampf ausgerichteten Sportkultur ausmachen kann und demnach entsprechend andere Bewegungs-, Erfahrungs- und Ausdrucksqualitäten zu betonen weiß: beispielsweise sich einen Raum (tanzend) einverleiben, dabei auch Geräte, Materialien oder Partner mit einbeziehen, sich einer Musik hingeben und die wahrgenomme-nen Sinneseindrücke über das Medium seiner eigenen Bewegung zum Ausdruck bringen oder gemeinsam mit den Mitschülern eine thematisch orientierte Choreografie entwickeln, verfeinern und verändern und schließlich irgendwann vorführen.

All das sind Bewegungserfahrungen, die sich doch deutlich von den Möglichkeiten abheben, die den Schülern im herkömmlichen Leichtathletik-, Fußball- oder Schwimmunterricht ge-geben sind. Von daher gesehen wird das besondere Bildungs- und Erziehungspotenzial des Tanzens ein Stück weit vernachlässigt, wenn die Inszenierung, die Didaktik und Methodik des Tanzens der des Trainierens, Lernens und Übens gleichen, so wie wir sie aus dem klassi-schen Sportunterricht her kennen.

8.2   Was sind Trends?

Trend ist ein Zukunftsbegriff. Darauf deutet bereits die Wortbedeutung hin, denn im Kluge (2002) wird darauf verwiesen, dass der Trend eine Tendenz bzw. Richtung anzeigt. Diese Festellung passt auch zum mathematischen Begriffsverständnis, denn in der Statistik meint ein Trend die Daten einer Zeitreihe, die eine Entwicklungstendenz anzeigen. In dieser Form kennen wir den Trend beispielsweise auch aus dem Politbarometer, wo auf der Grundlage aktuell erhobener Datenstichproben zum Wahlverhalten auf zukünftig stattfindende Wahlergebnisse geschlossen wird. Trends existieren aber nicht nur in der Statistik und in der Politik, sondern auch in der Mode, im Lifestyle, in der Wirtschaft und allen anderen gesellschaftlichen Bereichen, wo sich Menschen wünschen, zukünftige Entwicklungen in den Griff zu bekommen. Es ist überaus modern und mancherorts gilt es zuweilen auch als innovativ, wenn man im Trend liegt, sich *trendy* gibt und treffsicher bestimmen kann, was gerade angesagt und deshalb auch zu tun bzw. eben nicht mehr zu tun ist. Allerdings besteht zwischen modisch und trendy ein qualitativer Unterschied, denn Moden sind ebenso wie sogenannte *Hypes* zwar attraktiv, aber zumeist nur von kurzer Dauer, während Trends auch über längere Zeitspannen hinweg eine ansteigende bzw. stabile Wirkungsbreite aufweisen. In pädagogischer Hinsicht scheint also die Kontinuität echter Trendverläufe interessant, während die Kurzlebigkeit von Moden eher auf Oberflächlichkeit hinweist und deshalb nicht zum anvisierten Tiefgang passt, den man in Bildungs- und Erziehungsprozessen auf den Weg bringen will.

Aufgabe 144:
Googeln Sie den Begriff Trend und fertigen Sie auf der Grundlage der Rechercheergebnisse einen Bericht an aus dem hervorgeht, in welchen Feldern dieser Begriff gegenwärtig Verwendung findet.

8.2.1   Gesellschaftliche *Trend-Zeit*

Das Suchen, Setzen und Orientieren an Trends kennzeichnet seit langem das Leben in westlichen Industrienationen, weshalb Gerken (1993) mit Recht vom Anbruch einer *Trend-Zeit* spricht, die unser gesellschaftliches und wirtschaftliches Leben bestimmt. Naisbitt und Aburdene (1990) machen sogar regelrechte Megatrends aus, wenn sie zehn Perspektiven für den Weg in das nächste Jahrtausend formulieren. Seiner Zeit voraus sein zu können ist in westlichen Gesellschaften und Wirtschaftssystemen von Vorteil, weshalb Zukunftswissenschaften und Trendforschung derzeit ein Renommee genießen, das dem der Astrologen und Orakel-Wächter früherer Zeiten vergleichbar scheint. Die Dimensionen unseres Wissensdurstes um Zukunftsthemen werden von Experten wie z.B. Matthias Horx regelmäßig mit Büchern bedient, die sich inzwischen sogar zu Bestsellern jenseits der Wissenschaftsdiskussion gemausert und eine breite Leserschaft gefunden haben. Demzufolge bewirbt der Campus-Verlag das neue Buch von Horx (2006) mit dem kennzeichnenden Titel: *„Wie wir leben werden. Unsere Zukunft beginnt jetzt"*, entsprechend offensiv. Auf der Verlagshomepage und in Tageszeitungen, wie der Süddeutschen, wird Horx als der profilierteste Trendforscher Deutschlands ausgewiesen, dem es offensichtlich gelingt, in konkreten Szenarien ein fundiertes Bild unseres Lebens in den nächsten Jahrzehnten zu entwerfen. Die in diesem Zukunftsbuch thematisierten Fragen dürfen denn auch getrost zu den gesellschaftlichen Megafragen gerechnet werden:

1. Wie sieht unsere Zukunft aus?
2. Werden wir klonen?
3. Entsteht ein neues Proletariat?
4. Werden wir alle Singles?
5. Wie entwickeln sich die Religionen?

6. Werden wir den Tod besiegen?

Aufgabe 145:
Überprüfen Sie die Relevanz dieser „Megafragen". Stimmen die oder fallen Ihnen andere, wichtigere Fragen ein? Verwenden Sie für die Bearbeitung dieser Aufgabe auch die Ergebnisse Ihrer Internetrecherche (Aufgabe 144).

8.2.2   Bezüge zum Sport

Im Lichte derartiger Megafragen erscheint der Sport zunächst als Nebensache. Dessen Entwicklung ist allerdings unmittelbar in die allgemeinen gesellschaftlichen Wandlungsprozesse eingebunden, weshalb es durchaus denkbar wäre, solche Prozesse mithilfe der Veränderungen im Sport nachzuzeichnen bzw. unter Umständen sogar auf der Basis sportsoziologischer Analysen fundierte Prognosen für unsere Zukunft aufzustellen. In diese Richtung tendiert die Arbeit von Anne Schildmacher (1998, 15f), die sich die allgemeinen Analysen des gesellschaftlichen Status quo differenzierter angeschaut hat. Sie hat dabei die einschlägigen Charakterisierungen, nach denen wir derzeit offensichtlich in einer Erlebnisgesellschaft (Schulze) oder gar in einer Risikogesellschaft (Opaschowski) leben, weitergedacht. Und zwar in sportbezogenem Interesse, denn die allgemeinen gesellschaftlichen Entwicklungen haben auch Spuren in den Jugendkulturen hinterlassen und vor allem in deren Bewegungspraxen immer wieder neue Trends, Stile und Orientierungen hervorgebracht (vgl. hierzu auch Schwier 1996; 1997). Schildmacher macht innerhalb der Vielzahl gesellschaftlicher Entwicklungstendenzen drei zentrale Trends aus, hinter denen sie eine besondere Relevanz für den Sport bzw. für die Entwicklung von Trendsportarten zu erkennen meint (Abb. 23):

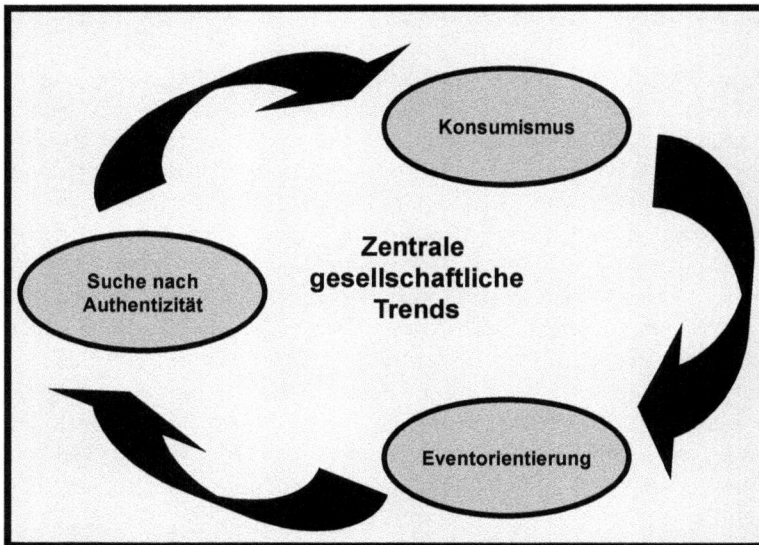

Abb. 23:   Gesellschaftliche Trends nach Schildmacher (1998)

In dieser sozialwissenschaftlichen Lesart wird hinter der *Suche nach Authentizität* das Bedürfnis nach Halt, Sicherheit, Verbindlichkeit und Dauerhaftigkeit verstanden. Hierbei handelt es sich um eine Gegenbewegung zur gesellschaftlich bedingten Schnelllebigkeit und Unverbindlichkeit. Diese Wünsche werden auch auf den Körper und das *Sich-Bewegen* bezogen, weshalb in der so verstandenen Körperarbeit im Fitness-, Thai-Chi- oder Tanzstudio die Grundlagen für einen trainierten, entsprechend ausgebildeten Körper gelegt werden, der gewissermaßen als selbst modelliertes Werk für Gesundheit, Erfolg und verlässliche Leistungsfähigkeit garantieren soll. Diese Körper werden in hochwertige Markenprodukte verpackt und gekleidet bzw. mit mancherlei weiteren Zugaben aus dem Feld der angesagten Ernährung oder Wellnessbranchen versorgt. Der gesellschaftliche Trend zum *Konsumismus* macht diese Ausstaffierung verstehbar, denn im Sinne der konsumorientierten Modernität investieren Menschen beachtliche Ressourcen in an sich überflüssige Konsumgüter. Im Sport interessieren dabei vor allem hochwertige Markenkleidung und technologisch überragendes Equipment, weshalb sich so manche Produktbeschreibung von Sportschuhen oder Walkingstöcken wie eine Ausrüstungskennzeichnung für Astronauten liest. Schließlich werden Sport- und Bewegungsveranstaltungen nach den Regeln moderner Werbestrategien und des Erlebnishandels treffend inszeniert, was man in der Tendenz zur *Eventorientierung* zusammenfassen kann. Auf diese Weise führt man beispielsweise Stabhochsprungwettbewerbe in Einkaufszentren durch, Beachvolleyballturniere werden in die Innenstädte verlegt, Laufwettbewerbe werden in den Fußgängerzonen der großen Städte und Biathlonveranstaltungen in der Fußballarena auf Schalke inszeniert.

Aufgabe 146:
Welche Megafragen lassen sich für die künftigen Entwicklungen im Sport anführen? Übertragen Sie die Aufgabe 145 auf den Sport und formulieren Sie 6 sportbezogene Megafragen. Geben Sie zu jede Ihrer Fragen eine knappe Erörterung.

8.2.3   Red Bull Soulwave

In Feldern, in denen authentische Facetten des Sporttreibens zu Events stilisiert werden, verlaufen die Grenzen zu wirtschaftlichen Interessen fließend. Bestimmte Trendsportarten werden ganz gezielt ausgewählt, gesponsert und auf diese Weise geschickt mit dem Image eines bestimmten Produktes in Verbindung gebracht. So richtet beispielsweise die Hamburger Eventagentur *Lok Operations* für die Getränke-Firma *Red Bull* den sogenannten Soulwave aus. Dabei handelt es sich um einen Event, bei dem das Wellenreiten mit dem Windsurfen zu einer Art Duathlon verbunden wird. Diese Events werden von einem anspruchsvollen, sportiven Rahmenprogramm (z.B. Kite Surfing oder Skateboard-Wettbewerbe) begleitet und mit Auftritten der weltbesten Surfer, wie z.B. Francisco Goya, Robby Naish oder Robby Seeger, abgerundet. Das Image des Surfens und Skateboardens wird von den Veranstaltern ganz gezielt durch das Inszenieren einer außerordentlich entspannten Wettkampfatmosphäre unterstrichen. Dabei tritt das aus dem traditionellen Sport bekannte Gewinnen und Verlieren zugunsten des kreativen Gestaltens neuer Tricks in den Hintergrund. Der Soulwave dient in dieser gekonnten Inszenierung als Trendsetter für die Surfszene, der ganz nebenbei auch das Image des Energiegetränks *Red Bull* in dieser authentischen, lockeren und attraktiven Richtung verortet.

Aufgabe 147:
Welche neuen Sport-Events kennen Sie? Führen Sie eine Recherche durch. Fokussieren Sie in Ihrem Bericht ein besonders interessantes Beispiel. Präsentieren Sie Ihre Ergebnisse anschaulich.

8.2.4   Veränderungen in den Strukturen des Sports

Für den Sport haben diese Trends weit reichende Konsequenzen, denn sie verändern die traditionellen Strukturen des Sporttreibens ganz grundlegend. In manchen Bereichen spricht man seit längerem sogar von regelrechten Krisen, z.B. wenn Leichtathletiksportfeste für Kinder und Jugendliche mangels Teilnehmer abgesagt werden müssen oder Fußballmannschaften es nicht mehr schaffen, die erforderlichen elf Spieler zusammenzubekommen. Demgegenüber boomen Konzepte wie z.B. *Fun in athletics*, Bewegungsangebote in Freizeitparks oder Sportspielvarianten, die unter der griffigen Bezeichnung *Street-* und *Beachball* in kleinen Mannschaften in einem an Karneval erinnernden Ambiente auf öffentlichen Plätzen inszeniert werden. Vor dem Hintergrund dieser Veränderungstendenzen arbeitet Schildmacher (1998, 16 f) in der weiteren Präzisierung ihres Ansatzes charakteristische Dynamiken innerhalb der beobachtbaren Trendsportkulturen heraus, die sie in Form von fünf kennzeichnenden Bewegungen formuliert:

- vom Indoor-Sport zur Outdoor-Variante,
- vom normierten zum unnormierten Sport,
- vom großen Mannschafts- zum kleinen Gruppensport,
- vom geschützten zum risikoreichen Sport,
- vom verbindlichen zum unverbindlichen Sport.

Aufgabe 148:
Geben Sie zu jeder dieser fünf kennzeichnenden Bewegungen ein anschauliches Beispiel.

8.3   Was sind Trendsportarten?

Obwohl der Begriff des Trendsports seit langem in aller Munde ist, fällt es ausgesprochen schwer, ihn exakt festzulegen. Jürgen Schwier (2000) stellt deshalb in Abwandlung eines Goethe-Zitats fest, dass das Beste am Wort Trendsport der Enthusiasmus ist, den es erregt. Trendsport steht für Innovation und Erneuerung. Aber auch für die jugendliche Freiheit, sich so zu bewegen, wie man gerade will und wie es möglicherweise gerade zum eigenen Style und zur aktuellen Lebenssituation passt. Trotz dieser definitorischen Schwierigkeiten gelangt der Gießener Sportsoziologe zu einer Kennzeichnung des Begriffs *Trendsportart*:

> „Der Begriff der Trendsportart kennzeichnet dabei neuartige bzw. Lifestyle-gerecht aufbereitete Bewegungsformen, die als ‚charismatische Produkte' (Lamprecht & Stamm 1998, 372) ein erhebliches Verbreitungspotenzial besitzen. Trends im Feld des Sports sind ferner dadurch gekennzeichnet, dass sie unsere eingewöhnten Sportvorstellungen überschreiten und zuvor unbekannte oder vernachlässigte Auslegungen des menschlichen Sich-Bewegens in unseren Horizont rücken" (Schwier 2000, 20).

Für weitergehende oder alternative Eingrenzungen und Strukturierungsversuche der Bewegungspraktiken, die wir zurzeit unter dem Begriff des Trendsports zusammenfassen, haben sich in der Sportwissenschaft sogenannte Kennzeichenkataloge bewährt. Sie liegen in verschiedenen Ordnungsformen vor und weisen unterschiedliche Nähen zur Sportpädagogik auf. Während sich Balz, Brinkhoff & Wegner (1994, 17f.) mit der Orientierung an den Kurz'schen Sinnperspektiven (1990) sich ganz klassisch an einem vorhandenen Kategorienschema der pragmatischen Sportdidaktik ausrichten, betreiben Schwier (1998a, b) und auch Schildmacher (1998) recht originelle sozialwissenschaftlich orientierte Analysen dieses gesellschaftlichen Entwicklungsbereiches und gelangen demzufolge auch zu entsprechend innovativen Kennzeichenmodellen. Konkrete Listen von Trendsportarten finden sich beispielsweise bei Opaschowski 1997, 113–116) sowie bei Schwier (1998a, b), der auf der Grundlage eines themenzentrierten Scannings diverser Medien zu einem Katalog von insgesamt 46 Bewegungspraktiken gelangt, die er als Trendsportarten bezeichnet. In der Fortführung dieses Scannings und der daran gebundenen Plausibilitätsüberlegungen entwirft Schwier (2003) eine Liste von insgesamt 24 Praktiken, die er in drei übersichtliche Kategorien von Trendsportarten einteilt (vgl. Abb. 24):

FITNESSPRAKTIKEN	RISIKOSPORTARTEN	FUNSPORTARTEN
Aerobic	Base – Jumping	Snowboarding
Bodyworkout	Canyoning	Sandboarding
City – Jam	Freeclimbing	Mountainbiking
Neuromuscular Integrative Action (NIA)	Paragliding	Skateboarding
Inline – Aerobic	Rafting	Inline-Skating
Kick-O-Robic	Skyting/Kiteskiing	Kitesurfing
Spinning	Snowbiking	Streetball
Tae – Bo	Wakeboarding	Beach-Volleyball

(Schwier 2003)

Abb. 24:   Differenzierung dreier Kategorien von Trendsportarten

Aufgabe 149:
Welches sind die neuesten Trendsportarten? Führen Sie ein Internetscreening an und überprüfen Sie auf der Grundlage Ihrer Rechercheergebnisse die Abb. 24. Erstellen Sie eine neue, erweiterte Übersicht.

8.3.1   Merkmale von Trendsportarten

Da eine Trendsportart unter Umständen bereits in dem Moment, in dem man sie als solche
definieren kann, so viel ihres Innovationscharakters verloren hat, dass man sie schon gar
nicht mehr als Beispiel innovativer Bewegungspraxis einordnen mag, macht es wenig Sinn,
über die Gültigkeit und Reichweite der Listen von Trendsportarten zu streiten. Schließlich
gibt es viele gute Argumente dafür, aus der Schwier'schen Liste (s.o. Abb. 24) Sportarten
wie z.B. Inline-Skating oder Streetball wieder herauszustreichen und sie unter Umständen
sogar als Beispiele des *konservativen Repertoires* zu klassifizieren. Solche Diskussionen
mögen für Zukunftsforscher oder Werbestrategen von Bedeutung sein, wenn sie versuchen,
den Innovationsgehalt bestimmter Praktiken mit Produkten aus der Wirtschaft und des Kon-
sums in Verbindung zu bringen (siehe *Red Bull Soulwave*). In sportdidaktischer Hinsicht
interessiert etwas anderes. Es geht darum, herauszufinden, welche Kennzeichen und Merkmale für Attraktivität im Sporttreiben garantieren können. Möglicherweise spiegeln sich im
Spektrum der sogenannten Trendsportarten auffällige Merkmale wider, die bei den Anhän-
gern dieser Praktiken die Lust auszulösen vermögen, immer weiter machen und sich in die
bewegungsmäßigen Gesetzlichkeiten bestimmter neuer Sportarten bzw. Trendsportarten
vertiefen zu wollen. Um dieser Frage auf den Grund gehen zu können, bietet sich erneut ein
Blick auf die Arbeiten von Schwier (u.a. 1998a, 10f.; 2000, 81f.) an, der in einigen seiner
Schriften charakteristische Merkmale von Trendsportarten herausgearbeitet hat. Er unterscheidet insgesamt sechs Trends im Feld dieser neuen Bewegungspraktiken, die in unterschiedlichen Gewichtungen und Kombinationen auftreten und auch dabei nicht für jede
Trendsportart in gleicher Weise zutreffen. Trotzdem erlauben sie eine Charakterisierung der
Bewegungsweisen, weshalb sie im Folgenden knapp skizziert und erläutert werden sollen
(vgl. Abb. 25):

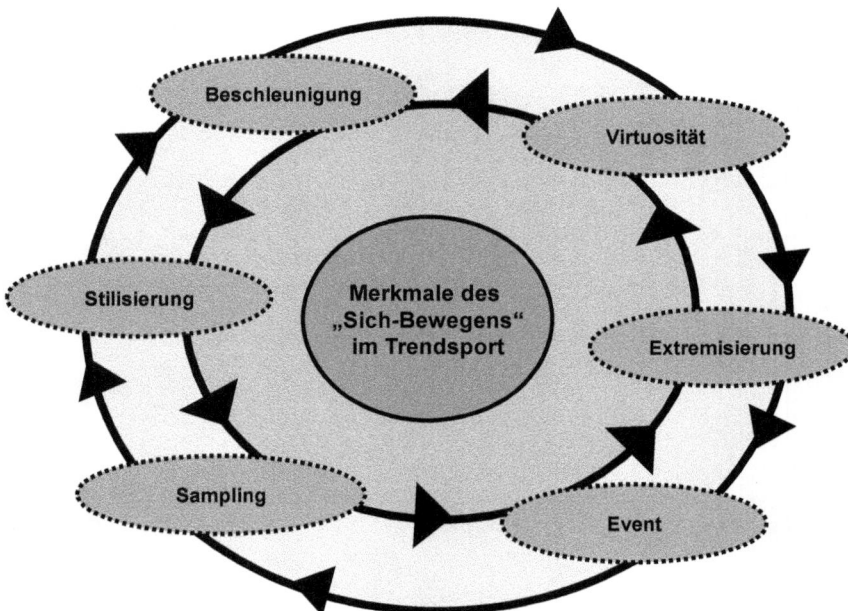

Abb. 25:   Sechs Trends im Feld des Trendsports (in Anlehnung an Schwier 2000)

„Die Menschen der postkapitalistischen, postmaterialistischen, postmodernen Gesellschaft wollen einen Unterschied machen und fordern hierzu Dinge, die einen Unterschied machen. Entscheidend für den Verkaufserfolg ist deshalb: Draw a distinction that makes a diffe-rence!" (Bolz & Bosshart 1995, 193). Sich von anderen unterscheiden zu können, ist offensichtlich ein besonders auffälliges Kennzeichen, das sich im Anderssein und dem Finden eines individuellen Styles äußert. Dabei meint **Stilisierung**, dass die Ausübung von Trendsportarten weit über die motorische Dimension des traditionellen Sporttreibens hinausgeht und als selbstverständliches Element des Lebensstils erscheint und damit alle Bereiche des Alltags und manchmal sogar des Schul- und Berufslebens erfasst. In diesem Sinne gehen beispielsweise Skateboarder nicht in der gleichen Weise zur Halfpipe, um zu skaten, wie Fußballer zum Sportplatz gehen, um Fußball zu spielen, sondern sie führen das Leben von Skatern und zeigen ihren Style auch fernab von der Halfpipe!

Die Tendenz der **Beschleunigung** kann man beispielsweise in vielen der sogenannten Street- und Beach-Varianten der Großen Sportspiele, wie z.B. Streetball oder Beachvolleyball, erkennen. Die Trendvarianten dieser Spiele sind wegen der geringeren Spielerzahl und der kleineren Spielfelder schlichtweg viel schneller als ihre traditionellen Ursprünge im Basketball oder Volleyball, und die Akteure verwickeln sich deshalb in den Trendvarianten viel schneller in die attraktiven und entscheidenden Torszenen als die Spieler, die die klassischen Spiele spielen. Im Fußball wird die Beschleunigungstendenz auch durch das Einbeziehen von Banden und die *fliegenden Wechsel* der Spieler vergrößert, weshalb beispielsweise Hallenfußballturniere hinsichtlich der Spieldynamik oftmals an rasantes Kleinfeld-Eishockey erinnern.

Für die Trendsportarten lässt sich weiterhin ein Bedeutungsanstieg des subjektiven Bewegungserlebnisses und des Bewegungsgefühls ausmachen, der sich im Kennzeichen der sogenannten *Virtuosität* zeigt. Hiermit ist die kreative Auseinandersetzung mit der Bewegungsaufgabe gemeint, die in der Werteskala von Trendsportlern weit vor dem Streben nach sportlichem Erfolg rangiert. Man kann auch sagen, dass in Trendsportarten die traditionelle Hegemonie des binären Sieg-Niederlage-Codes, so wie wir ihn während der Olympischen Spiele und anderer sportlicher Großveranstaltungen eindrucksvoll erleben können, und die damit verbundene rationale Leistungsproduktion stilbildend überschritten wird.

Hinter dem Kennzeichen der *Extremisierung* verbirgt sich die Tendenz, dass sich Trendsportler durchaus in gefährliche Situationen begeben wollen und versuchen, die Grenzen ihrer Leistungsfähigkeit und ihre Risikobereitschaft immer weiter zu stecken. Aus diesem Grund sind Sportarten mit einem gewissen Gefahrenpotenzial wie z.B. Canyoning oder Bungee-Jumping sehr beliebt.

Die Tendenz zum *Event* kann man inzwischen daran erkennen, dass der Sport der Stadien flux auf die Marktplätze und in die Innenstädte verlegt wird. Denn dort werden in einem bunten, freudvollen, durchaus an Karneval erinnernden Ambiente sogar Beachvolleyball- oder Beachsoccer-Turniere ausgetragen.

Das *Sampling* kennen wir ja bereits aus dem Bereich der Pop-Musik, wo aus alten Hits immer wieder neue Songs gemacht werden. Das Sampling ist zugleich auch ein Kennzeichen der Trendsportarten, denn auch dort werden seit Jahren aus klassischen Einzelsportarten neue Sporttrends kombiniert, wie z.B. beim Triathlon, der aus den klassischen Ausdauerdisziplinen Schwimmen, Radfahren und Laufen zusammengesetzt wurde. Darüber hinaus werden aber auch manche Bewegungspraktiken aus ihrem kulturellen Kontext herausgelöst und bei uns auf neue Weise inszeniert, wie das z.B. beim Thai Chi der Fall ist.

Aufgabe 150:
Überprüfen Sie die Einschlägigkeit der sechs Merkmale des Trendsports am Beispiel der neuen Trendsportarten, die Sie im Zuge der Bearbeitung von Aufgabe 149 entdeckt haben.

8.3.2   Wie entstehen und entwickeln sich Trendsportarten?

Obwohl jede Sportart ihre eigene Geschichte hat und verschiedene Praktiken im Feld des innovativen Trendsports in der Zukunft unterschiedliche Entwicklungsverläufe nehmen werden, lassen sich im Entstehungsprozess von Trendsportarten einige Anhaltspunkte herausheben, die auf Regelmäßigkeiten verweisen, und deshalb dabei helfen können, ein Modell zur Entwicklung von Trendsportarten zu entwerfen. Besonders gut gelingt diese Rekonstruktion am Beispiel von Sportarten, deren Entwicklung von Marketingexperten gestützt wurde.

In diesem Sinne haben beispielsweise die Manager der finnischen Firma Exel massiven Anteil an der Ausbreitung des neuen Volkssports *Nordic Walking*. Der Meyer- und Meyer-Verlag aus Aachen wirbt derzeit mit einem Nordic-Walking-Buch in seinem Verlagsprogramm, das den vielsagenden Titel trägt: *„Das Original. Vom Erfinder Marko Kantaneva. Nordic Walking"*. Damit hebt sich das Werk deutlich von der Fülle der Konkurrenzbücher ab und macht neugierig darauf, zu erfahren, wer das Nordic Walking denn nun erfunden hat: Nach eigenen Angaben ist es Marko Kantaneva, der als finnischer Sportstudent sein zwischen 1994 und 1997 betriebenes Sportstudium im Jahre 1997 mit einer Diplomarbeit zum Nordic Walking abgeschlossen und parallel dazu auch schon einige Übungen und Trainingseinheiten zu dieser Sportart ausgedacht und entwickelt hat. Auf der Basis dieser Vorarbeiten verfasste er einen Aufsatz zum Thema für die Mitgliederzeitschrift von *Suomen Latu* (Zentralverband für Freiluftaktivität und sportliche Erholung in Finnland). In diesem Zusammenhang entstand ein Kontakt zu dem Leiter der Produktionsabteilung von Exel, die heutzutage als führender Hersteller von Nordic-Walking-Stöcken gelten. Kantaneva wurde beauftragt, Ideen zur Entwicklung eines speziellen Nordic-Walking-Stocks zu entwerfen, was er in einem ersten Schritt vor allem im Hinblick auf den Stockteller auch tat. Im nächsten Schritt galt es herauszufinden, wie lang die Stöcke sein sollten. Diese Arbeit hat der innovative Finne ganz nebenbei mit seinem Nachbarn im Hof erledigt, und wer jemals eine Diskussion zwischen Walkingexperten über die vermeintlich optimale Stocklänge mitangehört hat, der muss unbedingt die von Kantaneva erzählte Geschichte auf den Seiten 27 bis 29 seines Buches nachlesen. Die Standardlängen wurden einfach aus dem *guten Gefühl* der beiden Männer heraus auf 120, 125 und 130 Zentimeter festgelegt.

Nachdem dann im Spätsommer 1997 der erste Exel-Nordic-Walking-Stock auf den Markt kam, begann die systematische Verbreitung der neu erfundenen Sportart. Kursleiter wurden geschult, Ausbildungsmaterialien wurden erstellt und das notwendige Equipment wurde immer weiter entwickelt und zielgenau vermarktet. Die Zahl der finnischen Nordic Walker stieg von ca. 10.000 (1997) über 280.000 aus dem Jahre 1998 bis auf zuletzt 760.000 Menschen im Jahre 2004! Inzwischen rüsten die großen Discounter wie z.B. Lidl und Aldi die Massen mit Walkingstöcken aus, sodass davon ausgegangen werden kann, dass diese Sportart bald so weit verbreitet und akzeptiert sein wird, dass ihr Charakter als Trendsportart immer mehr in den Hintergrund rückt.

Aufgabe 151:
Handelt es sich beim Nordic Walking immer noch um eine Trendsportart? Erörtern Sie diese Frage im Lichte des hier dargebotenen Hintergrundwissens.

8.3.3 Ein idealtypisches Entwicklungsmuster von Trendsportarten

Die Entwicklung des Nordic Walking spiegelt sich im Modell von Lamprecht und Stamm (1998, 370ff.) prägnant wider. Die beiden Schweizer Sportsoziologen arbeiteten auf der Grundlage der Innovations- und Produktlebenszyklen ein idealtypisches Entwicklungsmuster von Trendsportarten heraus, indem sie die Trendsportarten mit marktwirtschaftlichen Produkten und Branchen gleichsetzten. Sie systematisieren und erklären nämlich den Entwicklungsverlauf von neuen Bewegungsformen auf die gleiche Weise, wie es Wirtschaftswissenschaftler mit neuen Produkten tun. Sport- bzw. Trendsport wird von den beiden Schweizern deshalb als Ware verstanden, die im Zuge ihrer Entwicklung fünf verschiedene, zeitlich begrenzte Phasen durchläuft (vgl. Abb. 26). Vor diesem Hintergrund gelangen Lamprecht und Stamm (1998, 370) denn auch zur folgenden Charakterisierung:

„Trendsportarten sind dadurch gekennzeichnet, dass sie nicht nur neue Bewegungsformen mit neuen Sportgeräten kreieren, sondern auch ein Sportverständnis propagieren, das teilweise quer zum traditionellen Sportbegriff steht. Statt Leistung wird Spaß proklamiert, an die Stelle der Vereine und Verbände tritt die informelle Gruppe, die Sprache ist Englisch und das Medienecho gewaltig"

	Phase 1 Invention	Phase 2 Innovation	Phase 3 Entfaltung und Wachstum	Phase 4 Reife und Diffusion	Phase 5 Sättigung
Kennzeichen	Geburtsstunde; Erfindung	Entwicklung; Verbesserungen am Sportgerät	Aufbruch, Durchbruch; Trend als Absetz- und Gegenbewegung Exklusivität	Trend wird Allgemeingut; Institutionalisierung und Differenzierung	Von der Trendsportart zur etablierten „Normalsportart" interne Differenzierung und Spezialisierung
Träger	Einzelpersonen; „Pioniere", „Freaks"	Kleingruppen, Tüftler; „Bewegungsfreaks"	(Jugendliche) Subkulturen, Lebensstilgruppen	Regelmäßige Sportler	Alle (spezifische Adaptation für verschiedene Benutzer- gruppen)
Beachtungs- grad	Äußerst gering; auf Geburtsstätte begrenzt	Auf lokale Zentren begrenzt; Geringschätzung durch etablierte Sportwelt	Konfrontation mit etabliertem Sportwelt; spez. Kommuni- kationsmittel (Szenemagazine); erstmalige Aufmerksamkeit der Massenmedien	Starke Verbreitung; hohes Medieninteresse (auch außerhalb der Sportberichterstattung)	Interesse im Rahmen der „normalen" Sportbericht- erstattung
Kommerziali- sierung	Unikate, Einzelanfertigungen	Kleine, lokal begrenzte Serienproduktion Marktnischen	Entstehung spezifischer Märkte	Produktion von Massenartikeln; Spezialisierung, breite Palette von Anbietern	Hoch, fester Bestandteil des Sportmarkts; Konzentrierung der Marktkräfte
Organisa- tionsgrad	Unorganisiert	Gering; lokal begrenzte Kleingruppen	Informelle Gruppen, erste wenig formelle Organisationen	Entstehung formeller Organisationen; Integration in Lehrpläne und Dachorganisa- tionen	Vollwertiger Bestandteil der etablierten Sportorganisationen
Bedingungen für den Übertritt in die nächste Phase	Gute Idee, Herausforderung	Einpassung in bestehende Infrastruktur; Kultpotential; interessante Bewegungsform	Verwertungsinteresse; Marktchancen; relativ einfaches Erlernen der Bewegungsform	Potential zur internen Differenzierung und Spezialisierung	

Abb. 26:   Phasen der Entwicklung von Trendsportarten (Lamprecht & Stamm 1998, 374)

Aufgabe 152:
Wenden Sie das Modell zur Entwicklung von Trendsportarten (Abb. 26) an und übertragen es auf eine Trendsportart Ihrer Wahl.

8.4   Welchen Sport treiben wir in der Zukunft?

Auch wenn wir Zusammenhänge zwischen gesellschaftlichen Megatrends und ihren Auswirkungen auf das Feld des Sporttreibens und *Sich-Bewegens* erkennen mögen und obwohl wir wenigstens annäherungsweise bestimmen können, was Trendsportarten sind, welche Merkmale Trendsportarten kennzeichnen und wie Trendsportarten entstehen und wie sie sich entwickeln, so bleibt eine überaus spannende Frage trotz dieses beachtlichen Wissens noch unbeantwortet: *„Wie genau sieht der Sport der Zukunft aus?"* Antworten auf diese Frage mag man im Feld der Zukunfts- und Trendforschung finden, deren Programm und Methodik durchaus als innovativ und kreativ bezeichnet wird, die aber nicht immer nach wissenschaftlichen Maßstäben betrieben und bemessen werden kann. Schwier (1998a, 8) relativiert denn auch das Vorgehen des führenden Trendforschers Matthias Horx folgendermaßen:

> „Das von Horx (1993 und 1997) formulierte Programm der Trendforschung lässt sich eben allein mit wissenschaftlichen Mitteln gar nicht einlösen. Darüber hinaus kann festgestellt werden, dass jede Form von Prognostik, die den logischen Raum verlässt und sich lebensweltlichen Inhalten zuwendet, philosophisch fragwürdig und nach strengen wissenschaftlichen Kriterien immer angreifbar bleibt. Pädagogische, soziologische und sportwissenschaftliche Untersuchungen, die trotzdem Voraussagen über die Zukunft machen wollen, greifen in einer solchen methodologisch prekären Lage immer wieder von Horx proklamierte Trends auf und versuchen diese mit passenden Theorien zu unterfüttern."

Mit diesen Problemen muss sich auch Christian Wopp (2006) auseinandersetzen, der jüngst ein imposantes Buch zur Trendforschung im Sport vorgelegt hat und dort nach 500 Seiten akribisch aufgearbeiteter Wissens- und Forschungsgrundlagen der Trend- und Zukunftswissenschaften auch zu einer halbseitigen Prognose zum Sport der Zukunft gelangt. Unter der Überschrift *„Welchen Sport treiben wir morgen?"* wird zwar zunächst noch relativierend auf die gegebenen Schwierigkeiten verwiesen, die sämtlichen Vorhersagen im Wege stehen, um dann doch noch zu einer Prognose zu kommen, der er trotz aller methodischer Bedenken eine hohe Wahrscheinlichkeit einräumt:

> „Auch wenn die einzelnen Praxisformen nicht genau vorhergesagt werden können, so zeichnen sich Entwicklungskorridore ab, innerhalb derer die meisten Menschen aktiv sein werden. Angesichts des demografischen Wandels werden die meisten Aktivitäten innerhalb der großen Themenfelder Gesundheit, Fitness, Ausdauer oder Wellness liegen. Männer und Frauen werden gleichermaßen aktiv sein und dabei versuchen, Prozesse des Alterns mithilfe von Sportgeräten heraus zu zögern, die leicht zu bedienen und ästhetisch anspruchsvoll gestaltet sind. Auch wenn zukünftig Selbstlernprozesse ebenso wie die Betonung der Individualität beim sportlichen Handeln im Mittelpunkt stehen, werden sich die Sportvereine als zahlenmäßig größter Sportanbieter behaupten. Denn angesichts sinkender realer Einkommen und nachlassender staatlicher Unterstützung werden kostengünstige Organisationsformen mit ehrenamtlichem Enga-

gement zunehmend wichtiger. Der Sport wird voraussichtlich mehr noch als heute in der unmittelbaren Wohnumgebung ausgeübt und zu den Selbstverständlichkeiten des Alltags gehören" (Wopp 2006, 498).

Aufgabe 153:
Überprüfen Sie die Aussagen von Wopp zur Zukunft des Sports am Beispiel aktueller Entwicklungen innerhalb der Sportlandschaft. Erörtern Sie die Treffgenauigkeit seiner Prognosen und belegen Sie Ihre Einschätzungen mit aktuellen Beispielen.

8.4.1 Sportpädagogische Herausforderungen und Perspektiven

Die verschiedenen Ordnungsversuche und Kennzeichensysteme von Trendsportarten und die Prognosen der Trend- bzw. Zukunftsforschung deuten zunächst einmal auf das Vorhandensein dynamischer Veränderungen hin, die alle gesellschaftlichen Teilbereiche und somit auch den Sport erfassen. Die für sportpädagogisches Denken und Handeln entscheidende Frage nach den schulischen Herausforderungen und Konsequenzen dieser gesellschaftlichen und jugendkulturellen Wandlungsprozesse bedarf weitergehender Überlegungen, in denen die Probleme, Ziele und Entwicklungstendenzen des schulischen Sportunterrichts einbezogen werden müssen. Dort bemerkt man seit Jahren eine Ausdifferenzierung des Inhaltsspektrums, das manche Kollegen in Sorge versetzt, weil möglicherweise der inhaltliche Kern des Faches verloren zu gehen droht (vgl. Aschebrock 2001).

Die klare und übersichtliche Orientierung an wenigen traditionellen Sportarten und den dazugehörigen sachlogischen Vermittlungskonzeptionen gehört längst der Vergangenheit an. An ihrer Stelle haben Grundthemen des Bewegens und Bewegungsfelder sowie erfahrungsoffene Vermittlungskonzeptionen das Inhalts- und Methodenspektrum des Sportunterrichts derart ausgeweitet, dass gegenwärtig niemand so recht in der Lage ist, unmissverständlich festzuhalten, was denn nun die wirklichen Bildungsstandards und Basiskompetenzen sind, die im Sportunterricht zum Thema für alle Kinder und Jugendlichen gemacht werden sollen. Möglicherweise hilft auch in diesem Zusammenhang eine Prognose aus dem Feld der sportbezogenen Zukunftsforschung. Hier gibt wiederum Christian Wopp (2006) eine ebenso nüchterne wie unmissverständliche Vorhersage für den Sportunterricht der Zukunft ab:

> „Da die Schüler ihre Bewegungserfahrung und ihr Bewegungskönnen mit in den Unterricht einbringen, übernehmen Schüler auch die Rolle der Lehrenden. Lehrer sind in erster Linie Lernbegleiter in Form von Chaospiloten (Berufsbezeichnung in Dänemark), die den Schülern beim Navigieren durch das Leben behilflich sind. Die Lehrer ermutigen die lehrenden Schüler, ihre schon vorhandenen Qualifikationen durch die Teilnahme an Lehrgängen von Sportverbänden zur Übungsleiterfortbildung zu vertiefen" (Wopp 2006, 496).

Auch in dieser Frage versteht es der Autor, eine knappe, aber griffige Prognose auf einer halben Seite seines Buches unterzubringen. Dabei fallen die prägnanten Schlusssätze seiner Vorausschau besonders auf, weil sie sich auf die Rolle der Lehrenden und die der Schüler beziehen. Vielleicht mag man diese Ausführungen als Gedankenanstoß für die Entwicklung zukunftsfähiger Schul- und Unterrichtsmodelle gebrauchen können. Wie dem auch sei, auf jeden Fall dient diese Skizze als Einstieg in die Diskussion der Frage, was man in der Pädagogik als fortschrittlich und zukunftsfähig anzusehen hat. Möglicherweise ist das etwas völlig anderes als das, was Experten für den Sport als zukunftsweisend einstufen.

Aufgabe 154:
Überprüfen Sie die Aussagen von Wopp zur Zukunft des Schulsports am Beispiel aktueller Entwicklungen innerhalb der Schulsportentwicklung. Erörtern Sie die Treffgenauigkeit seiner Prognosen und belegen Sie Ihre Einschätzungen mit aktuellen Beispielen.

8.4.2   Differenzen zwischen Sport und Pädagogik

Angesichts der gegebenen Attraktivität sportiver Trends muss man sich sowohl als Sportler wie auch als Pädagoge fragen, wo denn die Trends im eigenen Feld liegen und ob und wie man ihnen zu folgen vermag. Dabei gilt es in der Sportpädagogik kritisch abzuwägen, ob man wirklich jedem vermeintlichen Trend hinterherlaufen will oder ob man zu manchen Trends vielleicht nicht auch ein Gegengewicht bilden muss. Diese Bereitschaft setzt allerdings voraus, dass wir als Sportlehrer wissen, was wir wollen, und dass wir nicht alles, was gerade modern ist, gutgläubig für unseren Sportunterricht übernehmen. Es gilt also herauszufinden und abzustimmen, welche Inhalte und Themen in den Vereinen, im Fitnessstudio, auf der Straße oder eben in der Schule behandelt, konsumiert, geklärt und vertieft werden sollen.

Im Zuge solcher Abstimmungsprozesse ist es durchaus möglich, dass Sportlehrer erkennen müssen, dass die Trendsetter im Feld der Freizeit und des Sporttreibens in ganz andere Richtungen verlaufen als die der Pädagogik. Folglich erwächst für Sportpädagogen die Verantwortung, dass sie das Spektrum der Bewegungsangebote und -möglichkeiten sowie die dahinter stehenden Interessen und Strategien erkennen und verstehen lernen müssen. Schließlich sollen sie entscheiden, ob, welche und wie sie neue Inhalte und bestimmte Trends in ihrem Unterricht thematisieren bzw. zu welchen Trends sie lieber Gegenbewegungen in Gang setzen wollen. An dieser Stelle wird letztlich auch die Erziehungsfunktion des Sportunterrichts sichtbar, denn es bleibt zu hoffen, dass es gelingen kann, die Schülerinnen und Schüler durch den Sportunterricht in die Lage zu versetzen bzw. mindestens dazu beizutragen, dass sie sich irgendwann einmal kritisch und zugleich konstruktiv mit den Trends im Sport auseinandersetzen können und für sich persönlich stimmige und erfüllende Wege im Umgang mit den Möglichkeiten und Angeboten im Feld des Sporttreibens und *Sich-Bewegens* finden können. Im Sinne eines erziehenden Verständnisses von Sportunterricht gilt es einerseits, die reizvollen und innovativen Potenziale sportiver Trends für sich entdecken und erschließen zu lernen. Andererseits geht es aber auch immer zugleich darum, eine kritische Distanz zu allen Angeboten einnehmen zu können, damit man nicht Gefahr läuft, jedem Trend und den sich dahinter verbergenden Interessen blind hinterherzulaufen.

8.4.3   Ambivalenz des Fortschrittdenkens

Da das Fortschrittdenken im Sport nicht mit dem in der Pädagogik deckungsgleich ist, kann es für den zeitgemäßen Sportunterricht letztlich nicht ausreichen, einfach nur Trendsportarten in die Schule hineinholen und dort zum Pflichtprogramm machen zu wollen. Trotzdem kann man auch für den Sportunterricht nur wünschen, dass er den Spuren des Zeitgeistes zu folgen vermag und dass die verantwortlichen Sportlehrer hinsichtlich der Inhalts-, Konzept-

und Methodenauswahl *die Nase stets im Wind haben*, um innovativen und zugleich bildsamen Sportunterricht verantworten zu können. Damit sind die Herausforderungen für die Sportpädagogik angesprochen, denn zu diesen Fragen bestehen seit geraumer Zeit Erklärungsnöte. Die Diskussion fachdidaktischer Konzepte ist nach den Habilitationsschriften von Schierz (1997) und Elflein (2007) scheinbar zu Ende gegangen, und fachdidaktisch fundierte Methodendiskussionen werden seit langem nicht mehr gepflegt bzw. reduzieren sich auf die Verwaltung konzeptioneller Versatzstücke (vgl. Laging 2000). Folglich wird auch im Zusammenhang mit der Diskussion um die Schulrelevanz des Trendsports vieles einfach nur an der Inhaltsfrage festgemacht.

Aufgabe 155:
Inwiefern steht der Bildungs- und Erziehungsauftrag des schulischen Sportunterrichts den Zielen des Trendsports entgegen? Erörtern Sie diese Frage im Lichte Ihres Bildungs- und Erziehungsverständnisses sowie vor dem Hintergrund der hier dargelegten Strukturen des Trendsports.

8.4.4   Herausforderung für die Sportpädagogik

Die Frage, ob neue Bewegungsfelder bzw. Trendsportarten zum Thema des Schulsports gemacht werden sollen, ist in der sportpädagogischen Diskussion hoch aktuell. Balz (1995, 35) attestierte dem Schulsport bis zum Beginn der 1990er Jahre, dass dieser – vor allem in der Sekundarstufe I – in einem *weitgehend festgeschriebenen Sportartenkanon* beschränkt ist, wodurch eine Differenz zur aktuellen Bewegungs-, Spiel- und Sportkultur besteht. Demnach besteht seit langem Reformbedarf (vgl. auch Schwier 2000), worauf auch die jüngste Schulsportuntersuchung aussagekräftige Hinweise erlaubt. Die im Rahmen der sogenannten SPRINT-Studie des Deutschen Sportbundes durchgeführte Analyse der Lehrpläne aller 16 Bundesländer belegt nämlich immer noch eine gewisse Orientierungslosigkeit im Hinblick auf die Inhaltsdimension des Sportunterrichts. Die Schule scheint immer noch fernab der bewegungskulturellen Wirklichkeit von Kindern und Jugendlichen stattzufinden, was von Krick & Prohl (2005) im Zuge ihrer Lehrplanstudie empirisch bestätigt wird:

> „Während in den Lehrplänen, die vor 1992 in Kraft getreten sind, durchschnittlich zwölf Sportarten benannt werden, sind es in den ab diesem Zeitpunkt gültigen Lehrplanwerken durchschnittlich bereits mehr als sechzehn, mit der Tendenz zunehmend auch sogenannte ‚Trendsportarten' zu berücksichtigen. Eine grundlegende Veränderung der Lehrplaninhalte im Sinne einer Erweiterung des Spektrums und einer Anpassung an die bestehende Sport-, Spiel- und Bewegungskultur hat sich schließlich mit der neuen bewegungsfeldorientierten Lehrplangeneration seit der Jahrtausendwende vollzogen."

8.5   Forderung nach neuen Inhalten

Passend zu dieser Bestandsaufnahme forderten bereits vor mehr als 10 Jahren die Bielefelder Sportpädagogen Balz, Brinkhoff und Wegner (1994) in ihrem Basisbeitrag zum Themenheft der Zeitschrift Sportpädagogik: *„Neue Sportarten in die Schule!"* Die Autoren geben ein Plädoyer dafür ab, dass sich der Schulsport den aktuellen Entwicklungen im Freizeitsport öffnen muss, zumal sich Kindheit und Jugend spür- und sichtbar verändert haben, was ihrer Auffassung nach noch bis Anfang der neunziger Jahre des vergangenen Jahrhunderts keinen Niederschlag im Inhaltsspektrum des Sportunterrichts gefunden hat:

> „Gerade die neuen freizeitsportlichen Interessen sind allerdings im Kanon der typischen Schulsportarten überhaupt noch nicht berücksichtigt. Zwischen den Aktivitäten im Freizeitsport und denen im Schulsport können sich somit nachhaltige Differenzen auftun" (Balz, Brinkhoff & Wegner 1994, 17).

Aufgrund dieser defizitären Situation fordern die Autoren vor dem Hintergrund eines soziologisch gefärbten Problemhorizonts konsequenterweise auch entsprechend neue fachdidaktische Akzente ein, deren Defizit sie mithilfe einer metaphorischen Formel auf den Punkt bringen (1994, 17):

> „Dies trifft beispielsweise zu, wenn Neunjährige morgens Häschenhüpfsprünge turnen und nachmittags mit dem Skateboard und Hip-Hop-Musik in die Halfpipe steigen, wenn Dreizehnjährige im Sportunterricht weitspringen und am Wochenende mit ihresgleichen im ‚ultimativen Outfit' Baseball spielen oder Mountainbike fahren, wenn Achtzehnjährige in der Schule die Feinform des Volleyballaufschlags lernen und abends im Squashcenter (an der Vitaminbar) oder im Fitnessstudio (an der ‚Eisernen Jungfrau') aktiv sind" (Balz, Brinkhoff & Wegner 1994, 17).

Aufgabe 156:
Lassen sich Hinweise und Belege finden, die deutlich machen, dass auch die neuere Lehrplanentwicklung der Forderung nach neuen Inhalten für den Schulsport Rechnung trägt? Fertigen Sie zu dieser Frage eine ausführliche Stellungnahme an. Beziehen Sie sich dabei explizit auf den gültigen Lehr- bzw. Bildungsplan.

8.5.1   Inhaltsauswahl: Innovativ oder konservativ?

Die Frage, ob neue Inhalte zum Thema von Sportunterricht gemacht werden sollen, ist mindestens ebenso alt wie der Sportunterricht selbst. Es geht dabei um das Problem, wie sich pädagogische Innovation und erziehlicher Konservativismus gegeneinander auspendeln. Innovativ wäre es beispielsweise, wenn es gelänge, Inhalte aus dem Feld der freizeitsportlichen Interessen von Kindern und Jugendlichen auch zum Thema des Sportunterrichts zu machen. Konservativ wäre es demgegenüber, solche Versuche von vornherein ins pädagogische Abseits zu verbannen. Wie bei jedem *Auspendeln* bzw. Ausgleichen zweier sich gegenüberstehender Pole und Positionen hat sich auch dieses Problem während der zurückliegenden Jahrzehnte als ein geduldig auszuhaltender Prozess dargestellt, in dem es bis in die siebziger Jahre des vergangenen Jahrhunderts hinein nur vergleichsweise wenige Veränderungen und Reformen gab. Diese Situation hat sich allerdings während der zurückliegenden zwei Jahrzehnte rasant zugunsten innovativer pädagogischer Herangehensweisen verändert, weshalb seither viele *bunte* Formen aus dem Feld der jugendkulturellen Bewegungspraxis, wie z.B. Trend-, Fun- oder Risikosportarten, in den Relevanzbereich der sportpädagogischen Diskussion eindringen (vgl. u.a. Schwier 1998a, b, 2000). Dabei weckt vor allem das im informellen Sport von Kindern und Jugendlichen beobachtbare Engagement und die ausgesprochene Bewegungslust der Kinder das Interesse von Sportpädagogen (vgl. Ehni 1998, Wopp 1999, Lange 2002).

8.5.2 Wie beweglich ist das Schulsystem?

Im Verlauf der Sportgeschichte lassen sich deshalb auch zahlreiche Beispiele finden, die zeigen, dass es zu jeder Zeit gelungen ist, neue Inhalte und Themen für den Turn- bzw. Sportunterricht zu gewinnen. Weiterhin ist auffällig, dass die neuen Themen in der Regel nicht reibungslos integriert werden konnten, sondern sich erst gegen hartnäckige Widerstände und im Zuge lang andauernder Debatten etablieren konnten. Dabei lassen sich die jeweiligen Argumente in der Regel zwei polar gegenüberstehenden Positionen zuordnen: Auf der einen Seite stehen Beispiele aus dem Feld innovativer Bewegungskulturen. Und demgegenüber positionieren sich Vertreter einer traditionell-konservativen Linie, die den Status quo des Sportunterrichts bewahren möchten und hinter neuen Inhalten zumeist die Gefahr einer Verwässerung ausmachen und sie deshalb durchaus ängstlich ablehnen. Jürgen Schwier (2000, 383) bestätigt diese Gleichzeitigkeit von Innovation und Konservativismus und weist darüber hinaus an dieser Stelle auf die statische und in gewisser Hinsicht sogar destruktive Funktion des Schulsystems hin:

> „Die einsetzende Popularisierung innovativer Bewegungsformen und deren gleichzeitige Ablehnung durch die Pädagogen treten im Feld des Sports wohl zumeist gemeinsam auf, und letztlich kann das gesamte Schulsystem im Prozess bewegungskulturellen Wandels den statischen Kräften zugerechnet werden."

Die Eckpunkte dieser Diskussion lassen sich im Nachhinein am Beispiel einer Sportart klären, die vor 110 Jahren als neue Bewegungs- bzw. Spielform nach Deutschland importiert wurde und heute als selbstverständlicher Bestandteil unserer Sport- und Bewegungskultur gilt.

8.5.3 Vor 110 Jahren: Fußball als Trendsport?

Das Fußballspiel war um die Wende zwischen dem 19. und 20. Jahrhundert in Deutschland noch relativ unbekannt und dementsprechend weit entfernt von einer möglichen Thematisierung in der Schule. Beim sogenannten *Football* handelte es sich um eine Erfindung der Engländer, und die wurde vor mehr als 120 Jahren von Seeleuten und Studierenden nach Deutschland *eingeschmuggelt* (vgl. hierzu u.a. Broschkowski & Schneider 2005). In den Hafenstädten Bremen oder Hamburg führten denn auch Seemänner diesen – wie man heute sagen würde – neuen Trendsport zunächst dem staunenden und dann mitspielenden Publikum vor. Englische Studenten brachten das Spiel in die deutschen Universitätsstädte, z.B. nach Stuttgart. Broschkowski und Schneider (2005) berichten in diesem Zusammenhang von Spielen auf improvisierten Spielplätzen, von der aufkeimenden Begeisterung bei den Zuschauern, von der Erfindung der Regeln und der damit verbundenen Schiedsrichterproblematik. Trotz aller Euphorie formierte sich gerade in dieser Anfangszeit eine hartnäckige Kritik und Opposition gegenüber diesem neuen Spiel. In konservativen Kreisen wurde das Fußballspiel als *Fußlümmelei* oder *englische Krankheit* stigmatisiert, während es aus der sozialdemokratischen Richtung als *bürgerliche Bauernfängerei* abgetan wurde (vgl. Broschkowski & Schneider 2005).

So veröffentlichte beispielsweise der Stuttgarter Gymnasialprofessor Karl Planck im Geiste der turnerischen, konservativen Kritik im Jahre 1898 ein Pamphlet, in dem er den Begriff der *Fußlümmelei* prägte (vgl. als Reprint: Planck 1982). Der schwäbische Gymnasiallehrer findet dort noch weitaus härtere Worte: Das Fußballspiel ist nämlich seiner Auffassung nach ein *englischer Aftersport*, den er als menschenunwürdig einstuft. Seine Argumentation baut dabei bezeichnenderweise auf Bewegungsbeobachtungen und -analysen: „*Das Einsinken des Standbeins ins Knie, die Wölbung des Schnitzbuckels, das tierische Vorstrecken des Kinns erniedrigt den Menschen zum Affen.*" Die Anforderungen, Bewegungsweisen und Regeln dieses Spiels passten überhaupt nicht zum Formdenken und Ordnungsrahmen des damals etablierten Turnens. Und dieses traditionelle Turnen in seinen kontrollier- und exerzierbaren Möglichkeiten für die Körperertüchtigung war für Kritiker wie Planck etwas typisch Deutsches, das es unter anderem gegen die Konkurrenz derart sportiver *Trends* zu bewahren galt. Schließlich wurden im Fußball der damaligen Zeit ganz andere Bewegungsqualitäten und Anforderungen transportiert. Dort ging und geht es um einen durchaus engagierten, zuweilen wilden und über weite Strecken überhaupt nicht zu kontrollierenden Kampf um den Ball.

Letztlich spiegelt sich in Plancks Kritik am wilden, ungeordneten und methodisch freien Fußballspiel vor allem die Abneigung gegenüber der fehlenden Methodisierung wider. In der Tradition des Turn- und Sportunterrichts war es bislang überaus üblich, Inhalte zu verschulen. Zwischen der Sache und dem Schüler wurde also immer ein Ordnungsrahmen bzw. eine Methode zwischengeschaltet. Mit Blick auf das lustvolle Treiben auf den Fußballplätzen mögen deshalb bei dem schwäbischen Gymnasiallehrer Planck Zweifel an den Verschulungsmöglichkeiten des Fußballs aufgekommen sein. In der aktuellen sportdidaktischen Diskussion hat sich das Blatt in dieser Sache ein Stück weit gewendet, denn heute wird die Verschulung als Problem erkannt.

8.5.4   Zum Problem der Verschulung

Wer Skateboards in die Turnhalle, Streetball auf die Schulhöfe oder Hip-Hop-Rhythmen in die Schulaula holt, der läuft immer auch Gefahr, Inhalte jugendkultureller Bewegungspraxis in den tradierten Bahnen unserer Schulsportkonzepte zu vermethodisieren. Mit Blick auf das Inhaltsspektrum des Sports sieht auch Volkamer (2003, 41) eine Differenz zwischen dem Sport, den Kinder in ihrer Freizeit nachgehen, und dem, den sie im Sportunterricht betreiben.

> „Schule ist eine pädagogische Veranstaltung, in der Schüler mit Lernstoffen konfrontiert werden, die sie selbst nicht ausgesucht haben. Vielleicht würden sie, wenn sie die Entscheidungsmöglichkeit hätten, manches von dem, was die Schule anbietet und fordert, auch von sich aus wählen. Das ist aber für die Schule prinzipiell unwichtig und allenfalls im Hinblick auf die Motivation der Schüler interessant" (Volkamer 2003, 41).

In diesem Sinne darf getrost davon ausgegangen werden, dass sich alle Inhaltsfelder wesentlich verändern, wenn sie aus den Vereins-, Freizeit- oder informellen Lebenswelten der Kinder und Jugendlichen heraus- und als pädagogische Pflichtveranstaltungen in die Schule hineingeholt werden.

Volkamer hatte das Problem der Vermethodisierung bereits vor knapp drei Jahrzehnten zum Thema gemacht. Also zu einer Zeit, in der der Kanon tradierter Schulsportarten vergleichsweise unhinterfragt die Lehrplanwerke und sportdidaktischen Entwürfe prägte. Die im Zuge seiner Kritik angesprochene Trennung zwischen Schüler und Sache muss auch heute noch kritisiert werden und gewinnt angesichts der aktuellen Situation des schulischen Sportunterrichts und der offensichtlich bestehenden Differenzen zu den jugendkulturell gefärbten Bewegungsszenen und -praktiken ganz besonders scharfe Konturen.

„Eine falsch verstandene Methodisierung des Sportunterrichts führt zu einer Verfälschung des Sports und nimmt dem Schüler eine Möglichkeit der ungebrochenen Selbsterfahrung im physischen wie auch im psychischen Bereich. [...] Schüler und Sache werden auseinander genommen und die Methode wird zwischengeschaltet; der Unterrichtsgegenstand wird versachlicht, verschult die Unmittelbarkeit und damit auch die Emotionalität bleibt unberücksichtigt, und die Schüler werden möglicherweise auf ein Ziel hin manipuliert, mit dem sie sich nicht identifizieren." (Volkamer 1979, 19).

Was Volkamer einst auf die Verfälschung des Sports hin ausgelegt hat, wird von Michael Kolb zwei Jahrzehnte später im Hinblick auf die unangemessene Verschulung des Streetballs erneut thematisiert:

„Versucht man, Streetball in die Schule zu verpflanzen, so verliert es seine wesentlichen Entwicklungsfunktionen und -potenzen sowie seine Anziehungskraft für Jugendliche. Ein Import des Streetballspiels in den schulischen Sportunterricht würde unvermeidlich zu einer Verschulung bzw. Kolonialisierung dieser jugendkulturellen Lebenswelt führen und die beschriebenen Charakteristika und das besondere Straßenmilieu des Spiels zerstören" (Kolb 1996, 420).

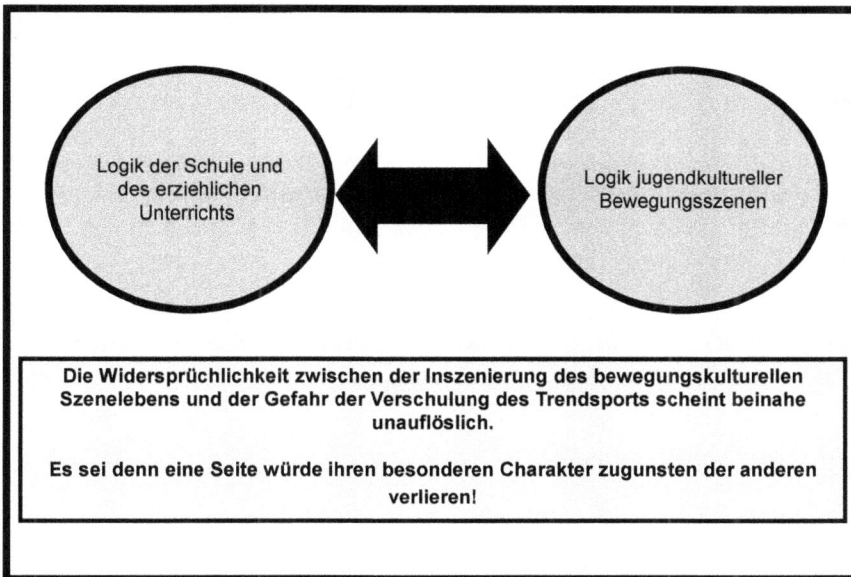

Abb. 27:   Auflösung des Verschulungsproblems?

8.6   Trendsport lehren und lernen

Es steht wohl kaum außer Frage, dass sich die Sportpädagogik den neuen Entwicklungen im Feld des Sporttreibens öffnen muss und den Schülern Wege, Entscheidungshilfen und Alternativen zu den Feldern der komplexer werdenden Sport- und Bewegungspraxis aufzeigen soll. Wie das letztlich zu geschehen hat, d.h., wie Lehrer Trendsportarten lehren und Schüler sie im Kontext von Schule und Unterricht lernen sollen, berührt die Frage nach einer angemessenen Vermittlung. Trotz aller bestehender Schwierigkeiten (z.B. Problem der Vermethodisierung) wurden zu dieser Frage während der zurückliegenden Jahre zahlreiche Vorschläge gemacht (vgl. u.a. Ohlert 1998; Köppe & Schwier 2001; Balz 2001), die in dieser Hinsicht allerdings viele Fragen offen ließen. Deshalb lohnt es sich, die Frage nach der Vermittlung von Trendsport aufzugreifen und in handhabbare Konsequenzen zu überführen.

8.6.1 Gebräuchliche Orientierungen der Vermittlung

Das Spektrum der in der Literatur vorgeschlagenen Konsequenzen für die Vermittlung fällt mindestens ebenso breit aus wie die Grenzverläufe der Unterrichts- bzw. Lehrmethodik, die seit Jahrzehnten zu den traditionellen Inhalten des Sportunterrichts vorliegen. So orientieren sich beispielsweise Neumann & Kittsteiner und Laßleben (2004, 15ff.) bei der Vermittlung des Werfens und Fangens von Frisbeescheiben ganz klassisch an Beschreibungen von Bewegungen, Fehlerbildern und Korrekturhinweisen, wie sie an der Außensicht-orientierten Bewegungslehre der siebziger Jahre des vergangenen Jahrhunderts gebräuchlich waren, während Meyer, Schönberg & Wopp (2000, 35) sämtliche Eingriffe von Erwachsenen in den Prozess des informellen Sporttreibens sogar für *völlig unsinnig* halten und damit einen Gegenpol zu der sachlogisch ausgerichteten Vermittlungsstrategie markieren.

An dieser Stelle taucht erneut das Problem der Verschulung auf, denn offensichtlich besteht die Tendenz, dass neue Sportarten parallel zu ihrer Vereinnahmung im Kanon des schulischen Sportunterrichts durch das Zwischenschalten bewährter Unterrichtsmethodik verändert werden. Solche Vorwürfe treffen zunächst fast alle praxisnahen Veröffentlichungen aus diesem Bereich. So kritisiert beispielsweise Peter Neumann (2004, 46) das von Köppe & Schwier (2001) herausgegebene Buch zum Thema „*Grundschulsport und Neue Sportarten*", indem er es in ein kritikwürdiges Spannungsfeld einordnet, das sich zwischen den beiden Polen *unkritische Verschulung des Trendsports* und *didaktische Vortäuschung des Szenelebens im Sportunterricht* bewegt. Folglich bleibt auch zu diesem Buch der *Evergreen* aller Kritik an der Inhaltsauswahl für den Schulsport nicht aus. In den Worten Neumanns (2004, 46): „*Ohne Antwort bleibt allerdings die Frage, welche neuen Sportarten für den Grundschulsport pädagogisch verantwortbar sind und welche nicht.*"

8.6.2 Pragmatische Versuche

Die Bielefelder Sportpädagogen Balz, Brinkhoff & Wegner (1994, 17f.) verstehen *neue Sportarten* im didaktischen Licht der sechs Sinnperspektiven von Kurz (1990) und ordnen die Trendsportarten in ein bekanntes, bewährtes und vor allem überaus pragmatisches Schema der so benannten *Mehrperspektivität* ein. Ihrer Ansicht nach zeichnen sich die neuen Sportarten durch eine Aktualisierung und Übersteigerung der Sinnperspektiven Gesundheit, Miteinander, Leistung, Ausdruck, Eindruck und Spannung aus. Deshalb brauchen lediglich die bewährten Begrifflichkeiten des Kurz'schen Konzepts ersetzt werden, denn auch die Trendsportarten lassen sich allesamt mehr oder weniger schnörkellos in das Korsett von sechs Gruppen einordnen (vgl. auch Balz 1995):

Fitness-
sportarten

Meditative
Bewegungs-
kulturen

Risiko-
sportarten

Folie der sechs Sinnperspektiven
nach Kurz (1990)

Expressive
Sportarten

Team-
sportarten

Gleichgewichts-
sportarten

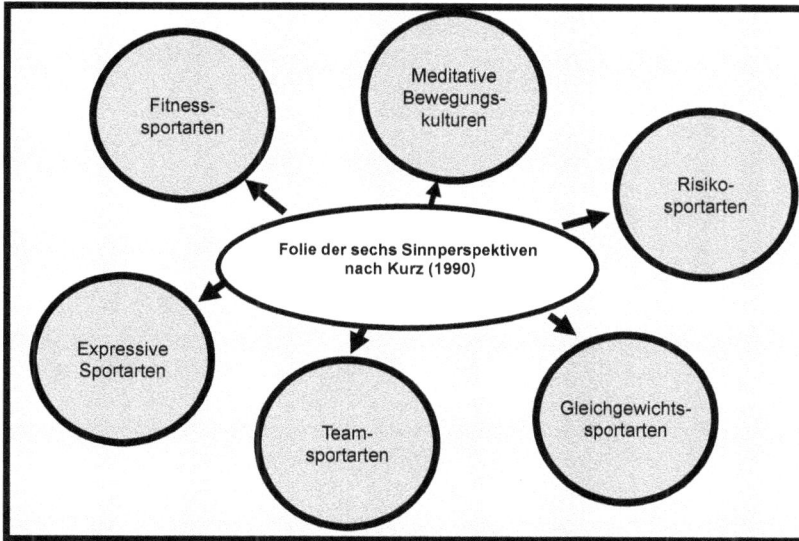

Abb. 28:   Übersetzung der sechs Sinnperspektiven in ein Trendsportartenkonzept (in Anlehnung an Balz)

Im Zuge dieser didaktischen Aufarbeitung wird ein sportdidaktischer Zugriff auf die Trendsportarten möglich, was allerdings auf Kosten ihrer Spezifika und Besonderheiten geschieht. Ungeachtet dieser vermeintlichen Nachteile stand dieses Denken Vorbild bei dem Versuch von Gretlies Küßner (2002), ein von ihr so benanntes *Trendsportartenkonzept* für den Beachvolleyballunterricht zu entwerfen. Ähnlich verfährt auch Ullman (2002, 42), der sein Konzept für die Vermittlung des Kletterns im Schulsport treffend als *Mehrperspektivität der kleinen Schritte* charakterisiert.

8.6.3   Zum Problem des klassischen Methodendenkens

So sehr die erhofften Möglichkeitsräume der Mehrperspektivität auch reizen mögen, so wenig lösen sie das Methodenproblem, wenn Trendsportarten im Sportunterricht inszeniert werden sollen. Wie die oben angeführten konzeptionellen Verweise zeigen, werden Bewegungslernprozesse auch in den sogenannten Trendsportarten vielerorts immer noch im Geiste traditioneller, auf die Sachlogik reduzierter Vermittlungsansätze thematisiert. Dabei wird als Folge der Sachstruktur ein Lehrweg beschritten, von dem man meint, die meisten Schüler würden hiermit am schnellsten und effizientesten vorankommen. Mithilfe simpler Reihungs- und Vereinfachungsstrategien, die nach dem Motto *vom Leichten zum Schweren* oder *vom Einfachen zum Komplexen* funktionieren, bringt der Lehrer den Kindern die angesteuerten Fertigkeiten und Techniken regelrecht bei. Mit anderen Worten: *Lernen wird vom Lehrer gemacht.* In diesem Unterrichts- und Lehr-Lernverständnis rangieren deshalb auch die Ziel- und Inhaltsfragen eindeutig vor der Methodenfrage, denn mithilfe der Methode soll praktisch jeder beliebige Inhalt – auch aus dem Feld jugendkulturell imprägnierter Bewegungspraktiken – jedem Lernenden beizubringen sein. Aufgrund der Dominanz der Inhalte werden die Methoden einfach angepasst, weshalb zu den verschiedenen zu erlernenden Fertigkeiten oder Techniken konsequenterweise auch unterschiedliche, vermeintlich spezialisierte Methoden bestehen. In der *Praxisanleitenden Literatur* spricht man beispielsweise von methodischen

Übungsreihen, die in spezifischen Varianten mittlerweile zu allen Inhalten des Sportunterrichts und sogar zu neuen Bewegungspraktiken und Trendsportarten vorliegen. Mit anderen Worten: Selbst das Skateboarden wird verschult und vermethodisiert.

8.6.4   Zur Relationalität von Lehrlernverfahren

Dass festgeschriebene, vermethodisierte Lehrwege zwar zu allen möglichen Inhalten, nicht aber zu den Besonderheiten der vielen verschiedenen Kinder bestehen, stimmt nachdenklich und fordert pädagogisch motivierte Kritik geradezu heraus (vgl. Lange 2002). Schließlich kommen Kinder mit individuellen Erfahrungen, Bedürfnissen und Interessen in die Schule, weshalb die an der Sachlogik der Inhalte ausgerichtete Methodik ganz erheblich von pädagogischen Ansprüchen der Vermittlung abweicht. Von einem pädagogischen Standort aus gesehen werden die Themen für das Bewegungslernen und den Bewegungsunterricht nicht durch die Inhalte, sondern durch das wechselseitige Zusammenwirken von Zielen, Interessen, Inhalten und Methoden bestimmt. Die sich aus diesen Voraussetzungen ergebenden Konsequenzen für die Vermittlung sind sicherlich unbequem, weil Lernen eben nicht einfach so durch Lehren gemacht werden kann. Angesichts der skizzierten Relationalität, die im Feld des Bewegungslernens besteht (Ziele, Inhalte, Interessen und Methoden), spricht vieles dafür, die simplen Reihungsstrategien, aber auch die eindimensionalen Fehlerkorrekturübungen und die an äußerlichen Beschreibungen angelehnten Bewegungsanweisungen und daraus abgeleiteten Methodiken zu überwinden (vgl. Lange 2004c).

Die pädagogische Diskussion um die Integration des Trendsports in den schulischen Sportunterricht belebt die Auseinandersetzung um das schulische Methoden- und Vermittlungsproblem. Dabei gewinnen erfahrungsoffene Konzeptionen ganz neue, vielversprechende Konturen

8.6.5   Überwindung althergebrachten Denkens

Wenn es gelingen kann, dieses althergebrachte Denken aufzulockern und alternative Ideen der Vermittlung zu realisieren, dann könnte die pädagogische Diskussion um die Integration der Trendsportarten in den schulischen Sportunterricht dazu beitragen, die Sportdidaktik insgesamt zu befruchten und weiterzubringen.

Eindrücke, die man im Zuge der Beobachtung von Bewegungslernprozessen in informellen Szenen, z.B. während des selbstbestimmten Lernens an der Half Pipe, sammeln kann, stützen die Vermutung, dass das Lehren nicht bloß *Lernen machen* ist (vgl. Maraun 1987, 382). Im Gegenteil, Lernen geschieht vielmehr durch Handeln und *Erfahrungen-Machen*. Während didaktisch-methodische Entscheidungen in der Schule traditionellerweise durch sachlogische Argumente abgesichert werden, finden viele Kinder in ihrer Freizeit von ganz allein Lösungen zu Bewegungsproblemen und -aufgaben, deren Attraktivität sie zudem selbst gesucht und entdeckt haben. Genau diese Phänomene stützen die Forderung, dass wir mit unseren tradierten Methoden und Lehr-Lernverständnis skeptisch umgehen und nach Alternativen und treffenderen Begrifflichkeiten Ausschau halten sollten. Spektakuläre Sprünge mit dem Skateboard, komplizierte Bewegungskombinationen mit den Inlinern oder die Bewältigung schwieriger Gleichgewichtsanforderungen auf dem BMX-Rad lassen einen außergewöhnlich differenzierten Schatz an Bewegungserfahrungen vermuten, den sich Kinder ohne Hilfe von Lehrern und Trainern selbstständig angeeignet haben. Vor diesem Hintergrund mag man sich für das Bewegungslernen der These anschließen, dass Lernen nicht durch den Lehrer oder die Methodik gemacht wird, sondern allein durch die Aktivität der Lernenden und die Wirkungen und Bedingungen der Inszenierung geschieht! Da diese Kompetenz an manchen Lernorten, wie z.B. der Halfpipe, besonders augenfällig ist, wird das im informellen Rahmen stattfindende Bewegungslernen für die Didaktik des Sportunterrichts ganz besonders interessant. Deshalb sollen, nach einer knapp gehaltenen Annäherung an das hier zugrunde liegende Verständnis zum Bewegungslernen (vgl. Lange 2005a), die Möglichkeiten zur Unterstützung von Lernprozessen praxisnah und in kritischer Distanz zum traditionellen Methodenverständnis abgesteckt werden.

8.6.6 Bewegungserleben und Bewegungslernen in Szene setzen

In dem hier zugrunde gelegten funktionellen (bzw. relationalen) Verständnis des *Sich-bewegen-Lernens* (vgl. ausführlich Lange 2005a) wird davon ausgegangen, dass menschliches Bewegen immer einen Zweck erfüllen soll. Skateboarder und andere Trendsportler stiften während ihrer Lern- und Übungsprozesse permanent neue, bedeutungshaltige Beziehungen zu ihrem Sportgerät und anderen Sportlern und sie lernen ihre Bewegungsräume bzw. die sie umgebende Bewegungswelt immer im Zuge echter Aktionen kennen. Ihr Bewegen ist also situativ gebunden, sinnerfüllt und überaus bedeutungshaltig. Deshalb wird diese Betrachtungsweise auch als *relationale* bezeichnet. Des Weiteren wird das menschliche *Sich-Bewegen* im Kontext jugendkultureller Bewegungspraxis bzw. des Trendsports als Phänomen verstanden (vgl. Müller & Trebels 1996), weshalb die in solchen Szenen beobachtbaren Bewegungslernprozesse in ihrer Ganzheit und ihrem Facettenreichtum beleuchtet und verstanden werden sollen. Bewegung wird als etwas Lebendiges angesehen und ist demnach auch im wissenschaftlichen Kontext nur begreifbar zu machen, wenn man sie in Relation zu drei Bedingungen setzt und versteht (vgl. Tamboer 1979; Trebels 2001).

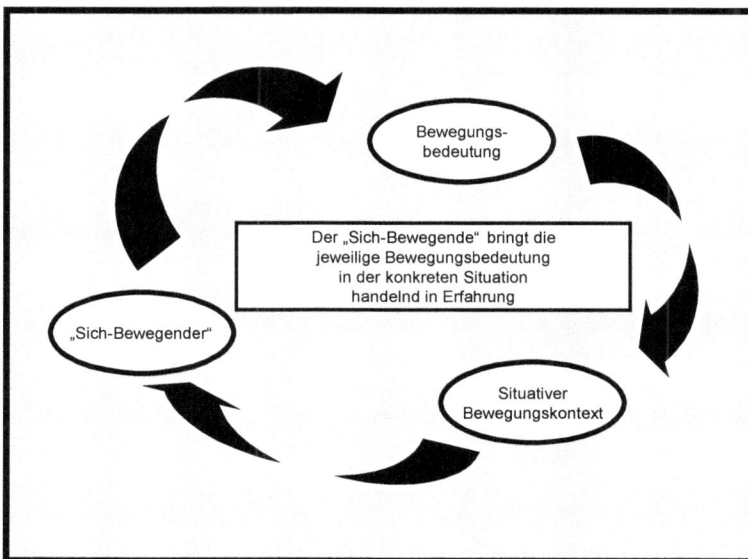

Abb. 29:   Das hier zugrunde liegende Verständnis des *Sich-bewegen-Lernens*

Die Bewegung muss nach diesem bewegungstheoretischen Verständnis erstens in Bezug auf einen Aktor verstanden werden, der das Subjekt der Bewegung ist. Darüber hinaus findet die Bewegung zweitens immer in einer konkreten Situation statt. Schließlich gilt es drittens die jeweilige Bewegungsbedeutung zu berücksichtigen, die vom jeweiligen Aktor in der entsprechenden Situation handelnd in Erfahrung gebracht werden muss und die die Bewegungsaktion leitet. Im Unterschied zur physikalischen Betrachtungsweise werden also bei der funktionellen Betrachtungsweise nicht bloß Bewegungen, sondern sich in einem bestimmten situativen Kontext bewegende Menschen wahrgenommen. Darüber hinaus setzt das Verstehen von Bewegung immer eine Einsicht in den Sinn des Bezugs von Individuum und Umwelt voraus. *Sich-Bewegen* ist also ein Verhalten der Menschen in einem *persönlich-situativen Bezug* (vgl. Abb. 29).

8.7   Einschlägige Bewegungserlebnisse

Jenseits aller sozialwissenschaftlich relevanter Kennzeichen und Merkmale existieren in den Trendsportarten Akzeptanzkriterien, die die *sich bewegenden* Trendsportler unmittelbar an ihr Bewegungserleben festzumachen verstehen. Beim Inlinern, Skateboarden, Streetball- und Beachsoccerspielen oder vielen anderen Trendsportarten sind demnach einschlägige Bewegungserlebnisse und -erfahrungen möglich, die sich überaus prägnant von den Möglichkeiten, die z.B. die traditionellen Sportarten zu bieten haben, unterscheiden. Dabei handelt es sich selbstverständlich um keine völlig neuen Bewegungsqualitäten. Nein, Beschleunigungserlebnisse, wie wir sie aus der Halfpipe her kennen, sind in modifizierter Form selbstverständlich auch im leichtathletischen Sprint möglich. In der Halfpipe erleben wir sie jedoch anders, vielleicht sogar ein Stück weit ursprünglicher und direkter, aber auf jeden Fall in Verbindung mit einer feiner dosierten, zugleich komplexeren Bewegungskoordination und mit vergleichsweise geringerem Kraftaufwand als beim Sprinten. Derartige Unterschiede im Feld des Bewegungserlebens können an dieser Stelle in die These überführt werden, dass wir manche Bewegungsqualitäten aufgrund der gegebenen Anforderungsstruktur in den Trendsportarten auf besonders prägnante Weise erfahren können!

8.7.1   Kennzeichen des *Sich-Bewegens* im Trendsport

Solche Qualitätsbeurteilungen lassen sich selbstverständlich nicht im Sinne eines naturwissenschaftlich abgesicherten Messverfahrens betreiben, sondern werden im Zuge erfahrungsgeronnener, subjektiver Einschätzungen ermittelt. Der systematischen Erforschung sind so gesehen von vornherein entsprechende Grenzen gesetzt. Trotzdem kann man diesen Bewegungsqualitäten auf die Spur kommen. Beispielsweise im Zuge narrativer Interviews mit Bewegungsexperten aus den einschlägigen Trendsportszenen. Trendsportler weisen in Gesprächen und Erzählungen immer wieder auf solche besonderen Bewegungserlebnisse hin und zeigen sich äußerst bemüht, sich in diesem Bereich immer weiter vertiefen zu wollen.

Im Folgenden sollen sechs auffällige Kennzeichen des *Sich-Bewegens* im Trendsport als heuristische Orientierung für die später erfolgende Ableitung von Hinweisen für die Inszenierung skizziert werden. Damit werden die im zweiten Abschnitt skizzierten soziologisch orientierten Kennzeichensysteme von Schwier (1998a, b) und Schildmacher (1998) in eine bewegungspädagogische Richtung weiter entwickelt. Dabei muss noch angemerkt werden, dass die in Abbildung 10 skizzierten bewegungspädagogischen Kennzeichen zwar durchaus auch in der Praxis des traditionellen Sporttreibens auftauchen. Sie charakterisieren allerdings das *Sich-Bewegen* in den Trendsportarten auf ganz besondere Weise.

1)	Die Bewegungen sind schnell und beschleunigt.
2)	Sie lassen sich besonders flüssig, rund und stimmig gestalten.
3)	Häufig geht es um das Spiel mit dem Gleichgewicht.
4)	Die Formen der Bewegungen sind überaus variabel und orientieren sich immer wieder um die gleichen Grundprobleme. Vor allem um die Themen „Gleichgewicht" und „Beschleunigen".
5)	Die Bewegungen erlauben beachtliche Gestaltungspotenziale und zielen auf ästhetische Qualitäten
6)	Die Bewegungen sind selten normgebunden und formal, sondern werden problemorientiert inszeniert.

Abb. 30:   Bewegungspädagogische Kennzeichen des Trendsports

8.7.2   Konsequenzen für die Inszenierung von Trendsportarten

Wenn Trendsportarten oder andere innovative Facetten jugendlicher Bewegungspraktiken zum Thema des Sportunterrichts gemacht werden sollen und dabei die Attraktivität des einschlägigen Bewegungserlebens im Zentrum der Vermittlungsidee steht, dann macht es Sinn, die Kennzeichen des trendsportlichen *Sich-Bewegens* angemessen *in Szene* zu setzen. Im Sinne der hier entfalteten Inszenierungsidee soll deshalb auf Versuche verzichtet werden, das jugendkulturelle Szenenleben in die Schulturnhallen hineinzuholen. Das geht sowieso nicht, weshalb es weitaus realistischer scheint, den didaktischen Fokus auf die reizvolle motorische Dimension der Trendsportarten zu konzentrieren.

Damit solche *Inszenierungen* gelingen können, müssen die in Abbildung 10 zusammengestellten, einschlägigen motorischen Kennzeichen in das Zentrum des Sportunterrichts gestellt werden. Im Zuge der Unterrichtsvorbereitung gilt es also sachlogisch herauszuarbeiten, wo diese Kennzeichen in den thematisierten Inhaltsfeldern auftauchen, bevor Aufgabenstellungen gefunden werden, die es erlauben, diese attraktiven Momente variantenreich *in Szene* zu setzen. In Abbildung 11 sind einige Beispielfragen angegeben, mit deren Hilfe es dem Lehrer gelingen mag, die Sachlogik der zu inszenierenden Inhalte des Sportunterrichts zu entschlüsseln.

> → Wie wird das Beschleunigen beim Inlinern deutlich?
>
> → Welche Rahmenbedingungen garantieren in den Sportspielen für schnell ablaufende, dynamische Spielsituationen?
>
> → In welchen Spielen und Situationen werden besondere Gleichgewichtserlebnisse spürbar?
>
> → Wo lohnt es sich anzusetzen, wenn bereits bekannte Bewegungen kreativ bzw. unkonventionell gestaltet werden sollen?
>
> → Wie lassen sich zu dem ausgesuchten Bewegungsproblem weitere, sinnvolle Bewegungsvariationen finden?
>
> → Wie bemerkt man, dass eine Bewegung immer flüssiger und stimmiger wird?

Abb. 31:   Beispielfragen, die bei der Sachanalyse helfen können

Bei diesem Vorgehen (*Inszenieren*) versteht es sich von selbst, dass die Schüler nicht mit irgendwelchen formallogischen Übungsreihen beschäftigt und aufgehalten werden, sondern dass ihnen Aufgaben gestellt und Lernsituationen arrangiert werden, die es ihnen ermöglichen, sich sofort mit den attraktiven und reizvollen Bewegungskennzeichen auseinanderzusetzen. Dieses Vorgehen erinnert an erfahrungsoffene Vermittlungsansätze und lässt sich in lerntheoretischer Hinsicht auf konstruktivistische Auffassungen zurückführen, in denen das Lernen als aktiver und selbstbestimmter Suchprozess verstanden wird (vgl. Lange 2005a).

8.7.3   Strukturen des selbstbestimmten Such- und Lernprozesses

Auch wenn die subjektiven Strukturen des Bewegungslernens ein Stück weit im Verborgenen liegen bleiben und sich nicht in eine eindeutige Sprache einbinden lassen, sollte es möglich sein, das Ganze auch modellhaft zu begreifen. Mit Blick auf die bis hierhin entwickelte Theoriefolie liegt es unter anderem nahe, das Bewegungslernen als einen aktiven Suchprozess des Lernenden aufzufassen. Demnach suchen beispielsweise Skateboarder (und andere Bewegungslernende) während ihrer Übungssequenzen nach stimmigen Lösungen der sich stellenden Bewegungsprobleme. Dabei fungieren bestimmte Beschleunigungs-, Geschwindigkeits-, Brems- oder Flugerlebnisse als Referenzwerte, mit denen die aktuellen Sprünge, Fahrten oder Tricks abgeglichen werden. Wegen dieser subjektiven Referenz findet diese Form der Erfahrungsverarbeitung bei jedem Lernenden statt, unabhängig vom jeweiligen Könnensniveau. Jeder kann sich seinen Möglichkeiten entsprechend erproben, Erfahrungen machen und dabei die von ihm entdeckten Differenzen zwischen dem bereits Erfahrenen und dem Neuen in seinem Bewegungsrepertoire suchen. Dabei gilt, dass das Erfahren der Differenz lehrreich und bildsam ist (vgl. Lange 2004b; 2005a). In diesem Sinne darf beispielsweise erwartet werden, dass den erfahrenen Sportlern ganz andere Momente in der Bewegungsstruktur auffallen als den unerfahrenen. Gemeinsam ist hingegen allen Lernenden, dass sie diese Differenzen suchen.

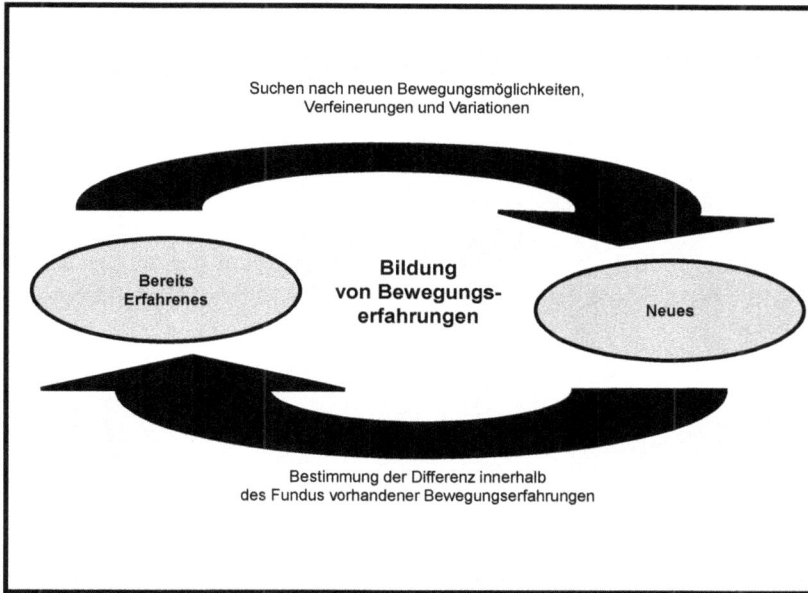

Abb. 32:   Bewegungslernen als aktiven Suchprozess verstehen (vgl. Lange 2005a, 20)

8.7.4   Über Variieren die optimale Lösung finden

Eine zentrale methodische Botschaft, die sich aus erfahrungsbezogenen Lerntheorien ableiten lässt, kann so zusammengefasst werden, dass sich Bewegungen nicht einschleifen oder
von einem äußerlich vorgegebenen idealen Abbild der Bewegung ausgehend in den Bewe-
gungsschatz der Kinder und Jugendlichen hineinkopieren lassen. Bewegungen ereignen sich
vielmehr in jedem Augenblick neu und sie sind immer einzigartig. D.h., ein und dieselbe
Bewegung wird immer nur einmal hervorgebracht und lässt sich niemals ein zweites Mal
identisch wiederholen. Aus diesem Grund macht es auch Sinn, Lern- und Übungsprozesse
nach den Prinzipien der Variation und Vielseitigkeit auszurichten (vgl. Hotz 1994), was seit
Jahren auch die methodische Basisaussage des Koordinationstrainings ist (vgl. u.a. Neumaier
u.a. 2002). Die Variabilität von Bewegungen darf nicht einfach als Abweichen von einer
idealen Norm und damit als Fehler missverstanden werden. Im Gegenteil, Abweichungen
sind schlicht und einfach als Folge des oben skizzierten aktiven Suchprozesses aufzufassen.
D.h., der Sportler setzt nicht einfach eine bestimmte Bewegung um, sondern sucht noch in
der Bewegungsausführung bzw. im Zuge von differenzierten Übungsprozessen innerhalb
mehrerer Ausführungen nach der treffenden Bewegungsantwort auf die jeweilige Bewegungssituation. Solche Phänomene wurden vor allem in der gestalttheoretisch ausgerichteten
Bewegungsforschung beschrieben, wo beispielsweise Hoeth (1979) die Begriffe *Variabilität*
und *Konstanz* als phänomenologische Kategorien gefasst hat. Und auch aus dem Feld der
biomechanisch ausgerichteten Bewegungsforschung lassen sich Befunde anführen, die auf
eine gewisse Streuung der Motorik hinweisen. So untersuchte beispielsweise Bernstein
(1988, 243ff.) das Problem der Streuungsfunktionen der Bewegung, die er als eine aktive
Suchfunktion im Spiel mit den optimalen Formen der Natur auffasste.

8.7.5 Allgemeine Hinweise für die Inszenierung von Bewegungslernen im Trendsport

Abschließend sollen allgemeine Hinweise für die Inszenierung von Bewegungsthemen im Feld des Trendsports herausgestellt und festgehalten werden. Dies geschieht exemplarisch mit dem Blick auf einen Autor, dessen Arbeit auch in den vorangegangenen Kapiteln des vorliegenden Buches bedeutsam war (Stichworte: „Bildung"; „Projekte", „Erfahrung") . Wir lehnen uns in diesem abschließenden Ausblick an einigen Punkten an, die John Dewey (1964, 218) zur *Methode der bildenden Erfahrung* formuliert hat und die wir an anderer Stelle bereits einmal zur Begründung der Projektidee für den Sportunterricht herangezogen haben (vgl. Lange 2003d):

1. Für das Bewegungslernen müssen im Sportunterricht Situationen geschaffen werden, in denen die Schüler neue Bewegungserfahrungen sammeln bzw. weiterentwickeln können. Die unbekannten Möglichkeiten der Trendsportarten erlauben an dieser Stelle unter Umständen ganz neue Bewegungserfahrungen.

2. Herausfordernde Geräteaufbauten oder zwingende (Spiel-)-Situationen helfen dabei, zusammenhängende Tätigkeiten zu provozieren und Interesse zu wecken.

3. In den gestellten Aufgaben, konstruierten Situationen oder hergestellten Aufbauten müssen Bewegungslernprobleme erwachsen können. Deshalb sollen in den Inszenierungen von Sportunterricht keine Lösungen im Sinne methodischer Reihen, sondern herausfordernde Konfrontationen mit Bewegungslernproblemen arrangiert werden. An dieser Stelle wird deutlich, dass das hier entworfene Vermittlungskonzept zum Trendsport mit dem bewährten Ansatz des problemorientierten Lernens konform geht.

4. Die zu lösenden Bewegungslernprobleme müssen zu den verfügbaren Bewegungserfahrungen (Fertigkeiten und Fähigkeiten) der Schüler passen.

5. Die Schüler sollen selbst mögliche Lösungen herausfinden und ihren Lernprozess in geordneter Weise entwickeln. D.h., sie sollen im Umgang mit den Wirkungen ihres Tuns auch Zusammenhänge zwischen *Spüren und Bewirken* (vgl. Trebels 1990) entdecken und individuelle Lernprinzipien entwickeln.

6. Sie sollen in einer (anregenden) Bewegungsumwelt immer wieder neue Bewegungsideen ausprobieren, neue Lösungen (Techniken, Kunststücke usw.) entwickeln und erproben und deren Sinn und Übungswert selbstständig entdecken können.

Literatur

Adden, W. (1977). Problemorientierter Sportunterricht. Die Grundschule 10, 463–465.

Adden, W.; Leist, K.H. & Petersen, U. (1978). Problemlösendes Lernen im Sport. Zeitschrift für Sport-pädagogik, 2 (1), 16–31.

Adler, K.; Erdtel, M. & Hummel, A. (2006). Belastungszeit und Belastungsintensität als Kriterien der Qualität im Sportunterricht? Sportunterricht, 55 (2), 45–49.

Aebli, H. (1976). Psychologische Didaktik. Didaktische Auswertung der Psychologie von Jean Piaget. Stuttgart: Klett-Cotta.

Aebli, H. (2001). Zwölf Grundformen des Lehrens. Eine Allgemeine Didaktik auf psychologischer Grundlage. Stuttgart: Klett-Cotta.

Allesch, C.G. (2006). Einführung in die psychologische Ästhetik, Wien: WUV.

Altenberger, H. & Maurer, F. (1992) (Hrsg.). Kindliche Welterfahrung in Spiel und Bewegung. Bad Heilbrunn: Klinkhardt.

Altrichter, H. & Posch, P. (1998). Lehrer erforschen ihren Unterricht. Bad Heilbrunn: Klinkhardt.

Anders, G. (1956). Die Antiquiertheit des Menschen. Band 1: Über die Seele im Zeitalter der zweiten industriellen Revolution. München: Beck.

Aschebrock, H. (2001). Neue Richtlinien und Lehrpläne – Chancen für eine schulpädagogische Offensive des Schulsport. In H. Altenberger, S. Hecht, V. Oesterhelt, M. Scholz & M. Weitl (Hrsg.), Im Sport lernen – mit Sport leben (S. 53–62). Augsburg: Ziel.

Aschersleben, K. (1991). Einführung in die Unterrichtsmethodik. Stuttgart, Berlin & Köln: Kohlhammer.

Bach, I. & Siekmann, H. (Hrsg.) (2003). Bewegung im Dialog. Festschrift für Andreas H. Trebels. Band 134 Sportwissenschaft und Sportpraxis. Hamburg: Czwalina.

Balz, E. (1992). Inhaltsauswahl im Schulsport. In F. Borkenhagen & Scherler (Hrsg.), Inhalte und Themen des Schulsports (S. 35–46). St. Augustin: Academia.

Balz, E. (2001). Trendsport in der Schule. Sportpädagogik, 25 (6), 2–8.

Balz, E. (2004). Lachen – eine sportpädagogische Aufmunterung. Sportpädagogik, 4, 45–47.

Balz, E. (2007). Standards im Sportunterricht – Flucht nach vorn! Sportunterricht, 56 (1), 21–22.

Balz, E.; Brinkhoff, K.-P & Wegner, U. (1994). Neue Sportarten in die Schule! Sportpädagogik, 18 (2), 17–24.

Balz, E. & Kuhlmann, D. (2003). Sportpädagogik. Ein Lehrbuch in 14 Lektionen. Aachen: Meyer & Meyer.

Balz, E. & Kuhlmann, D. (2005). Qualitative Forschungsansätze in der Sportpädagogik. Schorndorf: Hofmann.

Bannmüller, E. (1987). Bewegungserziehung und ästhetische Erfahrung. In: DIFF (Hrsg.): Bewegungs-erziehung und ästhetische Erfahrung. Tübingen, 6–67.

Bannmüller, E. (1998). Geschichten aus dem Traumland. In: Sportpädagogik 13, 5, 37–41.

Bannmüller, E. (1999). Der Zusammenhang von Bewegung und Wahrnehmung – eine Grundlage für eine elementare Bewegungserziehung in der Grundschule. In G. Köppe & P. Eleflein (Hrsg.), Didaktische Perspektivenvielfalt bei Bewegung, Spiel und Sport in der Grundschule. (Schriftenreihe der Deutschen Vereinigung für Sportwissenschaft, 107, S. 15–23). Hamburg: Czwalina.

Bannmüller, E. (2003). Die Bedeutung der Mimesis in der Bewegungserziehung zur Fundierung der Ästhetischen Erziehung. In E. Franke & E. Bannmüller (Hrsg.), Ästhetische Bildung (S. 110–118). Butzbach-Griedel: Afra.

Bannmüller E. & Röthig, P. (Hrsg.). (1990). Grundlagen und Perspektiven ästhetischer und rhythmischer Bewegungserziehung. Stuttgart: Klett.

Baschta, M. & Lange, H. (2007). Sich selbst trainieren können. Trainingspädagogische Argumente zum Trainieren im Schulsport. Sportunterricht 56 (9) (Im Druck).

Bauer, K.-O. (2005). Pädagogische Basiskompetenzen – Theorie und Training. Weinheim und München: Juventa.

Bauer, K.-O.; Kopka, A. & Brindt, S. (1999). Pädagogische Professionalität und Lehrerarbeit. Weinheim und München: Juventa.

Bauersfeld, K.-H. & Schröter, G. (1998). Grundlagen der Leichtathletik. Das Standardwerk für Ausbildung und Praxis. Berlin: Sportverlag.

Baumgart, Franzjörg (Hrsg.) (2007). Erziehungs- und Bildungstheorien. Bad Heilbrunn: Julius Klinkhardt.

Baumgarten, A.G. (2007). Theoretische Ästhetik: Die grundlegenden Abschnitte aus der „Aesthetika", (lat.-dt.), herausgegeben von C. Peres. Paderborn: Wilhelm Fink.

Beck, G. & Scholz, G. (1999). Beobachten im Schulalltag. Frankfurt: Cornelsen.

Beckers, E. (1993). Der Instrumentalisierungsvorwurf: Ende des Nachdenkens oder Alibi für eine eigene Position. Sportwissenschaft, 23, (3) 233–258.

Beckers, E. (1995). Braucht der Schulsport neue pädagogische Orientierungen? In Landesinstitut für Schule und Weiterbeildung. NRW (Hrsg.), Schulsport in Bewegung (S. 38–62). Bönen: Kettler.

Beckers, E. (1997). Über das Bildungspotenzial des Sportunterrichts. In E. Balz & P. Neumann (Hrsg.), Wie pädagogisch soll der Schulsport sein? (S. 15–31). Schorndorf: Hofmann.

Beckers, E. (2001). Renaissance des Bildungsbegriffs in der Sportpädagogik? Orientierungssuche zwischen Widerstand und Aushöhlung. In R. Prohl (Hrsg.), Bildung und Bewegung (S. 29–42). Hamburg: Czwalina.

Beckers, E. (2003). Das Unbehagen an neuen Richtlinien und Lehrplänen – oder: Zur schleichenden Restauration des Alten. In E. Franke & E. Bannmüller (Hrsg.), Ästhetische Bildung. Band 2 der Schriftenreihe Jahrbuch Bewegungs- und Sportpädagogik (S. 154–168). Butzbach: Afra.

Beckmann, H.; Hildebrandt-Stramann, R. & Wichmann, K. (2005). Bewegungsunterricht inszenieren. Grundschule, 37 (1), 46–50.

Bender-Szymanski, D. (2002). Interkulturelle Kompetenz bei Lehrerinnen und Lehrern aus der Sicht der empirischen Bildungsforschung. In G. Auernheimer (Hrsg.), Interkulturelle Kompetenzen und pädagogische Professionalität (S. 153–179). Opladen: Leske & Budrich.

Benner, D. (2008). Bildungstheorie und Bildungsforschung. Grundlagenreflexionen und Anwendungsfelder. Paderborn: Ferdinand Schöningh.

Berg, H. C. (1976). Gelernt haben wir nicht viel. Porträt einer Schule im Hinblick auf Bildung und Demokratie. Gutachten. Braunschweig: Westermann.

Bergson, H. (1988). Das Lachen. Ein Essay über die Bedeutung des Komischen. Darmstadt: Luchterhand.

Berk, L. S. et al. (1991). Immune system changes during humor associated laughter. In: Clinical Research, 39, 124A.

Berk, L. S. et. al. (1989). Neuroendocrine and stress hormone changes during mirthful laughter. In: American Journal of the Medical Sciences, 98, 390–396.

Bernd, C. (1990). Lernen durch Verkörpern – Theaterspielen als Gegenstand der Bewegungserziehung. In E. Bannmüller & P. Röthig (Hrsg.), Grundlagen und Perspektiven ästhetischer und rhythmischer Bewegungserziehung (S. 301– 315). Stuttgart: Klett.

Bernd, C. (1993). Theaterspielen in der Bewegungserziehung oder: Am Anfang steht der Anspruch. In R. Prohl (Hrsg.),Facetten der Sportpädagogik. Beiträge zur pädagogischen Diskussion des Sports (S. 65–73). Schorndorf: Hofmann.

Bernstein, N.A. (1988²). Bewegungsphysiologie. Leipzig: Johann Ambrosius Barth.

Bietz, J. (2005). Bewegung und Bildung – Eine anthropologische Betrachtung. In: Bietz, J., Laging, R. & Roscher, M. (Hrsg.), Bildungstheoretische Grundlagen der Bewegungs- und Sportpädagogik. Band 2 der Reihe Bewegungspädagogik. (S. 83–122). Baltmannsweiler: Schneider.

Bilstein, J. (2004). Bildung: Über einen altehrwürdigen Grundbegriff und seinen anhaltenden Charme. Bildung und Erziehung, 57 (4), 415–431.

Bilstein, J. & Klein, G. (2002). Die Durchleuchtung des Körpers. Von Disziplinierung und Inszenierung. Schüler Jahresheft des Friedrichverlags (Körper), 4–8.

Blankertz, H. (1970). Theorien und Modelle der Didaktik. München: Juventa. (1. Auflage 1969).

Bollnow, O. F. (1974). Was ist Erfahrung? In R. Vente (Hrsg.), Erfahrung und Erfahrungswissenschaft (S. 19–29). Stuttgart: Kohlhammer.

Bolz, N. & Bosshart, D. (1995). Kult-Marketing. Die neuen Götter des Markte. Düsseldorf: Econ.

Bönsch, M. (2004). Entdeckendes Lernen. In R.W. Keck, U. Sandfuchs & B. Feige (Hrsg), Wörterbuch Schulpädagogik. Bad Heilbrunn: Klinkhardt.

Bönsch, M. (2004). Problemorientierter Unterricht. In R.W. Keck; U. Sandfuchs & B. Feige (Hrsg.), Wörterbuch Schulpädagogik. Bad Heilbrunn: Klinkhardt.

Bönsch, M. (2006). Allgemeine Didaktik: Ein Handbuch zur Wissenschaft vom Unterricht. Stuttgart: Kohlhammer.

Borst, E. (2009). Theorie der Bildung. Eine Einführung. Baltmannsweiler: Schneider.

Bös, K. (2003). Motorische Leistungsfähigkeit von Kindern und Jugendlichen. In W. Schmidt, I. Hartmann-Tews & W.-D. Brettschneider (Hrsg.), Erster Deutscher Kinder- und Jugendsportbericht (S. 85–107). Schorndorf: Hofmann.

Bös, K. (Hrsg.) (2001²). Handbuch Motorische Tests. Sportmotorische Tests, motorische Funktionstests, Fragebogen zur körperlich-sportlichen Aktivität und sportpsychologische Diagnoseverfahren. Göttingen u.a.: Hogrefe.

Bräuer, G. (1989). Zugänge zur ästhetischen Elementarerziehung. In: DIFF (Hrsg.): Zugänge zur ästhetischen Elementarerziehung. Tübingen, 31–103.

Brenne, A. (Hrsg.) (2008). „Zarte Empirie". Theorie und Praxis einer künstlerisch-ästhetischen Forschung, Kassel: Kassel Univ. Press.

Brodtmann, D. & Landau, G. (1982). An Problemen lernen. Sportpädagogik, 6 (3), 16–22.

Brodtmann, D.; Dietrich, K.; Jost, E.; Landau, G.; Scherler, K.-H. & Trebels, A. (1977). Sportpädagogik – Rückzug ins Denken oder Anleitung zum Handeln? Sportpädagogik, 1 (1), 8–37.

Broschkowski, M.& Schneider, T. (2005). „Fußlümmelei": als Fußball noch ein Spiel war. Berlin: Transit.

Brückel, F. (2004). Personalentwicklung im Fach Sport: Erfolgreiches Handeln in pädagogischen Alltagssituationen. Sportunterricht, 53 (4), 106–111.

Brückel, F. & Giess-Stüber, P. (2005). Professionalisierung bei Sportlehrerinnen und Sportlehrern. Sportunterricht, 54 (2), 35–40.

Bruner, J.S. (1961). The act of discovery. Harvard Educational Review, 61, 21–32.

Bruner, J.S. (1981). Der Akt der Entdeckung. In H. Neber (Hrsg.), Entdeckendes Lernen (S. 15–44). Weinheim: Juventa.

Bruyère, J. de La. (2007). Die Charaktere. Aus dem Franz. von Otto Flake. Mit einem Nachw. von Ralph-Rainer Wuthenow. Frankfurt/M. & Leipzig: Insel.

Buber, J. van & Nenninger, P. (1992). Lehr- und Lernforschung: Traditioneller Unterricht. In K. Ingenkamp (Hrsg.), Empirische Pädagogik 1970 – 1990. Eine Bestandsaufnahme der Forschung in der Bundesrepublik Deutschland (S. 407–470). Band 2. Weinheim: Beltz.

Buck, G. (1967/1989³). Lernen und Erfahrung – Epagogik. Darmstadt: Wissenschaftliche Buchgesellschaft.

Busch, W. (2008). Sämtliche Werke und eine Auswahl der Skizzen und Gemälde in zwei Bänden: Und die Moral von der Geschicht. Was beliebt ist auch erlaubt. Hrsg. Von R. Hochhuth. Gütersloh: Bertelsmann.

Buytendijk, F.J.J. (1933). Wesen und Sinn des Spiels. Das Spielen des Menschen und der Tiere als Erscheinungsform der Lebenstriebe. Berlin: Springer.

Buytendijk, F.J.J. (1956). Allgemeine Theorie der menschlichen Haltung und Bewegung. Berlin, Göttingen, Heidelberg: Springer.

Buytendijk, F.J.J. (1970). Das Spielerische und der Spieler. In ADL (Hrsg.), Spiel und Wetteifer (S. 9–25). Schorndorf: Hofmann.

Carlyle, T. (o. J.). English an other critical Essays. London: Dent.

Caspary, R. (Hrsg.) (2008⁴). Lernen und Gehirn. Der Weg zu einer neuen Pädagogik. Freiburg: Herder.

Christian, P. (1963). Vom Wertbewußtsein im Tun. In F.J.J Buytendijk, P. Christian & H. Plügge. Über die menschliche Bewegung als Einheit von Natur und Geist (S. 19–44). Schorndorf: Hofmann.

Combe, A. & Kolbe, F.-U. (2004). Lehrerprofessionalität: Wissen, Können, Handeln. In W. Helsper & J. Böhme (Hrsg.), Handbuch der Schulforschung (S. 833–852). Wiesbaden: Verlag für Sozialwissenschaften.

Court, J. & Meinberg, E. (Hrsg.) (2006). Klassiker und Wegbereiter der Sportwissenschaft. Stuttgart: Kohlhammer.

Csikszentmihalyi, M. (1995). Flow. Das Geheimnis des Glücks. Stuttgart: Klett.

Cube v., F. (1982). Kybernetische Grundlagen des Lernens und Lehrens. Stuttgart: Klett-Cotta.

Damrau, S. (2002). Die Bedeutung und Funktion des Clowns in der Bewegungstherapie und -erziehung. In: Praxis der Psychomotorik, Heft 2, S. 124–127.

Deutscher Sportbund (2006). DSB-SPRINT-Studie. Eine Untersuchung zur Situation des Schulsports in Deutschland. Aachen: Meyer & Meyer.

Deutsches PISA-Konsortium (2001). PISA 2000. Basiskompetenzen von Schülerinnen und Schülern im internationalen Vergleich. Opladen: Leske + Budrich.

Dewey, J. (1964[3]). Demokratie und Erziehung. Eine Einleitung in die philosophische Pädagogik. Braunschweig u.a.: Westermann.

Dewey, J. (1985/1910). The Middle Works 1899–1924. Vol. 6: How We Think and Selected Essays. Ed. by J.A. Boydston. Carbondale/Edwardsville.

Dewey, J. (1993). Demokratie und Erziehung. Weinheim: Beltz.

Dewey, J. (1998). Kunst als Erfahrung. Frankfurt/M.: Suhrkamp.

Dewey, J. (2000). Demokratie und Erziehung: Eine Einleitung in die philosophische Pädagogik. Weinheim u.a.: Beltz.

Diederich, J. (1999). Didaktik, allgemein. In G. Reinhold, G. Pollak & H. Heim (Hrsg.), Pädagogiklexikon (S. 118–120). München: Oldenbourg.

Dietrich, C. & Müller, H.P. (2000). Bildung und Emanzipation. Klaus Mollenhauer weiterdenken. Weinheim und München: Juventa.

Dietrich, K. (1980). Spielen. Sportpädagogik, 4 (1), 13–20.

Dietrich, K. (1984). Vermitteln Spielreihen Spielfähigkeit? Sportpädagogik 8 (1), 19–21.

Dietrich, K. (1985). Sportspiele in der Schule. In K. Dietrich (Hrsg.), Sportspiele (S. 9–20). Reinbek: Rowohlt.

Dietrich, K. (1992). Miteinander spielen. Sportpädagogik, 16 (1), 21–26.

Dietrich, K. (1998). Spielräume zum Aufwachsen. Sportpädagogik, 22 (6), 14–25.

Dietrich, K. (2003). Anmerkungen zum Dialogischen Bewegungskonzept als Grundlage einer pädagogischen Bewegungsforschung. In I. Bach & H. Siekmann (Hrsg.), Bewegung im Dialog (S. 11–23). Hamburg: Czwalina.

Dietrich, K. & Landau, G. (1999). Sportpädagogik. Grundlagen – Positionen – Tendenzen. Butzbach-Griedel: Afra.

Digel, H. (1982). Sport verstehen und gestalten. Reinbek: Rowohlt.

Döbler, E. & Döbler, H. (2003). „Kleine Spiele". München: Südwest.

Dörpinghaus, A (2009). Bildung. Plädoyer wider die Verdummung. Forschung & Lehre, Supplement. 3–14.

Dörpinghaus, A.; Poenitsch, A. & Wigger, L. (2009[3]). Einführung in die Theorie der Bildung. Darmstadt: Wissenschaftliche Buchgesellschaft.

DOSB (2005). Rahmenrichtlinien für Qualifizierung im Bereich des Deutschen Sportbundes. Frankfurt am Main: Eigenverlag.

Duncker, L.; Scheunpflug, A. & Schultheis, K. (2004). Schulkindheit. Anthropologie des Lernens im Schulalter. Stuttgart: Kohlhammer.

Ehni, H. (1998). Den Skatern auf der Spur. In J. Schwier (Hrsg.). Jugend – Sport –Kultur. Zeichen und Codes jugendlicher Sportszenen (S. 109–123). Hamburg: Czwalina.

Eibl-Eibesfeldt, I. (1967). Grundriss der vergleichenden Verhaltensforschung. München: Piper.

Eickhorst, A. (2001). Schulpädagogik – Strukturlinien und Problemlagen. In: L. Roth (Hrsg.), Pädagogik Handbuch für Studium und Praxis (S. 724–760). München: Oldenbourg.

Elflein, P. (2007). Sportpädagogik und Sportdidaktik. Baltmannsweiler: Schneider.

Emmelmann, C. (2007). Das kleine Lachyoga-Buch: mit Lach-Übungen zu Glück und Entspannung. München: DTB.

Engel, B. (2004). Spürbare Bildung: über den Sinn des Ästhetischen im Unterricht, Münster, New York, München, Berlin: Waxmann.

Fatzer, G (1998[5]). Ganzheitliches Lernen, Paderborn: Junfermann.

Faust-Siehl, G. (1987). Themenkonstitution als Problem von Didaktik und Unterrichtsforschung. Weinheim: Dt. Studien Verlag.

Fetz, F. (1979). Allgemeine Methodik der Leibesübungen. Bad Homburg: Limpert.

Flehmig, I. (2002). Schule, ein großes Problem? Praxis der Psychomotorik, 27 (3), 174–178.

Flick, U. (1995/2002). Qualitative Forschung. Theorien, Methoden, Anwendung in Psychologie und Sozialwissenschaften. Reinbek bei Hamburg: Rowohlt.

Flick, U. (2005). Qualitative Sozialforschung. Eine Einführung. Reinbek bei Hamburg: Rowohlt.

Flick, U.; von Kardoff, E. & Steinke, I. (Hrsg.) (2000). Qualitative Forschung. Ein Handbuch. Reinbek bei Hamburg: Rowohlt.

Flitner, A. (1986). Die Leier des Apoll – über die Zukunft der Künste in der Erziehung. In: Neue Sammlung, 26, 1, 113–124.

Flitner, A. (1998). Spielen – Lernen. Praxis und Deutung des Kinderspiels. München: Beltz.

Forytta, C. (1996). Märcheninszenierung: Sprache und Bewegung. In: M. Polzin (Hrsg.), Bewegung, Spiel und Sport in der Grundschule. Fachliche und fächerübergreifende Orientierung (2. Auflage, S. 143–153). Frankfurt/M.: Arbeitskreis Grundschule.

Frank, G. (2008[5]). Koordinative Fähigkeiten im Schwimmen. Der Schlüssel zur perfekten Technik. Schorndorf: Hofmann.

Franke, E. (2003). Ästhetische Erfahrung im Sport – ein Bildungsprozess? In: E. Franke & E. Bannmüller (Hrsg.), Ästhetische Bildung (S. 17–37). Butzbach-Griedel: Afra.

Friedrich, G. (Hrsg.) (2002). Sportpädagogische Forschung. Hamburg: Czwalina.

Friedrichs, J. (1982). Methoden empirischer Sozialforschung. Opladen: Westdeutscher Verlag.

Fritsch, U. & Maraun, H. (1992). Über die Behinderung von Lernen durch Lehrhilfen. Sportunterricht, 41 (1), 36–43.

Fritsch, U. & Rumpf, H. (1983). Auf Spurensuche in Tanzgeschichten. In: D. Fischer (Hrsg.): Lernen am Fall. Zur Interpretation und Verwendung von Fallstudien in der Pädagogik (S. 106–152). Konstanz: Libelle.

Fritsch, U. (1985). Tanzen. Ausdruck und Gestaltung. Reinbek: Rowohlt.

Fritsch, U. (1989). Ästhetische Erziehung: Der Körper als Ausdrucksorgan. Sportpädagogik, 14 (5), 11–18.

Fritsch, U. (1990). Tanz „stellt nicht dar, sondern macht wirklich". Ästhetische Erziehung als Ausbildung tänzerischer Sprachfähigkeit. In: E. Bannmüller & P. Röthig (Hrsg.), Grundlagen und Perspektiven ästhetischer und rhythmischer Bewegungserziehung (S. 99–117). Stuttgart: Klett.

Fritsch, U. (1997). Tanzprojekte. Raum für unterschiedliche Annäherungen an den Tanz. Sportpädagogik, 21 (5), 14–23.

Funke, J. (1989). Die Bedeutung der Sportpädagogik für die Sportpraxis. Sportpädagogik, 13 (6), 7–12.

Funke, J. (1991). Unterricht öffnen – offener unterrichten. Sportpädagogik, 15 (2), 12–18.

Funke-Wienecke, J. (2004). Bewegungs- und Sportpädagogik. Wissenschaftstheoretische Grundlagen – zentrale Ansätze. Baltmannsweiler: Schneider.

Funke-Wieneke, J. (1991). Körper- und Bewegungserfahrungen als Grundkategorien bewegungs- und sportpädagogischen Handelns. In: S. Redl, R. Sobotka & A. Russ (Hrsg.), Theorie und Praxis der Leibesübungen (S. 108–117). Wien: Österreichischer Bundesverlag.

Funke-Wieneke, J. (1993), Einleitung zur nachfolgenden Studie von Helmut Schmerbitz und Wolfgang Seidensticker. In: H. Schmerbitz & W. Seidensticker, Erfahrungslernen im Sportunterricht der Laborschule: Theorie und Praxis einer pädagogischen Konzeption, Lüneburg, 1993, 3–4.

Funke-Wieneke, J. (1995). Vermitteln. Schritte zu einem ökologischen Unterrichtskonzept. Sportpädagogik, 19 (5), 10–17.

Funke-Wieneke, J. (1997). Am skeptischen Wesen soll die Sportpädagogik genesen. Zu J. Thieles Beitrag in: „Spectrum der Sportwissenschaften" 9 (1997) (1). Spectrum der Sportwissenschaften, 9 (2), 87–92.

Gadamer, H. (1960/1965^2). Wahrheit und Methode. Grundzüge einer philosophischen Hermeneutik. Tübingen: Mohr.

Gatzemann, T. (2008). Die Standardisierungsdebatte. Positionen der Diskussion um Bildungsstandards im Sportunterricht. Ein Bericht zur Tagung der DGfE-Kommission „Sportpädagogik" im November 2007 in Berlin. Sportunterricht, 5 (2), 50–51.

Gerhardt, V. & Lämmer, M. (1993). Fairness und Fair Play. Einleitung. In: V. Gerhardt & M. Lämmer (Hrsg.), Fairneß und Fair Play. Eine Ringvorlesung an der Deutschen Sporthochschule Köln (S. 1–4). Sankt Augustin: Academia.

Gerken, G. (1993). Trend-Zeit: Die Zukunft überrascht sich selbst. Düsseldorf: Econ.

Gessmann, R. (1984). Sportunterricht heute: Zwischen Sportarten lernen, Sozialerziehung, Bewegungsarrangements und Körpererfahrung. In: H. Allmer (Hrsg.), Sport und Schule (S. 10). Reinbek: Rowohlt.

Geulen, D. (1981). Ursachen und Risiken einer Alltagswende in der Pädagogik. Zeitschrift für Pädagogik 17, Beiheft, 71–79.

Giese, M. (2007). Erfahrung als Bildungskategorie: Eine sportsemiotische Untersuchung in unterrichtspraktischer Absicht. Aachen: Meyer & Meyer.

Gießing, J. (2002). Das Muskelaufbautraining beim Bodybuilding. Eine kritische Analyse aus sportwissenschaftlicher Sicht. Marburg: Tectum.

Ginzburg, C. (1980). Spurensicherung. Sherlock Holmes, Freud, Morelli – und die Wissenschaft auf der Suche nach sich selbst. Freibeuter 3, 1980, 7–17 und Freibeuter 4, 1980, 11–36.

Glöckel, H. (2001). Besondere Didaktiken: Fach-, Lernbereichs-, Schularten-, Schulstufendidaktik. In: L. Roth (Hrsg.), Pädagogik. Handbuch für Studium und Praxis (S. 761–773). München: Oldenbourg.

Gordijn, C.C.F. (1968). Inleiding tot het bewegingsonderwijs. Baarn: Bosch & Keuning.

Gordijn, C.C.F.; Brink, C. van den; Meerdink, P.; Tamboer, J.W. & Vermeer, A.. (1975). Wat beweegt ons. Baarn: Bosch & Keuning.

Gröben, B. (1995). Paradigmen des Bewegungslernens – Grenzen und Perspektiven. In: R. Prohl & J. Seewald (Hrsg.), Bewegung verstehen. Facetten und Perspektiven einer qualitativen Bewegungslehre (S. 121–154). Schorndorf: Hofmann.

Groos, K. (1921). Das Seelenleben der Kinder. Berlin: Reuther & Reichard.

Größing, S. (1993). Bewegungskultur und Bewegungserziehung. Schorndorf: Hofmann.

Größing, S. (1997/2002^8). Einführung in die Sportdidaktik. Wiebelsheim: Limpert.

Größing, S. (1997a/2007[9]). Einführung in die Sportdidaktik. Lehren und Lernen im Sportunterricht. Wiesbaden: Limpert.

Gruntz-Stoll, J. & Rißland, B. (Hrsg.) (2002). Lachen macht Schule: Humor in Erziehung und Unterricht. Bad Heilbrunn: Klinkhardt.

Grupe, O. (1969). Grundlagen der Sportpädagogik. Anthropologische und didaktische Untersuchungen. München: Barth.

Grupe, O. (1982). Bewegung, Spiel und Leistung im Sport. Grundthemen der Sportanthropologie. Schorndorf: Hofmann.

Grupe, O. (1984). Grundlagen der Sportpädagogik: Körperlichkeit, Bewegung und Erfahrung im Sport. Schorndorf: Hofmann.

Grupe, O. (1985). Anthropologische Grundfragen der Sportpädagogik. In: G. Hecker & H. Denk (Hrsg.), Texte zur Sportpädagogik Teil 2 (S. 35–61). Schorndorf: Hofmann.

Grupe, O. (2003). Grundzüge und Themen einer sportbezogenen Anthropologie. In: M. Krüger (Hrsg.), Menschenbilder im Sport (S. 20–37). Schorndorf: Hofmann.

Grupe, O.; Gabler, H. & Göhner, U. (Hrsg.) (1983). Spiel – Spiele – Spielen. Schorndorf: Hofmann.

Grupe, O.; Kurz, D. (2003). Sportpädagogik. In: R. Prohl, u.a. (Hrsg.) Sportwissenschaftliches Lexikon. (527). Schorndorf: Hofmann.

Gruschka, A. (2002). Didaktik. Das Kreuz mit der Vermittlung. Elf Einsprüche gegen den didaktischen Betrieb. Wetzlar: Büchse der Pandora.

Gruschka, A. & Martin, E. (2002). Die Klippert-Schule als Retterin in der Not? Frankfurter Rundschau vom 25. 07. 2002.

Gudjons, H. & Winkel, R. (1999). Didaktische Theorien. Hamburg: Bergmann & Helbig.

Gudjons, H. (2006). Neue Unterrichtskultur – veränderte Lehrerrolle. Bad Heilbrunn: Klinkhardt.

Gugutzer, R. (2004). Soziologie des Körpers. Bielefeld: Transcript.

Gugutzer, R. (Hrsg.) (2006). body turn. Perspektiven der Soziologie des Körpers und des Sports. Bielefeld: Transcript.

Güldenpfennig, J. (1996). Philosophie der sportlichen Leistung. In: H. Haag (Hrsg.), Sportphilosophie. Ein Handbuch (S. 173–208). Schondorf: Hofmann.

Habel, J. (2002). Lehrmeister der Tanzkunst. 92 Jugendliche, darunter drei Jungen, tanzten fünf Stunden lang unter der Anleitung von Choreograf „Dee" in der Tanzschule Schell. Fränkische Nachrichten vom 04. Juli 2002.

Hage, K. (1985). Das Methoden-Repertoire von Lehrern. Opladen: Leske & Budrich.

Hagedorn, G. (1990). Spielfähigkeit – ein entbehrliches Konstrukt? In: G. Hagedorn & R. Andersen (Hrsg.), Allgemeine und sportspezifische Spielfähigkeit (S. 20–31). Hamburg.

Harrison, J. (2007). Wenn Töne Farben haben. Synästhesie in Wissenschaft und Kunst. Heidelberg: Spektrum Akademischer Verlag.

Hecker, G. (2007). Welchen Sinn haben Bildungsstandards für den Sportunterricht an allgemeinbildenden Schulen? In: S. Schröder & M. Holzweg (Hrsg.), Die Vielfalt der Sportwissenschaft (S. 141–148). Schorndorf: Hofmann.

Heimann, P.; Otto F. & Schulz, W. (1979). Unterricht. Analyse und Planung. Hannover: Schroedel.

Helmke, A. (2003). Unterrichtsqualität erfassen, bewerten, verbessern. Seelze: Kallmeyer.

Hentig, H. v. (1972). Lerngelegenheiten für den Sport. Sportwissenschaft, 2 (2), 239–257.

Hentig, H. v. (1973). Schule als Erfahrungsraum. Stuttgart: Klett.

Hentig, H. v. (1982). Erkennen durch Handeln. Versuche über das Verhältnis von Pädagogik und Erziehungswissenschaft. Stuttgart: Klett.

Hentig, H. v. (1993). „Humanisierung" Eine verschämte Rückkehr zur Pädagogik? Andere Wege zur Veränderung der Schule. Stuttgart: Klett.

Hentig, H. v. (1999). Abstand vom Zeitgeist. Die Pädagogik prüft sich selbst: 25 Jahre Bielefelder Laborschule und Oberstufen-Kolleg – Ein aktueller Kommentar. Frankfurter Rundschau vom 10.09.1999.

Hentig, H. v. (2007[7]). Bildung. Ein Essay. Weinheim & Basel: Beltz.

Herron, R.E. & Sutton-Smith, B. (Hrsg.) (1971). Child's Play. New York: Wiley.

Herzog, C. (1997). Der Mensch zwischen Distanz und Ausdruck. Zur Bedeutung der Leiblichkeit in der philosophischen Anthropologie Helmuth Plessners (S. 61–74). In: E. List & E. Fiala (Herg.), Leib, Maschine, Bild. Körperdiskurse der Moderne und Postmoderne, Wien.

Heursen, G. (1997). Ungewöhnliche Didaktiken. Hamburg: Bergmann & Helbig.

Hildebrandt-Stramann, R. (1999). Bewegte Schulkultur. Schulentwicklung in Bewegung Butzbach-Griedel: Afra.

Hildebrandt-Stramann, R. (2003). Vom Kopf auf die Füße – Lehren und Lernen in einer bewegten Lernkultur. In: Zimmer, R. (Hrsg.): Kindheit in Bewegung. Kongressbericht.

Hildebrandt-Stramann, R. & Probst, A. (2006). Ästhetische Erziehung im Sportunterricht der Grundschule. Ästhetisches Verhalten als Ausdruck produktiver Sinnlichkeit. In: J. Kahlert; G. Lieber & S. Binder (Herg.). Ästhetisch bilden. Begegnungsintensives Lernen in der Grundschule. (183–199). Braunschweig: Westermann.

Hildebrandt-Stramann, R. & Stramann, B. (2004). Nur nicht runterfallen – Balancieren üben an selbst gebauten Balancierstationen. In: Sportpädagogik 28, Heft 2.

Hildenbrandt, E. (2001). Formstufen des Sports. In: G. Friedrich (Hrsg.), Zeichen und Anzeichen. Analysen und Prognosen des Sports (S. 45–60). Hamburg: Czwalina.

Hirtz, P. & Hummel, A. (2004). Motorisches Lernen im Sportunterricht. In: H. Mechling & J. Munzert (Hrsg.), Handbuch Bewegungswissenschaft – Bewegungslehre (S. 429–441). Schorndorf: Hofmann.

Hoeth, F. (1979). Variabilität und Konstanz als Phänomenologische Kategorien. Gestalt Theory, 1 (1), 19–25.

Horx, M. (2006). Wie wir leben werden. Unsere Zukunft beginnt jetzt. Frankfurt & New York: Campus.

Hossner, E.-J. (1997). Der Rückschlagbaukasten: ein integratives Konzept für das Techniktraining. In: B. Hoffmann & P. Koch (Hrsg.), Integrative Aspekte in Theorie und Praxis der Rückschlagspiel (S. 25–40). Hamburg: Czwalina.

Hotz, A. (1978). Trainingslehre – eine Art Philosophie des Trainers. In: Neue Zürcher Zeitung (NZZ) vom 23./23.07.

Hotz, A. (1991). Praxis der Trainings- und Bewegungslehre. Aarau/Frankfurt/M./Salzburg: Diesterweg.

Hotz, A. (1994). Vielseitigkeit hat viele Gesichter. Leichtathletiktraining, 5 (1 + 2), 3–7.

Hummel, A. (1997). Die körperlich-sportliche Grundlagenbildung – immer noch aktuell? In: E. Balz & P. Neumann (Hrsg.), Wie pädagogisch soll der Schulsport sein? (S. 47–62). Schorndorf: Hofmann.

Hummel, A. (2001). Nicht „nur" Sport treiben lernen ...(?) oder die Gefahr überzogener sportpädagogischer Ansprüche. Brennpunkt, Sportunterricht, 50 (1), S. 1.

Hummel, A. (2002). PISA-Studie und ihre Konsequenzen für den Schulsport. Leipziger Sportwissenschaftliche Beiträge, 43 (2), 1–13.

Hummel, A. & Krüger, M. (2006). Qualitätskriterien und Bildungsstandards. Sportunterricht, 55 (2), 35.

Hummel, A. & Zeuner, A. (2006). Ein Kompetenzmodell für das Fach Sport als Grundlage für die Bestimmung von Qualitätskriterien für Unterrichtsergebnisse. Sportunterricht, 55 (2), 40–44.

Hunger, I. & Thiele, J. (2000). Qualitative Forschung in der Sportwissenschaft (25 Absätze). Forum Qualitative Sozialforschung (Online Journal) 1, (1). Zugriff am 13. April 2007 unter http://qualitative-research.net/fqs.

Jäger, U. (2004). Der Körper, der Leib und die Soziologie. Entwurf einer Theorie der Inkorporation, Königstein.

Jakob, M. (2003). Erkennen durch Handeln. Möglichkeiten einer erfahrungsorientierten, praktischen Unterrichtslehre des Sport- und Bewegungsunterrichts. Baltmannsweiler: Schneider-Hohengehren.

Kahlert, J. (Hrsg.) (2006). Ästhetisch bilden: begegnungsintensives Lernen in der Grundschule, Braunschweig: Westermann.

Kahlert, J.; Lieber, G. & Binder, S. (2006). Ästhetische Bildung – auf dem Weg zu einer Ästhetik des Lehrens und Lernens. In: J. Kahlert; G. Lieber & S. Binder (Herg.). Ästhetisch bilden. Begegnungsintensives Lernen in der Grundschule. (12–35). Braunschweig: Westermann.

Kaiser, H.-J. (1972). Erkenntnistheoretische Grundlagen pädagogischer Methodenbegriffe. In: P. Menck & G. Thoma (Hrsg.), Unterrichtsmethode. Institution, Reflexion, Organisation (S. 129–144). München: Kösel.

Kantaneva, M. (2005). Nordic Walking. Das Original. Aachen: Meyer & Meyer.

Kassner, D. (2002). Humor im Unterricht – Bedeutung – Einfluss – Wirkungen. Können schulische Leistungen und berufliche Qualifikation durch pädagogischen Humor verbessert werden? Hohengehren: Schneider.

Kataria, M. (1999). Laugh for no Reason. Mumbai: Madhuri International.

Kiphard, E.J. (1999). Humor, Komik und Lachen als therapeutische Elemente. In: Praxis der Psychomotorik, 12, Heft 4, S. 236–240.

Klafki, W. (1964). Das pädagogische Problem der Leistung und der Leibeserziehung. In: ADL (Hrsg.), Die Leistung (S. 33–58). Schorndorf: Hofmann.

Klafki, W. (1975). Studien zur Bildungstheorie und Didaktik. Weinheim und Basel: Beltz.

Klafki, W. (1976). Aspekte kritisch-konstruktiver Erziehungswissenschaft. Gesammelte Beiträge zur Theorie-Praxis-Diskussion. Weinheim und Basel: Beltz.

Klafki, W. (1976a). Replik auf Peter Mencks „Anmerkungen zum Begriff der Didaktik". Zeitschrift für Pädagogik, 22 (5), 803–810.

Klafki, W. (1994). Schlüsselprobleme als inhaltlicher Kern internationaler Erziehung. In: N. Siebert & H. Serve (Hrsg.), Bildung und Erziehung an der Schwelle zum dritten Jahrtausend (S. 136–161). München: Wittich.

Klafki, W. (1996[5]). Neue Studien zur Bildungstheorie und Didaktik. Zeitgemäße Allgemeinbildung und kritisch-konstruktive Didaktik. Weinheim & Basel: Beltz.

Klafki, W. (1999). Die bildungstheoretische Didaktik im Rahmen kritisch-konstruktiver Erziehungswissenschaft. In: H. Gudjons & R. Winkel (Hrsg.), Didaktische Theorien (S. 13–34). Hamburg: Bergmann & Helbig.

Klafki, W. (2001). Bewegungskompetenz als Bildungsdimension. In: R. Prohl (Hrsg.), Bildung und Bewegung (S. 19–28). Hamburg: Czwalina.

Kleining, G. (2001a). Sozialer Wandel. In: L. Roth (Hrsg.), Pädagogik. Handbuch für Studium und Praxis (S. 225–235). München: Oldenbourg.

Kleining, G. (2001b). Soziale Klassen, soziale Schichten, soziale Mobilität, Lebenswelten. In: L. Roth (Hrsg.), Pädagogik. Handbuch für Studium und Praxis (S. 236–243). München: Oldenbourg.

Kleinmann, B. (2002). Das ästhetische Weltverhältnis: eine Untersuchung zu den grundlegenden Dimensionen des Ästhetischen, München: Fink.

Klippert, H. (2006). Methodentraining. Übungsbausteine für den Unterricht. Weinheim: Beltz.

Kluge, F. (2002). Etymologisches Wörterbuch der deutschen Sprache. Bearbeitet von Seebold, E. Berlin & New York: Walter De Gruyter.

Klupsch-Sahlmann, R. & Kottmann, L. (1992). Zum Phänomen Angst. Sportpädagogik, 5, S. 7–16.

Klupsch-Sahlmann, R. & Laging, R. (2001). Schulen in Bewegung. Sportpädagogik, 25 (2), 4–10.

Köck, P. (2002). Didaktik. In: P. Köck & H. Ott (Hrsg.), Wörterbuch für Erziehung und Unterricht (S. 135–136). Donauwörth: Auer.

Kolb, M. (1996). Streetball als jugendkulturelle Bewegungsform. Sportunterricht, 45 (10), 412–422.

Kolb, M. (Hrsg.) (2006). Empirische Schulsportforschung. Butzbach-Griedel: Afra.

König, S. (2004). Vorwort des Herausgebers. In: R. Braun, A. Goriss, A. & S. König, Doppelstunde Basketball. Unterrichtseinheiten und Stundenbeispiele für Schule und Verein. Schorndorf: Hofmann.

Köppe, G. & Schwier, J. (Hrsg.) (2001). Grundschulsport und Neue Sportarten. Baltmannsweiler: Schneider.

Krawitz, R. (1997). Pädagogik statt Therapie. Vom Sinn individualpädagogischen Sehens, Denkens und Handelns. Bad Heilbrunn: Klinkhardt.

Kretschmer, J. (1995). Zur Auswahl und Ordnung der Inhalte im Hamburger Lehrplan für den Sport in der Grundschule. In: I. Borkenhagen & K. Scherler (Hrsg.), Inhalte und Themen des Schulsports (S. 219–228). St. Augustin: Akademia.

Krick, F. & Prohl, R. (2005). Tendenzen der Lehrplanentwicklung – empirische Befunde einer Lehrplananalyse. Sportunterricht, 54 (8), 231–235.

Krick, F. (2006). Bildungsstandards–auch im Sportunterricht? Sportunterricht, 55 (2), 36–39.

Kröger, C. & Roth (1999/2002). Ballschule – Ein ABC für Spielanfänger. Schorndorf: Hofmann.

Kron, F. W. (2000). Grundwissen Didaktik. München: Reinhardt.

Krüger, H.P. (2000). Das Spiel zwischen Leibsein und Körperhaben. Helmuth Plessners Philosophische Anthropologie. Deutsche Zeitschrift für Philosophie, 48, 289–318.

Küpper, J.; Menke, C. (Hrsg.) (2003). Dimensionen ästhetischer Erfahrung, Frankfurt am Main: Suhrkamp Verlag.

Kurz, D. (1990³). Elemente des Schulsports. Schorndorf: Hofmann. (1. Auflage: 1977).

Kurz, D. (1995). Handlungsfähigkeit im Sport. Leitidee eines mehrperspektivischen Unterrichtskonzeptes. In: A. Zeuner, G. Senf & S. Hofmann (Hrsg.), Sport unterrichten – Anspruch und Wirklichkeit (S. 41–48). St. Augustin: Academia.

Kurz, D. (1998). Lektion 1: Worum geht es in einer Methodik des Sportunterrichts? In: Bielefelder Sportpädagogen (Hrsg.), Methoden im Sportunterricht. Ein Lehrbuch in 14 Lektionen (S. 9–24). Schorndorf: Hofmann.

Kurz, D. (2004). Von der Vielfalt sportlichen Sinns zu den pädagogischen Perspektiven im Schulsport. In: P. Neumann & E. Balz (Hrsg.), Mehrperspektivischer Sportunterricht. Orientierungen und Beispiele (S. 57–70). Aachen: Meyer & Meyer.

Küßner, G. (2002). Beach-Volleyball im Sportunterricht Konzeption, Implementation und quasiexperimentelle Wirksamkeitsanalyse eines Unterrichtsmodells für eine Trendsportart. Hamburg: Czwalina.

Laging, R. (2000). Methoden im Sportunterricht. Sportpädagogik, 24 (5), 2–9.

Laging, R. (2006). Methodisches Handeln im Sportunterricht. Grundzüge einer bewegungspädagogischen Unterrichtslehre. Seelze: Kallmeyer.

Laging, R. & Pott-Klindworth, M. (2005) (Hrsg.). Bildung und Bewegung im Schulsport. Butzbach-Griedel: Afra.

Lamnek, S. (1988). Qualitative Sozialforschung. Bd. 1. Methodologie. München; Weinheim: Beltz.

Lamnek, S. (2005). Qualitative Sozialforschung. Lehrbuch. Weinheim, Basel: Beltz.

Lamprecht, M. & Stamm, H. (1998). Vom avantgardistischen Lebensstil zur Massenfreiheit. Eine Analyse des Entwicklungsmusters von Trendsportarten. Sportwissenschaft, 28 (3–4), 370–387.

Landau, G. (1985). „Rezension" als handlungsleitende Evaluation. In: K. Egger (Hrsg.), Unterrichtsdiagnostik (S. 174–178). Bern: Universitätsdruck.

Landau, G. (1991). Erfahrung aus erster Hand. In: S. Redl, R. Sobotka & A. Russ (Hrsg.), Theorie und Praxis der Leibesübungen (S. 118–124). Wien: Österreichischer Bundesverlag.

Landau, G. (2001). Was kann die Sportdidaktik von Martin Wagenschein lernen? In: R Zimmer (Hrsg.), Erziehen als Aufgabe. Sportpädagogische Reflexionen (S. 252–260). Schorndorf: Hofmann.

Landau, G. (2003). Lernwege beweglich halten. In: I. Bach & H. Siekmann (Hrsg.), Bewegung im Dialog. (S.53–59). Hamburg: Czwalina.

Landau, G. & Maraun H.-K. (1993). Spielen lernen – genetisch lehren. Gedanken zur Wiederbelebung der Kleinen Spiele. In: R. Prohl, (Hrsg.), Facetten der Sportpädagogik (S. 74–81). Schorndorf: Hofmann.

Landweer, H. (2008). Denken in Raumkategorien. Situation, Leib und Bedeutung bei Helmuth Plessner und Hermann Schmitz. In: B. Accarino & M. Schloßberger (Herg.). Expressivität und Stil. Helmuth Plessners Sinnes- und Ausdrucksphilosophie (S. 235–252). Internationales Jahrbuch für Philosophische Anthropologie (Hrsg. v. B Accarino, J. de Mul & H.P. Krüger, Bd 1, Berlin: Akademie Verlag.

Lange, H. (1998). Schwimmunterricht in der siebten Klasse. Eine körpererfahrungsbezogene Realisation des schuleigenen Arbeitsplanes. Unveröffentlichte 2. Staatsexamensarbeit. Eingereicht am Studienseminar Kassel II. Hofgeismar und Kassel.

Lange, H. (2001). Mit Koordinationsübungen „Lebendigen Schwimmunterricht" planen. Lehrhilfen für den Sportunterricht, 50 (9), 1–6.

Lange, H. (2002). Bewegungslernen an der Half-Pipe. Konsequenzen für die Methodik des Sportunterrichts? Bewegungserziehung, 56 (6), 3–11.

Lange, H. (2003a). Laufspiele zwischen kindlichen Bedürfnissen und Trainingskriterien. In: H. Lange, Laufen, Fangen und Trainieren. 110 Spiele für Schule und Verein (S. 7–27). Wiebelsheim: Limpert.

Lange, H. (2003b). Das Lachen und der Beginn des so genannten Ernst des Lebens. sportpraxis, 44, 3, 4–10.

Lange, H. (2003c). Fachbücher – Literaturüberblick zur Sportpädagogik und Sportdidaktik. Sportpraxis, 44 (2), 39–45; (5), 50–54.

Lange, H. (2003d). Projektmethode: Eigene Ideen, Fragen und Probleme zum Thema von Lernprozessen machen. Sportpraxis, 44 (1), 4–7.

Lange, H. (2004a). Tanzen: Ein Feld zwischen ästhetischer Erziehung und trainingsbezogenem Drill. Sportpraxis, Themenheft Tanzen, 4–5.

Lange, H. (2004b). Das Erfahren der Differenz lehrt. Sich Abdrücken und Gleiten im Wasser. Sportpädagogik, 28 (2), 30–33.

Lange, H. (2004c). Das Unterrichtsgeschehen ordnen und Lernprozesse ermöglichen? Vom Für und Wider der methodischen Übungsreihe. Sportpraxis, 45 (3), 4–10.

Lange, H. (2005a). Facetten qualitativen Bewegungslernens. Ausgewählte Schlüsselbegriffe, konzeptionelle Orientierungen und bewegungspädagogische Leitlinien. Band 24 der Schriftenreihe Bewegungslehre & Bewegungsforschung. Immenhausen bei Kassel: Prolog.

Lange, H. (2005b). Basiskompetenzen für den Sportunterricht in der Grundschule. Ein Plädoyer zur Problemlösekompetenz im Sport. Sportpraxis, 45 (1), 4–10.

Lange, H. (2005c). Lehrkunst im Sport. „Liebe Leser, seid gegrüßt! Didaktik heißt Lehrkunst". Sportpraxis, 46 (3), 4–10.

Lange, H. (2006a). Im Sportunterricht an Problemen lernen. Probleme erkennen, angehen und lösen als sportartübergreifende Lern- und Bildungsgelegenheit verstehen? Sportpraxis, 47 (3), 4–10.

Lange, H. (2006b). Hürdenlaufen im Sportunterricht. Was ist das Problem und wie soll es „in Szene" gesetzt werden? Sportpraxis, 47 (4), 4–11.

Lange, H. (2007a). Kinderwelten sind Bewegungswelten. Zur Bedeutung des kindlichen „Sich-Bewegens" im Kontext der bewegungspädagogisch orientierten Schulentwicklungsarbeit. Sportpraxis, 47 (1), 4–10.

Lange, H. (2007b10). Was ist Training – Wie wird Training gestaltet? In: V. Scheid, R. Prohl (Hrsg.) & H. Lange (Red.), Kursbuch II. Trainingslehre (S. 11–53). Wiebelsheim: Limpert.

Lange, H. (2008). Bildungsstandards für den Sportunterricht? Zum Widerspruch zwischen allgemeinen Normierungsversuchen und den notwendigen Unwägbarkeiten einer entwicklungsförderlichen Bewegungspädagogik. In: P. Dines, u.a. (Hrsg.). Integration von Wissenschaft, Bildung, Kultur: Russland – Deutschland. Materialien der internationalen wissenschaftlichen praxisbezogenen Konferenz 17.–18.09.2007. SSPU (S. 121–153). Samara: Universitätsverlag.

Lange, H. (2009a). Der Sport in seinem Modellcharakter für menschliches Handeln. Eine wissenschaftskritische Spurensuche im Kontext (sport-)wissenschaftlicher Entwicklungstendenzen. In: H. Lange, H. & W. Mengisen (Herg.). Arturo Hotz. Annäherung an ein Phänomen. Hommage an Prof. Dr. Arturo Hotz. (S. 4–15) Hinterkappelen & Bern: Marti Media.

Lange, H. (2009b). Methoden im Sportunterricht. Lehr-/Lernprozesse anleiten, öffnen und einfallsreich inszenieren. In: H. Lange & S. Sinning (Hrsg.),), Handbuch Sportdidaktik (S. 294–318). Balingen: Spitta.

Lange, H. (2010). Erfahrungslernen. Das „Sich-Bewegen" problemorientiert, entdeckend und dialogisch „in Szene" setzen. In: H. Lange & S. Sinning (Hrsg.), Handbuch Methoden im Sport (S. 37–55). Balingen: Spitta Verlag.

Lange, H. (2012). Methoden im Sport – Ein Handbuch. Prolegomena zu einer interdisziplinären Studienbuchkonzeption für das Lehren und Lernen in den Handlungsfeldern von Bewegung, Spiel und Sport. Würzburger Beiträge zur Sportwissenshaft Band 7. Göttingen: Cuvillier.

Lange, H. & Klenk, E. (2010). Bewegungs- und Wahrnehmungserziehung im Kontext Ästhetischer Bildung. In: H. Lange & S. Sinning (Hrsg.), Handbuch Methoden im Sport (S. 184–202). Balingen: Spitta Verlag.

Lange, H. & Sinning, S. (2002). Werfen und Fangen. Sportpädagogik, 26 (6), 5–11.

Lange, H. & Sinning, S. (2008a). Themenkonstruktion des Sport- und Bewegungsunterrichts. Pädagogische Analysen und Erläuterungen zum Implikationszusammenhang aus Zielen, Inhalten und Methoden. Baltmannsweiler: Schneider.

Lange, H. & Sinning, S. (2008b). Analysen zum Gegenstand bewegungspädagogischen Handelns. An Beispielen innovativen Sporttreibens und den Grundthemen des „Sich-Bewegens" aufgezeigt. Baltmannsweiler: Schneider.

Lange, H. & Sinning, S. (Hrsg.) (2009a). Handbuch Sportdidaktik. Balingen: Spitta.

Lange, H. & Sinning, S. (2009b). Einleitung in die Sportdidaktik. In: Lange, H. & Sinning, S. (Hrsg.), Handbuch Sportdidaktik (S. 11–21). Balingen: Spitta Verlag.

Lange, H. & Sinning, S. (2009c). Sportdidaktisches Forschen. In: H. Lange & S. Sinning (Hrsg.), Handbuch Sportdidaktik (S. 133–151). Balingen: Spitta.

Lange, H. & Sinning, S. (2009d). Bewegungsspiele – Kleine Spiele. Spiele verstehen, systematisieren und erfinderisch spielen können. In: H. Lange & S. Sinning (Hrsg.), Handbuch Sportdidaktik. (S. 340–358). Balingen: Spitta.

Lange, H. & Sinning, S. (2010). Methoden im Sport – Themen- und Sacherschließung im Lichte eines pädagogischen Zugangs. In: H. Lange & S. Sinning (Hrsg.) Handbuch Methoden im Sport (S. 18–35). Balingen: Spitta Verlag.

Lange, H. & Sinning, S. (2012a). Inhalte und Themen im erziehenden Sportunterricht. Themenkonstitution in den Individualsportarten Leichtathletik und Schwimmen. Band 3. Baltmannsweiler: Schneider.

Lange, H. & Sinning, S. (2012b). Spielen lehren und lernen. Themenkonstitution im Bewegungs- und Sportspielunterricht. Band 4. Baltmannsweiler: Schneider.

Lange, H. & Sinning, S. (2012c). Neue Sportarten und Bewegungsfelder für den Sportunterricht. Innovatives Lehren und Lernen im Lichte der Themenkonstitution. Band 6. Baltmannsweiler: Schneider.

Lange, H. & Sinning, S. (2012d). Bewegungsthemen für den Sportunterricht. Eine bewegungspädagogische Grundlegung im Lichte der Themenkonstitution Band 5 der Schriftenreihe Forschungs- und Lehrzusammenhang Themenkonstitution. Baltmannsweiler: Schneider.

Lange, H. & Sowa, H. (2004). Ästhetische Selbstwahrnehmung und Selbstbildung. Identitätskonstruktionen in jugendkulturellen Bewegungspraktiken. Kunst und Unterricht, (283), 42–44.

Lange, H. & Wagner, A. (2003). Bewegung als Spiel – Bewegungsspiele. In: G. Köppe & J. Schwier (Hrsg.), Handbuch Grundschulsport (S. 315–333). Baltmannsweiler: Schneider-Hohengehren.

Lange, H. & Woll, A. (2005). Basiskompetenzen für den Bewegungsunterricht in der Grundschule. Grundschule, 37 (1), 34–36.

Lange, He. (2001). Gymnastik und Tanz im Kontext ästhetischer Erziehung. In: W. Günzel & R. Laging (Hrsg.), Neues Taschenbuch des Sportunterricht Band 2. (S. 268–291). Baltmannsweiler: Schneider.

Lange, J. (1984). Sportdidaktik und Lehreralltag – Zur Entwicklung eines gespannten Verhältnisses. In: ADL (Hrsg.), Schüler im Sport – Sport für Schüler (S. 117). Schorndorf: Hofmann.

Langer, S. (1979). Philosophie auf neuem Wege. Mittenwald: Mäander.

Lassahn, R. (1993). Grundriss einer Allgemeinen Pädagogik. Heidelberg & Wiesbaden: Quelle & Meyer.

Law, L.C. & Wong, P.W. (1996). Expertise and Instructional Design. In: H. Gruber & A. Ziegler (Hrsg.), Expertiseforschung . Theoretische und methodische Grundlagen (S. 115–147). Opladen: Leske & Budrich.

Leist, K.-H. & Loibl, J. (1984). Aufbau und Bedeutung kognitiver Repräsentationen für das motorische Lernen im Sportunterricht. In: D. Hackfort (Hrsg.), Handeln im Sportunterricht. Psychologisch – didaktische Analysen (S. 268–300). Köln: bps.

Lippitz, W. (1984). Die hermeneutisch-phänomenologische Pädagogik. Westermanns pädagogische Beiträge, 36 (1), 40–44.

Litt, Th. (1963[4]). Naturwissenschaft und Menschenbildung. Heidelberg: Quelle & Meyer.

Loch, W. (1983). Phänomenologische Pädagogik. In: D. Lenzen (Hrsg.), Theorien und Grundbegriffe der Erziehung und Bildung Band 1 Enzyklopädie Erziehungswissenschaft (S. 155–173). Stuttgart: Klett-Cotta.

Loch, W. (1999). Phänomenologische Grundprobleme einer allgemeinen Pädagogik. In: T. Fuhr (Hrsg.), Zur Sache der Pädagogik (S. 290–302). Bad Heilbrunn, Obb: Klinkhardt.

Loosch, E.; Prohl, R. & Gröben, G. (1996). Funktion versus Programm. Aktuelle Probleme und Perspektiven sportwissenschaftlicher Bewegungsforschung. Spectrum der Sportwissenschaften 2, 31–54.

Lüsebrink, I. (2007). Pädagogische Professionalität und stellvertretende Problembearbeitung. Köln: Sportverlag Strauß.

Maraun, H. (1983). Erfahrung als didaktische Kategorie. Sportpädagogik, Sonderheft Annäherungen, Versuche, Betrachtungen: Bewegung zwischen Erfahrung und Erkenntnis, 7, 26–31.

Maraun, H-K. (1987). Sportmethodik. In: H. Eberspächer (Hrsg.), Handlexikon Sportwissenschaft (S. 380–384). Reinbek: Rowohlt.

Mattenklott, G. (1998). Grundschule der Künste. Vorschläge zur Musisch- Ästhetischen Erziehung. Bertmannsweiler: Schneider.

Mattenklott, G. (Hrsg.) (2004). Ästhetische Erfahrung in der Kindheit: theoretische Grundlagen und empirische Forschung, Weinheim; München: Juventa-Verlag.

Mecheril, P. (2002). Kompetenzlosigkeitskompetenz. Pädagogisches Handeln unter Einwanderungsbedingungen. In: G. Auernheimer (Hrsg.), Interkulturelle Kompetenzen und pädagogische Professionalität (S. 15–34). Opladen: Leske & Budrich.

Meinberg, E. (1987). Warum Theorien sportlichen Handelns Anthropologie benötigen! Sportwissenschaft, 17 (1), 20–36.

Meinberg, E. (2003). Leibhaftige Bildung: Die vernachlässigte Bildung. In: W. Schwarzkopf (Hrsg.), Jenseits von Pisa: Welche Bildung braucht der Mensch? (S. 205–216). Künzelsau: Swiridoff.

Merleau-Ponty, M. (1966). Phänomenologie der Wahrnehmung. Berlin: Walter de Gruyter.

Meyer, A.; Schönberg, A. & Wopp, C. (2000). Die verborgenen Talente der Schüler und Schülerinnen. Sportpädagogik, 24 (5), 35–38.

Meyer, H. (1995). Unterrichtsinhalt. In: H.-D. Haller & H. Meyer (Hrsg.), Ziele und Inhalte der Erziehung und des Unterrichts. Band 3 Enzyklopädie Erziehungswissenschaft. (S. 632–640). Stuttgart & Dresden: Klett.

Meyer, H. (2001). Türklinkendidaktik. Aufsätze zur Didaktik, Methodik und Schulentwicklung. Berlin: Cornelsen.

Meyer, H. (2005). Professionalisierung in der Lehrerbildung. In: H. Meyer (Hrsg.): Türklinkendidaktik (S. 199–253). Berlin: Cornelsen Scriptor.

Miethling, W. & Gieß-Stüber, P. (2007). Persönlichkeit, Kompetenzen und Professionelles Selbst des Sport- und Bewegungslehrers. In: P. Gieß-Stüber & W. Miethling (Hrsg.), Beruf: Sportlehrer/in (S. 1–24). Baltmannsweiler: Schneider.

Mollenhauer, K. (1996). Grundfragen ästhetischer Bildung: theoretische und empirische Befunde zur ästhetischen Erfahrung von Kindern, Weinheim [u.a.]: Juventa-Verlag.

Müller, U. & Trebels, A.-H. (1996). Phänomenologie des Sich-Bewegens. In: H. Haag (Hrsg.), Sportphilosophie. Ein Handbuch (S. 119–144). Schorndorf: Hofmann.

Naisbitt, J. & Aburdene, P. (1990). Megatrends 2000. Zehn Perspektiven für den Weg ins nächste Jahrtausend. Düsseldorf & New York: Econ.

Naul, R. (2003). PISA und der Schulsport. Sportunterricht, 52 (5), 131.

Naul, R.; Hoffmann, D.; Telama, R. & Nupponen, H. (2003). PISA-Schock auch im Schulsport? Wie fit sind deutsche und finnische Jugendliche? Sportunterricht, 54 (5), 137–141.

Neuber, N. & Schmidt-Millard, T. (2006). Sport in der Ganztagsschule. Sportpädagogik, 30 (5), 4–13.

Neuber, N. (2007). Zwischen Beliebigkeit und Dirigismus. Didaktische Anmerkungen zur ästhetischen Bewegungserziehung. Sportunterricht (56),9, 273–278.

Neumann, P. & Balz, E. (Hrsg.) (2004). Mehrperspektivischer Sportunterricht. Orientierungen und Beispiele. Schorndorf: Hofmann.

Neumaier, A. (2003, 2006[3]). Koordinatives Anforderungsprofil und Koordinationstraining. Grundlagen – Analyse – Methodik. Köln: Sport und Buch Strauß.

Neumaier, A.; Mechling, H. & Strauß, R. (2002). Koordinative Anforderungsprofile ausgewählter Sportarten. Köln: Sport & Buch Strauß.

Neumann, P. (2004). Erziehender Sportunterricht – Grundlagen und Perspektiven. Baltmannsweiler: Schneider.

Neumann, P.; Kittsteiner, J. & Laßleben, A. (2004). Faszination Frisbee. Übungen Spiele Wettkämpfe. Wiebelsheim: Limpert.

o. A. (2006). Gehirn und Erleben. Synästhesie, Zeitempfinden, Bewusstsein. Spektrum Dossier, 12 (2) 2006.

Oelkers, J. (2004). Didaktik als Bildungslehre. Lehren und Lernen, 30 (3), 3–13.

Oevermann, U. (1996). Theoretische Skizze einer revidierten Theorie professionellen Handelns. In: A. Combe & W. Helsper, Pädagogische Professionalität. Untersuchungen zum Typus pädagogischen Handelns (S. 70–182). Frankfurt a.M.: Suhrkamp.

Ohlert, W. (1998). Den Sport der Strasse in die Schule holen? Zur Einbeziehung von Inline-Skaten, Skateboarden und Biken in den Schulsport. Körpererziehung, 48 (3), 98–101.

Olds, J. (1958). Self-stimulation of the brain. In: Science, 127, 315–324.

Opaschowski, H. (1997). Deutschland 2010. Wie wir morgen leben. Voraussagen der Wissenschaft zur Zukunft der Gesellschaft. Ostfildern: Mairs Geographischer Verlag.

Ostarhild, H. (2002). Wenn Meisterwerke Zähne zeigen. Über das Lachen in der Kunst. Tübingen: Legat.

Peez, G. (2005). Evaluation ästhetischer Erfahrungs- und Bildungsprozesse: Beispiele zu ihrer empirischen Erforschung, München: Kopaed.

Peterßen, W. (2001[6]). Lehrbuch Allgemeine Didaktik. München: Ehrenwirth.

Piaget, J. (1973). Einführung in die genetische Erkenntnistheorie. Frankfurt am Main: Suhrkamp.

Piaget, J. (1975). Nachahmung, Spiel und Traum. Stuttgart: Klett-Cotta.

Plessner, H. (1928). Die Stufen des Organischen und der Mensch. Einleitung in die philosophische Anthropologie. Berlin und Leipzig: W. de Gruyter & Co.

Plessner, H. (1941). Lachen und Weinen. Eine Untersuchung nach den Grenzen menschlichen Verhaltens. Arnheim: van Loghum Slaterus.

Plessner, H. (1950). Lachen und Weinen. Eine Untersuchung nach den Grenzen menschlichen Verhaltens. München: Lehnen.

Plessner, H. (1970). Lachen und Weinen. Philosophische Anthropologie. Frankfurt/Main, S. 11–172.

Plöger, W. (1986). Phänomenologie und ihre Bedeutung für die Pädagogik (S. 187). Paderborn: Schöningh.

Polzin, M. (2001). Welträume – Weltträume. In: Grundschule 33, 10,43–45.

Prange, K. (1986). Bauformen des Unterrichts. Eine Didaktik für Lehrer (2. Auflage). Bad Heilbrunn: Klinkhardt.

Probst, A. (2004). Kinderträume – Bewegungsräume. Baustein: Wir zeigen, was wir können. Landessportbund Hannover (Hrsg.): ÜL C Spezialblock. Hannover.

Prohl, R. (2004). Vermittlungsmethoden – eine erziehungswissenschaftliche Lücke in der Bildungstheorie des Sportunterrichts. In: M. Schierz & P. Frei (Hrsg.), Sportpädagogisches Wissen – Spezifik – Transfer – Transformationen (S. 117–127). Hamburg: Czwalina.

Prohl, R. (2005). Erziehender Sportunterricht. Besprechung zu: Neumann, P. (2004): Erziehender Sportunterricht – Grundlagen und Perspektiven. Sportpädagogik, 29 (2), 46–47.

Prohl, R. (2006). Grundriss der Sportpädagogik. Wiebelsheim: Limpert.

Prohl, R. (2009). Erziehung mit dem Ziel der Bildung: Der Doppelauftrag des Sportunterrichts. In: H. Lange & S. Sinning (Hrsg.), Handbuch Sportdidaktik (S. 40–53). Balingen: Spitta.

Prohl, R. (2010[3]). Grundriss der Sportpädagogik. Wiebelsheim: Limpert.

Prohl, R. & Scheid, V. (2012). Sportdidaktik. Wiebelsheim: Limpert.

Ramseger, J. (1991). Was heißt „durch Unterricht erziehen"? Weinheim & Basel: Beltz.

Reble, A. (1995). Geschichte der Pädagogik, Stuttgart: Klett.

Reich, K. (2006). Konstruktivistische Didaktik. Weinheim: Beltz.

Reichenbach, R. (2007). Philosophie der Bildung und Erziehung. Eine Einführung. Stuttgart: Kohlhammer.

Reichwein, N. (2007). Perspektiven einer Sportart in der Schule. Klettern und seine Bedeutung als pädagogisches Instrument zur Förderung der sozialen Handlungskompetenz. Sportpraxis, 48 (5), 33–35.

Reinmann-Rothmeier, G. & Mandl, H. (2001). Unterrichten und Lernumgebungen gestalten. In: Krapp & Weidenmann (Hrsg.), Pädagogische Psychologie (S. 601–646). Weinheim: Beltz.

Rittelmeyer, C. (2002). Pädagogische Anthropologie des Leibes. Biologische Voraussetzungen der Erziehung und Bildung. Weinheim und München: Juventa.

Rittelmeyer, C. (2005): „Über die ästhetische Erziehung des Menschen": eine Einführung in Friedrich Schillers pädagogische Anthropologie, München: Juventa-Verlag.

Röhrs, H. (1993). Spiel und Sport – pädagogische Grundfragen und Grundlagen. Weinheim: Deutscher Studien Verlag.

Rora, C. (2007). „Bildungsbewegungen zwischen fachlicher und fachübergreifender Orientierung". In: Grundschule Aktuell: Ästhetische Bildung, Heft Nr. 98.

Roscher, W. (1993). Läuterungen, Klärungen. Zu Sinn und Widerspruch Polyästhetischer Erziehung. Ein Interview mit Wolfgang Roscher und Christoph Kittl. In: Sinn und Widerspruch musikalischer Bildung; Beiträge zu „poesis" und „aisthesis" heute (S. 16–17). München: Emil Katzbichler.

Roscher, W. (Hrsg.) (1976). Polyästhetische Erziehung. Theorien und Modelle zur pädagogischen Praxis. Köln: DuMont.

Roth, K. (1991). „Erst das Leichte, dann das Schwere – stufenweise richtig lehre!". Sportpsychologie, 5, (1), 5–10.

Roth, K. (1998). Wie lehrt man schwierige geschlossene Fertigkeiten? In: Bielefelder Sportpädagogen (Hrsg.), Methoden im Sportunterricht. Ein Lehrbuch in 14 Lektionen. 3. Auflage, (S. 85–102). Schorndorf: Hofmann.

Roth, L. (2001a). Forschungsmethoden der Erziehungswissenschaft. In: L. Roth (Hrsg.), Pädagogik. Handbuch für Studium und Praxis (S. 43–80). München: Oldenbourg.

Roth, L. (2001b). Pädagogik. Handbuch für Studium und Praxis (S. 761–773). München: Oldenbourg.

Rothmeier, D. (1989). Experimenteller Tanz: Durch Reduktion zur Vielfalt. In: Sportpädagogik 13, 5, 46–49.

Rumpf, H. (1966/67). 40 Schultage – Tagebuch eines Studienrates. Braunschweig: Westermann.

Rumpf, H. (1996). Über den Zivilisierten Körper und sein Schulschicksal. Pädagogik, 48 (6), 6–9.

Schack, T. (1997). Ängstliche Schüler im Sport. Interventionsverfahren zur Entwicklung der Handlungskontrolle. Schorndorf: Hofmann.

Schalkowski, E. (2005). Rezension und Kritik. Konstanz: UVK Verlagsgesellschaft.

Schaller, H.-J. (1992). Instrumentelle Tendenzen in der Sportpädagogik. Sportwissenschaft, 22, 9–31.

Schaub, H. & Zenke, K. G. (2004). Wörterbuch Pädagogik. München: Deutscher Taschenbuch Verlag.

Scherer, H.G. (2001a). Zwischen Bewegungslernen und Sich Bewegen Lernen. Sportpädagogik, 25 (4), Beilage.

Scherer, H.G. (2001b). Jan lernt Speerwerfen. Eine Lerngeschichte. Sportpädagogik, 25 (4), 2–5.

Scherer, H.-G. (2009). Zum Gegenstand von Sportunterricht: Bewegung, Spiel und Sport. In: H. Lange & S. Sinning (Hrsg.), Handbuch Sportdidaktik (S. 24–39). Balingen: Spitta.

Scherler, K. (2006). Sportwissenschaft und Schulsport: Trends und Orientierungen (2) Sportdidaktik. Sportunterricht, 55 (10), 291–297.

Scherler, K. H. (1975). Sensomotorische Entwicklung und materiale Erfahrung. Schorndorf: Hofmann.

Scherler, K. H. (1989). Elementare Didaktik. Vorgestellt an Beispielen aus dem Sportunterricht. Weinheim und Basel: Beltz.

Scherler, K. H. (1994). Legitimationsprobleme des Schulsports. Sportpädagogik, 18 (1), 5–9.

Scherler, K. H. (2004). Sportunterricht auswerten – eine Unterrichtslehre. Hamburg: Czwalina.

Scherler, K. H. & Schierz, M. (1993). Sport unterrichten. Schorndorf: Hofmann.

Scheuerl, H. (1958). Die exemplarische Lehre. Sinn und Grenzen eines didaktischen Prinzips. Tübingen: Max Niemeyer.

Scheuerl, H. (1973). Spiel und Bildung. In: A. Flitner (Hrsg.), Das Kinderspiel (S. 18–29). München: Piper.

Scheuerl, H. (1994). Das Spiel – Untersuchungen über sein Wesen, seine pädagogischen Möglichkeiten und Grenzen. Band 1. Weinheim & Basel: Beltz.

Scheuerl, H. (1997). Das Spiel – Theorien des Spiels, Band 2. Weinheim & Basel: Beltz.

Schierz, M. (1986). Spielregeln. Spiele regeln. Sportpädagogik, 10 (4), 7–14.

Schierz, M. (1996). Didaktik als Magd? Skeptische Anmerkungen zur Notwendigkeit multidisziplinärer Schulsportforschung. Spectrum der Sportwissenschaften, 8 (2), 79–85.

Schierz, M. (1997). Narrative Didaktik: Von den großen Entwürfen zu den kleinen Geschichten im Sportunterricht. Weinheim: Beltz.

Schierz, M. (2001). Struktur sportpädagogischer Prozesse – Inhalte und Themen. In: H. Haag & A. Hummel (Hrsg.), Handbuch Sportpädagogik. Band 133 der Schriftenreihe Beiträge zur Lehre und Forschung im Sport (S. 185–191). Schorndorf: Hofmann.

Schierz, M. & Thiele, J. (2005). Schulsportentwicklung im Spannungsfeld von Ökonomisierung und Standardisierung. In: A. Gogoll & A. Menze-Sonneck (Hrsg.), Qualität im Schulsport (S. 28–41). Hamburg: Feldhaus.

Schierz, M. & Thiele, J. (2004). Schulsportentwicklung im Spannungsfeld von Ökonomisierung und Standardisierung – Anmerkungen zu einer (noch) nicht geführten Debatte. Spectrum der Sportwissenschaften, 16 (2), 47–6.

Schildmacher, A. (1998). Trends und Moden im Sport. dvs-Informationen, 13 (2), 14–19.

Schmid, W. (2004). Ist das Leben ein Spiel? Philosophische Überlegungen zur Lebenskunst. Psychologie heute, 5, 20–24.

Schmidt, W. (2006). Kindersport-Sozialbericht des Ruhrgebiets. Hamburg: Czwalina.

Schmidt, W.; Hartmann-Tews, I. & Brettschneider, W.-D. (Hrsg.) (2006). Erster Deutscher Kinder- und Jugendsportbericht. Schorndorf: Hofmann.

Schröder, H. (2001). Didaktisches Wörterbuch. München: Oldenbourg.

Schubert, F. (1981). Psychologie zwischen Start und Ziel. Berlin: Volk und Wissen.

Schultheis, K. (2004). Leiblichkeit als Dimension kindlicher Weltaneignung. Leibphänomenologische und erfahrungstheoretische Aspekte einer Anthropologie kindlichen Lernens (S. 93–171) In: L. Duncker, A. Scheunpflug & K. Schultheis (2004), Schulkindheit. Anthropologie des Lernens im Schulalter. Stuttgart: Kohlhammer.

Schulz, N. (2004). Besprechung zu: Funke-Wienecke, J. (2004). Bewegungs- und Sportpädagogik. Wissenschaftstheoretische Grundlagen – zentrale Ansätze. Baltmannsweiler: Schneider. In: E. Beckers & T. Schmidt-Millard (Hrsg.), Jenseits von Schule: Sportpädagogische Aufgaben in außerschulischen Feldern (S. 178–182). Butzbach – Griedel: Afra.

Schulz, W. (1997). Ästhetische Bildung. Beschreibung einer Aufgabe. Weinheim und Basel: Beltz.

Schwänke, U. (1988). Der Beruf des Lehrers. Professionalisierung und Autonomie im historischen Prozess. Weinheim und München: Juventa.

Schwier, J. (1996). Skating und Streetball im freien Bewegungsleben von Kindern und Jugendlichen. In: W. Schmidt (Hrsg.), Kindheit und Sport – gestern und heute (S. 71–83). Hamburg: Czwalina.

Schwier, J. (1997). Körper – Coolness – Könnerschaft. Sportive Streetszenen der MTV-Generation. In: Jahresheft Schüler '97: Stars, Idole, Vorbilder (S. 90–93). Seelze: Friedrich.

Schwier, J. (1998a). „Do the right things" – Trends im Feld des Sport. dvs-Informationen, 13 (2), 7–13.

Schwier, J. (1998b). Der Schulsport und die beschleunigte Jugendkultur. Kann (und soll) der Schulsport die beschleunigte Jugendkultur pädagogisch einholen? Sportunterricht, 47 (1), 13–21.

Schwier, J. (2000). Schulsport zwischen Tradition und kultureller Dynamik. Sportunterricht, 49 (12), 383–387.

Schwier, J. (2003). Was ist Trendsport? In: C. Breuer & H. Michels (Hrsg.), Trendsport. Modelle, Orientierungen, und Konsequenzen. Band 14 der Schriftenreihe Sport & Freizeit (S. 18–31). Aachen: Meyer & Meyer.

Seel, M. (1995). Die Zelebration des Unvermögens – Zur Ästhetik des Sports. In: V. Gerhardt & B. Wirkus (Hrsg.), Sport und Ästhetik (S. 113–125). St. Augustin: Academia.

Sieland, P. (2003). Trendsportarten in der Schule: Situationsanalyse, empirische Studie und hochschuldidaktische Konsequenzen. Berlin: Dissertation.de.

Sinning, S. (2003). Fußball lehren und lernen. Handlungsökologische Hintergründe eines spielbezogenen Vermittlungskonzepts. Hamburg: Kovac.

Sinning, S. (2004). Innovative Lehr-Lernformen im Sport. Ungewöhnliches tun und dabei alle Beteiligten verwickeln, kann Fortschritt bedeuten. Sportpraxis, 45 (1), 4–9.

Sinning, S. (2005). Spiele erfinden – erfinderisch spielen! Sportpädagogik, 29 (3), S. 4–8.

Skowronek, H. (2001). Lernen und Lerntheorien. In: L. Roth (Hrsg.), Pädagogik Handbuch für Studium und Praxis (S. 212–224). München: Oldenbourg.

Söll, W. (1996). Sportunterricht – Sport unterrichten. Schorndorf: Hofmann.

Söll; W. & Kern, U. (2005). Praxis und Methodik der Schulsportarten. Schorndorf: Hofmann.

Spitzer, M. (2006). Lernen. Gehirnforschung und die Schule des Lebens. Heidelberg: Spektrum Akademischer Verlag.

Sportpädagogik (Zeitschrift). Themenhefte „Vermitteln" (5/95), „Methoden im Sportunterricht" (5/2000). Seelze: Friedrich.

Stadler, R. (2003). Methodik des Sportunterrichts. In: P. Röthig & R. Prohl (Hrsg.), Sportwissenschaftliches Lexikon (S. 366). Schorndorf: Hofmann.

Stelter, R. (2001). Die identitätsstiftende Bedeutung der menschlichen Bewegung. In: K. Moegling (Hrsg.), Integrative Bewegungslehre Teil I. Gesellschaft, Persönlichkeit, Bewegung (S. 268–291). Immenhausen: Prolog.

Stibbe, G. (2000). Vom Sportartenprogramm zum erziehenden Sportunterricht. Sportunterricht, 49 (7), 212–219.

Stiehler, G. (1966, 1974). Methodik des Sportunterrichts. Berlin: Volk und Wissen.

Straus, E. (1956). Vom Sinn der Sinne. Göttingen Heidelberg: Springer.

Sutton-Smith, B. (1978). Die Dialektik des Spiels. Schorndorf: Hofmann.

Sutton-Smith, B. (1988). Spiel und Sport als Potential der Erneuerung. In: A. Flitner (Hrsg.), Das Kinderspiel. München: Piper.

Tamboer, J.W. (1979). „Sich-Bewegen – ein Dialog zwischen Mensch und Welt. Sportpädagogik, 18 (2), 14–19.

Tamboer, J.W.J (1994). Philosophie der Bewegungswissenschaften. Butzbach-Griedel: Afra.

Tamboer, J.W.J. (1997). Die menschliche Bewegung in der Bewegungsforschung. Über den Zusammenhang von Menschenbild, Bewegungsauffassung und Untersuchungsmethoden. In: E. Loosch & M. Tamme (Hrsg.), Motorik – Struktur und Funktion (S. 23–37). Hamburg: Czwalina.

Terhart, E. (1993). Lehrerberuf und Professionalität. In: B. Dewe, W. Ferchhoff & F.-O. Radtke (Hrsg.), Erziehen als Profession. Zur Logik professionellen Handelns in pädagogischen Feldern (S. 103–131). Opladen: Leske + Budrich.

Terhart, E. (2000). Lehr-Lern-Methoden. Eine Einführung in Probleme der methodischen Organisation von Lehren und Lernen. Weinheim und München: Juventa.

Terhart, E. (2001). Lehrerberuf und Lehrerbildung. Forschungsbefunde, Problemanalysen, Reformkonzepte. Weinheim und Basel: Beltz.

Terhart, E. & Czerwenka, K. (1994). Berufsbiographien von Lehrern und Lehrerinnen. Frankfurt a.M. Lang.

Thiele, J. (1990). Phänomenologie und Sportpädagogik – Exemplarische Analysen. Band 23 der Schriften der Deutschen Sporthochschule Köln. St. Augustin: Richarz.

Thiele, J. (1995). „Mit anderen Augen" – Bewegung als Phänomen verstehen. In: R. Prohl & J. Seewald (Hrsg.), Bewegung verstehen. Facetten und Perspektiven einer qualitativen Bewegungslehre (S. 57–76). Schorndorf: Hofmann.

Thiele, J. (1996). Körpererfahrung – Bewegungserfahrung – leibliche Erfahrung: Sportpädagogische Leitideen der Zukunft?. St. Augustin: Academia.

Thiele, J. (1997a). ‚Magister docet' – Replik auf J. Funke-Wienekes Beitrag ‚Am skeptischen Wesen soll die Sportpädagogik genesen'. Spectrum der Sportwissenschaft, 9 (2), 93–95.

Thiele, J. (1997b). Skeptische Sportpädagogik – Überlegungen zu den pädagogischen Herausforderungen der ‚Postmoderne'. Spectrum der Sportwissenschaft, 9 (1), 6–21.

Tholey, P (1980). Erkenntnistheoretische und systemtheoretische Grundlagen der Sensumotorik aus gestalttheoretischer Sicht. Sportwissenschaft, 10, 7–35.

Trebels, A. (1999). Sich-bewegen: Lernen und Lehren – Anthropologisch – philosophische Orientierungen. In: B. Heinz & R. Laging (Hrsg.), Bewegungslernen in Erziehung und Bildung. Schriften der Deutschen Vereinigung für Sportwissenschaft (S. 39–52). Hamburg: Czwalina.

Trebels, A. (2001). Sich Bewegen Lernen – Bezugspunkte für eine pädagogische Theorie des Sich Bewegens. In: W. Günzel & R. Laging, (Hrsg.), Neues Taschenbuch des Sportunterricht Band 1. (S. 193–214). Baltmannsweiler: Schneider.

Trebels, A. H. (1984). Bewegungserfahrungen beim Turnen. In: E. Niedermann (Hrsg.), Salzburger Beiträge zum Sport unserer Zeit. 10. Folge (S. 95–120). Salzburg: Wissenschaftliche.

Trebels, A. H. (1990). Bewegungsgefühl: Der Zusammenhang von Spüren und Bewirken. Sportpädagogik, 14 (4), 12–18.

Trebels, A. H. (1992). „Das dialogische Bewegungskonzept – Eine pädagogische Auslegung von Bewegung". Sportunterricht, 41 (1), 20–29.

Ullmann, R. (2002). Klettern, mehrperspektivisch inszeniert, kann … Sportunterricht, 51 (2), 35–42.

Volkamer, M. (1979). Die Gefahr der Vermethodisierung. Sportpädagogik, 4 (5), 18–20.

Volkamer, M. (2003). Sportpädagogisches Kaleidoskop. Texte, Episoden und Skizzen zu sportpädagogischen Problemen. Ein Lesebuch. Hamburg: Czwalina.

Volkamer, M. (2006). Bildungsstandards und Kompetenzen. Eine Erwiderung auf das Themenheft „Qualität im Schulsport". Sportunterricht, 55 (5), 144–146.

Wagenschein, M. (1997[8]). Verstehen lehren. Weinheim: Beltz.

Wagenschein, M. (1999). Zum Problem des Genetischen Lehrens. In: M. Wagenschein: Verstehen lehren (S. 75–124). Weinheim und Basel: Beltz.

Weber, R. (1976). Das Fußballspiel als Kommunikationssystem. In: K. Dietrich & G. Landau (Hrsg.), Beiträge zur Didaktik der Sportspiele. Teil I. Schorndorf: Hofmann.

Weizsäcker, V. v. (1950/1986[5]). Der Gestaltkreis. Theorie der Einheit von Wahrnehmen und Bewegen. Stuttgart: Thieme.

Weniger, E (1966). Die Theorie des Bildungsinhalts. In: H. Nohl & L. Pallat (Hrsg.), Handbuch der Pädagogik. 3. Band. Allgemeine Didaktik und Erziehungslehre (S. 3–55). Weinheim: Beltz.

Westermann-Krieg, L. (2002). PISA, Olympia und eine andere Antwort. Sportunterricht, 51 (12), 370–375.

Wiater, W. (1996). Phänomene halten sich nicht an Fächergrenzen. Didaktische Überlegungen zu mehrperspektivischen Lerninhalten. Pädagogische Welt, 50 (3), 122–127.

Wiemeyer, J. (1992). Motorische Kontrolle und motorisches Lernen im Sport. Grundlagen und Probleme der Theorie Generalisierter Motorischer Programme. 2. Teil: Motorisches Lernen. Sportpsychologie, 6 (2), 5–12.

Wiemeyer, J. (2004). Motorisches Lernen – Lehrmethoden und Übungsgestaltung. In: H. Mechling & J. Munzert (Hrsg.), Handbuch Bewegungswissenschaft – Bewegungslehre. (S. 405–427).

Wigger, L. (2004). Didaktik. In: D. Benner & J. Oelkers (Hrsg.), Historisches Wörterbuch der Pädagogik (S. 244–278). Weinheim und Basel: Beltz. Zürcher Zeitung (NZZ) vom 22./23.07. 1978.

Wopp, C. (1999/2001[2]). Lebenswelt, Jugendkulturen und Sport in der Schule. In: Günzel, W. & Laging, R. (Hrsg.), Neues Taschenbuch des Sportunterrichts Grundlagen und pädagogische Orientierungen Band 1. (S. 342–359). Baltmannsweiler: Schneider.

Wopp, C. (2006). Handbuch zur Trendforschung im Sport. Welchen Sport treiben wir morgen? Aachen: Meyer & Meyer.

Zeitschrift Bildung und Erziehung (1984). Phänomenologie und Pädagogik. (Heftthema: 7 Aufsätze). Bildung und Erziehung, 37 (2).

Zimmer, R. (2005). Handbuch der Sinneswahrnehmung. Grundlagen einer ganzheitlichen Bildung und Erziehung. Freiburg: Herder.

Zinnecker, J. (2000). Pädagogische Ethnographie. Zeitschrift für Erziehungswissenschaft, 3 (3), 381–401.

Zoglowek, H. (1995). Zum beruflichen Selbstkonzept des Sportlehrers. Frankfurt a.M.: Lang.

Zoglowek, H. (2008). Lehrer und Sportunterricht. In: H. Lange & S. Sinning (Hrsg.), Handbuch Sportdidaktik (S. 117–132). Balingen: Spitta.

Abbildungsverzeichnis

Stichwortverzeichnis